_____ 드림

아이 뇌가 열리는
결정적 순간을 놓치지 마라
적기두뇌

적기두뇌

초판 1쇄 인쇄 2015년 11월 27일
초판 1쇄 발행 2015년 12월 4일

지은이 김영훈

발행인 장상진
발행처 경향미디어
등록번호 제313-2002-477호
등록일자 2002년 1월 31일

주소 서울시 영등포구 양평동 2가 37-1번지 동아프라임밸리 507-508호
전화 1644-5613 | **팩스** 02) 304-5613

ⓒ 김영훈

ISBN 978-89-6518-156-9 03370

· 값은 표지에 있습니다.
· 파본은 구입하신 서점에서 바꿔드립니다.

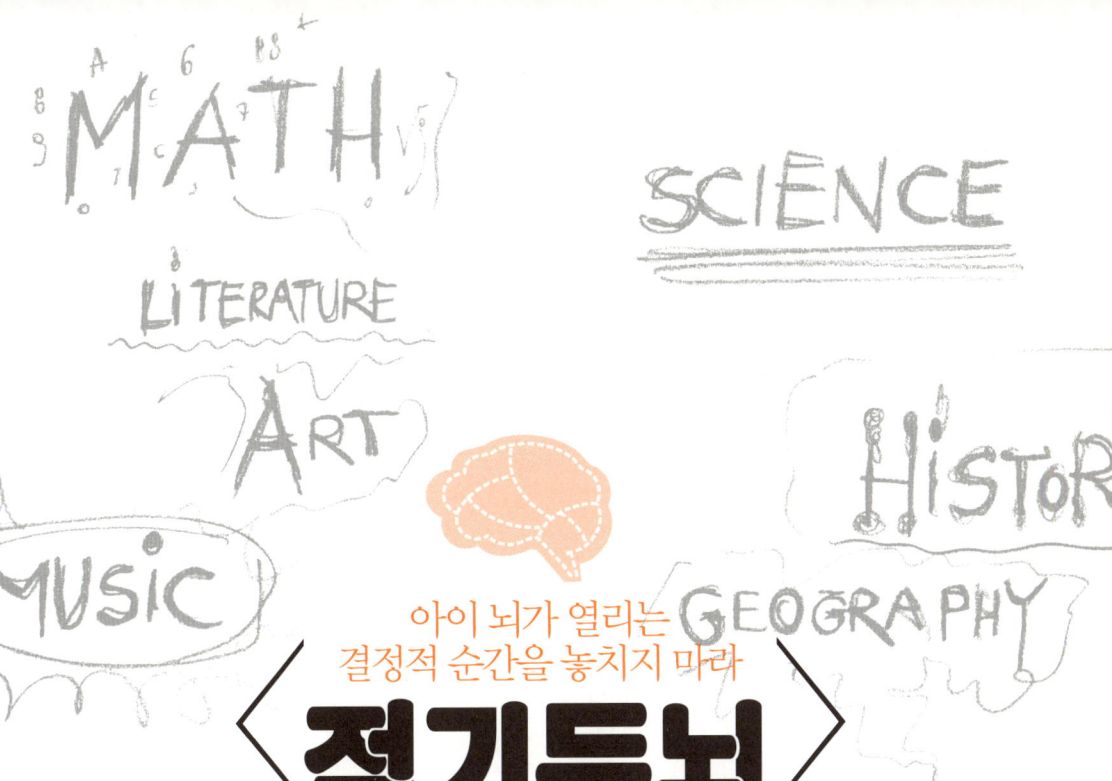

아이 뇌가 열리는
결정적 순간을 놓치지 마라

〈적기두뇌〉

· 김영훈 지음 ·

경향미디어

머리말

뇌를 알면 아이의 가능성이 보인다

「SBS 영재발굴단」이라는 프로그램의 자문을 맡은 적이 있다. 지금까지 뇌과학이 밝혀 낸 사실을 실제 사례에 적용할 수 있는 기회가 되었다. 그때 무엇이든 암기하는 영재를 만났다. 이 아이는 당장의 공부에는 소용되지 않는 원주율을 300자리 이상 외우고 있었다. 자기가 외우는 것을 부모나 동생을 붙들고 시연을 하는 일이 다반사였기 때문에 가족이 모두 아이를 귀찮아하고 슬슬 피하기까지 했다. 아빠는 왜 쓸데없는 것을 외우냐고 못하게까지 했다. 그러나 아이는 굴하지 않고 방안의 온갖 벽에다 원주율을 붙이고 끊임없이 외웠다. 잘 외우기 위하여 그림을 그리기도 하고 요약을 하고 머릿속으로 리허설을 하는 등 기억력 기술을 스스로 터득하여 점점 잘 외웠다. 아이에게 지능 검사를 시행한 결과 아이는 언어인식 영역과 워킹메모리 영역에서 뛰어난 결과를 보였다.

아이의 뇌가 경쟁력을 가지려면 어휘력과 배경지식이 중요하다. 어휘력과 배경지식이 많으면 워킹메모리가 필요할 때 수시로 꺼내 쓸 수 있기 때문에 워킹메모리를 비울 수 있어서 생각하고 문제를 해결하는 데 워킹메모리를 모두 쓸 수 있다. 이 아이는 특정 분야에 대한 관심이 컸기에 생각하고 문제를 해결하는 데 워킹메모리를 사용할 수 있었고, 그 분야에서 대학생 수준의 문제를 풀 수 있을 정도의 역량을 발휘할 수 있었다.

문제해결력은 곧 창의력으로 이어지므로 이 아이는 영재의 요건을 갖추었다. 아이는 부모가 쓸데없다고 생각하는 원주율을 외우면서 자기주도성을 키웠고 그 과정에서 자기가 좋아하고 잘하는 것을 찾았다. 이 사례를 통해서 알 수 있듯이 부모는 아이가 자기주도성을 키우고 자신의 재능을 발견하고 꿈을 키울 수 있도록 지지해 주어야 한다.

프랑스 철학자 장 자크 루소(Jean Jacques Rousseau)는 『에밀』에서 "유년기 아이들은 그들만의 보고 생각하고 느끼는 방법이 있는데 그 안에 성인들의 것을 끼워 맞추려고 노력하는 것처럼 바보 같은 짓은 없다."라고 했다. 그런데 요즈음의 부모는 마음이 바쁘다. 아이들에게 해 주어야 할 것이 많다는 생각에 아이에게 핵심만 가르치려 든다. 그림책을 특정 부분만 읽게 한다든지, 그림을 그릴 때 인물화는 아이가 그리게 하고 배경은 엄마가 해 준다든지, 레고 놀이를 하는데 성은 아이가 쌓게 하고 벽은 엄마가 쌓아 주는 식이다. 이렇게 자란 아이들은 과제를 처음부터 끝까지 스스로 하는 경험을 하지 못하기 때문에 성취감을 느끼지 못한다. 마음이 조급한 부모는 당장의 효율성만 따지기 때문에 아이의 자기주도성이나 아이가 좋아하고 잘하는 것이 무엇인지 놓치는 수가 많다.

디지털키즈의 시대로 아기 때부터 스마트폰을 만지고 사용할 수 있다. 아이를 달래려는 목적으로 스마트폰을 사용하고 그림책조차 아이패드에 수백 권씩 담아 보여 준다. 스마트폰은 편리하다. 쉽게 정보를 얻을 수 있고 생각하지 않아도 답을 얻을 수 있다. 그러니 아이의 뇌도 쉽게 그에 적응한다. 스마트폰 때문에 생긴 질병 중에 대표적인 것이 디지털 치매이다. 컴퓨터가 외장하드를 장착하여 사용하듯, 아이들의 뇌도 외장하드를 하나씩 달고 있다. 어휘력을 늘리고 배경지식을 쌓지 않고 기억하고 사고해야 할 일을 스마트폰에 의존하는 것이다. 기억하고 사고하는 활동을 하지 않다 보니 기억력과 사고력이 떨어지는 치매 증상이 나타나는 것이다.

디지털격리증후군도 있다. 대화하고 소통을 하려면 얼굴을 맞대야 하는데 모두 스마트폰만 보고 있다. 아이들은 부모나 친구들의 시선을 간파하는 능력이 떨어지며 표정에서 감정을 파악하지 못하며 적절한 유대감을 형성하지 못한다. 스킨십이 부족한 것도 문제이다. 스킨십을 하면 아기 뇌에서 화학물질이 분비되어 부모에 대한 애착이 깊어지고 두뇌 발달에 매우 중요한 안정감을 발달시켜 준다. 유대감은 성장 발달의 가장 기초가 되는 뇌 부위에 영향을 미친다. TV나 스마트폰으로 인하여 스킨십의 시간이 줄어들고 있다. 이 때문에 부모에 대한 아이들의 긍정성이 줄어들고 있다.

주의력결핍과잉행동장애(ADHD)도 많아지고 있다. 집중력은 뇌의 에너지를 한곳에 집중하는 능력으로 12개월 무렵에 급격하게 늘어난다. 부모와 얼굴을 마주 보고 하는 상호 작용과 특정 놀이들이 아이의 주의집중력 발달을 돕는다. 하지만 쏟아져 나오는 신기술들이 아이와 부모가 상호 작용하는 시간을 앗아 가고 있다. 24개월 미만의 아이들을 TV나 스마트폰에 노출시키는 것은 주의집중력에 매우 해롭다.

스마트폰은 언어 발달도 지연시킨다. 언어를 이해하고, 말을 배우고 나아가 읽기를 배우는 데 영향을 미친다. 아이의 뇌는 언어를 기반으로 사고하고 판단하며 논리력이나 수리력도 언어에 기반하고 있다. 아이는 모국어에 빨리 5,000시간 노출되어야 하는데 조기 영어교육과 스마트폰 때문에 부모와 모국어로 상호 작용을 하는 시간이 줄어들고 있다.

잘못된 조기교육도 문제이다. 더 많은 자극을 더 빨리 시작할수록 좋다는 문화적 가설로 인해 신생아실은 한때 많은 전등과 부드럽지만 자극성 있는 소리들로 가득했다. 하지만 과학자들은 얼마 지나지 않아 신생아실의 소리들과 전등 빛이 ADHD 발현에 영향을 미쳤다는 사실을 알게 되었다. 과도한 자극의 폐해를 보여 주는 것이다.

요즘은 과외 활동 장소에서 또 다른 과외 활동 장소로 아이들과 함께 옮겨 다니는 시간이 느는 추세이다. 대부분의 시간에 엄마들이 아이들을 데리고 문화센터나 학원에 가기 위해 함께 이동하면서 매니저를 자처한다. 자녀가 여럿인 경우에 동생은 거의 차 안에서 많은 시간을 보내는 경우도 있다. 아이는 차 밖에 있을 때는 왠지 모르게 좀 혼란스러워 하고 어색해 보이기까지 한다.

수면 장애, ADHD, 우울증 등 소아정신과를 찾는 어린이 환자가 늘고 있다. 이제는 영·유아들도 스트레스 때문에 두통과 복통을 호소하는 일이 많아졌다. 이렇게 재촉받는 아이들의 뇌는 위기 상황에 있다. 특히 영·유아의 뇌는 좋은 자극과 시냅스로 채워져야 하는데 나쁜 자극과 시냅스에 의하여 점령당하고 있다.

이렇듯 위기에 빠진 아이의 뇌를 구하려면 부모가 아이의 뇌를 알아야 한다. 부모가 뇌를 알아야 아이의 가능성을 확장시켜 줄 수 있다. 부모의 무지 때문에 아이의 뇌가 나쁜 자극과 시냅스에 점령당하고 아이의 가능성이 닫혀 버리는 일도 있을 수 있다. 아이의 뇌는 살아 있는 기관이기 때문에 아이들은 끊임없이 변하며 성장한다. 아이 스스로 패턴을 찾고 자신이 좋아하는 패턴을 추구하며 사고력을 발휘하고 문제를 해결하려고 노력한다. 아이의 뇌는 새로운 것을 추구하기 때문에 아이는 그것을 찾고 학습하면서 호기심을 충족한다. 또한 아이는 뇌 에너지를 보충하기 위해 다양한 음식을 먹고, 가치를 추구하고, 의미 있는 일을 하려고 한다.

뇌과학에서 인간에게 본능의 뇌, 감정의 뇌, 이성의 뇌가 3층으로 구성되어 있다는 것은 이미 오래전부터 알려졌다. 하지만 이 3층의 뇌가 유기적으로 영향을 맺고 있다는 사실을 알고 그것을 교육에 접목한 것은 50년이 채 되지 않는다. 이성의 뇌가 제 기능을 발휘하려면 본능의 뇌부터 충족시켜야 한다는 사실을 알게 되고, 감정의 뇌가 문지기 역할을 하여 받아들인 정보를 걸러 긍정성과 감정 조절을 하지 않으면 이성의 뇌는 제대로 기능할 수 없다는 사실을 알게 됨으로써 진정한 뇌기반 교육이 가능해질 수 있었다.

그럼에도 불구하고 아직도 우리는 뇌에 대해서 모르는 것이 많다. fMRI를 이용해 뇌가 활성화되는 부위를 정확히 알 수 있다고 하지만 그 정확도는 한계가 있다. 다행히 뇌과학은 아이의 뇌가 어떻게 작동하고 어떤 가능성을 가지고 있는지 설명할 수 있는 단계까지는 왔다. 뇌과학의 결과들은 아이들이 배울 수 있고 배워야 하는 것을 부모가 과소평가하지 말라고 주문한다. 또 양육 방식이나 교육법을 달리함으로써 보다 지혜롭고, 정서가 안정되고, 사회 적응력이 뛰어난 아이로 자랄 수 있다는 것을 알려 준다.

이 책은 최근의 뇌과학적 성과를 적용하여 아이의 뇌가 어떤 가능성을 가지고 있는지, 그 가능성을 열기 위하여 부모가 어떤 태도와 가치관을 가져야 하는지를 알려 주기 위하여 썼다. 아무쪼록 이 책이 두뇌 발달에 관심이 있는 부모가 아이를 양육하고 교육하는 데 작으나마 도움이 되기를 바란다. 원고를 아이를 키운 경험과 엄마의 시각으로 검토해 준 아내 송미경에게 고마움을 전한다.

가톨릭대학교 의정부성모병원에서
김영훈

머리말 • 4

제1장
창의력·융통성·통합력을 높이는
우뇌 키우기

01 엎어 키우면 시각이 발달된다 • 19
시각의 감수성기 • 19 시각의 발달 • 20 아기는 원색을 좋아한다 • 21
시각을 발달시키는 방법 • 23

02 음악은 뇌의 다양한 영역을 활성화시킨다 • 27
듣기가 우선이다 • 27 음악의 뇌 • 29 모차르트의 곡은 뇌를 효과적으로 자극한다 • 30
악기를 연주하게 한다 • 32

03 후각과 미각은 신생아의 뇌 발달을 촉진한다 • 34
후각은 기억과 학습에 중요하다 • 34 짠 음식을 좋아하는 것은 학습 때문이다 • 35
미각은 뇌 발달을 촉진한다 • 37 음식에 대한 기호는 학습에 의해 결정된다 • 38

04 보듬고 쓰다듬으면 아이의 감성이 자란다 • 39
피부 마사지가 뇌 발달에 미치는 효과 • 41
편안하고 즐거운 상태에서 피부 마사지를 해 준다 • 43
아기의 통증에 대한 잘못된 믿음 • 44 신생아는 통증에 민감하다 • 44

05 신체 놀이는 공부두뇌를 키운다 • 47
운동이 두뇌에 미치는 영향 • 51 뇌 발달을 위한 운동 지침 • 55
어떻게 운동을 하는 것이 좋을까? • 56 뇌성마비는 조기 발견이 중요하다 • 57

06 손놀림 놀이는 전뇌를 발달시킨다 • 60
손놀림은 지능과 관련이 깊다 • 62 손놀림 발달에 좋은 장난감과 놀이 • 64
월령별 눈과 손의 협응놀이 • 65 눈과 손의 협응이 중요하다 • 68
손놀림 놀이로 좌·우뇌를 모두 발달시킨다 • 72 왜 한쪽 손을 다른 손보다 많이 쓸까? • 73
양쪽 손을 다 사용할 수 있는 아이가 유능하다 • 74
손놀림 발달을 위한 월령별 육아 포인트 • 76

제2장

언어 기능·사고력·분석력을 높이는
좌뇌 키우기

01 언어의 뇌 발달에는 경험과 학습이 중요하다 · 85

언어를 담당하는 뇌 · 86   언어 습득은 결정적 시기가 있다 · 88
말 잘하는 아이가 똑똑하다 · 89   월령별 언어 교육의 포인트 · 93
아이의 발음이 좋지 않거나 늦을 경우 · 100

02 그림책은 정서 지능과 집중력, 기억력을 키운다 · 102

우뇌 발달과 그림책의 그림 · 102   정서 지능을 위한 그림책의 역할 · 104
수동적 집중력과 능동적 집중력 · 106
그림책을 읽는 동안 여러 부위의 뇌가 활성화된다 · 108
책을 읽어 주면 아이가 자연스럽게 글자를 배우게 된다 · 109
책을 줄줄 읽는다고 마냥 좋은 것일까? · 111

03 초등학교 때 읽기를 배우지 못하면 공부를 잘하기 어렵다 · 114

읽기의 뇌 · 115   읽기의 발달 과정 · 118
읽기 능력을 효율적으로 발달시켜야 한다 · 120   난독증은 조기 발견이 중요하다 · 125

04 모국어 실력이 영어 실력을 좌우한다 · 127

모국어가 영어를 좌우한다 · 129   취학 전이 영어에 가장 민감한 시기이다 · 130
2가지 언어를 습득하는 방법 · 133

제3장
탄성회복력 · 긍정력 · 공감력을 높이는
변연계 키우기

01 세로토닌은 회복탄력성을 높인다 · 139
학대받는 뇌 · 139   스트레스에 대한 아이의 반응 · 140   학습된 무기력 · 142
감정과 편도체 · 144   애착 · 146   회복탄력성 높이기 · 149

02 공감력이 큰 아이가 미래를 이끈다 · 152
공감하는 힘 · 152   사회성의 발달 · 153   유대감과 사회성 · 155   공감의 뇌 · 157
흉내 내기의 뇌 · 158   사회성의 뇌 · 159   도덕성 · 160
자폐증으로 오해받는 경우 · 161   자폐증은 엄마의 양육 태도가 원인이 아니다 · 164

03 긍정력을 높이려면 잠을 잘 자야 한다 · 167
수면의 뇌 · 169   수면 부족이 미치는 영향 · 170   0~3개월 아이의 수면 · 172
4~24개월 아이의 수면 · 175   25~48개월 아이의 수면 · 179   5~6세 아이의 수면 · 181
초등학생의 수면 · 183   청소년의 수면 · 185

04 도파민 학습법으로 공부 의욕을 높여라 · 189
의욕을 담당하는 뇌 · 189   도파민이 부족한 경우 · 190   도파민을 높이는 방법 · 191
의욕을 높이는 방법 · 194

제4장

자기조절력 · 판단력 · 실행력을 높이는
전두엽 키우기

01 먼저 공감하고 대화하면서 자기조절력을 키운다 · 205
자기조절력의 발달 · 208   아이의 스트레스 대처 능력 · 210   전뇌적 양육 방법 · 214
역할놀이로 정서 지능을 키운다 · 218

02 상상놀이는 자기통제력을 키운다 · 222
머리는 좋은데 공부를 못하는 이유 · 224   목표집중력 · 226
자기통제력을 키우려면 상상놀이를 하자 · 230   주의력결핍과잉행동장애(ADHD) · 236

03 워킹메모리를 늘리면 실행력이 커진다 · 240
초인지와 사고력 · 240   워킹메모리의 발달 · 242   워킹메모리의 뇌 · 244
워킹메모리 키우기 · 245

04 의식하지 않고 학습하면 기억력이 좋아진다 · 248
기억의 종류 · 248   해마 · 251   소뇌 · 252   무의식적 기억 · 253

05 좋은 습관은 의지력과 인내심을 키운다 · 260
습관의 뇌 · 261   일단 시작한다 · 264   의지력을 실험하지 않는다 · 267
슬럼프에 빠질 때 습관이 필요하다 · 268   나쁜 습관을 고치는 방법 · 270

06 수학을 잘하는 뇌와 언어를 잘하는 뇌의 영역은 같다 · 274
숫자에 대한 인식 · 276   덧셈과 뺄셈 · 277   수학의 뇌 · 278
초등 수학의 발달 · 279   연산에도 모국어가 중요하다 · 281
구체물을 이용하여 교육한다 · 283

제5장

융합인재로 키우려면
우뇌와 좌뇌를 통합하라

01 장난감은 상상력과 꿈을 키우는 중요한 도구이다 · 289
남아의 뇌, 여아의 뇌 · 290　장난감 활용의 지침 · 292　월령에 맞는 장난감 · 295

02 스마트폰은 아이의 뇌를 부정적으로 바꾼다 · 298
디지털미디어와 전두엽 · 298　디지털 시대, 변하는 아이들의 뇌 · 299
디지털미디어와 집중력 · 302　디지털미디어와 언어 발달 · 304
24개월 이하 아이에게는 디지털미디어를 보여 주지 마라 · 306
디지털미디어 이용에 대한 부모 지침 · 307

03 놀이를 하면 뇌가 저절로 통합된다 · 311
조기교육의 폐해 · 311　놀이의 뇌 · 314　어떤 놀이가 좋을까? · 318
연령별 놀이의 발달 · 321

04 생각하는 뇌를 만들어라 · 325
생각하는 뇌 · 325　관찰의 힘 · 326　어휘력의 힘 · 328　긍정성의 힘 · 328
융통성의 힘 · 329　자연의 힘 · 330　휴식의 힘 · 330　창의력 키우기 · 331

제6장

적기두뇌 개발로 아이의 영재성을 키워라

01 뇌를 알면 아이의 영재성을 키울 수 있다 • 339
부모는 재능을 꽃피울 수 있게 하는 지지자이다 • 339   뇌를 발달시키는 방법 • 340

02 태뇌도 학습을 한다 • 343
태뇌의 발달 • 343   태아도 학습할 수 있다 • 345   태아의 오감 발달 • 346
태교의 핵심은 태담이다 • 348   태뇌의 가능성 • 349   바람직한 자궁 내 환경 • 351
천재를 만드는 태교는 있는가? • 352

03 영아기 뇌는 감수성기의 적절한 자극이 중요하다 • 356
3층으로 구성된 뇌의 발달 • 356   두뇌 개발의 감수성기 • 360
경험기대적 발달은 적당한 자극이 중요하다 • 362

04 유아기 뇌의 놀라운 능력과 잠재력의 비밀 • 366
경험의존적 발달은 노출시간에 의해 결정된다 • 366   모국어, 1만 시간의 법칙 • 368
연령별 뇌 발달과 적기교육 • 370   신경전달물질 • 374   적기교육이 중요하다 • 378

05 사춘기의 뇌는 아이를 지배한다 • 380
사춘기의 전두엽 변화 • 380   사춘기 뇌 발달의 특징 • 385   10대들의 공부두뇌 • 389

06 아이의 성격 강점을 키워 주어라 • 392
순한 아이, 까다로운 아이, 느린 아이 • 392   기질에 따른 양육법 • 395
숙고형 아이, 충동형 아이 • 397   5대 성격 요인 • 399   두뇌 성격 • 404
양뇌를 모두 사용하라 • 406   자녀를 글로벌 리더로 키우기 • 407   이성좌뇌형 리더 • 409
감성좌뇌형 리더 • 410   이성우뇌형 리더 • 411   감성우뇌형 리더 • 412

참고문헌 • 414
찾아보기 • 417

제1장

창의력·융통성·통합력을 높이는
우뇌 키우기

우뇌는 이미지 뇌라고도 하며 미술이나 음악, 스포츠 등 감각적이고 직관적인 분야를 담당한다. 음악성, 복잡한 도형 인식, 부분과 전체의 관계 인식, 공간 지각, 감정 지각과 표현 등이 모두 우뇌의 기능이다. 의사소통을 할 때 표정이나 시선, 억양, 자세, 몸짓과 같은 신호를 주고받는 것에 관여한다. 우뇌는 집중력, 구성력, 통찰력, 지각속도, 창의력, 직관력 등 여러 가지 사고를 담당한다.

영·유아기는 창의력과 정서 발달에 중요한 우뇌가 많이 발달하는 시기이다. 그림책을 보아도 만 6세 전까지는 이미지의 뇌인 우뇌 중심으로 학습하도록 되어 있기 때문에 글자보다는 그림을 좋아하며 규칙이나 논리로 배우기보다는 이미지나 패턴을 통해 받아들이는 것을 좋아한다. 아이는 그림책 주인공의 표정, 행동, 배경 등을 보며 주인공이 어떤 일을 하려고 하는지를 전체적으로 파악하게 된다.

정서는 우뇌에서 더 많이 관장한다. 신경학자인 앨런 쇼어는 영·유아기 때 부모와의 애착 관계가 우뇌 발달에 큰 영향을 준다고 하였다. 우뇌는 상황이나 전체적인 상황을 넓게 파악하는 기능도 있다. 우뇌의 기능이 지나치게 떨어지면 또래 사이의 분위기를 제대로 파악하지 못해 왕따가 되는 일도 발생할 수 있다.

우뇌는 스킨십, 부모와의 상호 작용, 놀이, 체험, 경험, 상상 등에 의해서 발달한다. 유아기 아이들이 그림책을 볼 때, 놀이를 할 때, 스킨십을 할 때, 자연을 체험할 때 가장 많이 활성화되는 뇌 부위이다.

01
엎어 키우면
시각이 발달된다

시각의 감수성기

　세상 모든 아이는 부모를 감동시키는 재주가 있다. 엄마 눈에는 잘 보이지도 않는 작은 곤충에게 놀라운 집중력을 발휘하고, 어른들은 기억하지도 못하는 집안 벽지의 기하학적 모양을 발견한다. 가끔씩 시인 같은 말을 내뱉는가 하면 꼬마 철학자의 면모를 보이기도 한다. 평소에는 한시도 가만있지 못하던 아이가 쪼그리고 앉아 무언가 몰두하고 있는 모습을 보면 놀랍기 그지없다.

　하지만 아이는 그냥 좋아서 그러는 것뿐이다. 개미는 기어가니깐 쳐다 본 거고, 레고는 재미있으니까 쌓아올린 거고, 무언가가 지나가니까 무엇이라고 말한 것뿐이다. 우리 애만 그런 게 아니라, 발달학적 관점에서 볼 때 유아기 아이들은 대부분 작고 세밀한 것을 알아차릴 수 있는 특별한 능력을 지니고 있다. 세상 만물을 하나하나 습득해 나가는 아이들은 주변 상황을 민감하게 알아채며 고도의 집중력으로 관찰한다. 이 놀라운 능력이야 말로 아이가 세상을 배워 나가는 원동력이다.

세계적인 교육학자 마리아 몬테소리는 모든 아이에게는 '작은 것에 대한 감수성기'가 있다고 했다. 감수성기는 아이가 커 가는 일정 기간 중 무엇이든 흡수를 잘하는 특정 시기를 말한다. '감수성기'에 접어든 아이는 그 시기에 적합한 활동과 과제를 스스로 요구하고, 그 안에서 배운 것을 효과적으로 흡수해 자기 것으로 만들고 성장한다.

네덜란드의 과학자 드 브리스(Hugo De Vries)는 애벌레가 나뭇잎의 가장 부드러운 부위를 먹어야만 살아 갈 수 있는 시기가 있으며, 그 시기의 애벌레는 빛에 유난히 민감한 반응을 보이며 가장 부드러운 나뭇잎을 찾아내는 특화된 능력을 지니고 있다는 사실을 밝혀냈다. 또한 일정 시기가 지나면 그 능력을 상실해 버린다는 것도 알아냈다. 이렇듯 생물이 발달 단계에 특수한 민감성을 지닌 것처럼 유아에게도 그러한 시기가 있다. 감수성기에 접어든 아이는 작은 노력으로도 다양한 능력을 효과적으로 얻을 수 있으므로 발달 단계에 맞는 적절한 자극으로 아이에게 동기를 부여해야 한다.

시각의 발달

갓 태어난 아기에게 세상은 어떻게 보일까? 아기의 눈은 시력이 0.05 미만, 초점거리가 25cm 이내로 제한되어 있다. 그렇지만 아기는 자신의 시선 안에 있는 물체에 초점을 맞추기 위해 열심히 노력한다. 아기는 나면서부터 시선 안으로 확실하게 튀어나오고 서서히 움직이는 조금 큰 물체는 곧 알도록 되어 있다. 이러한 아기의 시력은 상세한 것을 구별할 수 있도록 발달된 것은 아니다. 그러므로 일단 물체가 시야 속에 들어와도 이것을 똑똑히 볼 수 없기 때문에 이에 대한 관심이 곧 없어져 버린다.

생후 1개월 반 된 아기에게 주의를 끌면서 물체를 1회에 10cm 정도씩 몇 번 움직이면 60cm 정도까지는 눈으로 쫓는다. 2개월 반이 되면 머리 위에서 서서히 움직이는 것을 무리 없이 쉽게 눈으로 쫓는다. 이것은 이전보다도 쉽게 자기 머리를 조정할 수 있고 자발적으로 눈을 움직일 수 있기 때문이다. 3개월이 되면 한 번에 몇 분씩이나 방 안에서 움직이는 물체를 쫓아가며 본다. 4개월에는 색과 자세한 윤곽을 구별할 수 있으며 시야도 넓어져 180도 범위 내에서 사물을 눈으로 따라갈 수 있다. 망막의 기능이 발달하고 초점을 맞추는 근육을 마음대로 조절할 수 있기 때문이다. 원근감도 생기기 시작한다. 선명하게 보이는 것도 생후 2개월에는 50cm 정도까지가 고작이지만 기어 다니기 시작하는 8개월 무렵에는 2m 정도로 늘어난다.

부모는 갓 태어난 아기는 흑백만 구분할 수 있다는 의사의 말에 아기가 태어나면 흑백 모빌을 아기의 시선이 닿는 곳에 달아 준다. 흑백 모빌은 2개월 반 동안 아이의 소중한 장난감으로 시각 활동을 돕는다. 그 기간에 아기를 안고 다니면서 집 안에서 쉽게 찾을 수 있는 흑백 물건들을 보여 주며 사물의 이름을 들려준다. 서예로 쓴 글자를 보여 주는 것도 좋다. 하얀 종이에 까만 글씨가 규칙적으로 쓰여 있어 한참 동안 보여 줘도 싫증내지 않는다.

아기는 원색을 좋아한다

신생아는 색에 대한 선호도에서 파스텔색보다는 원색을 좋아한다. 망막의 발달이 늦어져 푸른색은 보지 못하지만 붉은색이나 노란색은 구분한다. 신생아의 경우 붉은색을 가장 오랫동안 바라보고, 그다음에 노란색을 오랫동안 바라보며, 흰색을 바라보는 시간이 가장 짧다. 그러나 2~3개월이 지나면 색깔의 선호도는 달라져서 여전히 붉은색을 좋아하지만 하얀색도 붉은색만큼이나 오랫동안 응시하고 노란색을 가장 짧게 응시한다. 또한 인공적인 색깔보다는 자연의 색깔을 더 좋아한다. 밝은 꽃, 붉고 노란 가을의 단풍, 푸른 하늘에 대비되는 나뭇가지의 색깔 같은 자연의 색깔을 좋아한다. 아기가 중간색을 알게 되는 것은 6개월이 되어야 가능하며, 12개월이 되면 자연의 영롱한 색을 볼 수 있다.

아이는 커 가면서 원색보다는 파스텔색을 좋아한다. 취향이나 유전적인 영향도 있겠지만 아이 때에는 뇌 발달에 따른 색의 선호도에 더 의존한다. 대부분의 5세 미만 아이는 특정한 색을 선호하지 않으므로 그림을 그릴 때에 자기 손에서 가장 가까이 있는 색을 잡거나 길이가 가장 긴 크레용을 잡는 경향이 있다.

때로는 색의 강렬함이 자신의 주의를 끌기 때문에 선택하기도 한다. 아이가 특정한 색깔을 좋아하고 그 색깔을 가지고 그리려면 11~12세는 되어야 한다.

따라서 아이의 시각을 발달시키기 위해서는 자동차가 그려진 그림이나 비디오를 보여 줄 것이 아니라 직접 밖으로 나가서 자동차를 보여 주고, 만지고, 냄새 맡고, 소리를 들려주어야 한다. 이렇게 아이가 가지고 있는 모든 감각을 총동원하는 교육이 이루어지면 하루가 다르게 뇌가 쑥쑥 자란다. 단, 아무리 좋은 오감 자극 학습도 꾸준히 이루어지지 않으면 별 효과가 없다. 그러므로 지속적으로 오감을 자극하여 대뇌의 신경회로를 견고하게 만드는 데 힘써야 한다.

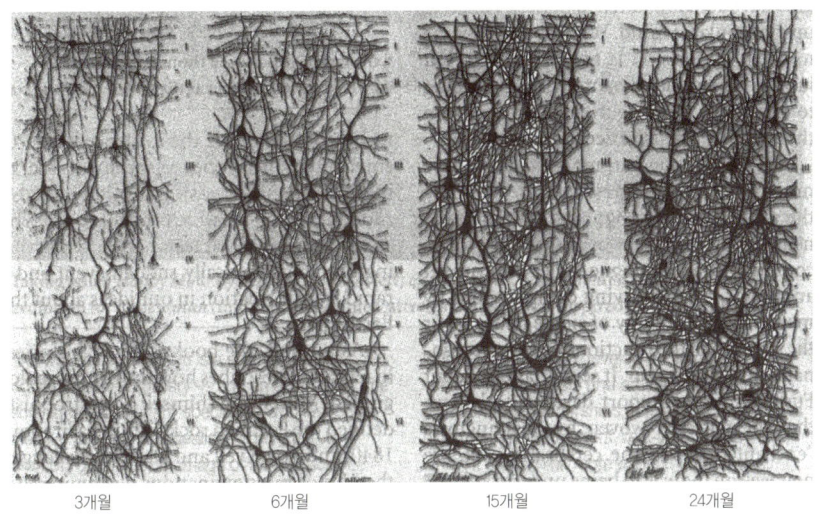

시각의 뇌 발달 월령별 시각의 뇌를 현미경으로 본 것이다. 월령이 지날수록 뉴런의 숫자는 변화가 없지만 뉴런의 돌기가 연결하는 시냅스는 급격히 늘어난다.

시각을 발달시키는 방법

감수성기보다 더 중요한 것은 결정적 시기이다. 시각의 발달은 양자택일적인 면을 가지고 있다. 예를 들어, 시각 발달을 위한 결정적 시기는 생후 6개월까지로 이 시기에 눈의 질병 때문에 안대를 씌우면 시각 능력은 영원히 정상적으로 발달하지 못한다. 갓 태어난 아기의 눈은 언제라도 활성화할 준비가 되어 있다. 탄생 직후 눈의 망막에 있는 뉴런들은 각각 후두엽에 있는 특정 세포군에 맞춰 조정되기 시작한다. 시각 시스템 내의 설계상 특징으로 인해 안구의 망막에 비춰진 직선, 사선, 원 또는 원호가 후두엽상의 특정하게 특화된 위치를 활성화시킨다.

다음은 아이의 시각 발달을 도와주는 방법들이다.

엎어 키운다.

엎어 키우면 시각을 발달시키는 효과가 있다. 엎드린 상태에서 고개를 들면 주위의 것을 다른 각도에서 볼 수 있게 되며, 보이지 않았던 것도 보게 되기 때문이다. 3D로 사물을 볼 수 있게 되는 것이다. 아기는 얼굴을 드는 동작을 연습하는 동시에 흥미로운 시각적 체험을 하게 되며, 얼굴을 잘 들면 들수록 보는 범위도 넓어진다.

흉내내기를 유도한다.

아기는 사람의 얼굴, 특히 눈과 입 주변을 자세히 본다. 아기는 엄마의 얼굴을 볼 때 눈이 빛나고, 매우 조용해지며 주의 깊게 바라본다. 신생아의 눈 앞에서 혀를 내밀거나 입술을 오므리면 아기도 같은 표정을 짓는데, 몇 주일 후에는 슬픈 얼굴, 기쁜 얼굴, 놀란 얼굴도 흉내 낼 수 있다. 이것은 거울 뉴런 때문에 가능하다. 거울 뉴런은 어떤 특정 동작을 할 때뿐만 아니라 동작을 보거나 소리를 들을 때도 함께 활성화되는 뉴런이다.

모빌은 아기가 좋아하는 모양을 고른다.

생후 6주 이하의 아기를 웃음 짓게 하려고 얼굴 전체를 보여 줄 필요는 없다. 2개의 점이 찍힌 마스크를 보여 주어도 얼굴을 보여 줄 때나 마찬가지로 아기들은 웃음을 짓는다. 특히 아기가 좋아하는 모양은 엄마의 머리, 눈, 코, 입의 윤곽이 그려진 그림이다. 이것을 보면 아기들은 세밀하게 보지는 못하지만 뚜렷한 윤곽은 보며 3D 영상도 인식한다는 것을 알 수 있다.

아기는 평면보다는 입체, 뚜렷한 명암이 있는 것, 직선보다는 곡선에 더 흥미를 느낀다. 또한 형태보다는 움직임을 더 선호한다. 따라서 모빌은 추상

월령에 따른 아기를 웃음 짓게 하는 시각 자극의 차이

시기	특징
6주 이내	2개의 동그란 점이 찍힌 마스크를 보여 주어도 얼굴을 보여 줄 때와 마찬가지로 웃음을 짓는다.
10주	얼굴 아랫부분은 필요 없이 눈 부분만 보여 주어도 웃음을 짓는다.
12주	눈뿐만 아니라 입을 알아볼 수 있을 정도의 얼굴 아랫부분이 보여야 웃고 움직임에 더욱 웃음을 짓는다.
20주	눈은 별다른 관심을 끌지 못하고 입을 크게 그릴수록 좋아하며 아직도 개개인의 얼굴을 구별하지 못한다.
24주	눈으로 충분하나 개인차가 많고 입을 점차 알아보게 된다. 입의 움직임이 특히 효과적인데 입이 클수록 좋다.
30주	얼굴에 대한 주의 집중이 줄어들고 다른 아기에 대해 흥미를 보이고 개인의 얼굴을 식별하게 된다.

적이고, 입체적이며, 뚜렷한 명암이 있고, 곡선이며, 원색의 것을 골라야 한다. 모빌에서 음악 소리까지 들린다면 아기는 더 즐거워한다.

밝고 화려한 색깔의 티셔츠를 입는다.

아기의 관심을 끌려면 흰색 티셔츠 대신 밝고 화려한 색깔의 티셔츠를 입어야 한다. 아기가 주로 보는 것은 부모의 옷이므로 옷의 색깔을 아기의 시각에 맞춰 입는 것이 좋다. 생후 2~3개월 이전에는 원색을 좋아하므로 붉은색이나 노란색 같은 색깔의 티셔츠를 입으면 부모가 아기의 관심을 끌고 자극을 줄 수 있는 장난감 역할을 할 수 있다. 파스텔색은 6개월이 되어야 구별할 수 있다.

까꿍놀이로 워킹메모리를 발달시킨다.

생후 6개월이 되면 하위뇌인 뇌줄기가 아닌 대뇌피질에서 눈의 움직임을 통제하게 된다. 이제 아기는 단순반사에 의해 눈을 움직이는 것이 아니라 의지에 의해 사물을 바라본다. 이때 기억력이 비약적으로 발달하며, 아기는 사물을 바라볼 때 이전의 시각 경험을 떠올리고 비교하고 대조한다. 그 과정에서 새로운 기억이 만들어질 뿐 아니라 오래된 기억이 강화된다. 6개월에 행해지는 까꿍놀이는 워킹메모리를 증가시켜 뇌 발달에 좋다.

단순하고 선명한 그림책을 읽어 준다.

색깔이 선명하고 그림이 분명한 그림책을 아기에게 보여 주면 아기는 시각적으로 흥분한다. 하지만 너무 많은 색이 있거나 복잡한 그림이 있는 그림책은 피해야 한다. 그림책을 보면서 가능하면 많은 이야기를 들려준다. 12개월 이전에도 수용언어를 담당하는 베르니케 영역은 발달하기 때문에 아기는 부모의 이야기를 이해할 수 있다.

사시 치료는 빠를수록 좋다

1981년 데이비드 허블(David Hubel)과 토르스텐 비셀(Torsten Wiesel)은 출생 직후의 짧은 발달기에 일정한 시각 경험에 노출되지 않으면 대뇌피질의 신경섬유가 적절히 연결되지 않는다는 연구로 노벨생리학상을 받았다. 두 사람이 갓 태어난 고양이와 원숭이의 한쪽 눈을 꿰맨 뒤 몇 달 후에 꿰맨 것을 풀고 관찰해 봤더니, 눈 자체에는 아무 이상이 없는데도 전혀 보질 못했다. 소아청소년과 의사들이 양쪽 눈의 초점이 제대로 맞지 않는 사시 같은 안질환을 가능한 한 빨리 치료하려는 이유도 이것 때문이다. 눈은 뇌 발달의 감수성기에 올바로 발달하지 않으면 제 기능을 하지 못한다.

02
음악은 뇌의 다양한 영역을 활성화시킨다

듣기가 우선이다

이비인후과 의사 토머티스 박사는 수많은 성악가를 치료하고 상담했다. 그는 목소리에 이상이 있어 노래를 잘 부르지 못하게 된 가수들을 진찰하고 치료한 결과 새로운 사실을 발견했다. 가수들이 특정 음을 발성하지 못하게 된 것은 목에 이상이 있어서가 아니라 귀에 이상이 있어서였다는 것이다. 청력을 측정하여 잘 들을 수 없게 된 소리를 찾아낸 다음, 가수가 부른 노래와 비교해 보았더니 들을 수 없는 소리는 목소리로도 낼 수 없었다. 따라서 성대를 치료하기보다 소리를 잘 듣도록 치료하자 가수들은 자신이 원하는 대로 소리를 정확하게 발성할 수 있었다.

소리를 듣는 것은 임신 5개월부터 가능하다. 태아는 엄마 몸에서 나는 소리나 음악, 목소리 혹은 진동 같은 외부로부터의 소리에 반응한다. 엄마의 몸이 고막과 같은 역할을 하며 양수의 액체 환경으로 인하여 소리의 속도가 증가한다. 태아는 소리와 진동의 리듬감이나 귀에 거슬리는 정도에 따라 반응을 달리한다. 부드럽고 리듬감 있는 음악이나 소리는 태아를 편안하게 해 주며 아주 높은 주파수의 소리나 소음은 태아를 흥분 상태로 만든다. 태아는 낮은 소리를 좋아하는데 엄마의 높낮이가 있는 말소리를 좋아한다. 태아는 시냇물 소리, 새소리, 풀벌레 소리 같은 자연의 소리를 좋아하고 엄마가 듣는 편안한 음악 소리도 좋아한다.

출생 후에도 뇌는 일찍부터 음악에 반응하며, 음악적 소질은 만 9세까지 줄곧 발달한다. 아기들은 어떤 음들이 조화를 이루고 있는지를 태어날 때부터 느낀다. 예를 들어, 「송아지」와 같이 단순한 동요에도 화음이 있다. 아이들은 한 음에 뒤이어 불협화음이 뒤따라올 때보다 화음이 뒤따라올 때 음이 나오는 곳을 더 오래 쳐다본다. 이러한 선호는 생후 2개월 된 아기에게서도 볼 수 있다.

아이들은 음악을 만드는 능력이 아직 생기기도 전에 리듬이나 박자 같은 음악의 주요 특성들을 언어처럼 흡수한다. 어린이집에서 단순 반복 박자에 맞춰 발을 굴러 뛰면서 리듬에 노출된다. 아이들은 2분 동안 2박자마다 한 번씩 뛰어오르고 나면, 왈츠곡과 같이 3박자를 강조하는 리듬이 아니라 2박자 유형의 새로운 리듬에 더 흥미를 느낀다. 아이들이 왈츠 리듬에 발을 구르면 이번에는 3박자 유형의 새로운 리듬에 더 흥미를 느낀다. 그러므로 운동은 아이들이 청각을 통해 리듬을 지각하는 데 영향을 미친다.

아이가 만 4세쯤 되면 다양한 강도와 후속 진동수, 음의 지속 기간을 감지하는 능력이 뛰어나다. 강도와 진동수는 조기에 성숙되는 하측청각계에서 처리되지만, 지속시간은 신피질과 같이 늦게 성숙된다. 이러한 발달 과정은 경험에 따라 좌우된다. 달팽이관 이식수술을 받은 청각장애아의 경우는 정상적으로 리듬을 처리한다고 해도 그동안 박탈당한 기간 때문에 지연된다.

거의 같은 시기에 아이들은 조성과 화음을 발달시킨다. 만 3세 무렵에 아이들은 음이 조성에 맞는지 여부를 알고 있으며, 익숙한 노래에서 불협화음을 골라낼 수 있고, 심지어 노래를 부르는 다른 사람에 맞춰 음높이를 조절할 수 있다. 이 시기에는 아이들이 동시에 연주되는 음 사이에 화음을 감지할 수도 있는데, 이런 능력은 만 6세쯤 되면 분명하게 나타난다. 조성과 화음 선호는 모두 음악 연습을 거쳐 개선된다. 만 9세 정도 되면 완전하게 성숙해 평생 일정하게 유지된다. 이 나이가 돼서도 음치라면 피아노 학원에 보내는 것은 거의 의미가 없다.

음악의 뇌

음악적 소질을 반영하는 수많은 뇌 구조는 청각 기능을 갖고 있다. 음악을 처리하는 중요 장소인 청각피질은 측두두정구 아래쪽에 있는 측두엽에 자리 잡고 있다. 그중에서도 주로 횡측두회와 측두평면에서 발견되는데, 이 구조의 크기는 만 7세 무렵에 안정화된다. 또한 양쪽 대뇌반구를 비교해 보면 좌측 반구에서는 음의 기본적인 진동이 처리되고, 우측 반구에서는 음의 파장 높이가 처리되는 등 전문화돼 있다. 직업 연주가든, 아마추어든 훈련받은 음악인들을 비음악인들과 비교해 보면 전방내측의 횡측두회에서 회백질이 2배 이상 많다.

음악인들은 음을 듣고 나서 1만 5,000분의 1초와 5만 분의 1초 사이에 특유의 뇌 신호를 만들어 낸다. 이 신호는 비음악인들의 신호보다 훨씬 크며, 5만 분의 1초에서는 음악인들의 경우 신호가 5배 정도 크다. 횡측두회의 회백질 용량은 음악 소질과 상관계수가 0.7이나 된다. 즉 뇌 영역에 평균이 넘는 양의 회백질을 갖고 있다면, 그 음악적 소질이 평균 이상이 될 가능성은 약 3배 정도 많다. 멜로디의 처리에는 신피질의 측두나 전두 영역과 같은 추가적인 뇌 영역이 관여한다. 이들 영역은 음 작업 기억, 예를 들어, 머릿속에 멜로디를 보유하는 데 필수적이다.

연구 결과에 의하면 음악은 소리를 듣는 청각 영역뿐만 아니라 뇌의 다양한 영역을 함께 활성화시킨다. 가장 활성화된 영역은 좌·우뇌의 상측두회였고, 측두엽·두정엽·전두엽과 변연계·시상·소뇌도 함께 활성화되었다. 뇌에서 음악을 처리하는 과정이 아주 복잡하다는 것을 보여 주는 것이다. 뇌과학자들은 단순한 멜로디를 처리할 때조차도 뇌에서는 인식, 집중, 기억 등 다양한 인지 과정을 거친다. 즉 음악이 아이의 귀를 자극하면 귀의 청각세포에서 만들어진 전기 신호가 주파수별로 뇌의 여러 부위로 퍼져 뇌를 활성화시키고 뇌 구조에도 질서와 조화를 부여한다. 음악을 배우는 아이들은 음악을 통하여 기억과 회상 능력을 발달시킨다.

모차르트의 곡은 뇌를 효과적으로 자극한다

아기가 4개월이 되면 리듬밖에 모르던 아기도 차츰 멜로디를 이해할 줄 알게 된다. 이 시기부터는 클래식이 청각을 발달시키고 뇌 발달과 정서 안정을 유도할 수 있다. 실제로 음악이 아기의 뇌 발달에 도움을 줄 것이라는 막연한 생각은 여러 가지 사실로 입증되어 왔다. 모차르트 음악이 뇌전증 발작의 고통을 줄여 준다는 연구도 발표된 적이 있으며 모차르트가 작곡한 「반짝반짝 작은 별」을 배운 3세 아이들의 IQ가 그렇지 않은 아이들보다 높게 나타났다는 보고도 있다. 2개월 이상 날마다 12시간 동안 30마리의 쥐에게 모차르트 「소나타 D장조」를 들려주었더니 음악을 듣지 않은 다른 쥐보다 미로를 27% 더 빨리 달렸다는 보고도 있다.

음악이 아기의 뇌 발달에 도움을 주느냐 아니냐에 대해서는 논란이 있다. 1993년 미국의 프랜시스 라우셔 박사에 의해 음악이 인지 발달을 촉진시켜 준다는 연구가 발표되면서 아기를 키우는 데 음악의 중요성이 강조되고 부모도 아기에게 모차르트의 작품과 같은 클래식을 들려주느라 열심이었다. 그러나 당시의 연구는 대학생을 대상으로 한 것이어서 모차르트 음악에 의한 정서적 각성이 IQ를 높인 것이지 뇌 발달에 영향을 주어 IQ가 높아졌다고 볼 수는 없었다.

몇몇 연구자와 부모는 클래식을 들으면 머리가 좋아질 것이라고 추론했다. 그러나 능력의 향상은 짧은 시간 동안 지속되는 것으로 나타났다. 문제를 얼른 해결하고자 할 때나 언어를 빠르게 처리하고자 할 때 음악은 마치 몸을 푸는 유연체조와 같은 역할을 한다. 음악과 언어가 시퀀스의 분석과 관련하여 아주 유사하기 때문인지도 모른다.

다만 천재적인 과학자들이 음악을 좋아하고 연주하는 것을 즐겼던 것을 보면 음악과 뇌 발달의 밀접한 관련성을 시사한다. 상대성 이론을 만든 아인슈타인은 모차르트 연구가였고, 양자역학의 기초를 세운 막스 플랑크는 작곡도 하고 오케스트라를 지휘하기도 했다. 두 사람은 직업 음악가 못지않게 피아노 연주에도 능했다. 현대 물리학의 두 거장인 아인슈타인과 플랑크는 친한 친구이자 위대한 바이올리니스트였던 요셉 요아힘과 3중주를 연주하기도 했다. 음악 감상과 연주는 아이의 감성을 풍부하게 하며, 다양한 인지 기능과 운동 기능을 자극하여 지능 발달을 촉진한다.

플랑크와 아인슈타인 상대성 이론을 만든 아인슈타인(오른쪽)은 모차르트 연구가였고, 양자역학의 기초를 세운 막스 플랑크(왼쪽)는 작곡을 하고 오케스트라를 지휘하기도 했다. 두 사람은 직업 음악가만큼 피아노 연주에도 능했다.

악기를 연주하게 한다

음악은 단기적으로는 인지 기능을 높이지만 장기적인 효과를 내지는 못한다. 그러나 음악을 듣는 것과 달리 악기를 연주하는 것은 지능에 지속적으로 긍정적인 영향을 미친다. 두 대뇌반구 사이의 회로가 악기 연주를 통해 특히 효과적으로 연결되기 때문이다. 무엇보다 빠르기를 측정하는 테스트에서 악기 연주는 두뇌의 결합 능력을 대폭 개선하는 것으로 나타났다. 어린 나이에 악기 수업을 시작하는 경우 효과가 크다. 양손을 서로 다른 리듬으로 사용하는 피아노나 북치기 같은 것이 유익한데 뇌의 많은 부분을 강하게 트레이닝하고 집중적으로 뇌 운동을 시키기 때문이다.

최근의 연구에 의하면 악기 연주는 특정 뇌의 크기를 증가시킨다. 한 군은 주 1회 키보드 수업을 받았고, 다른 군은 학교 음악 수업에 참여해 리듬 악기를 연주하며 노래를 불렀다. 아이들이 평균 만 6세 무렵으로 연구가 시작됐을 때는 뇌 구조에 차이가 없었다. 그러나 악기를 연주한 지 18개월이 지나자 키보드 군의 전두회와 뇌량의 용량이 더 많았다. 신피질의 절반과 연결된 뇌량의 크기가 커지게 되면 양측 반구 간의 소통이 더욱 빨라져 양손의 협응이 용이해진다. 음악가의 경우에는 뇌량 크기의 차이는 성인이 돼서도 지속됐다. 또한 횡측두회의 크기도 어느 정도 증가했다.

더구나 추상적 수학을 담당하는 두정엽은 사람들이 음악적 시퀀스를 들을 때 활성화된다. 소뇌는 음악가들과 음악을 듣는 사람들한테서 모두 활성화되는데, 이는 정확한 박자를 만들어 내고 청각 정보를 처리하는 데 전적으로 관여한다는 뜻이다. 심지어 사람들은 복잡한 시퀀스와 음 조합을 들을 때 더 많은 뇌 영역이 활성화된다.

음악을 연주하면 많은 뇌 영역이 활성화되는데, 음악을 연주하려면 시기적절하게 순차적으로 운동을 활성화시켜야 한다. 이때 신피질의 운동 관리 영역뿐 아니라 기저핵과 소뇌까지 활발하게 움직인다. 음악의 경우에는 청각 경험과 소근육 운동을 조화시켜야 하는 요구가 특히 강하다.

03
후각과 미각은 신생아의 뇌 발달을 촉진한다

후각은 기억과 학습에 중요하다

신생아는 시각이나 청각이 미숙한 대신 후각이나 미각, 촉각이 발달해 있다. 신생아는 성인보다 더 긴밀하게 후각에 의존한다. 생후 3개월이 되기 전까지 아기는 시야가 또렷하게 보이지 않기 때문에 시각 대신 후각에 의하여 사람을 구분한다. 아기가 처음 엄마를 인식할 수 있는 것은 후각 때문이다. 신생아의 머리맡에 자기 엄마의 젖을 적신 거즈와 다른 엄마의 젖을 적신 거즈를 놓아두면 아기는 자기 엄마의 젖이 묻은 거즈 쪽으로 고개를 돌린다. 이것으로 아기는 태어날 때부터 냄새에도 민감한 것을 알 수 있다.

아기는 냄새의 강약과 냄새가 나는 장소도 정확하게 알아낸다. 암모니아 냄새가 나는 병을 주면 머리를 다른 데로 돌리고, 엄마의 젖 냄새가 나면 머리를 그곳으로 돌린다. 이것은 아기가 냄새의 진원지를 알 뿐 아니라 좋고 나쁜 냄새를 판단할 수도 있음을 보여 준다. 후각은 기억과 감정을 조절하는 신경회로에 직접 연결된다. 일부는 변연계로 연결되어 냄새, 그리고 냄새와 관련된 연상에 관한 기억과 학습에 기여할 뿐 아니라 마음을 안정시키기도 한다.

일차 후각 영역에 있는 뉴런들은 전두엽피질로 후각 정보를 보내는데 이 부분이 최종적으로 냄새를 구별하고 인식하는 데 관여한다. 이 부분에서 후각과 미각이 종합되어 우리가 맛을 느끼는 것이다. 이처럼 지각되고 기억된 냄새는 모든 이미지와 연결되고 대부분 그 이미지를 표현하는 언어와 결부된다. 그래서 우리가 어떤 냄새를 맡게 되면 특정한 장소나 기억들이 떠오르게 되는 것이다. 이것은 후각신경세포가 기억과 감정, 인지와 관련된 뇌의 영역, 예를 들면 대뇌피질과 변연계에 속한 해마, 편도체와 연결되어 있기 때문이다.

후각은 엄마의 젖꼭지를 찾는 데 결정적인 도움을 줄 뿐 아니라 엄마와 유대감을 형성하게 해 주어 정서 안정을 이루는 데도 도움이 된다. 아이들이 특정한 담요나 인형에 집착하는 것도 냄새가 아이를 안심시키는 작용을 하기 때문이다.

아기의 예리한 후각은 자라면서 서서히 퇴화한다. 퇴화는 어려서부터 시작되는데, 감염 및 흡연, 오염물질과 독소에 노출되면서 점차 후각이 둔화된다. 부모는 아이의 후각이 퇴화하지 않도록 후각 환경을 최대한 쾌적하고 안락하게 꾸며 주어야 한다.

짠 음식을 좋아하는 것은 학습 때문이다

미각도 후각처럼 화학적 감각에 속한다. 신경계가 특정한 물질을 감지해서 전기신호로 변화시키는 것이다. 코는 여러 가지 냄새를 맡을 수 있는데,

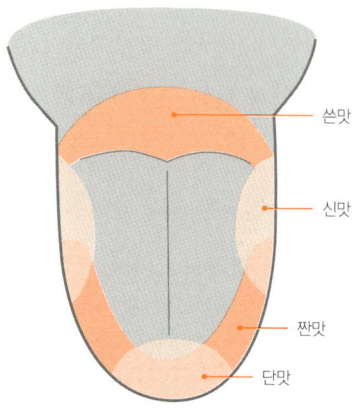

미각 혀는 단맛, 짠맛, 쓴맛, 신맛의 4가지 맛만 구별할 수 있다. 이들 맛을 담당하는 혀의 영역은 다르다.

혀는 단지 4가지 맛, 단맛, 짠맛, 쓴맛, 신맛만을 구별할 수 있다. 또 혀는 코와 협동하여야 맛을 완전히 알 수 있다. 감기가 들면 맛을 모르게 되는 것은 코가 냄새를 맡지 못하기 때문이다.

태어난 지 몇 시간도 지나지 않아서 신생아는 단맛을 안다. 단순히 단맛을 아는 정도가 아니라 당류의 차이나 당분의 농도를 구분할 수 있다. 신생아들은 젖당보다는 포도당을, 포도당보다는 과당을, 과당보다는 일반 설탕을 더 좋아한다. 신맛이나 쓴맛은 신생아에게 강력한 반응을 일으키는데 신맛일 경우엔 침을 흘리고 쓴맛일 경우엔 입을 벌리고 혀를 내밀며 싫은 표시를 한다.

아기는 짠맛에는 무관심하다. 신생아도 짠맛을 느끼기는 하지만 좋아하는지 싫어하는지는 알 수 없다. 신생아는 성인이라면 싫어할 만한 짠 용액을 별다른 표정 없이 쉽게 마신다. 4개월이 지나서부터 짠맛에 관심을 보이기 시작하는데 이때 짠맛에 선택적으로 반응하는 감각 기능이 발달하기 때문이다. 24개월이 되면 아이는 성인처럼 짠 용액을 거부하기 시작하는데 일부 음식은 간을 한 것을 더 좋아한다. 이것은 학습 때문이다.

쓴맛에 대한 감각도 발달한다. 아이가 알아낼 수 있는 쓴맛을 내는 물질의 종류는 유아기를 지나면서 점점 증가하여 24개월이 되면 성인과 비슷한 정도가 된다. 그러나 단맛과 신맛에 대한 감각은 24개월 동안에 별로 변하지 않는다. 미각이 일찍부터 발달하는 것은 사실이지만 어떤 것을 먹을 수 있는지는 주로 학습을 통해 알게 된다. 아이는 부모의 가르침과 자신의 경험을 통해 서서히 먹을 것과 먹어서는 안 되는 것을 배운다.

미각은 뇌 발달을 촉진한다

음식은 혓바닥에 있는 미뢰 속의 미각세포를 자극하며, 그 충격이 미각신경을 타고 대뇌의 미각중추로 전해져 맛을 느끼게 된다. 미각세포의 세포막 전압이 바뀌어 신경전달물질이 분비되면 미각 신경회로에 있는 뉴런의 가지 돌기가 흥분하게 되고 뉴런에서 발생한 활동전압은 축색돌기를 따라 미각중추로 전달된다.

미각 정보의 입력은 소뇌에 큰 자극을 준다. 그리하여 음식을 먹는 데 필요한 침 분비, 음식 삼키기, 혀의 움직임 조절 등 여러 뇌줄기 반사가 유발된다. 변연계의 피질로도 연결되는데, 여기서 아이는 미각의 쾌락을 느끼게 된다. 일부는 전두엽과 측두엽 사이의 대뇌피질로 전달되어 맛을 의식적으로 인식하게 된다. 미각의 자극은 창의력에 중요한 패턴 인식에서 빼놓을 수 없다. 따라서 미각이 둔한 것은 그 자체로 뇌 발달을 더디게 만들 수 있다.

아기는 태어날 때부터 좋은 맛과 나쁜 맛을 구별할 수 있다. 물론 아기의 미각은 자기에게 영양과 즐거움을 주는 모유에 주로 쏠려 있다. 아기에게 미각은 중요한 감각 경험으로서 아기의 기분을 좋게 하고 정서 안정을 가져온다. 미각은 정서 발달에도 영향을 준다. 단 음식이나 기름진 음식은 기분을 바꿔 주는 효과가 있어 아기를 진정시키고 아기의 주의를 집중하게 하며 잠이 잘 들게 한다. 아기는 맛있는 음식과 그 음식을 제공하는 사람 사이의 관계를 인식하며, 이를 통하여 강한 유대감을 형성한다.

음식에 대한 기호는 학습에 의해 결정된다

맛의 조기 경험은 미각 발달에 매우 중요하다. 임신 기간 동안 소금을 먹지 못한 어미에게서 태어난 쥐들은 소금 맛을 평생 인식하지 못한다. 이것은 미각이 발달하려면 정상적인 화학적 환경이 필요하다는 것을 보여 주는 예이다. 후각과 마찬가지로 자궁 속에서 태아가 경험한 맛은 출산 뒤에도 영향을 준다. 특정한 음식을 먹은 어미에게서 난 새끼 토끼는 그 음식의 향이 나는 이유식을 먹으려 하며, 양수에 주입한 사과 주스에 노출된 쥐는 커서도 사과 주스를 좋아한다. 알코올을 양수에 주입하면 커서도 다른 쥐에 비해 알코올을 좋아한다. 따라서 임신부가 알코올을 먹는 것은 태아가 알코올을 일찍 접하게 되어 커서 알코올중독자가 될 위험이 높다.

음식에 대한 기호가 형성되는 데에 유전자는 별로 관여하지 않는다. 일란성 쌍둥이의 음식에 대한 기호는 이란성 쌍둥이와 별반 차이가 없다. 어떤 음식을 먹고 싶어 하는지 결정하는 것은 환경이지 유전자가 아니다. 음식에 대한 기호는 경험에 의해 정해지기 때문에 미각에서는 유아기의 학습이 중요하다. 어려서 여러 맛을 경험한 쥐는 커서도 독특한 맛을 내는 음식을 주저하지 않고 삼킨다. 그러나 다 자란 후에 여러 맛을 접하게 되면 이런 현상은 보이지 않는다.

04
보듬고 쓰다듬으면
아이의 감성이 자란다

　1967~89년에 루마니아의 독재자 차우셰스쿠는 낙태와 피임, 이혼 등을 전면적으로 금지하는 정책을 펼쳤다. 또한 모든 여자에게 의무적으로 최소 4명의 아이를 낳게 하고 나중에는 그 기준을 5명으로 늘렸다. 이를 어기면 세금을 내야 했기 때문에 루마니아 여자들은 울며 겨자 먹기 식으로 원치 않은 임신을 했고, 낳은 아이들은 키울 수가 없어 고아원에 버렸다.

　고아원 수는 한정되어 있는데 버려지는 아기들이 넘쳐나다 보니 어느 고아원이든 양육 환경은 열악하기 이를 데가 없었다. 보육자 1명이 30명이 넘는 아기들을 돌봐야 했기 때문에 아기를 안아 주거나 만져 줄 시간이 없었다. 아기들은 거의 하루 종일 침대에 누워서 입만 벌리면 먹을 수 있도록 침대 난간에 달아 놓은 우유병에서 나오는 우유를 받아먹으며 지냈다.

　차우셰스쿠 정권이 붕괴된 뒤 고아원에 있던 아이들은 미국과 캐나다·영국 등으로 입양됐고, 그곳의 전문가들이 이 아이들을 대상으로 몇 가지

연구를 했다. 그 결과 먹을 것은 제공됐지만 사람의 손길을 거의 받지 못하고 자란 아이들의 뇌가 심각하게 손상되었음을 알게 되었다. 캐나다에서 새로운 가정으로 입양된 후 4세가 된 루마니아 아이들을 대상으로 IQ 검사를 할 결과, 고아원에서 4개월 이상 지내지 않고 입양된 아이들은 평균 IQ가 98인 데 반해 고아원에서 19개월 이상을 살다가 입양된 아이들의 평균 IQ는 90에 불과했다. 평범한 가정에서 자란 또래 캐나다 아이들의 평균 IQ가 109라는 점을 감안할 때 이는 매우 낮은 수치였다. 또한 대부분의 아이가 애착과 과잉행동, 대인관계 등에서 다양한 정서적 문제를 가지고 있었다. 이는 지능을 관장하는 뇌 부위뿐만 아니라 정서를 담당하는 뇌 부위까지 제대로 성장하지 못했음을 뜻한다.

촉각은 인간의 감각 중 가장 먼저 발달하는 감각이다. 아이는 생후 10주면 이미 손으로 물건을 구별하기 시작하고, 3개월이면 여러 가지 물건을 손으로 쥐고 만지고 쓰다듬고 두드려 보며 촉각을 발달시킨다. 더구나 아기의 피부는 제2의 뇌로서 피부를 통한 촉각 자극은 뇌 발달에 아주 중요하다.

마이애미 주립대학교 피부접촉연구센터의 연구에 의하면 엄마의 애정 어린 손길로 마사지를 받은 아기는 그렇지 않은 아기보다 몸무게가 훨씬 빨리 늘며, 면역력이 증가하고, 정서 안정과 숙면을 취할 수 있다고 한다. 연구 결과 마사지를 해 주었던 아기는 면역세포가 증가하였다. 또 인슐린 같은 호르몬의 분비가 증가해 소화가 잘되었으며 스트레스 호르몬인 코르티솔이 감소되어 아기의 정서가 안정되고 사회성이 증가했다.

신생아도 부모와 상호 작용 기능을 담당하는 뇌 부위가 발달해 있다. 한 연구팀이 양전자단층촬영(PET)을 통해 태어난 지 5일 된 신생아의 뇌를 촬영한 결과, 다른 부위는 거의 활성화되지 않은 반면 유독 아기와 부모와의

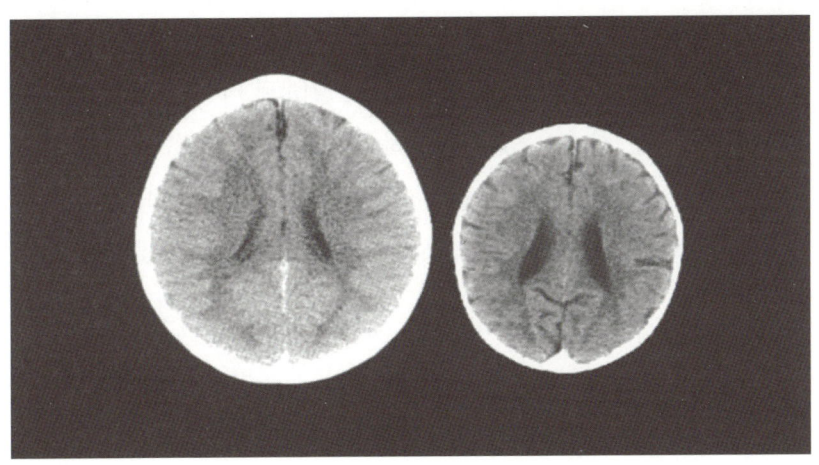

정상적인 아이(3세)의 뇌   학대받은 아이(3세)의 뇌

학대받은 아이의 뇌 아동학대를 당한 3세 아이의 뇌를 CT 촬영한 모습이다. 대뇌피질이 위축되어 있고 머리 크기도 작다.

상호 작용을 담당하는 뇌 부위만 두드러지게 활성화되었다. 이는 부모와의 상호 작용을 절실히 필요로 한다는 의미로 엄마가 아기를 안아 주거나 쓰다듬어 줄수록 피부감각과 함께 뇌도 잘 자라게 된다.

피부 마사지가 뇌 발달에 미치는 효과

어린아이를 업고 다니는 모습은 우리나라의 육아에서는 낯익은 광경이다. 미국에서는 자주 발생하는 젊은이의 총기 및 마약 관련 사고가 우리나라에는 거의 없는 것은 이러한 육아 방법과 관련이 있을 것이라는 의견도 있다. 피부 접촉이나 피부 마사지는 아기의 정서 발달과 인격 형성에 중요한 역할을 하기 때문이다. 피부에서 촉각을 감지하는 수용체는 나이가 들어감에 따라 둔해지고 적어지는데 아기 마사지를 통하여 피부감각을 잘 유지하는 것은 뇌에 신선한 자극을 준다. 피부 마사지의 효과는 다음과 같다.

인지 발달을 돕는다.

피부 마사지를 받은 아기는 그렇지 않은 아기보다 더 많은 시간 동안 '조용하게 깨어 있는 상태'로 있다. '조용하게 깨어 있는 상태'는 아기가 의사소통을 시도하고, 또 가장 잘 배울 수 있게 되는 의식 상태를 말하는 것이다. 이는 마사지를 받는 동안 많이 나타나 아기의 뇌 발달에 도움을 준다.

정서 발달을 돕는다.

피부는 뇌와 풍부한 신경회로로 연결돼 서로 정보를 주고받는 까닭에 피부에 가해지는 아주 약한 자극도 뇌에 잘 전달된다. 아기가 경험하는 스킨십은 변연계에 작용하여 정서를 안정시키는 신경회로를 발달시킨다. 반대로 스킨십이 부족하면 자주 욕구불만의 상태에 빠지게 되고, 분노와 폭력을 부추기는 신경회로가 불균형적으로 발달하게 된다.

수면 각성 리듬을 형성한다.

피부 마사지를 받은 아기는 잠을 잘 때에도 아주 깊이 잠이 든다. 흔들어서 어르면 아기는 잠이 드는 경우가 많으나 정작 잠자리에 들었을 때는 깨어 있는 경우가 많은데, 피부 마사지를 받은 아기는 잠자리에 들었을 때 깊이 잠이 든다.

스트레스를 줄여 준다.

피부 마사지는 혈액의 흐름에서 스트레스 호르몬인 코르티솔의 순환을 감소시킨다. 이런 코르티솔의 감소는 마사지를 받는 중에도 끊임없이 유지된다. 더구나 고통을 완화시키는 엔도르핀의 방출을 자극하여 스트레스를

아기를 위한 피부 마사지 방법

- 아기 피부 마사지는 얼굴→가슴→팔→배→다리→등 순으로 한다.
- 부드럽게 아기의 얼굴을 어루만진 뒤 엄마의 엄지로 윗입술과 아랫입술을 누르면서 바깥쪽으로 당겨 자연스럽게 웃는 표정으로 만들어 준다.
- 가슴은 중앙에서 시작해 하트 모양을 그리고 다시 중앙으로 오게 두 손을 모아 쓰다듬는다. 그 다음에 마치 아기의 배 위를 손가락으로 걸음마 하듯이 가볍게 자극한다.
- 팔은 마치 야구방망이를 잡듯 아기 팔을 잡고 가볍게 비틀면서 잡아당긴다. 다리도 팔과 같은 방법으로 마사지한 뒤, 손바닥을 펴서 무릎부터 발목까지 비벼 준다.
- 등은 아기를 엎드리게 한 뒤, 양손으로 목에서 엉덩이까지 쭉쭉 밀어 준다. 등뼈 마디마디를 손가락으로 눌러 준다.

줄여 준다.

편안하고 즐거운 상태에서 피부 마사지를 해 준다

피부 마사지는 아기와 이야기하거나 놀듯이 편안하고 즐거운 상태에서 해야 한다. 처음엔 가벼운 터치로 시작하고 자신이 생기면 힘을 가한다. 아기가 음식을 먹은 직후나 잠을 자고 있거나, 기분이 나쁘거나, 마사지 받기를 거부할 때 억지로 하면 안 된다.

생후 2~3일부터 10세까지 꾸준히 마사지를 해 주면 좋다. 생후 2개월까지는 다리나 발, 손 등에 부분적으로 하는데 부드럽게 쓰다듬어 주는 정도가 좋다. 생후 3개월부터는 보다 정교한 마사지를 해 준다. 마사지는 하루 중 어느 때 해도 괜찮다. 그러나 밥을 먹었을 때는 30분 후에 하고 가급적이면 일정한 시간에 한다. 마사지 시간은 10분 정도가 좋으며 끝난 후에는 30~1시간 정도 쉬도록 한다. 실내 온도는 20~22℃가 적당하며 통풍이 잘되고 조용한 장소가 좋다. 옷은 부분적으로 벗기며 바닥에 매트나 타월을 깔아 준다.

아기의 통증에 대한 잘못된 믿음

아프다는 것은 감각뿐 아니라 정서적인 것도 포함되는 주관적인 경험이다. 통증에 대한 경험의 정도에 따라 어떤 상해를 받았을 때 고통을 느끼는 것은 개인차가 있다. 그러나 아기는 아프다는 표현을 하지 못하기 때문에 통증이 과소평가되고 아기의 통증은 덜 치료하는 경향이 있다.

연구에 의하면 신생아기에 통증을 수반하는 처치가 장기적으로 아이에게 영향을 줄 수 있다고 한다. 동물 실험에서 보면 출생 초기의 고통스러운 처치는 장기적으로 환경에 대한 적응력을 떨어뜨린다는 보고도 있다.

아기의 통증에 대한 일반적인 잘못된 믿음은 다음과 같다.
- 아기는 통증에 대한 참을성이 많다.
- 아기는 생물학적으로 미숙하기 때문에 통증에 대한 감각이 적다.
- 아기는 통증의 경험에 대한 기억이 거의 없거나 전혀 없다.
- 아기는 진통제의 부작용에 더 민감하다.
- 아기는 마취약에 대한 의존성의 위험이 크다.

신생아는 통증에 민감하다

아기가 신경학적으로 미숙하기 때문에 고통에 대한 감각이나 기억이 없을 것이라고 생각하는 것은 잘못된 것이다. 신생아기에도 통증을 전달하는

데 필요한 신경계는 해부학적으로나 기능적으로 완전한 것으로 알려져 있다. 심지어는 태아들도 통증을 느낄 수 있으며 임신 6개월이면 통증과 관계되는 신경은 충분히 발달된다고 한다.

로렌조 패브리지 박사에 의하면 태아도 임신 35주가 지나면 통증을 느끼기 시작한다고 한다. 태아가 자신에게 주어진 자극을 어떻게 받아들이는지에 알아보기 위해, 미숙아 21명과 정상 출산아 25명을 대상으로 발꿈치를 바늘로 찔러 피를 뽑는 절차를 실시한 뒤 이들의 뇌 활동을 측정했다. 그 결과 35주 이전에 태어난 미숙아는 뇌가 전반적으로 활성화됐다. 이런 자극을 다른 자극과 비슷하게 받아들인 것이다. 하지만 35~37주 된 아기들은 뇌의 특정 부분에서만 활성화됐다. 아기들이 바늘로 찌른 것을 단순한 접촉 자극과 다르게 통증으로 인식했다는 것을 보여 주는 결과이다.

임신 35주부터 태아의 뇌의 신경 시스템은 점진적으로 바뀌기 시작해 성인과 비슷한 형태를 보이기 시작하는 것이다. 태아는 뇌 발달 덕에 이 시기부터 평범한 접촉 자극과 통증 자극을 식별해 낼 수 있었다. 더구나 임신 35주 이전에 나타내는 태아의 반응조차도 '통증이 아니다.'라고 단정 지을 수는 없다고 한다. 태아가 자신이 느끼는 감정을 말로 표현한 것이 아니기 때문에 정확히 언제부터 고통을 느끼는지를 확언하기는 어렵다.

신생아기에 마취 없이 채혈이나 포경 수술 같은 고통스러운 시술을 하는 경우 신생아의 혈압, 심박 수, 뇌압, 땀 분비가 증가하며 혈액 내 산소가 떨어지는 것으로 알려져 있다. 생리적인 변화뿐 아니라 행동에서도 변화도 오는데, 통증이 있는 동안 동작이 둔해지고 고통이 지난 후에도 한동안 이런 행동 변화는 지속되어 고통에 대한 기억을 하는 것으로 생각된다.

호르몬의 변화로 인하여 저혈당증이 상당 기간 지속되고 단백질이 소실됐다는 보고도 있다. 신생아의 피부는 완전한 통각 수용기를 가지고 있기 때문에 살을 집거나 찌르거나 하는 것에 민감하다. 신생아는 통증을 일으키는 조작을 하게 되면 깊은 수면의 단계로 퇴행하는데 신생아가 통증을 느끼지 못한다는 믿음은 여기서 생겨난 것이다. 그러나 아기가 자는 것은 통증을 느끼지 못하여 나타난 현상이 아니라 고통이 너무 심하기 때문에 이에 대한 반응으로 퇴행 현상을 보이는 것뿐이다.

아기는 성인보다 더 큰 통증을 느낀다는 것이 최근에 밝혀졌다. 따라서 신생아의 통증을 제대로 치료해 주지 않으면 그 통증은 아이들에게 장기적인 영향을 끼칠 수 있으며 신생아의 신경계 발달을 변화시켜 결국 통증에 더욱 민감하게 만들 수 있다. 아기의 통증이 적절히 다뤄지지 않으면, 장기적으로는 시술에 겁을 먹고 피하는 성인이 될 수 있고, 단기적으로는 우울하고 신경과민인 아이가 되게 할 수 있으며, 심한 경우에는 아이는 물론 부모까지 외상 후 스트레스 장애를 일으킬 수 있다

신생아의 통증을 줄여 주는 방법

- 아기에게 채혈이나 수술 등을 할 때는 국소마취를 한다.
- 생음악, 고전음악, 여성 성악가 노래, 자장가, 동요 등 음악을 틀어 준다.
- 모유를 먹인다.

05

신체 놀이는
공부두뇌를 키운다

아이들은 마음보다는 몸이 먼저 느낀다. 심장의 반응과 직감에 대한 연구에 의하면 심장이 직감보다 300mm/초 먼저 미래를 예지한다고 한다. 아이의 거의 모든 선택은 몸과 심장, 뇌줄기, 변연계, 대뇌피질, 전두엽과 협력에 의해 이루어지는데, 몸의 반응이 뇌의 반응보다 더 빠르다는 이야기는 몸이 머리보다 먼저 반응한다는 말이다. 몸에서 반응하기 시작하면 곧 머리에서 그 반응을 인식하여 운동에 열중할 수 있도록 만들어 준다.

운동은 성취 욕구를 자극하는 도파민이 발생하여 집중력을 높이며, 이 과정이 반복되면 뇌 속의 도파민 신경회로가 점점 강화된다. 운동을 할 때는 완전히 몰입하여 운동 자체에 빠져들게 해야 한다. 그래야 아이는 몸과 마음이 건강하게 자랄 수 있다.

운동이 단순히 신체 발달을 위해서만 중요하다고 보면 안 된다. 아이의 신체는 뇌의 도움을 받아 발달한다. 아이의 성장을 주관하는 다양한 신경회로가 몸에 들어온 정보를 처리하는 과정에서 아이는 균형 감각, 운동신경 등이 발달하면서 성장하는 것이다. 그리고 이 과정에서 만들어진 신경회로는 인지 발달, 정서 발달에도 영향을 미치기 때문에 운동은 아이의 전인적 발달의 첫 단추라고 할 수 있다.

아이가 성장하는 것은 변화가 지속되는 사선으로 이루어지기보다는 변화가 갑자기 나타나는 계단식으로 이루어진다. 한참 변화가 없다가 도파민의 폭주가 반복될 때까지 가야 계단처럼 갑자기 올라가는 것이다. 그런 의미에서 운동은 갈 때까지 가는 도파민의 폭주를 경험하기에 안성맞춤이다. 이 과정에서 형성된 도파민 회로는 아이의 몸과 정서, 인지 발달의 토대가 된다. 따라서 아이의 운동을 등한시하는 것은 아이의 몸과 마음의 성장을 저해하는 요소로 작용한다.

운동을 하면 아이들의 학습력이 높아진다. 좋은 머리는 타고난다고 생각하는 사람들이 적지 않으나 생활습관만 바꿔도 머리가 좋아질 수 있다는 연구 결과가 있다. 과학전문지 『뉴사이언티스트』의 연구에 의하면 좋은 뇌는 운동, 음식, 수면 같은 생활습관에서 나온다고 한다. 특히 운동은 뇌 발달을 촉진한다. 1주일에 3번, 30분씩만 운동해도 학습력과 집중력이 15%나 좋아진다. 운동을 하면 증가하는 두뇌신경촉진인자(BDNF)라는 물질이 기억력과 집중력을 높여 주기 때문이다.

생후 9~12주의 아기들을 대상으로 한 연구에서 첫째 군에서는 부모들이 아기를 잡고 있는 상태에서 하루에 10분씩 걷기반사를 시켰고, 둘째 군에서는 걷기반사 검사만 하고 아무것도 시키지 않았으며, 셋째 군에서는 아기를 눕혀 놓고 부모들이 아기의 손과 발을 움직이게 했다. 그렇게 8주가 흐르자 하루에 10분씩 운동을 한 아기들은 걷기반사가 계속 유지되고 강화된 반면,

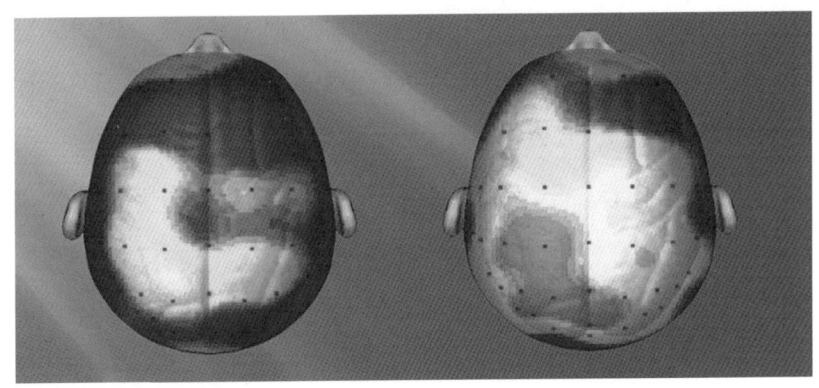

가만히 있을 때의 뇌   걸을 때의 뇌

걸을 때의 뇌활성 20분 걷는 것만으로도 운동을 담당하는 운동피질뿐만 활성화되는 것이 아니라 수학을 담당하는 두정엽을 비롯한 뇌 전체가 활성화된다.

훈련을 하지 않거나 누운 상태에서 수동적인 운동을 한 아기들은 걷기반사가 서서히 사라졌다. 또한 혼자서 걷는 시기도 하루에 10분씩 운동을 한 아기들이 한 달 이상 빨랐다.

여기에서 걷기반사란 무기력한 아기들이 낯선 세상에 살아남기 위해 가지고 태어나는 무의식적 행동 패턴인 반사행동 중 하나로, 태어난 지 얼마 되지 않은 신생아들도 발이 딱딱한 표면에 닿으면 무의식적으로 앞으로 걸어나가듯이 다리를 교대로 움직이는 것을 말한다. 이는 단순한 반사행동에 불과하지만 아기가 나중에 의식적인 걷기를 할 때 많은 영향을 미치게 된다.

그러나 이러한 운동의 효과는 장기적이지는 않다. 쌍둥이를 대상으로 한 연구에 의하면 조기에 운동을 많이 시킨다고 장기적으로 운동 능력이 향상하는 것은 아니라고 한다. 일란성 쌍둥이 중 한 명에게는 앉기, 서기, 구르기, 계단 오르기, 변기 사용하기, 세발자전거 타기와 같은 다양한 운동을 시키고, 다른 한 명에게는 별다른 운동을 시키지 않았다. 그런데 오랜 시간이 흐르자 꾸준히 운동을 한 아기와 운동을 하지 않은 아기의 운동 능력은 큰 차이를 보이지 않았다. 이러한 결과는 아기의 운동 발달은 뇌가 설계해 놓은 프로그램에 따라 이루어지는 선천적인 과정이라는 것을 시사한다.

그럼에도 불구하고 대근육 운동 발달은 인지 발달에 영향을 준다. 미국 일리노이 대학교 심리학과의 로지엔 커모이언과 조셉 감포스는 100명이 넘는 아기들을 기지 못하는 아기, 기는 아기, 아직 기지는 못하지만 보행기를 타고 다닐 수 있는 아기로 나누고, 이들 세 군에서 손수건 밑에 숨겨 놓은 열쇠와 장난감 등을 찾게 했다.

그랬더니 기지 못하는 아기들보다 기거나 기지는 못하지만 보행기를 타고 다닐 수 있는 아기들이 숨겨 놓은 물건을 더 쉽게 찾았다. 숨겨 놓은 물건 찾기는 공간을 인식할 수 있는 인지 능력이 떨어지면 수행하기가 힘들다. 따라서 운동 능력 발달이 뇌 발달과 밀접한 관련이 있음을 알 수 있다. 또한 이들은 움직이는 세트를 고안하고, 그 위에 기지 못하는 아기와 기어 다닐 수 있는 아기를 각각 올려놓고 세트를 움직였다. 그러자 기지 못하는 아기는 공간을 인식하는 공간지각력이 떨어져 아무 반응을 보이지 않은 반면, 기어 다닐 수 있는 아기는 공간지각력이 발달해 넘어지지 않기 위해 세트의 움직임에 따라 몸을 앞뒤로 움직였다.

반면에 보행기는 대근육 운동 발달을 지연시킨다. 보행기를 사용한 아기 102명과 그렇지 않은 아기 88명을 대상으로 한 연구에 의하면 보행기를 사용한 아기가 그렇지 않은 아기보다 기고, 서고, 걷는 것이 모두 늦었다. 보행기를 사용하는 시간이 24시간 늘어날 때마다 아기가 혼자 걷는 데 걸리는 시간은 3.3일, 혼자 서는 데 걸리는 시간은 3.7일 지연된다는 보고도 있다.

대근육 운동의 정상 발달

시기	특징
1~4개월	-등을 대고 누운 자세에서 반쯤 뒤집는다. -엎드려 놓으면 고개를 잠깐 들었다 내린다.
5~6개월	-누운 자세에서 두 팔을 잡고 일으켜 앉힐 때 목이 뒤로 처지지 않고 따라 올라온다. -엎드린 자세에서 가슴을 들고 양팔로 버틴다. -엎드린 자세에서 뒤집는다. -등을 대고 누운 자세에서 엎드린 자세로 뒤집는다.
7~8개월	-누워 있을 때 자기 발을 잡고 논다. -앉혀 주면 양손을 짚고 30초 이상 혼자 앉아 있다. -배를 바닥에 대고 앞으로 긴다. -앉혀 주면 손을 짚지 않고 안전하게 앉아 있다.
9~10개월	-누워 있다가 혼자 앉는다. -양손과 무릎으로 긴다. -가구를 붙잡고 일어선다.
11~12개월	-가구를 붙잡은 상태에서 넘어지지 않고 자세를 낮춘다. -가구를 양손으로 붙잡고 옆으로 걷는다. -5초 이상 혼자 서 있는다.
13~14개월	-한 손으로 가구를 붙잡고 걷는다. -아무것도 붙잡지 않고 혼자서 일어선다. -한 손을 잡아 주면 몇 걸음 걷는다. -혼자 2~3발자국 걷는다.
15~16개월	-혼자 10발자국 걷는다. -서 있는 자세에서 아무것도 잡지 않고 쪼그려 앉는다. -뒤뚱거리며 달린다.
17~18개월	-소파나 탁자 위로 기어 올라간다. -뒷걸음질 친다. -난간을 붙잡고 한 계단에 양발을 모으고 한 발씩 올라간다.

운동이 두뇌에 미치는 영향

집중력을 높여 준다.

운동은 도파민을 분비하는 신경회로를 활성화시킨다. 시냅스에서 특히 도파민의 양이 잘 조절되지 않는 불안정한 아이나 자제력이 없는 아이에게는 운동이 꼭 필요하다. 연구에 의하면 규칙적으로 운동한 아이는 반응 시간이 더 빠르고, 활력이 넘치며, 창의력이 뛰어나고, 시험점수가 더 높은 것으로 밝혀졌다. 운동은 집중력을 높이며 공부할 준비가 된 몸을 만든다. 특히 자세를 잡고 천천히 이루어지는 운동은 많은 소근육 운동의 관여와 균형을 요구하며, 이는 전정기관과 전두엽을 의식적으로 활성화시켜 집중력을 향상시킨다.

기억력을 향상시킨다.

필기하면서 기억하면 효과적인 것도 이 때문이다. 근육의 움직임과 특별히 관련이 있는 뇌의 영역에는 소뇌와 기저핵이 있다. 아이들이 오랫동안 의자에 앉아 있다가 갑자기 의자 밑으로 떨어지는 경우가 있는데, 이것은 뇌에 산소와 피가 충분히 공급되지 않았기 때문이다. 아이는 서서 움직일 때 심장박동이 증가한다. 그 결과 산소와 피가 뇌에 더 많이 흘러 뇌를 활성화시킨다. 스트레스는 기억력을 감퇴시키지만 운동은 스트레스를 해소하여 기억력 증진에 도움을 준다.

사고력을 높여 준다.

아이가 책을 읽을 때 뇌를 사용한다는 것은 분명하지만, 축구를 할 때도 뇌가 운동을 하고 있다는 사실은 아마 알아차리기 어려울 것이다. 어린 시절의 유산소 운동은 수학이나 독서 능력과 상관관계가 있다. 그래서 어릴 때 운동을 하면 운동 제어와 인지 능력 향상에 도움이 된다. 신체적으로 활동적인 아이들은 IQ, 지각 능력, 언어 능력, 수학 능력, 학업 준비도 검사에서 더 높은 점수를 얻는 것으로 나타났다. 이 관련성은 만 4~7세, 만 11~13세에서 가장 강했다. 신체 활동은 성인의 전두엽피질과 두정엽피질에서의 성장과 활동 증가로 이어진다. 뇌 영상을 연구한 바에 따르면, 이 영역은 독해와 수학 계산 검사를 할 때 활동하는 것으로 관찰됐다.

자기조절력을 키운다.

아이들은 운동 과정에서 뜻대로 되지 않을 때 분노, 화, 좌절, 수치심 등 나쁜 감정들을 많이 경험하게 된다. 아이는 압박감을 느끼지만 한편으로는 자신이 얼마나 강한지, 얼마나 잘하고 있는지 알게 된다. 그러면 아이는 어느새 화가 해소되어 운동에 집중하게 된다. 이후 스트레스로 인해 화나 분노가 일어날 때 그런 감정을 조절하고 처리할 수 있는 능력을 기르게 된다. 아이는 열정과 좌절 사이를 넘나드는 동안 굳건한 감정의 근거를 만들어 간다. 그러면 아이는 실패할 때 분노하거나 좌절하기보다는 자기조절력을 키워 다시 운동에 매진하게 된다.

자존감을 높여 준다.

활동적인 아이들이 비활동적인 아이들보다 자존감이 더 높다. 이런 결과가 나타나는 것은 부분적으로 우울한 아이들은 운동을 꺼리기 때문이다. 연구에 따르면 운동이 어른들의 경우와 마찬가지로 아이들의 불안이나 우울증 증상을 완만하게 감소시킨다. 부모들은 가끔 공부에 투입하는 시간보다 신체 활동에 소모되는 시간이 더 많다고 걱정하지만, 신체 활동의 증가로 학업 성적이 하락했다고 밝힌 연구는 단 한 건도 없다.

공감을 통하여 사회성을 키운다.

아이는 운동을 통하여 다른 사람의 감정을 읽고, 자신의 감정을 다른 사람에게 전하는 방법을 배운다. 왜냐하면 아이는 운동을 하면서 같이 운동하는 사람의 얼굴 표정과 몸의 자세 및 긴장도를 이해하는 법을 익히고, 자신이 경험하는 감정이 무엇인지를 알고 상대방에게 그것을 전하는 법을 배우게 되기 때문이다. 아이는 자신의 감정 상태를 표현할 수 있고, 운동을 하는 과정에서 상대방의 감정을 이해하고 그에 맞게 대처하는 능력을 기를 수 있게 된다. 아이가 이렇게 운동이라는 재미있는 경험 속에서 감정 읽기 훈련이 되면 다른 사람과 관계를 맺을 때 자신감을 가질 수 있다.

스트레스를 줄여 준다.

꾸준히 운동을 하는 아이는 운동 후 '머리가 맑아진다.'고 말한다. 이는 뇌가 운동의 효과를 느끼는 것으로 처음에는 힘들지만 뇌가 활성화되기 때문이다. 운동을 할 때 분비되는 엔도르핀은 스트레스를 해소시켜 준다. 강도 높은 운동을 오래 하는 것보다 오히려 자주, 조금씩 많이 움직이는 활동량의 증가가 아이의 뇌에는 훨씬 효과적이다. 따라서 일상 속에서 운동을 활발히 하는 것이 중요하다. 계단을 걸어서 올라가는 것도 일부러 하는 운동만큼 효과가 크다. 특정한 운동에 집착하기보다는 일상생활 속에서 꾸준히, 즐겁게 몸을 움직이는 운동이 아이의 뇌를 건강하게 한다.

신체적 극한 체험으로 성취감을 느끼게 한다.

아이들은 근육이 단단해지고, 두뇌가 발달하여 몸과 팔, 다리로 보내는 신호와 전정 기능이 통합되면 점점 더 난이도가 높은 운동을 하게 된다. 이러한 운동을 하는 과정에서 아이는 신체적 극한을 체험한다. 아이는 점점 더 난이도가 높은 신체 놀이를 하는 과정에서 고도의 운동 발달 단계로 진입하게 된다. 이렇게 해서 아이는 운동을 통하여 '최고'가 되는 기회를 가질 수 있다. 아이가 신체적 극한을 체험하고 그것을 극복하는 과정에서 자신감이 생기고, 최고가 될 수 있다는 성취감을 느끼게 된다.

뇌 발달을 위한 운동 지침

아이에게는 유산소 운동이 무산소 운동보다 효과적이다. 걷기, 계단 오르기, 자전거 타기 등을 통해서 신체 활동을 많이 한 아이일수록 기억력이 좋고, 기억력과 관계되는 대뇌피질의 두께가 두껍다. 뉴질랜드 정부는 아이의 뇌가 정상적으로 발달할 수 있도록 하루에 최소한 1시간씩 아이에게 운동시킬 것을 권고하는 지침을 채택했다. 이 지침은 5~18세 아이의 심신을 향상시키기 위해서는 간단한 운동이든 과격한 운동이든 최소한 하루 1시간씩 운동을 하는 게 필수적이라고 밝히고 있다. 간단한 운동이나 과격한 운동 모두 효과가 있는데, 간단한 운동은 빠른 속도로 걷는 정도를 말하고, 과격한 운동은 숨을 헐떡이게 만드는 정도의 운동을 말한다.

운동을 많이 한다고 좋은 것은 아니다. 운동을 많이 하게 되면 피로가 쌓이고 스트레스로 이어져 뇌 발달에 나쁠 수도 있다. 또 운동을 많이 하면 뇌에서 나오는 엔도르핀에 의한 쾌감 때문에 체력이 소진되도록 운동을 하게 되는데, 이것은 뇌 발달에도 좋지 않다.

보건복지부의 조사 결과, 3~18세의 아이들은 정기적으로 하는 운동으로 태권도, 검도, 합기도를 가장 많이 꼽았다. 이외에 6~8세는 수영, 12~18세는 구기 종목을 즐겼다. 성장중인 초등학교 고학년 아이들은 팔굽혀펴기, 윗몸일으키기, 철봉 등 근력 운동을 규칙적으로 하는 것이 자세를 바르게 하는데 도움을 준다. 단, 너무 무거운 중량을 이용한 근력 운동은 피해야 한다.

심폐지구력을 높이는 운동으로는 달리기 · 줄넘기 · 수영 등이 좋고, 유연성을 기르기 위해서는 스트레칭을 틈틈이 하고 축구·농구 등 구기 종목을 하는 것이 도움이 된다. 여럿이 함께 공을 움직이는 축구, 농구, 야구, 배구와 같은 운동을 통해 아이는 공의 궤도, 속도, 힘 등을 측정함으로써 공간 정보를 순간적으로 감지하는 공간판단력을 기를 수 있다.

어떻게 운동을 하는 것이 좋을까?

아이가 좋아하는 운동부터 시작한다.

아이에게 운동을 시키려면 우선 어떤 운동을 좋아하는지 파악하고 흥미를 붙일 수 있도록 도와주어야 한다. 신체 놀이의 핵심은 아이들이 운동을 재미있는 놀이라고 생각하고 즐겁게 참여하게 하는 데 있다. 가급적 신체 놀이를 하면서 아이들의 상상력을 길러 줄 수 있는 방법을 동원한다. 온몸으로 나무나 새, 자동차와 비행기 등 동물이나 탈것을 표현해 보는 것도 좋다. 부모가 함께 하며 "정말 비행기가 날아가는 것 같네."라며 추임새를 넣어 주면 창의력도 기를 수 있다. 공이나, 리본, 훌라후프 같은 도구를 이용하는 것도 두뇌 발달에 좋다. 도구를 적절하게 이용하여 목적을 달성하는 것은 두뇌의 고위사고 기능이다.

정기적으로 한다.

운동은 적어도 주 3, 4회 정도는 해야 효과를 볼 수 있다. 한 번 할 때마다 30분 이상 해야 효과적이다. 하지만 하루에 2시간 이상 무리하게 시키는 것은 뇌 발달에 좋지 않다.

같이 한다.

혼자서 운동을 하게 되면 운동이 재미가 없고 그만두는 일이 많다. 따라서 친구나 부모 등 운동친구와 같이 운동하는 것이 효과적이다. 더구나 운동을 통한 신체 접촉은 시상하부에서 옥시토신을 분비하게 하여 유대감을 증진시킨다.

지속적으로 한다.

운동은 꾸준히 하여야 한다. 연구에 따르면 뉴런을 연결하는 시냅스뿐만 아니라, 뉴런의 수도 늘거나 줄 수 있다. 어려운 동작도 일정 기간 반복하면 그와 관련된 대뇌피질이 두꺼워지고, 반대로 중단하고 일정 기간이 지나면 그 부분이 다시 얇아진다. 고난도의 동작이나 창의적 사고도 학습과 경험을 통해서 생겨나며 중단할 경우 퇴화하기도 하는 이유는 이러한 뇌의 가소성 때문이다.

뇌성마비는 조기 발견이 중요하다

12개월 이전의 아기를 가진 엄마들의 최대 관심은 목가누기, 뒤집기, 서기, 앉기, 걷기 같은 대근육 운동이다. 엄마들이 말을 제대로 하지 못하는 아기들을 보며 쉽게 확인할 수 있는 것이 대근육 발달밖에 없기 때문이다. 그래서 아기가 대근육 운동을 언제 하는가에 따라서 엄마들의 감탄과 탄식이 엇갈린다. 발달 전문가들은 대근육 운동이 생후 6개월 이내에 뇌성마비나 운동 장애, 혹은 근긴장 저하를 보이는 아이를 조기에 발견한다는 의미에서 중요시한다. 언어 발달이나 소근육 발달은 지능과 연관성이 많으나 대근육 운동은 빠르다고 해서 머리가 좋다거나 하기는 어렵다.

빨리 서면 허리에 무리가 간다느니 빨리 걸으면 다리 모양이 좋지 않다느니 하는 일반적인 속설이 있다. 물론 아기를 강제로 세우거나 걷게 했을 때는 어느 정도 근거가 있는 이야기이다. 그러나 자연적으로 서거나 걸었을 때는 괜찮다. 아기가 서는 것은 중력과 몸을 버틸 수 있는 뇌의 성숙, 근육과 골격의 발달이 이루어질 때만 가능하다. 뇌가 성숙하지 않은 아기는 아무리 강제로 세우려고 해도 세워지지 않는다.

뇌성마비는 대뇌에 선천적인 이상이나 후천적인 상해로 인하여 자세나 운동에 이상을 초래하는 질환으로 조기에 발견하여 치료할 경우 상당히 호전된 효과를 볼 수 있다. 뇌성마비는 의학의 발전에도 불구하고 줄지 않고 있는데 원인도 매우 다양하고 출생 초기부터 증상이 나타나기 시작하여 그 장애가 일생을 지속하기 때문에 심각한 문제가 되고 있다. 뇌성마비의 원인은 태아에 무산소증을 유발할 수 있는 임신부의 고혈압이나 심장이나 폐의 이상, 임신부의 자궁내 감염, 약물복용 등에 의한 대뇌의 기형 때문이거나 분만 당시 호흡곤란이나 조산으로 인한 뇌 상해 때문이다. 출생 후에도 뇌염, 무산소증, 뇌출혈 등에 의하여 뇌성마비가 올 수 있다.

뇌성마비는 발달 검사나 신경 진찰에 의존해야 하기 때문에 뇌성마비에 숙련된 의사가 아니면 발견하기 어려운 점이 있다. 보고에 의하면 신경이나 발달장애 전문의사는 뇌성마비를 6개월에 발견하지만 의학적 지식이 없는 가족은 12개월 정도에야 발견하기 때문에 조기진단의 시기를 놓치는 경우가 많다. 뇌성마비는 12개월 이전에 치료한 경우와 그 이후에 치료한 경우 예후에서 상당한 차이를 보일 뿐 아니라 조기치료를 할수록 효과적이기 때문에 조기발견과 조기치료가 아주 중요하다.

따라서 빨기나 삼키는 데 어려움을 보이는 아기, 지나치게 몸이 뻣뻣하거나 축 늘어지는 아기, 안아 주거나 기저귀 갈기가 어려울 정도로 힘을 주는 아기, 손을 쥐거나 펴는 데 이상이 있는 아기, 한쪽 손만 사용하는 아기는 운동 장애를 의심하여 발달 검사나 신경학적 진찰을 받아 보는 것이 좋다. 특히 미숙아나 출생 시 호흡곤란이 있었던 경우처럼 위험성이 있는 아기는 정기적인 발달 검사를 하여 뇌성마비를 조기 발견할 수 있도록 하여야 한다.

뇌성마비를 의심해 볼 만한 증상

시기	특징
신생아기	-힘이 없고 의욕이 없거나 심하게 보채는 아기 -고양이 소리처럼 고성의 울음소리를 내 아기 -목 가누기가 늦는 아기 -혀를 내밀고 빨기가 약하거나 씹을 때 힘을 너무 주며 입안이 과도하게 예민한 아기 -주위에 대한 관심을 거의 보이지 않는 아기 -자세가 비정상적인 아기 -비대칭적인 움직임을 주로 보이는 아기
영아기	-3개월까지 주먹을 펴지 못하는 아기 -4~5개월까지 뒤집지 못하는 아기 -7개월까지 혼자 앉지 못하는 아기 -인지 발달은 정상적인데 운동 발달이 늦는 아기 -12개월 전에 한쪽 손만 사용하는 아기 -항상 까치발을 하는 아기 -뒤집을 때 통나무처럼 굴러가는 아기

06
손놀림 놀이는
전뇌를 발달시킨다

　손놀림은 전체를 움직여 큰 운동을 하는 대근육 운동과 달리 몸의 상지, 특히 손과 손가락을 사용하는 소근육 운동을 말한다. 소근육 운동은 눈과 손의 협응, 두 손의 협응, 사물의 조작력 그리고 손가락의 민첩성과 힘의 4가지 주요 요소로 구성되어 있다. 이들이 조화를 이룰 때 아이는 손놀림을 잘할 수 있다. 손놀림은 아이의 지각 능력, 모방 기능과 관련이 깊으며 신변 처리 기술과 쓰기에 필수적인 요소이기도 하다.

　요즘 부모들은 아이들의 손놀림을 돕기 위해 노력을 많이 한다. 섬세한 손놀림이 뇌 발달에 중요하고 장래의 IQ와 상관도가 높다는 연구 결과로 인하여 손놀림을 발달시키는 놀이법이나 장난감에 대한 관심이 높고, 두 손을 모두 사용하여 좌·우뇌를 모두 발달시키자는 논의도 많아지고 있다.

　하지만 학자들은 요즘 아이들이 예전보다 손을 많이 쓰지 않는다고 지적한다. 자동화되는 세상에서 섬세한 손놀림이 필요한 일들이 오히려 줄어들었고 단순하게 단추만 누르면 되는 놀이가 많기 때문에 손가락을 가지고 하는 일이나 놀이가 점점 줄어들고 있는 것이다. 단적인 예로 요즈음에는 젓가락질을 못하는 아이도 많다.

손을 움직이면 뇌가 발달하는 이유는, 뇌가 완성되면 그 이후에는 전혀 변하지 않는 융통성 없는 존재가 아니라, 들어오는 정보에 따라 역동적으로 변화하는 기관이기 때문이다. 이를 뒷받침하는 사례도 있다. 선천적으로 넷째 손가락과 다섯째 손가락이 붙어서 태어난 아이가 있었는데, 뇌를 살펴보니 다섯째 손가락을 관장하는 자리가 없었다. 그런데 나중에 분리수술을 해서 다섯째 손가락을 만들었더니 일주일 만에 뇌에 변화가 일어났다. 뇌에 다섯째 손가락에 대응한 자리가 생기면서 그 아이는 넷째 손가락과 다섯째 손가락을 따로 사용할 수 있게 되었다.

옹알이를 하는 어린 아기에게는 '곤지곤지'나 '잼잼'과 같은 손놀이를 시키고, 좀 더 커서는 종이 찢기, 연필 잡고 낙서하기, 색칠 공부, 분유통 뚜껑

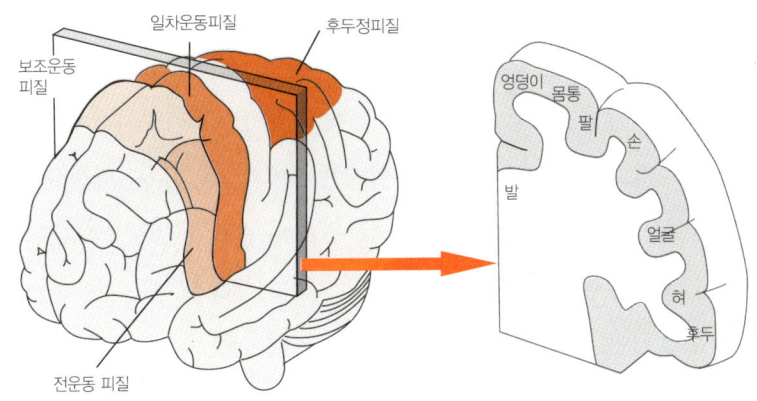

소근육 운동의 뇌 손을 관장하는 부분은 신체 각 부위의 기능을 관장하는 운동중추 면적의 30%를 차지한다. 손놀림은 복잡하고 정교한 정보 처리를 필요로 하므로 대뇌피질의 가장 넓은 면적을 차지한다.

열기, 종이접기, 책장 넘기기, 악기 연주, 숫자 세면서 손가락 펴거나 접게 하기, 가위질하기, 숟가락이나 젓가락질하기 등 일상생활에서 자연스럽게 손을 많이 움직이게 하면 뇌가 쑥쑥 자란다. 특히 젓가락질은 뇌를 활성화시키는 데 매우 효과적인 손운동이다. 한 연구 결과에 따르면, 젓가락을 사용하면 손바닥부터 시작하여 손목, 팔꿈치 등 30여 개의 관절과 50여 개의 근육이 움직인다고 한다. 그뿐만 아니라 젓가락질을 할 때는 눈이 함께 일을 하기 때문에 뇌 활동이 더욱 활발해진다. 반면 포크질을 할 때는 젓가락을 사용할 때의 절반밖에 뇌를 사용하지 않는다.

손놀림은 지능과 관련이 깊다

손을 관장하는 부분은 대뇌피질의 가장 넓은 면적을 차지하고 있다. 신체 각 부위의 기능을 관장하는 운동중추 면적의 30%가 손에 해당한다. 대뇌피질의 크기는 운동의 정밀도와 복잡성에 따라 정해지므로 손놀림이 얼마나 복잡하고 정교한 정보 처리를 필요로 하는지 알 수 있다.

손놀림은 손가락 끝의 협응 운동으로서 블록, 작은 공, 구슬과 병 등을 사용하여 평가할 수 있다. 그러나 손놀림이란 단순한 소근육만의 문제가 아니라 안구의 고정, 눈과 손의 협응 등이 이루어져야 하고 청각·시각·촉각 등의 감각과도 상호 작용을 하여야 이루어지는 것이다. 즉 외부를 탐색하며 그것에 적응하는 수단이 되기 때문에 손놀림은 IQ와 관련이 깊은 동작이 된다.

아이가 자기 연령에 맞는 손놀림을 하면 정신지체를 보이는 경우는 거의 없으며, 손놀림이 빠른 아이는 IQ가 비교적 높다. 예를 들어, 24개월 된 아이가 언어 발달은 늦지만 8개의 육면체를 쌓아올릴 수 있고 주의 집중을 잘 한다면 정신지체가 아니다.

아이들이 그리는 그림은 지능을 반영하므로 아이가 그린 인물화를 보면 나이를 예측할 수 있다. 36개월 아이는 동그라미를 그릴 수 있고, 48개월에는 네모를 그릴 수 있으며, 만 5세가 되면 세모를 그릴 수 있다. 3세나 4세 아이들이 그리는 사람은 대개 동그라미의 변형이다. 대부분 팔다리가 머리에 붙어 있거나 몸에 직접 얼굴을 이어서 그리는 식이다. 그러나 7~8세가 되어서도 계속 이런 식으로 그린다면 정신지체가 있을 가능성이 있다.

손놀림은 다음과 같은 면에서 뇌 발달을 촉진한다.

연상력과 협응력이 증가한다.

무언가를 움켜쥐었다가 놓는 손놀림은 촉각과 시각을 동시에 발달시키며 감각연합 영역의 뇌를 발달시켜 협응하는 능력을 키운다.

기억력을 향상시킨다.

연구에 의하면 손놀림이 기억해 내기 힘든 단어를 상기하는 데 도움을 준다고 한다. 손을 움직이지 않도록 막대를 꼭 잡고 있는 사람에게 단어를 찾도록 하는 퀴즈를 내면, 손을 자유롭게 쓸 수 있었을 때보다 정답을 많이 틀리고 답을 하는 시간도 더 걸린다고 한다. 또한 6개월 동안 피아노 레슨을 받은 아이들은 그렇지 않은 집단보다 그림조각 짜 맞추기 능력이 34% 향상되었다는 보고도 있다.

사고력을 향상시킨다.

블록처럼 무언가를 결합시키는 손놀림 놀이는 생산적 사고를 하는 데 필수적이다. 말이나 다른 신호에 논리적인 연관성을 형성하기 전이라도 블록 놀이를 하면 사고력을 향상시키고 나중에 다른 사람과 의사소통을 하는 데에도 도움이 된다.

창의력을 발달시킨다.
그림을 그리거나 블록을 가지고 놀다 보면 그리거나 만든 모양이 아이들마다 다르다. 그림을 그리더라도 자기가 좋아하는 것을 그리고, 블록으로 작품을 만들 때도 아이가 유난히 좋아하는 모양이 있다.

물건의 모양, 크기, 범주 등을 익힌다.
손놀림 놀이는 훗날 아이가 살아가는 데 꼭 필요한 물체에 작용하는 중력, 사물의 구조, 균형 감각도 배울 수 있다.

손놀림 발달에 좋은 장난감과 놀이

손놀림은 두뇌 발달과 직결되므로 손놀림을 섬세하게 함으로써 아이의 두뇌 발달에 도움을 줄 수 있다. 손놀림을 자극할 수 있는 장난감에는 레고, 나무블록, 공, 크레용, 나무나 딱딱한 고무로 만들어진 그림 맞추기, 간단한 리듬 악기, 간단한 기하학적 형태가 들어 있는 판, 아이가 꿸 수 있는 나무구슬 등이 있다. 손놀림을 발달시키기 좋은 놀이에는 찰흙 놀이, 가위질, 젓가락질, 운동화 끈 매기, 실뜨기 놀이, 종이 접기, 악기 연주 등이 있다. 특히 부모와 같이 하는 블록 놀이는 뇌 발달에 효과적이다.

손놀림에는 잡기, 쥐기, 놓기, 협응, 조작하기, 집어 올리기, 종이접기, 말뚝판 꽂기, 용기에 물건 담기, 쓰기, 형태판 끼우기, 블록 쌓기, 크기 순서대로 끼워 넣기, 구슬 끼우기, 색칠하기, 그리기, 자르기 등의 행동이 포함된다.

이중 어느 기능을 발달시키느냐에 따라 손놀림 놀이를 분류할 수 있다.

양손과 눈의 협응을 발달시키는 놀이

구슬 끼우기, 굴러오는 구슬 잡기, 종이 반으로 접기, 종이를 대각선으로 접어 삼각형 만들기, 가위로 종이 자르기, 5cm 폭 종이 자르기, 찰흙 길쭉하게 만들기, 찰흙 밀대로 밀기, 찰흙판에 모양틀 찍기, 블록으로 탑 쌓기, 블록으로 다리 만들기, 컵에 우유 따라 마시기, 음료수 병뚜껑 열기 등

민첩성과 집중력을 기르는 놀이

엄지와 검지를 이용해 작은 콩 담기, 스티커 붙이기, 클립을 종이에 끼우기, 숟가락으로 물 옮겨 담기, 저금통 속에 동전 넣기, 병 속에 구슬 넣기 등

손가락을 이용한 손놀림을 발달시키는 놀이

손가락끼리 맞대기, 빨래집게를 상자에 꽂기, 집게로 물건 옮기기, 물감 짜기, 스포이드로 물 옮기기, 펀치로 구멍 뚫기 등

손목을 이용한 손놀림을 발달시키는 놀이

연필 깎기, 망치 치기, 국수 만들기, 아이스크림 만들기, 볼트 조이고 풀기 등

월령별 눈과 손의 협응놀이

신생아도 손바닥에 블록을 주면 그것을 꼭 쥔다. 그러나 이때는 의도적인 쥐기가 아니다. 일종의 반사에 불과하다. 쥐기반사라고 하여 신생아가 원치 않아도 손바닥에 대기만 하면 손바닥이 오므라지면서 블록을 쥐게 되는 것

손놀림의 정상 발달

시기	특징
0~3개월	-등을 대고 누운 자세에서 두 손을 가슴 부분에 모은다. -손에 딸랑이를 쥐어 주면 잠시 쥐고 있다.
4~5개월	-앉은 자세로 안겨 있을 때 양손을 모아 쥐거나 손가락을 만진다. -손에 쥐고 있는 딸랑이를 자기 입으로 가져간다. -딸랑이를 손 가까이 주면 잡는다.
6~7개월	-손에 장난감을 쥐어 주면 흔든다. -앉은 자세로 안겨 있을 때 탁자 위의 장난감을 향해 손을 뻗는다. -작은 장난감을 집어들 때, 손바닥에 대고 손가락으로 감싸 쥔다. -딸랑이를 쥐고 있는 손에 다른 장난감을 주면 쥐고 있던 딸랑이를 떨어뜨리고 새 장난감을 잡는다. -손을 뻗어 앞에 있는 물체를 잡는다.
8~9개월	-2개의 물건을 양손에 각각 따로 쥔다. -엄지와 다른 손가락을 이용해 작은 과자를 집는다. -장난감을 한 손에서 다른 손으로 옮겨 쥔다.
10~11개월	-손잡이를 사용하여 컵을 잡는다. -우유병을 혼자서 잡고 먹는다.
12~13개월	-잡고 있던 물건을 놓치지 않고 내려놓는다. -엄지손가락과 집게손가락 끝을 사용하여 집게 모양으로 작은 알약 크기의 과자를 집는다. -장난감 자동차를 잡고 바퀴가 앞으로 굴러가도록 민다.
14~15개월	-연필의 윗부분을 잡는다. -연필과 종이를 주면 선을 이리저리 그리며 낙서를 한다. -블록을 2개 쌓는다.
16~17개월	-책의 낱장을 넘긴다. -컵에 건포도와 같은 작은 물건을 넣는 것을 보여 주면 따라서 넣는다.
18~19개월	-숟가락을 바르게 들어 입에 가져간다. -연필의 중간 부분을 잡는다.
20~21개월	-블록을 4개 쌓는다. -블록 2개 이상을 옆으로 나란히 배열한다.
22~23개월	-벽면 전등 스위치를 켜고 끈다. -문손잡이를 돌려서 연다.
24~26개월	-연필의 아랫부분을 잡는다. -유아용 가위를 주면 실제로 종이를 자르지는 못해도 한 손으로 종이를 잡고 다른 손으로는 가위 날을 벌리고 오므리며 종이를 자르려고 시도한다.
27~29개월	-신발 끈 구멍이나 구슬 구멍에 끈을 끼운 후 빼낸다. -수평선 그리는 시범을 보여 주면 흉내 내서 그린다.

시기	특징
30~32개월	-엄지손가락과 다른 손가락 사이로 연필, 크레용 또는 펜 등을 잡는다. -자신의 옷이나 인형 옷의 단추를 푼다.
33~35개월	-원이 그려진 것을 보여 주면 원을 그린다. -십자(+) 그리는 시범을 보여 주면 흉내 내서 그린다. -종이를 두 번 연달아 접는다.
36~41개월	-그려진 점선을 따라 선을 그린다. -사각형이 그려진 것을 보여 주면 사각형을 그린다.
42~47개월	-가위로 직선을 따라 똑바로 오린다. -뚜껑을 돌려서 연다. -십자(+)가 그려진 것을 보여 주면 십자(+)를 그린다.
48~53개월	-계단 모양을 블록으로 쌓는다. -색칠 공부용 그림 속에 색을 칠한다. -네모를 가위로 오린다.
54~59개월	-피라미드 모양을 블록으로 쌓는다. -엄지손가락과 다른 네 손가락을 차례로 맞닿게 한다. -삼각형이 그려진 것을 보여 주면 삼각형을 그린다. -아이의 이름을 적어 주면 쓰인 자기 이름을 보고 따라 쓴다.
60~65개월	-동그라미를 가위로 오린다. -간단한 자동차 모양을 흉내 내어 그린다. -주전자나 물병의 물을 거의 흘리지 않고 컵에 붓는다.
66~71개월	-마름모가 그려진 것을 보여 주면 마름모를 그린다. -집, 나무, 동물 같은 사물을 알아 볼 수 있게 그린다.
72개월 이상	-리본 묶기를 한다.

이다. 아기가 의도적으로 블록을 쥐려면 5개월은 되어야 한다. 아기는 4개월 반부터 5개월까지는 손바닥과 손가락을 사용해 물건을 쥔다. 아직 손가락 놀림까지 자유로워진 것은 아니고, 엄지와 다른 네 손가락을 나란히 붙여서 물건을 쥐는 정도이다. 아기는 5개월이 되어도 블록을 꼭 쥐기보다는 블록을 손바닥으로 만지는 수준이다.

엄지를 다른 손가락과 분리해서 쥐는 것은 6개월이 지나서부터이다. 아기는 7개월이 되면 블록을 엄지손가락을 사용하지 않고 손바닥으로 쥘 수 있다. 7~8개월의 아이는 한 번에 2개의 물건을 쥘 수 있게 되는데 가지고 있는 2개의 물건을 비교하기도 한다. 손을 지능적으로 사용하는 것도 가능한데 멀리 굴러간 장난감을 끌어오기 위해 손잡이 끈을 잡아당기거나 천 위에 놓여 있는 장난감을 손에 넣기 위해 천을 잡아당긴다. 대상영속성 개념도 생기기 시작하여 장난감을 보여 주고 수건으로 덮으면 수건을 벗겨 낸다.

손바닥을 사용하지 않고 손가락만으로 물건을 잡는 고도의 기술은 9개월이 되어서야 가능하다. 이처럼 손가락을 자유자재로 사용하는 것은 뇌 발달이 이루어져야 가능하다. 초기의 쥐기는 팔 전체를 사용하지만, 15개월이 되면 손가락 모두를 함께 사용해서 성숙한 손놀림이 가능하다. 그러나 수저나 젓가락을 자유자재로 사용하기 위하여 손가락을 사용하는 것은 훨씬 이후에야 가능하다. 24개월이 되어도 아이는 포크 다루는 것이 서투르다.

눈과 손의 협응이 중요하다

생후 첫 1년 동안에 보는 것과 자기 손을 움직이는 방법 간의 협응이 필요한 기본적인 손놀림이 발달한다. 그 이후 몇 년에 걸쳐 주위 세계를 탐색하고 숙달해 감에 따라서 이 기본 조작들을 정교하게, 또 확대시켜서 사용하게 된다. 출생에서 4개월까지의 아기는 자기 손을 바라보는 데에 많은 시간을 보낸다. 팔과 다리는 아무렇게나 저으면서 침대 구석에 있는 장난감을 보다가, 곧이어 자기 손을 다시 본다.

딸랑이 놀이

딸랑이를 쥐고 있는 손을 흔들어 주어 소리를 내게 한다. 딸랑이를 놓치게 한 다음 다시 쥐게 한다. 딸랑이는 청각에 대한 지각력과 눈과 손의 협응을 자극한다. 딸랑이는 진정 효과가 있다. 아이에게 말을 하거나 이름을 부르면서 딸랑이를 흔들어 준다. 아기는 4개월이 되면 머리 위의 모빌에 손을 뻗기 시작한다. 아기가 이런 반응을 보이면 부모는 아기가 잡기 좋은 장난감을 머리 위에 매달아 주는 것이 좋다. 아기는 자기 주변에 있는 모든 사물을 확인하려고 하는데 이러한 호기심은 아기의 두뇌 발달을 촉진한다.

손거울 놀이

아기를 아기용 의자에 앉히고 손이 닿는 곳에 거울을 놓는다. 부모가 먼저 거울을 손에 들고 거울에 비친 자기 모습을 보며 "거울 속에 누가 보이네?"라고 이야기를 시작한다. 그리고 나서 아기 앞에서 거울을 들어 올리면, 아이는 그 속에 있는 '또 다른' 아기를 바라보고, 손을 내밀어서 그 친구를 토닥인다. 생후 5개월이 되면 대부분의 아기는 손을 뻗쳐서 물건을 잡는 일이 완전히 가능해진다. 눈으로 어떤 사물을 잡았다가 떨어뜨리고, 다시 잡는 것과 같은 행동을 한다.

고리 놀이

고리를 쳐다보는 도중에는 몸을 움직이지 않다가 고리가 손 가까이에서 흔들리면 고리를 잡으려고 바깥 방향으로 팔을 내뻗는다. 만약 우연히 고리를 잡게 되면, 계속해서 고리를 쳐다보려고 애쓰면서 바로 입으로 가져간다. 이것은 마치 고리 쳐다보기와 고리 느끼기를 협응하려고 시도하는 것 같다. 생후 6개월이 되면 손이 닿는 곳에 있다면 무엇이든 손을 뻗친다. 아기는 한 번 손을 뻗쳐서 물건을 붙잡으면, 그것을 씹어 보거나 손에 들고 눈에서 보통 15~20cm 정도의 거리에 놓고 바라보거나 만지거나 한다. 양손을 써서 노는 것도 손을 뻗쳐서 잡는 것과 관계가 있다. 손을 뻗는 아기 5명 중 적어도 4명은 오른손을 쓰려고 한다. 왼쪽에서 물건을 내민 경우에는 오른손으로 잡을 때도 있고, 왼손으로 잡을 때도 있다. 아기가 왼손으로 잡았을 때에는, 혹은 왼쪽에 물건을 놓았을 때에는, 오른손은 왼손에 쥔 것을 만지거나 잡거나 한다. 때로는 한쪽 손에서 다른 쪽 손으로 몇 번이고 바꾸어 잡을 수도 있다.

빨기 놀이

치아가 날 무렵에 아기가 자꾸 물건을 입에 넣고 빤다면 아기의 잇몸을 진정시켜 줄 필요가 있다. 치아발육기 중에는 딸랑이 소리를 내는 부드러운 제품도 있다. 플라스틱이나 고무, 나무로 된 것을 고른다. 생후 7~10개월에는 손을 뻗치는 능력과 쥐기를 조정하기 위하여 시각 활동을 강화시킨다. 먼저 눈이 장난감의 위치에 고정된다. 그러고 나서 손을 뻗쳐 그것을 잡으려고 하는데 이때는 시각적 고정을 다소 늦춘다. 그러면서 종종 그 장난감을 놓친다. 장난감을 놓치면 눈을 그 장난감에 더욱 열심히 고정하고 뻗치기 반응을 조정해서 마침내 그 장난감을 다시 잡는다. 장난감을 손에 쥐면 계속해서 쳐다본다. 이것은 아기가 자신이 보는 것을 느끼는 것과 관련짓고, 또 자신이 느끼는 것을 보는 것과 상호 연관시키는 단계적인 과정을 경험하는 것이다. 눈을 이용하여 자신의 행동을 안내하는 것을 학습하는데, 이것이 곧 눈과 손의 협응이다.

털실 줍기

엄지와 검지를 핀셋의 머리 모양으로 만들어 작은 물건을 집는 것은 침팬지와 같은 고등동물만 할 수 있는 동작이다. 아기는 빠르면 9개월부터 할 수 있다. 털실처럼 아주 작은 것을 집어 올리려면, 시각도 정확한 거리감과 입체감을 가지고 손가락의 움직임과 연동하지 않으면 안 된다. 10개월부터 초등학교 때까지, 아이는 이러한 행동들을 정교화하고 확장시키기 위하여 계속해서 탐색하고 손놀림을 한다. 블록을 집어서 상자 안에 넣을 수 있으며, 꽤 능숙하게 혼자서 식사를 할 수 있고, 종이에 그림을 그리며, 수저를 사용하는 등 점점 더 많은 기술을 습득하게 된다.

끼워 넣기 놀이

각 모양의 조각을 상자 구멍의 모양에 맞추면서 아이는 다양한 모양을 구분하며, 보는 것과 느끼는 것 사이에서 상호 작용을 한다. 동시에 손가락 조절 능력을 향상시키며 문제해결력을 향상시킨다. 처음에는 한 번에 한 가지 모양만 알려 준다.

만약 아이가 맞지 않은 구멍에 막대기를 집어넣으려고 하더라도, 조바심 내지 않아야 한다. 부모가 시범을 보이는 것을 지켜보게 한 후에 다시 시도하게 하여 스스로 답을 찾도록 한다. 아이는 시행착오를 통하여 문제해결력을 향상시킨다.

블록 쌓기

아이는 블록을 갖고 놀면서 읽기와 수학에 필요한 기술을 익히고, 모양과 크기를 통하여 조화와 선택·결정을 배운다. 변화가 필요하다는 것을 깨달으며 적응과 융통성이 필요하다는 점도 배운다. 그리고 새로운 모양으로 조각을 맞출 때는 창의성과 순수성을 기르게 된다.

막대기 놀이

막대기를 활용하면 도구를 이용하는 사고력과 공간지각력 등 아이의 뇌에 좋은 자극을 줄 수 있다. 먼저 아이의 가슴 높이 정도 되는 탁자 위에, 그리고 아이의 손이 닿지 않을 만한 위치에 흥미로운 장난감을 올려 둔다. 그런 다음 그 옆에 긴 막대기 하나를 올려 두도록 한다. 두 사물의 관계를 이용할 수 있다는 생각에 이르기까지는 고도의 사고력이 필요하다. 처음에는 되는 대로 건드려 보지만, 아이는 차츰 어디를 건드리면 어떻게 움직이는지를 알게 된다.

손놀림 놀이로 좌·우뇌를 모두 발달시킨다

신생아 중에는 손으로 무언가를 잡기 시작하면서부터 한쪽 손을 더 많이 사용하기도 하지만 대부분의 아기는 양쪽 손을 같이 사용한다. 24개월이 되면 한쪽 손을 더 많이 사용하게 되고, 3~4세가 되면 뚜렷하게 한쪽 손을 많이 쓰게 된다. 물론 아기가 돌 전에는 한쪽 손만을 내밀거나 하기도 하는데 아직 변화가 많기 때문에 특별한 의미는 없다. 이러한 아기들 대부분은 나중에 오른손잡이가 된다. 또 1~2세경에는 왼손잡이였으나 자라면서 오른손잡이로 바뀌는 경우도 있다. 그러므로 왼손잡이인지 오른손잡이인지는 12개월 전에 판단하기가 어려우며 5세 이후가 되어야 정확히 알 수 있다.

오른손잡이가 되는 것이나 왼손잡이가 되는 것은 이미 선천적으로 결정된 것이지 부모가 어느 손을 더 많이 사용하도록 유도해서 바뀌거나 하지는 않는다. 우리의 뇌는 이미 오른손잡이와 왼손잡이로 사전에 입력되어 있다. 왼손잡이는 주로 태어날 때부터 타고나며 오른손잡 부모의 자녀 중 75%가 오른손잡이가 된다. 아빠가 왼손잡이이면 아들도 왼손잡이일 확률이 높다.

왜 한쪽 손을 다른 손보다 많이 쓸까?

한쪽 손을 다른 손보다 많이 쓰는 이유에 대해서는 아직 완전히 알려지지 않았다. 일부 곤충을 포함해서 대부분의 동물은 어느 한쪽 손을 더 많이 사용한다. 엄마 뱃속에 있을 때 태아는 오른쪽을 약간 더 선호한다. 아마도 뇌에서 나오는 신경이 신체의 왼쪽보다는 오른쪽으로 흐르는 것이 많기 때문일 것이다. 10명의 아이 중 1명이 왼손잡이이며 그중에서 2명 중 1명은 실질적인 양손잡이이다. 남아가 여아보다는 왼손잡이가 많다. 발달전문가 게젤은 아기가 한쪽 손을 많이 사용하는 것은 비대칭 긴장경반사라는 신생아 반사에서 유래한 것이라고 말하지만 사회적 압력과 모방이 한쪽 손을 많이 쓰는 주된 이유라고 주장하는 심리학자도 있다.

여아는 남아보다 인형이나 아기를 왼손으로 잡으려는 경향이 있다고 한다. 언제 이러한 성향이 발전되는지는 추측만 할 수 있을 뿐이다. 한쪽 발을 많이 사용하는 것은 비교적 손의 경우보다는 적은데 실제로 학습된 기술에 대해서는 한쪽 다리를 사용해도 다리 하나로 뛰거나 설 때에는 다른 쪽 다리를 사용할 수 있다. 손에 대해서도 글쓰기나 가위질하기 혹은 카드놀이와 같은 학습된 기술은 많이 사용하지 않는 손으로도 수행할 수 있다.

그러면 어느 손을 더 많이 쓰느냐에 따라 아이의 창의력이나 지능에 차이가 날까? 쌍둥이, 운동신경이 둔한 아이, 경련아, 정신질환자, 천재 그리고 범죄자 중에는 왼손잡이가 많다고 한다. 왼손잡이 아이가 오른손잡이 아이보다 학습장애 등이 올 확률이 많은데, 출생 시 스트레스나 발달장애 등으로 인하여 왼손을 더 사용하는 경우가 있기 때문으로 생각된다. 그러나 모든 왼손잡이가 미세한 뇌손상이 있다는 주장은 맞지 않다. 평균적으로 위대한 인물 가운데는 왼손잡이가 많다. 특히 예술 분야에서 왼손잡이의 활약은 두드러진다. 왼손잡이는 우뇌가 발달한 사람이 많기 때문일 것이다.

왼손잡이의 인지 능력이 오른손잡이보다 우수하다는 보고도 있다. 로버트 네베스(Robert Nebes)는 도형의 의미를 이해하는 시험에서 왼손잡이보다 오른손잡이가 떨어진다고 보고했다. 구약성서의 「사사기」에도 우수한 왼손잡이에 관한 기록이 있다. 어느 마을에서 우수한 병사 700명을 보냈는데 모두 왼손잡이였다. 그리고 그들은 한 가닥의 터럭을 향해서 돌을 던져도 벗어나는 일이 없는 날래고 용맹스러운 군사들이었다고 한다.

양쪽 손을 다 사용할 수 있는 아이가 유능하다

대부분의 왼손잡이는 오른손잡이이기도 하다. 보통 한쪽 손만 쓰는 일은 거의 없다. 글쓰기, 가위질하기와 같은 학습을 통하여 이루어지는 기술에서는 남녀 모두에서 오른손잡이나 왼손잡이의 차이가 없다. 양쪽 손을 다 사용할 수 있는 아이는 한쪽 손을 사용하는 아이보다 유능하다. 사실 한쪽 손의 기술이 미숙하다는 것은 다른 쪽 뇌의 이상과 연관이 있는 경우가 있기 때문이다.

전뇌를 발달시키기 위하여 양손놀이를 강조하는 교육이 관심을 받고 있다. 그러나 두뇌 발달은 양손놀이만 한다고 되는 것은 아니다. 다양한 신체 자극과 신체 놀이가 아이들의 호기심을 자극하고 뇌에 자극을 주어야만 가능한 것이다. 굳이 양손놀이가 두뇌를 발달시키는 것이 아니라 어떤 놀이라도 엄마가 어떻게 유도하느냐에 따라 달라질 수 있다. 다양한 자극으로 우뇌가 발달하면 좌뇌도 자연스럽게 발달하면서 전뇌가 골고루 발달하여 창의력과 사고력을 발달시킨다고 생각해야 한다.

레오나르도 다빈치는 회화, 조각 등 상상력과 창의력을 담당하는 우뇌와 수학, 과학, 의학, 건축 등 분석력과 논리력을 담당하는 좌뇌가 모두 발달한 예술가이다. 레오나르도 다빈치처럼 아이를 좌뇌와 우뇌가 고르게 발달하도록 기르는 것이 부모들의 바람이다. 손놀림 놀이를 통하여 좌뇌와 우뇌 모두를 발달시킬 수 있다.

오른손잡이의 오른손은 언어를 매개하는 기능, 언어로 생각한 것을 실현하는 기능, 단순히 잡고 집고 쥐는 것에서 글을 쓰는 것까지 다양한 기능에 사용된다. 왼손은 물체 파악과 공간 인식 그리고 그것을 단서로 실현하는 기능에 사용하면 좋다. 왼손잡이는 그 반대로 사용하면 된다. 우리의 뇌는 좌우가 특수화되어 있으므로 그것에 맞게 손을 사용해야 한다.

이제까지 학교 교육에서 왼손 교육이 중요시되지 않았다는 것은 놀라운 일이다. 우뇌가 언어뇌인 왼손잡이 아이에게 오른손으로 글을 쓰도록 강요하는 것은 아이의 인간성을 무시한 교육이라고 할 수 있다. 공간인지 능력을 무시한 채 쓰기 힘든 정도가 아니라 기능이 떨어지는 손을 사용하게 하는 것이기 때문이다. 비티 헤르멜린(Beate Hermelin)은 오른손잡이가 점자를 왼손 집게손가락과 가운뎃손가락으로 읽으면 속도가 빨라지고 잘못 읽는 일도 적어진다고 보고했다. 왼손의 공간인지 능력을 활용한 것이다.

사람의 89%는 왼쪽이 언어뇌인 오른손잡이이다. 언어뇌가 오른쪽에 있는 왼손잡이를 오른손잡이로 교정하는 일은 손을 사용하는 능력과 언어를 사용하는 능력을 떨어뜨릴 위험이 있다. 손끝의 섬세함과 말하는 능력이 충분하게 발달하지 못할 가능성이 있다. 가족 중에 왼손잡이가 있다면 언어뇌가 오른쪽일 수 있는 유전자를 가지고 있을 가능성도 있으므로 왼손잡이인 상태로 심신을 발달시키도록 노력해야 한다.

본래 왼손잡이인데 오른손잡이로 교정한 경우, 언어뇌가 왼쪽인 경우와

전뇌 발달을 위한 장난감과 양손놀이

시기	특징
0~6개월	신생아 시기에는 양손으로 물건을 잡을 수 없는 시기이므로 청각과 시각을 동시에 자극시킬 수 있도록 소리가 나는 모빌 등이 좋다. 5개월이 되면 양손을 써서 사물을 잡을 수 있으므로 촉각 공, 자극주사위 등이 도움이 된다.
6~12개월	한 손으로 잡은 것을 다른 손으로 바꿔 들거나 양손으로 들 수가 있기 때문에 흔들면 소리가 나는 딸랑이, 건드리면 움직이는 오뚝이, 소리가 나는 공 등이 좋다. 이런 장난감을 이용하여 아기로 하여금 기어 다니게 하는 것도 전뇌 발달에 좋다.
12~18개월	일상용품에 관심을 가지는 때이므로 지퍼를 내리거나, 큰 단추를 채운다거나, 구슬을 꿰는 등의 놀이를 하여 가능한 범위 내의 생활 체험을 하게 한다.
18~24개월	걷고, 달리고, 오르는 일이 가능하기 때문에 자기 몸을 자유롭게 사용하도록 놀이터에서 놀 수 있는 시간을 늘려 줄 필요가 있다. 조각 맞추기, 나무블록, 그림 도구 등이 소근육을 발달시키는 중요한 장난감이다.
24~36개월	가르쳐 주지 않아도 노래하고 춤추고 그림을 그리는 때이다. 다루기 쉬운 리듬 악기나 그림을 그릴 수 있는 굵고 선명한 크레용 등은 좋은 장난감이다. 역할놀이를 할 수 있는 시기이므로 소꿉놀이나 미니어처 등도 도움이 된다.
36개월 이후	어휘가 급속하게 늘고 수 개념도 생기며 학습과 관련한 장난감과 협동놀이가 가능한 시기이므로 또래의 아이들과 함께 놀 수 있는 장난감이 필요하다. 창조성과 예술성을 길러 주는 크레용, 손가락으로 칠하는 그림물감, 음악 도구, 수를 가르치기 위한 게임 장난감, 소근육을 발달시키는 가위와 색종이 등 창의력과 사고력을 동시에 키워 주는 것이 좋다.

오른쪽인 경우가 있다. 교정이 그 후의 지능 발달에 어느 정도 영향을 미치는가에 대해서는 사실 명확하지 않다. 아이가 왼손잡이라고 해서 오른손잡이로 교정할 경우, 그 아이의 장래에 공간인지, 손을 사용하는 능력, 언어뇌의 기능에 나쁜 영향을 미칠 수 있다는 것은 각오해야 한다. 아이가 왼손잡이라면 교정하는 것이 아니라 좌우 각각의 손 기능이 발달할 수 있도록 도와주어야 한다.

손놀림 발달을 위한 월령별 육아 포인트

소근육 운동은 젓가락질, 연필 잡기, 종이접기처럼 놀이와 학습에 필요한 미세한 손놀림을 말한다. 이처럼 미세함과 정교함을 필요로 하는 소근육 운동은 뇌를 많이 활성화시킨다. 그래서 부모는 블록 놀이나 퍼즐 맞추기 등 소근육 운동을 발달시키는 손놀림 놀이에 각별한 관심을 쏟는다. 소근육 운동의 발달을 위한 월령별 육아의 포인트를 알아보자.

0~3개월 : 손을 빨면서 자아를 발견한다.

처음에 손이 입 근처에 오면 본능적으로 손가락을 물던 아기가 생후 2~3주가 지나면서부터는 의식적으로 손을 입으로 가져가서 문다. 반사적인 행동이 의식적인 행동으로 발전하는 것이다. 아기의 감각 중에서 가장 먼저 발달하는 것이 입술과 혀의 촉각이므로 아기는 입을 사용하여 주변 사물의 형태를 관찰하거나 확인한다. 손가락 빨기는 입과 혀로 사물의 형태를 확인하려는 탐색 활동이다. 아기는 자기의 손을 입으로 가져가 넣고 빨면서 손의 모양과 질감을 익힌다. 아기가 입으로 가장 먼저 물고 빨게 되는 손은 아기가 자아를 발견하는 첫 번째 대상물이다.

4~6개월 : 손으로 잡아 호기심을 충족한다.

생후 4개월이 되면 장난감을 향해 손을 뻗어 잡기 시작하는데, 이는 눈과 손의 협응이 가능해졌음을 의미한다. 눈도 장난감에 초점을 정확하게 맞추기 시작한다. 장난감을 손에서 떨어뜨리지 않으려면 손가락을 잘 사용하여야 하는데 생후 6개월에는 이것도 가능하기 때문에 아기는 손에 닿는 것들을 무조건 입으로 가져가면서 호기심을 충족한다. 이 시기에는 아기의 식탁 앞이나 침대 앞에 장난감을 대롱대롱 매달아 놓는다.

7~9개월 : 흉내내기로 워킹메모리를 키운다.

 7~8개월경부터는 드디어 검지를 사용하기 시작한다. 검지의 사용은 손놀림에서 매우 중요하다. 검지를 얼마나 잘 사용하느냐에 따라 손놀림의 능숙도가 결정되기 때문이다. 아기가 생후 8개월이 되면 숟가락을 주어 혼자 떠먹기를 시도하게 한다. 이 시기에는 양손에 블록을 하나씩 들고 맞부딪치면 소리가 난다는 사실을 알게 되는데 아기는 스스로 소리를 만들어 내는 것을 좋아한다. 오른손과 왼손을 맞부딪치는 동작은 양손이 서로 협응되어야만 가능한 동작이다. 양손의 협응으로 짝짜꿍, 잼잼 놀이도 가능해진다. 생후 7~8개월 아이는 손놀림으로 엄마 아빠의 특징적인 동작을 따라 한다. 컵으로 물을 마시는 흉내도 내고, 아빠가 '빠이빠이' 하고 손을 흔들면 아이도 아빠를 따라 손을 흔든다. 워킹메모리가 발달하여 아빠의 손동작을 기억한 다음 손으로 동작을 재현하는 것이다. 학습에 중요한 워킹메모리의 발달을 위해서는 손놀림을 이용한 모방놀이가 제격이다.

10~12개월 : 핀셋 집기로 인지 기능을 높인다.

 생후 10개월 정도가 되면 손끝이 제법 섬세해져 엄지와 다른 손가락만으로 물건을 잡을 수 있는 이른바 '핀셋 집기'가 가능해진다. 아이의 마음을 사로잡는 무언가가 생기면 손가락으로 가리키는 직접적인 포인팅(pointing)이 활발해지는 시기이다. 이 무렵에는 검지를 사용할 수 있는 기회를 자주 주는 게 중요하다. 소근육 운동이 좋으면 머리가 좋다고 하는 이유는 소근육 운동이 대뇌피질과 소뇌의 협력으로 발달하는 것이고 대뇌피질과 소뇌의 발달은 비슷한 시기에 성숙되므로 소근육 발달이 빠른 아이는 대뇌피질의 기능의 하나인 인지 기능도 높은 경우가 많기 때문이다. 소근육이 발달한 아이들 중에서 머리가 좋은 아이가 많고 소근육이 발달하지 않은 아이는 대체로 지능 검사에서 낮은 결과가 많다.

13~18개월 : 더욱 정교한 손놀림으로 뇌를 자극한다.

손놀림은 단순히 소근육만의 문제가 아니다. 안구 고정, 눈과 손의 협응이 함께 이루어져야 하며, 청각·시각·촉각 등의 감각과도 자연스러운 상호작용이 이루어져야 한다. 아이의 연령에 맞는 손놀림을 하는 아이 중 발달 지체를 보이는 아이는 거의 없으며 소근육 발달이 빠른 아이는 지능도 비교적 높은 편에 속한다. 이제는 아이가 어느 순간 갑자기 문고리를 잡아당겨 문을 열 수 있게 된다. 손목의 조절 능력이 발달해 문고리를 손으로 돌릴 수 있게 된 것이다. 그리고 손가락질을 시작하는 시기이기도 하다. 이전까지 무언가를 가리킬 때면 손가락 5개를 모두 벌린 채 손을 뻗었다면 이제는 차츰 집게손가락으로 움직이는 물건과 소리 내는 물건, 알고 싶은 물건을 가리키게 된다. 언어 및 의사소통 능력이 활발하게 발달하는 시기로 이때의 손가락질은 원하는 물건을 명확히 가리키는 표현 수단이 된다.

19~24개월 : 목적이 있는 놀이를 하면서 소근육을 자극한다.

생후 18개월에는 생활놀이를 통하여 소근육 운동을 발달시킨다. 가령 모래밭에서 양동이에 모래를 넣은 후 삽으로 다시 모래를 파내는가 하면, 다시 다른 그릇에 옮겨 담기를 여러 차례 반복한다. 또한 목적이 있는 놀이를 하는 것도 특징이다. 생후 18개월부터는 쌓는 데 목표를 갖고 더 높이 쌓으려고 애를 쓴다. 생후 18개월 무렵이면 블록을 3개 이상 쌓을 수 있는데, 블록을 쌓는 것도 좋아하지만 블록을 넘어뜨려 무너지는 것을 보는 것도 좋아한다. 아이는 18개월 전후로 색깔과 도형에 관심을 갖는데, 이때 유아용 안전 가위로 직접 색종이를 자르게 하면 손 근육과 두뇌 발달에 도움이 된다. 쌓기와 끼우기가 가능한 레고류의 장난감도 소근육 자극에 효과적이다. 24개월이 되면 스스로 바지나 신발을 벗는 것부터 시작해 차츰 입고 신기도 가능해진다.

25~30개월 : 손놀림으로 직접 문제를 해결한다.

25개월부터는 여러 가지 자극을 매우 적극적으로 받아들이고 즐거워하는 시기이다. 주변 사물에 대한 호기심이 최고조에 이른다. 특히 손과 눈의 협응과 손가락 간의 협응이 모두 가능하므로 색칠하기, 모양 따라 그리기, 블록 놀이와 퍼즐 놀이, 종이를 자르거나 접기, 찰흙놀이 등의 놀이를 통해 손놀림이 발달한다. 이 중 블록 놀이와 퍼즐 놀이는 눈과 손의 협응력뿐 아니라 블록이나 퍼즐을 집고 놓는 손의 조절 능력과 감각 인지 발달의 변별력 등을 요구하는 놀이이다. 그리고 색칠하기는 연필이나 크레용을 잡을 수 있는 힘이 생기면서 긁적거리는 것부터 시작하여 점차 형태가 있는 그림을 그리고, 원하는 대로 색칠할 수 있게 되는 과정을 거친다. 처음에는 낙서를 하더라도 방향 없이 마구 하다가, 팔꿈치를 움직이며 좌우로 낙서를 하게 되고, 손목과 손가락 관절을 이용하게 되면 상하로 낙서를 할 수 있게 된다. 이제는 아이 혼자 해결할 수 있는 일도 제법 있으니 일정 부분 아이 혼자 할 수 있는 여지를 두는 것이 중요하다. 예컨대 단추 풀기, 양말 벗기, 지퍼 내리기, 치마나 바지 벗기 등을 아이 스스로 하도록 해 소근육 발달도 돕고 바른 생활습관도 형성시킨다.

31~36개월 : 마음껏 낙서하며 인지 능력을 키운다.

비교적 형태를 갖춘 그림을 그리는 시기는 생후 30개월 무렵이며, 만 3세 이후부터는 나름대로 형태가 있는 그림을 그리게 되고, 만 4세가 넘어서면 아이의 설명을 듣지 않고도 알아볼 수 있는 그림을 그리기 시작한다. 아직 원이나 직선 정도만 그릴 수 있는 시기이기는 하지만 사람을 그리라고 하면 동그라미와 점, 직선을 이용하여 마치 흑점이 있는 태양과 같은 모양의 사람을 그려 놓기도 한다. 그림 그리기는 아이의 인지 능력을 비롯해 심리 상태를 엿보는 단서가 될 수도 있으므로 부드러운 크레파스와 잘 그려지는 펜을 주고 마음껏 낙서할 기회를 자주 준다.

제2장

언어 기능 · 사고력 · 분석력을 높이는
좌뇌 키우기

좌뇌는 언어를 처리하고 세계를 분류하며 수학적 계산을 수행하고 복잡한 운동 과제를 계획하며 논리적이고 분석적이다. 과제를 할 때도 논리적이고, 정확하며, 순서를 지키려고 한다. 또한 질서를 좋아하고 규칙을 추구하여 계획대로 일을 처리한다. 의사소통을 할 때도 말의 내용이나 논리에 주의를 집중한다. 좌뇌는 긍정적인 감정들을 관장하며, 언어사고력, 수리력, 추리력, 분석력, 논리력 등의 사고를 담당한다.

좌뇌가 발달한 아이는 다른 아이들과 선의로 경쟁하고, 언어를 문법에 맞게 잘 사용하고 어휘력이 풍부하며 결과를 예상한다. 숫자, 글자, 규칙과 같은 추상적 개념들과 상징들을 잘 사용하며, 몇 개 단계가 있는 활동들을 계획하고 수행할 수 있고, 문제 해결을 위하여 사람과 사물을 선택하고 조직할 수 있다.

영아기에는 듣거나 말하는 단어가 좌뇌, 우뇌 모두의 뉴런을 활성화시키는데 생후 24개월이 가까워 오면 언어는 좌뇌로 특화된다. 초등학교 시기에는 언어의 뇌라고도 할 수 있는 측두엽이 주로 발달하는데, 이 시기를 놓쳐서 영어를 12세 이후에 배우면 좌뇌의 활성이 거의 없다. 열심히 노력한다 해도 자연스럽지 못하며, 어색한 발음이 되기 쉽다.

아이의 좌뇌를 발달시키기 위해 부모는 아이들을 공평하게 대하여야 한다. 아이에게 구체적으로 약속을 하고, 아이와 함께 앞으로 할 것을 정하고, 그것을 재미있게 하기 위해 함께 계획하는 등의 경험을 하게 한다. 좌뇌 발달에는 모국어에 5,000시간 이상 노출시키는 것이 가장 중요하다. 그것이 이루어져야 아이의 논리력, 분석력, 추리력, 판단력, 수리력이 급격하게 발달한다. 부모는 아이와 상호 작용을 하며 대화하고, 정기적으로 그림책을 읽어 주어서 어휘력과 배경지식을 늘려 주어야 한다.

01
언어의 뇌 발달에는 경험과 학습이 중요하다

　신성로마제국의 프리드리히 2세는 "바벨탑을 쌓은 후에 사람들의 언어가 다르게 나뉘었다."는 성경 구절을 읽고 그 이전의 언어는 어떤 것이었을까 궁금해졌다. 그는 언어의 기원에 대한 궁금증을 풀기 위해 잔인한 실험을 시행했다. 갓난아기들을 유괴해 언어를 사용하지 못하도록 철저하게 격리시켜 키운 것이다. 프리드리히 2세가 이러한 실험을 시도한 이유는, 아이들에게 인간의 언어를 사용하지 못하게 하면 바벨탑을 쌓기 이전의 언어, 곧 신의 언어로 말할 것이라고 생각했기 때문이다. 그러나 그의 예상과 달리 아이들은 자라서 인간의 언어도 구사하지 못했을 뿐 아니라 알아들을 수 없는 괴상한 소리만 냈다. 이 아이들은 이후에도 결코 인간의 언어를 배우지 못했다.

　일반적으로 아기가 말을 배우는 것은 성인의 말을 흉내 냄으로써 이루어진다고 생각하기 쉽다. 그러나 실제로 아기의 말을 듣고 있으면 성인이 전혀 사용한 적이 없는 말을 하는 경우가 많다. 흉내 낼 기회가 없었던 말도 아기의 입에서 나올 수 있는 것이다. 더구나 아기는 배우지 않았음에도 불구하고 주위의 여러 가지 소리로부터 사람의 말소리를 분별한다. 신생아는 출생 초기부터 언어와 언어가 아닌 것을 구별할 수 있으며 언어에만 특별히 주의를 기울인다. 대뇌의 청각 신경회로는 듣고자 하는 음에 집중하고, 듣고 싶지 않은 음을 무시하는 능력이 있다. 아무런 경험이 없는 아기가 이런 능력을 가지고 있다는 것은 놀라운 일이다.

더구나 아이에게 어떤 문법적인 규칙을 가르쳐 주지 않았음에도 불구하고 아이는 문법적으로 맞는 문장을 말할 수 있다. 침팬지도 기호를 사용할 수 있으며 2세 아이 수준의 기교를 가지고 언어 규칙에 따라 발성하며 놀이를 할 수 있다. 그러나 침팬지는 의사소통을 할 수 있어도 의사를 나타내는 단어들을 모아서 새로운 의미를 만들 수 있는 문법 능력은 없다.

말을 하는 것은 뇌 발달에 중요하다. 연구에 의하면, 말을 시작하기 전인 3~6개월 아기들은 빨기, 삼키기, 웃기 등의 감정 표현을 관장하는 뇌 영역의 수상돌기가 언어 기능을 담당하는 뇌 영역의 수상돌기보다 훨씬 길고 가지도 많은 반면, 말을 사용할 줄 아는 8~18개월 아기들은 언어 기능을 담당하는 영역의 수상돌기가 길고 가지도 무성하다. 아기가 말을 배우고 사용함에 따라 수상돌기가 가지를 더 많이 뻗고 자란 것이다. 언어의 뇌는 환경 자극이 성장과 발달에 결정적인 역할을 한다는 뜻이다.

언어를 담당하는 뇌

언어에 대한 뇌의 조기 특화 현상은 모국어와 영어를 구별하는 능력도 가능하게 한다. 유아들은 거의 모든 모음과 자음, 심지어는 영어의 음소들까지 구별하고 분류할 수 있다. 한 연구에서 습관화를 이용한 시험을 진행했다. 아기들이 노리개젖꼭지를 빨 때 말소리가 나오게 했는데 아기가 충분히 힘차게 노리개젖꼭지를 빨면 그때마다 뒤따라 /ba/ 음절의 테이프를 틀어 주었다. 2~3분 동안 이렇게 테이프를 들려주면, 아기는 그 소리가 듣기 싫은 것처럼 보이며 젖 빠는 속도가 급속히 떨어진다. 이때에 음절을 /pa/로 바꾼다. 만일에 아기가 /ba/와 /pa/를 구별할 수 없으면 빠는 속도가 계속 떨어질 것이다. 그러나 생후 2~3주밖에 안 된 아기도 음절을 바꾸면 젖꼭지를 빠는 속도가 갑자기 매우 빨라진다. 이것은 아기가 앞의 /ba/와 새로운 /pa/를 구별할 수 있다는 것이다.

13개월에는 듣거나 말하는 단어가 좌뇌, 우뇌 모두의 뉴런을 활성화시키는 반면 두뇌의 성숙과 개인적 경험이 상호 작용하는 가운데 24개월이 가까워 오면 언어는 하나의 반구로 특화되고 대부분의 좌뇌가 그 일을 맡게 된다. 따라서 청각신경이 대각선으로 교차하기 때문에 아이들은 오른쪽 귀에 대고 말할 때 반응을 잘하는 반면 음악의 경우는 반대로 왼쪽 귀에 대고 노래해 줄 때 더 잘 반응한다. 따라서 부모는 사랑의 말은 오른쪽 귀에 속삭여 주는 편이 낫고 자장가는 왼쪽 귀에 대고 불러 주는 것이 좋다.

두정엽과 측두엽 경계에 있는 베르니케 영역은 언어 이해를 담당한다. 베르니케 영역은 단어와 문장의 의미를 파악하는 데 도움을 주며, 각각의 단어를 이해해야 할 때 활성화된다. 베르니케 영역은 우리의 머릿속 사전이라 할 수 있는데 명사는 측두엽과 두정엽에서 처리되는 반면, 동사는 전두엽에서 처리된다.

전두엽의 브로카 영역은 혀, 얼굴, 턱, 후두를 움직여 말을 만들어 내는 기능을 담당한다. 브로카 영역은 어순이 서로 다른 문장을 비교할 때, 또는 어순의 의미와 정확성을 인식해야 할 때 활성화되므로 문법 구조를 담당한다.

베르니케 영역과 브로카 영역이 두꺼운 신경섬유다발로 연결되어 있긴 하지만 의미와 문장구조 간에 신경이 분리된 것은 아이의 언어 발달에 중요하다. 베르니케 영역은 브로카 영역보다 빨리 성숙하므로 말하는 표현언어보다는 알아듣는 수용언어가 더 빨리 발달한다. 연구에 의하면 베르니케 영역의 시냅스는 8~20개월에 수적으로 절정에 달하며, 브로카 영역은 15~24개월에야 그 수가 최고에 달한다. 특히 수초화되어 기능이 빨라진 뉴런층은 브로카 영역에서 생후 4세가 지나야 비로소 생겨난다. 따라서 이때부터 아이들은 복잡하고 문법에 맞는 문장을 말할 수 있게 된다. 따라서 영어 문법에 대한 학습은 그 이후에 하는 것이 바람직하다.

언어 습득은 결정적 시기가 있다

24개월 이전에는 아무리 말을 많이 듣는 환경에 있다고 하더라도 브로카 영역이 미처 성숙하지 못해서 말을 하지 못한다. 반면에 12~13세 이후는 뇌가 이미 성숙해서 더 이상 새로운 말을 받아들이지 않고 언어를 학습하기도 어려워진다. 그렇다면 언어를 학습할 수 있는 가장 좋은 시기는 언제일까?

이는 뇌에서 언어 기능과 연상 사고력을 담당하는 측두엽 영역인 '칼로좀 이스무스(callosal isthmus)'의 성장률을 관찰하면 쉽게 알 수 있다. 칼로좀 이스무스는 4~6세에서 1~20%의 성장률을 보이다가, 7세가 되면 85% 이상으로 최고의 성장률을 보이고, 12세까지 80% 이상 빠르게 성장한다. 하지만 12세 이후에는 16세까지 0~25%로 성장이 급격히 떨어진다. 이로써 6~12세가 언어 학습의 최적기임을 알 수 있다.

따라서 국어와 영어는 초등학교 때 본격적으로 교육시키는 것이 가장 좋

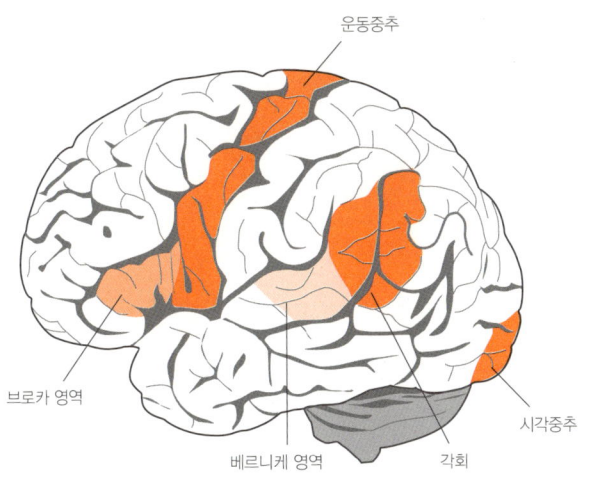

언어의 뇌 베르니케 영역은 단어와 문장의 의미를 파악하는 데 도움을 주며, 각각의 단어를 이해해야 할 때 활성화된다. 브로카 영역은 어순이 서로 다른 문장을 비교할 때, 또는 어순의 의미와 정확성을 인식해야 할 때 활성화되므로 문법 구조를 담당한다.

다. 언어중추가 어느 정도 발달한 시기에 본격적인 언어 학습을 해야 높은 교육 효과를 얻을 수 있다. 영어의 경우에도 12세가 넘어서 배우기 시작하면 단어 하나하나는 배울 수 있지만 문장을 문법에 맞게 구사하고 올바르게 발음하기는 어렵다. 더구나 새로운 문법 규칙은 더 이상 브로카 영역에서 처리되지 않고 다른 반구에서 처리되므로 배우기가 더 어려워진다. 언어적 재능은 50%만 유전되며 읽기와 정확한 쓰기 같은 학업 능력은 단 20%만 유전자의 영향을 받는다. 따라서 언어 발달에서는 어려서부터의 경험과 학습이 성공의 열쇠이다.

말 잘하는 아이가 똑똑하다

많은 연구자는 말하기, 읽기, 쓰기가 학업뿐 아니라 직업 성공의 핵심 능력이라고 주장한다. 어릴 때 말을 잘하는 아이가 다른 아이보다 지능이 좋다는 것은 많이 알려진 사실이다. 언어는 배우면 배울수록 쌓이는 것이기 때문에 말을 일찍 시작하면 좀 더 일찍 문장이나 문법을 익힐 수 있다. 이것은 논리력, 사고력, 수리력에 영향을 준다.

18개월 아이의 경우 알아듣거나 구사할 수 있는 단어 수로 장래의 IQ를 예측할 수 있다. 영·유아기에 언어 자극을 많이 주면 줄수록 아이는 더 빨리 많은 단어를 말하고 더 다양한 어휘를 습득하며, 훗날 지능 검사에서 더 높은 점수를 받았다. 말을 일찍 시작하는 아이들은 자신의 요구를 분명하게 전달하고 남들과도 쉽게 의사소통이 가능하기 때문에 주위 상황도 쉽게 파악할 수 있어 정서적, 사회적, 인지 발달이 빨라질 수밖에 없다.

언어 발달에 영향을 미치는 요인은 다음과 같다.

여아가 남아보다 언어 발달이 빠르다.

여아는 남아보다 말이 1~2개월 정도 빠르다. 여아가 사용하는 문장의 길이도 남아보다 길다. 여아는 확실히 문법을 빨리 익히고, 문장의 오류가 적으며 알고 있는 어휘 수도 더 많다. 여아는 말을 할 때 양뇌를 모두 사용하는 데 비해 남아는 주로 좌뇌만 사용한다. 좌뇌가 말의 의미를 담당하는 반면, 우뇌가 말의 억양이나 리듬을 담당하는 것을 염두에 둔다면 여자아이가 말을 더 맛깔나게 하는 것은 타고난 면이 있다.

부모가 사용하는 단어의 양이 아이의 언어 발달을 좌우한다.

부모가 아이에게 하는 말의 양에 따라 아이의 언어 발달이 결정된다. 한 연구에 의하면 엄마가 말을 많이 해 준 20개월 아이는 말을 많이 해 주지 않은 아이에 비해 평균 131개나 많은 단어를 익혔다고 한다. 24개월이 되면 더 늘어나서 295개 단어나 차이가 났다. 또 다른 연구에 의하면 아이에게 자주 말을 걸고, 아이의 말에 적극적으로 반응하는 부모의 아이들이 그렇지 않은 아이들에 비해 IQ나 어휘력에서 높은 점수를 받았다. 지능 검사와 언어 검사에서 최고 점수를 받은 36개월 아이들은 12~24개월에 단어를 가장 많이 들었던 것으로 나타났다.

언어 발달에는 '따라 하기'가 중요하다.

언어 발달에는 아이와 부모의 상호 작용이 중요한 역할을 하는데, 아이에게는 언어 습득을 위한 상호 작용 가운데 '따라 하기'가 가장 중요하다. 생후 1개월도 채 안 되는 아기를 대상으로 30~40cm의 거리에서 마주 보고 입을 벌리거나 혀를 내밀면 아기도 부모와 동일한 행동 반응을 보인다. 이것이 가능한 것은 아기가 눈앞의 대상을 자기와 일체화하고 부모와 대화하고자 하는 욕구를 생래적으로 가지고 있기 때문이다. 아기는 '따라 하기'를 통해서 다양한 활동과 언어를 배워 나간다. 이탈리아의 뇌신경학자인 자코모 리촐라티(Giacomo Rizzolatti) 교수는 아기가 어떤 행동을 직접 할 때와 아기가 그 행동을 직접 경험하지 않고 보거나 듣고만 있을 때 동일한 반응을 하는 '거울 뉴런'이 있다는 것을 발견했다. 거울 뉴런 때문에 아기도 무의식적으로 부모의 말을 따라 한다.

아기가 처음 말을 배울 때는 음절의 반복이 중요하다.

아기가 처음 말을 시작할 때 사용하는 말은 대부분 '마마', '파파'처럼 음절이 반복된 단어이다. 부모는 아기가 이런 말을 하면 말을 한다고 좋아하지만 사실은 아기의 뇌가 반복적인 표현만 받아들이기 때문이다. 주디트 걸

바인 박사의 연구에 의하면 태어난 지 2, 3일밖에 되지 않은 갓난아이에게 '가나나'와 같이 반복 음절이 있는 단어를 들려줬을 때는 좌측전두엽이 활성화되었으나 '가나다'와 같이 반복 음절이 전혀 없는 단어를 들려줬을 때는 뇌가 활성화되지 않았다. 아기는 반복된 표현을 사용할 때만 뇌에 기록이 되기 때문에 아기가 '무엇인가 중요하다.'는 것을 표현하려고 하면 선천적으로 '반복'의 형태가 나타난다. 따라서 부모가 영아기에 음절이 반복된 단어를 자주 말해 주면 뇌 발달에 효과적이다.

다양하고 긍정적인 말이 효과적이다.

부모의 말에 포함된 명사와 형용사의 종류가 다양하거나 문장이 길수록 아이의 언어 발달이 잘 이루어진다. 따라서 부모는 아이에게 말할 때에도 풍부한 어휘를 사용하고 문법에도 맞는 문장으로 말을 하는 것이 좋다. '그만해', '안 돼'와 같은 부정적인 말을 많이 듣고 자란 아이들의 언어 발달은 그렇지 않은 아이들에 비해 떨어진다. 긍정적인 말을 많이 사용하고 말을 했을 때 칭찬과 격려로 보상을 해 주면 언어 발달은 급격하게 이루어진다.

영·유아 때 언어력이 초등학교까지 이어진다.

아이의 언어력을 초등학교 들어갈 때까지 계속 추적해 보면 영·유아기 때 언어 능력의 격차가 그대로 이어진다는 것을 알 수 있다. 말을 잘 익히지 못하고 언어를 이해하는 것도 더딘 아이는 글자도 빨리 익히지 못하고 읽는 내용도 잘 이해하지 못했다.

보스턴 대학교의 폴 메뉴크는 읽기에 문제가 있는 아이는 말하는 능력에 근본적인 문제가 있는 경우가 많다고 주장한다. 영·유아기에 부모에게 말을 많이 듣고 자란 아이는 초등학교 3학년 때도 그렇지 않은 아이들에 비해 독서 능력, 철자법, 말하기, 청취 능력이 뛰어났다.

월령별 언어 교육의 포인트

0~3개월 : 아기와 상호 작용을 한다.

갓난아기가 말을 배우는 데 가장 중요한 것은 엄마와 아기의 상호 작용이다. 일상에서 엄마와 아기가 같은 경험을 쌓으면서 아기가 말을 배우는 것이다. 의사소통은 아기와 엄마 간에 얼굴 표정, 몸의 움직임, 소리의 강약을 통하여 생각을 주고받고 이를 통하여 아기는 언어를 배워 나간다. 따라서 아기가 자신의 소리와 행동으로 요구하고 표현할 때 엄마는 마치 대화를 나누는 것처럼 행동해야 한다. 엄마는 아기의 무의미한 소리에 맞추어서 이야기하고, 아기의 소리를 해석하고, 아기가 행하는 것과 아기가 무엇을 원하는가에 집중해야 한다. 이러한 상호 반응을 통해서 아기와 엄마의 의사소통이 이루어진다.

아기에게 이야기를 하고 책을 읽어 주면 언어 발달뿐만 아니라 자존감 및 사회성 발달이 강화된다. 부모와의 비언어적 의사소통뿐만 아니라 언어적 의사소통을 통해서 아기는 자신이 가치 있는 인간이라는 것을 알게 되고 자기 자신의 느낌을 전달하게 된다. 따라서 아기와 가장 가까운 부모가 아기에게 말을 거는 것은 아기의 두뇌 발달에 중요한 의미를 갖는다.

아기가 옹알이를 하면 귀담아 들어주자. 옹알거리다가 그칠 때마다 아기에게 다시 말을 걸어 준다. 예를 들어, '디디', '두두' 같은 소리는 진정한 의미의 의사소통은 아닐지라도 아기에게 음성적인 상호 작용을 할 수 있는 기회를 제공한다. 그 다음은 이름 붙이기 놀이를 한다. 아기가 3개월이 되기 전에 시작하는 놀이로서 아기의 주의를 끌 만한 사물이나 사람, 행동에서 시작하여 점점 복잡한 것, 곧 전치사, 형용사, 부사, 대명사 등으로 이름을 붙여 나가며 말을 거는 것이다.

4~6개월 : 다양한 소리를 들려주고 자주 이야기해 준다.

자음옹알이를 할 수 있는 시기이다. 흉내 내는 소리나 의미 있는 소리는 아니지만 자기의 성대를 이용하여 자음 소리를 낼 수 있다. 또한 부모의 자극에 대한 반응성이 좋아져서 자음옹알이가 늘어난다. 5개월이 되면 우리나라 아기는 우리말다운 억양으로, 미국 아기는 영어다운 억양으로 바뀐다. 시기적으로 낯선 소리를 구별할 줄 알고 좋아하는 소리가 따로 있는 등 청각적인 발달이 중요한 시기이다. 다양한 소리를 들려주고 자주 이야기해 주는 것은 언어 발달에 꼭 필요한 과정이다.

7~9개월 : 말을 흉내 내도록 유도한다.

아직은 억양을 흉내 내는 수준이지만 7개월이 되면 주위 어른들의 발성을 흉내 낼 수 있다. 이 무렵이 되면 모음뿐이던 발성에 자음이 섞여 '빠아빠아'와 같은 말을 하게 된다. '아빠'라는 말을 기억했다가 흉내 내기 시작하는 것이다. 빠른 아이는 부모의 소리를 흉내 낼 수 있으므로 말을 흉내 내도록 유도하거나 그림책을 읽어 주는 것이 바람직하다. 청각이 잘 발달되어 있으므로 그림책을 또박또박 단어를 반복하여 말해 주는 것은 효과적인 언어 교육이 될 수 있다.

아기가 9개월이 되면 구문 놀이를 한다. 이 놀이는 단어를 바꾸거나 확장시켜서 단어의 쓰임새를 알려 준다. 아기에게 적합한 조용한 장소와 시간을 마련한다. 흔히 볼 수 있는 물건이나 동물을 그린 그림책을 읽어 준다. 아기로 하여금 그림을 보게 하고 아기 스스로 그림을 넘기게 하는 것도 좋다. 부모가 읽어 주는 말을 모두 이해하지는 못하지만 아기는 부모에게 안겨 부모의 음성을 듣는 것을 좋아한다.

10~12개월 : 말을 통하여 아이의 행동을 유도한다.

10~12개월에는 처음 의미 있는 단어를 말할 수 있게 되는데 그 시기는 아이가 음절의 발음 조절이 가능하냐와 사물과 사물의 명칭을 연결시킬 수 있느냐에 따라 결정된다. 대부분의 아이는 발음을 할 수 있기 전에 약간의 단어를 이해하고 적합한 반응을 나타낼 수 있다. 12개월 정도 되면 자음의 절반 정도와 대부분의 모음을 발음할 수 있게 된다. 12개월 아기는 여성의 음성을 15분 정도 들으면 여성의 발음을 그대로 따라 하려 든다.

조기의 언어적 경험은 음성의 인식뿐 아니라 아기의 발음에도 영향을 준다. 따라서 가족들은 아이 앞에서 발음을 똑바로 하도록 노력해야 한다. 이 시기에 유아어처럼 부모가 이야기하면 아이의 언어 발달에는 도움이 되지 않는다. 단어와 행동의 연결도 가능해지기 때문에 말을 통하여 아이의 행동을 유도하는 놀이는 언어 발달에 효과적이다.

13~18개월 : 어휘를 폭발적으로 늘린다.

아이들이 이해하는 단어 수와 실제로 말하는 단어 수가 일치하려면 적어도 5개월 이상이 지나야 한다. 13~18개월에는 새로운 단어의 습득이 천천히 진행된다. 아이의 어휘력은 아이가 50단어를 말하는 순간부터 폭발적으로 증가한다. 부모는 어휘력 향상을 위해 신체 부위를 가르치고, 아이의 행동을 짧고 간단한 문장으로 말해 준다. 계속적으로 익숙하고 친숙한 사물명과 동작 어휘를 가르치며, 아이가 쉬운 단어나 손짓을 사용하여 의사소통하도록 유도한다. 모든 것을 미리 알아서 부모가 다 해 주면 아기의 의사소통 능력 발달에 방해가 된다.

14개월이 되면 부모는 아이를 점점 복잡한 대화에 끌어들여야 한다. 부모는 아이가 이해할 수 있는 방식으로 이야기하는 방법을 찾아야 한다. 가능하다면 아이의 이해력을 조금 넘는 수준으로 이야기하는 것이 바람직하다. 말을 가르치기 좋은 방법은 계속 반복하는 것이다. 아이들은 반복되는 이야기나 노래, 달래는 소리 등을 좋아한다. 동일한 내용이 반복되어 다음 내용이 무엇인지 쉽게 알 수 있기 때문이다.

19~24개월 : 언어로 심부름을 시킨다.

어휘의 폭발적인 증가는 두뇌 발달이 급격히 이루어지는 것과 관련이 있다. 19~24개월 아이들의 뇌는 단어에 잘 반응하도록 특화된다. 아이들은 처음에는 자기가 아는 단어와 알지 못하는 단어의 차이를 파악하기 위해 대뇌의 넓은 부분을 이용하지만, 20개월이 되면 좌측 측두엽과 두정엽만 이용하게 된다. 20개월이 되어도 몇 단어밖에 말할 수 없는 아이들의 좌측 측두엽은 아무런 반응을 보이지 않지만, 수백 단어를 말할 수 있는 아이들의 좌측 두정엽은 이 시기에 이미 활성화된다. 단어, 특히 명사의 저장과 재생을 담당한다고 알려진 좌측 측두엽은 아이가 새로운 단어를 배우기 시작하면 더욱 활성화된다.

아이에게 사물, 사람, 옷 그림을 보여 주고 말하게 한다. 2가지 정도 지시 따르기를 시키고, 언어로 심부름을 많이 시킨다. 아이가 두 단어를 연결해 문장을 만들기 시작할 때, 아이가 보통 전보체 언어, 예를 들어, "엄마 양말"이라고 말을 하면 엄마는 "그래, 그것은 엄마의 양말이구나."라고 반복해 주어야 한다.

25~30개월 : 자기의 요구를 말로 표현하도록 한다.

25개월부터는 하루에 8단어씩 배우는데 이 속도는 초등학교 내내 계속 유지된다. 아이가 6세가 되면 약 1만 3,000개의 단어를 이해할 수 있다고 한다. 아이가 처음으로 단어들을 결합하기 시작하는 것은 18~24개월경이다. 이때 아이들의 단어 연결은 무질서하지 않다. 사실상 아이는 "아빠가 먹는다."라고 하지, "먹는다 아빠"라고는 하지 않는다. 마찬가지로 "옷 엄마"라고 하지 않고, "엄마 옷"이라고 한다. 아이가 자기의 요구를 언어로 표현하도록 지도한다. 아이가 모든 것을 적어도 두 단어 이상의 문장으로 의사소통하도록 부모가 지도한다. 나와 너 같은 대명사 사용과 과거시제도 가르친다.

31~36개월 : '언제', '왜'로 시작하는 질문을 한다.

올바른 언어 사용의 기본이 되는 문장의 구성력도 처음에는 명사만을 이용하는 한 단어에서 시작해서, 다음으로 명사와 형용사, 명사와 동사만으로 이루어진 두 단어 문장으로 진화하고, 드디어 간단한 조사가 더해져서 언어와 언어의 연결이 제대로 이루어지게 된다. 될 수 있는 한 많은 표현 어휘를 가르친다. '언제', '왜'로 시작하는 질문 등을 부모가 자주 사용해 아이의 이해를 도와야 한다. 2개의 사물과 2개의 동작이 포함되는 심부름을 시킨다. 아이에게 다양한 감정 표현을 가르치고 언제, 왜, 어떻게 같은 모든 의문사를 이해시키고 우리나 너희 같은 복수대명사를 사용할 수 있도록 가르친다.

4세 : 경험한 일을 이야기하는 습관을 들인다.

4세 정도가 되면 아이는 단순한 가정문이나 조건문을 사용할 줄 알게 되고, 의문문 끝에 "아니?"를 붙여 말한다. 아이에게 관련 없는 2가지 지시를 수행하도록 가르친다. 친숙한 물건의 사용법을 물어보고, '어떻게'가 들어간 질문을 많이 사용하여 대답을 유도하여야 한다. 바로 전에 경험한 일을 이야기하는 습관을 들이고 일어난 순서대로 2가지 사건을 말할 수 있도록 가르친다.

과거 형태나 미래 표현을 사용하는 것을 격려한다. 이 시기의 아이들은 종종 여러 종류의 공룡, 자동차 부품, 꽃 등의 정확한 이름을 배우기를 즐거워하는데 일부러 긴 단어를 가르쳐도 된다.

5~7세 : 사물, 사람, 사건의 관계를 전체로 합해서 말하게 한다.

5~7세가 되면 아이의 말에서 어휘 수가 늘어나고 문장이 점점 더 길어지고 대화도 더욱 잘하게 된다. 이렇게 발달하는 밑바닥에는 더욱 의미심장한 변화가 있다. 이제 아이는 자기와 관련된 여러 가지 관계를 평가할 줄 안다. 아이는 낱말이라는 것은 본래의 뜻 이외의 무엇인가에 해당된다는 것을 알게 된다. 아이가 문장들을 서로 연관시키며 전체 사건들 사이의 관계를 표현할 수 있도록 한다. 그러면 아이는 문장 하나가 고립된 실체가 아니라는 것을 알게 되며 말하는 데 더욱 능숙하게 된다. 이제 아이는 문장에 나오는 지식 정보를 전체로 동화시킬 수 있으므로 대상물과 대상물 사이의 관계, 말하는 사람과 듣는 사람과의 관계, 한 사건과 다른 사건과의 관계, 현재와 과거 대화와의 관계를 전체로 합하는 말하기 경험을 늘린다.

언어의 정상 발달

시기	특징
4개월	-"아", "우", "이" 등 의미 없는 발성을 한다. -아이를 어르거나 달래면 옹알이로 반응한다.
5~6개월	-웃을 때 소리를 내며 웃는다. -장난감이나 사람을 보고 소리 내어 반응한다. -두 입술을 떨어서 내는 투레질소리("푸푸" 소리)를 낸다.
7~8개월	-"브", "쁘", "프", "므"와 비슷한 소리를 낸다. -"엄마" 또는 "아빠"와 비슷한 소리를 낸다. -아이에게 "안 돼요."라고 하면, 짧은 순간이라도 하던 행동을 멈추고 목소리에 반응한다.
9~10개월	-"무무", "바바바", "다다", "마마마" 등의 소리를 반복해서 발성한다. -동작을 보여 주지 않고 말로만 "빠이빠이", "짝짜꿍", "까꿍"을 시키면 최소한 한 가지를 한다. -엄마에게 "엄마"라고 말한다.
11~12개월	-"다", "가", "카", "바" 등과 같이 자음과 모음이 합쳐진 소리를 낸다. -동작을 보여 주지 않고 말로만 "주세요", "오세요", "가자", "밥 먹자"를 말하면 2가지 이상의 뜻을 이해한다. -원하는 것을 손가락으로 가리킨다.
13~14개월	-"좋다(예)", "싫다(아니오)"를 몸이나 고개를 흔들어 표현한다. -"엄마", "아빠" 외에 말할 줄 아는 단어가 하나 더 있다.
15~16개월	-엄마에게 "엄마", 아빠에게 "아빠"라고 구분하여 말한다. -보이는 곳에 공을 두고 "공이 어디 있어요?" 하고 물어보면 공이 있는 방향을 쳐다본다. -"아니"와 같이 싫다는 뜻을 가진 말의 의미를 알고 사용한다.
17~18개월	-아이에게 익숙한 물건(전화기, 자동차, 책 등)을 그림에서 찾으라고 하면 손으로 가리킨다. -"야옹이는 어디 있어요?", "멍멍이는 어디 있어요?"라고 물었을 때, 그림이나 사진을 정확하게 가리킨다.
19~20개월	-"엄마", "아빠" 외에 8개 이상의 단어를 말한다. -그림책 속에 등장하는 사물의 이름을 말한다.
21~22개월	-정확하지는 않아도 두 단어로 된 문장을 따라 말한다. -"나", "이것", "저것" 같은 대명사를 사용한다.
23~24개월	-다른 의미를 가진 2개의 단어를 붙여 말한다. -단어의 끝 억양을 높임으로써 질문의 형태로 말한다.
25~27개월	-자기 물건에 대해 '내 것'이란 표현을 한다. -손으로 가리키거나 동작으로 힌트를 주지 않아도, "식탁 위에 컵을 놓으세요."라고 말하면 아이가 정확하게 행동한다.
28~30개월	-"안에", "위에", "밑에", "뒤에" 중 2가지 이상을 이해한다. -그림책을 볼 때, 그림에서 일어나는 상황이나 행동을 말한다. -"이름이 뭐예요?" 하고 물으면, 성과 이름을 모두 말한다.

시기	특징
31~33개월	-"~했어요"와 같이 과거형으로 말한다. -간단한 대화를 주고받는다.
34~36개월	-다른 의미를 가진 네 단어 이상을 연결하여 문장을 말한다. -"예쁘다" 또는 "무섭다"의 뜻을 안다. -"할아버지, 할머니, 오빠(형), 누나(언니), 동생"과 같은 호칭을 정확하게 사용한다.
37~42개월	-완전한 문장으로 이야기한다. -"-은, -는, -이, -가"와 같은 조사를 적절히 사용하여 문장을 완성한다. -같은 분류에 속한 것을 적어도 3가지 이상 말한다.
43~48개월	-"~할 거예요.", "~하고 싶어요."와 같이 미래에 일어날 일을 상황에 맞게 표현한다. -그날 있었던 일을 이야기한다. -친숙한 단어의 반대말을 말한다.
49~54개월	-간단한 농담이나 빗대어 하는 말의 뜻을 알아차린다. -단어의 뜻을 물어보면 설명한다.
55~60개월	-"만약 ~라면 무슨 일이 일어날까?"와 같이 가상의 상황에 대한 질문에 대답한다. -이름이나 쉬운 단어 2~3개를 보고 읽는다. -가족 이외의 사람도 이해할 수 있을 정도로 모든 단어의 발음이 정확하다.
61~66개월	-자기 이름이나 2~4개의 글자로 된 단어를 보지 않고 쓸 수 있다. -끝말잇기를 한다.
67~72개월	-간단한 농담을 말한다. -간단한 속담을 이해하고 사용한다.

아이의 발음이 좋지 않거나 늦을 경우

　아이의 발음이 정확하지 않은 경우에 부모는 걱정을 한다. 그러나 자음이든 모음이든 어려운 발음이 있고 쉬운 발음이 있기 때문에 일률적으로 몇 살까지 발음이 정확하지 못하면 이상이 있다고 이야기할 수는 없다.

　입술의 움직임에 의하여 만들어지는 소리인 /ㅁ/, /ㅂ/, /ㅃ/, /ㅍ/는 아기들이 제일 먼저 배우는 자음이다. 모음 중에서 /ㅓ/, /ㅏ/는 가장 소리 내기 쉬운 모음이다. 이런 면에서 본다면 아기들이 '엄마', '아빠', '맘마' 등을 먼저 배우는 것은 당연하다. /ㄷ/, /ㄴ/은 혀끝이 윗니나 잇몸에 닿아서 나는 소리로 3세 이전에 낼 수 있으며, /ㄱ/, /ㅋ/, /ㄲ/ 그리고 받침으로서의 /ㅇ/

은 3세경에 발음을 시작한다. 또한 혀가 일단 공기의 흐름을 차단하였다가 공기를 보낼 때 마찰시키면서 나는 /ㅈ/, /ㅊ/, /ㅉ/은 4세 초기에 획득하고, 혀의 앞부분이 치아의 뿌리에 닿는 것이 아니고 가까이 있는 상태로 나오는 /ㅅ/은 4세 말경에 가능하며, /ㄹ/은 5세에 가서야 발음이 된다. 특히 설소대가 달라붙어 있는 혀가 짧은 아이의 경우는 /ㄷ/, /ㅅ/과 함께 /ㄹ/ 발음이 잘 안 된다.

아이들이 발음을 제대로 하지 못하는 것은 머릿속에서는 많은 생각을 가지고 많이 표현하고 싶지만 말소리나 낱말, 문장 등을 구성하는 데 미숙하기 때문이다. 이러한 현상은 시간이 지나면 저절로 없어진다. 다만 발음이 또래 아이보다 미숙하고 그것이 아이가 생활하는 데 방해가 된다면 언어 치료사의 전문적인 도움을 받아야 한다.

부모들은 어느 시기에 어떻게 하면 말이 늦은 것인지 그 기준을 알고 싶어 하는 경우가 많다. 그런데 정상적인 언어 발달은 변화의 폭이 넓기 때문에 전문가들도 언어 지연이 있다고 결정내리기 어려운 경우가 많다. 실제로 24개월 때 "엄마", "아빠"밖에 못하는 아기도 6개월 내지 1년 후에는 거의 정상적으로 말을 하게 된다. 그러나 24개월까지 의미 있는 단어를 못하거나 36개월까지 2~3단어를 연결하여 말하지 못하면 의사들은 이상이 있다고 생각한다.

02
그림책은 정서 지능과 집중력, 기억력을 키운다

우뇌 발달과 그림책의 그림

그림책은 글이 아니라 그림이 주가 되어, 그림으로 세상의 아름다움과 이야기를 경험할 수 있게 하는 책이다. 그림책을 제대로 읽으려면 글이 아니라 그림으로 읽어야 한다. 그림책 작가들은 자신이 그리는 그림 한 장 한 장을 모두 하나의 예술 작품이라고 생각하고 작업을 한다. 많은 그림책에 페이지 표시가 없는 것도 이런 이유 때문이다. 따라서 그림책은 순서에 따라 쭉 읽어도 좋지만, 자신의 마음을 끄는 그림이 있다면 그 페이지만 읽는다고 해도 상관이 없다.

실제로 아이들은 글자보다는 그림을 좋아한다. 그림책의 글자에 관심을 가졌으면 하는 부모의 바람과 상관없이 아이가 그림을 좋아하는 이유는, 만 6세 전까지는 아이의 뇌가 이미지의 뇌인 우뇌 중심으로 학습하도록 되어 있기 때문이다. 아이는 규칙이나 논리로 배우기보다는 이미지나 패턴을 통해 받아들이는 것을 좋아한다. 유아기는 이미지를 받아들이려는 욕구가 강한데, 이는 아이 뇌가 발달을 하기 위해 스스로 원하는 것이기도 하다.

아이는 그림책의 그림을 꼼꼼히 관찰한다. 그림 속 주인공의 표정, 행동, 배경 등을 보고 지금 주인공이 어떤 일을 하려고 하는지를 전체적으로 파악한다. 첫 번째 페이지의 그림과 두 번째 페이지에 나오는 그림의 차이점과 주인공의 표정 변화를 보면서 상황이 어떻게 진행되는지도 알게 된다. 단 한 페이지를 보면서도 아이는 머릿속으로 수많은 생각을 하고, 굉장히 여러 분야의 다양한 정보를 받아들인다.

그림책을 하나의 예술 작품으로 보자면, 모니터 화면이든 스마트폰 화면으로 보는 그림책은 일종의 복제품에 불과하다. 그런 이미지에서는 눈에 보이지는 않지만 작가가 표현하고자 하는 많은 것을 느낄 수 없다. 요새는 종이도 다양해지고 잉크도 발달하여 종이 그림책 자체로 오감이 자극받는다. 그림책의 냄새, 질감, 선과 색의 차이 등이 모두 뇌를 자극한다. 같은 미술 용품이지만 작가마다 다르게 표현한 느낌 등도 심미적인 시각이나 생각을 발달시킨다. 같은 크레파스라도 은박지에 칠했을 때와 회벽에 칠했을 때, A4용지에 칠했을 때, 스케치북에 칠했을 때 모두 느낌이 다르다. 그 설명할 수 없는 차이를 아이는 관찰하고 느끼며 뇌의 많은 부분을 발달시켜 나간다.

종이로 된 그림책은 아이가 자기 손으로 한 장 한 장 넘기며 속도를 조절할 수 있다. 이것은 소근육 발달에도 상당히 도움이 되며 자신의 사고 속도, 상상 속도에 따라 책을 볼 수 있다는 장점이 있다. 한 가지를 보고도 100가지가 넘는 새로운 생각을 해낼 수 있는 때가 바로 유아기이다. 아이들이 한 가지 장면을 보고 성인들로서는 상상도 할 수 없는 기발한 생각을 해낼 수 있는 것은 아이들의 우뇌가 폭발적인 발달기에 있기 때문이다. 이때는 아이

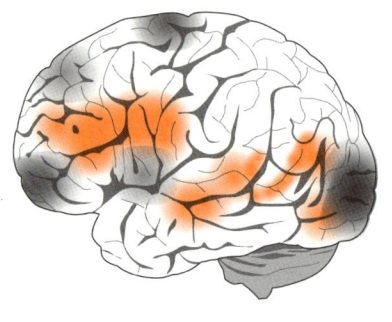
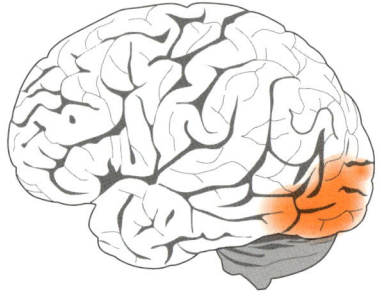

책을 읽을 때   게임을 할 때

그림책을 읽을 때의 뇌활성 책을 읽으면 후두엽, 측두엽, 두정엽, 전두엽이 모두 활성화되는 데 반하여, 게임을 하면 후두엽은 활성화되지만 전두엽은 거의 활성화되지 않는다.

가 정보를 처리하거나 새로운 사고를 해 나가는 것을 자신만의 속도에 맞게 할 수 있도록 도와주어야 한다. 상상의 나래를 펴며 자신만의 속도로 뇌를 마음껏 활성화시킬 수 있는 것이 바로 그림책이다.

이에 비해 디지털 기기에서 보게 되는 이미지는 순간적인 호기심만 자극할 뿐 모든 것이 일방적이다. 아이가 정보를 어떻게, 얼마나 처리하며 어떤 생각을 하는지에는 관심이 없다. 일정한 간격으로 계속해서 이미지가 주어진다. 아이는 수동적으로 정보를 받아들일 뿐 생각을 전혀 할 수 없다.

정서 지능을 위한 그림책의 역할

아이는 그림책을 통해 긍정적인 자아 개념을 발달시키고, 자존감을 형성하고 자신의 가치를 인식한다. 자신의 감정을 이해하고 자연스럽게 표현하는 방법을 찾아가게 된다. 또한 다른 사람의 감정을 이해하고 긍정적으로 수용하는 태도를 갖게 되며, 다른 사람을 이해하고 수용하는 능력을 발달시킨다. 사회에 대한 긍정적인 사고를 하게 되고, 친사회적인 행동이 증가하게 된다. 도덕적인 생각이나 태도도 그림책으로 발달하게 된다.

아이는 다양한 정서를 느끼고 반응할 수 있는 능력을 가지고 태어나는 것이 아니다. 신생아 시기에는 쾌와 불쾌를 알게 되고, 자라면서 기쁨·질투·실망·불안·공포 등 여러 감정을 느끼게 된다. 아이의 발달에 따라 그림책을 통해서 적절한 정서적인 체험을 시킨다면 정서 발달 면에서 많은 도움을 받을 수 있다.

디지털 키즈의 떨어진 정서 지능을 높이는 데 그림책이 좋은 것은, 그림책의 내용이나 그림이 여러 가지 정서를 느끼고 표현하는 법을 가르치기 때문만은 아니다. 사실 그림책은 그 자체만 보면 시각적인 매체에 불과하다. 그림책이 뇌 발달에 의미가 있는 것은 그림책을 읽어 주는 사람과의 상호작용 때문이다. 대부분 그림책은 아이에게 가장 중요한 사람인 부모가 읽어 준다. 중요한 사람이 일정한 시간을 내서 그것도 최선을 다해 단 한 사람을 위해서 책을 읽어 주는 것이 효과적이다. 아이는 엄마 혹은 아빠의 무릎에 앉아서 부모의 체취와 숨결을 느끼면서 어느 때보다도 친절하고 사랑스러운 부모의 목소리를 듣는다. 아이는 그 시간에 오롯이 자신이 부모를 독점했다고 느끼게 된다.

아이는 부모가 어떤 상황에서든 누구보다도 자기를 사랑할 것이라는 믿음을 갖고 싶어 한다. 때문에 어릴 때는 부모가 자신을 사랑할 수밖에 없게 하는 웃기·부비기·매달리기 등 애착행동을 하고, 때로는 사랑을 확인하기 위한 떼를 쓰기도 한다. 부모의 사랑에 대한 믿음이 생기면 안정된 애착이 형성된다. 부모가 자기 곁에 있건 없건 언제나 자신의 든든한 후원군이라는 것을 믿게 되는 것이다. 그런 과정 속에서 안정된 애착이 형성되고, 단단한 애착을 토대로 아이가 안정된 정서를 갖게 되고 정서 지능이 높아지게 된다.

그림책은 아이가 만 3세 이전에 부모와 애착을 형성해 갈 때도, 만 3세 이후에 부모와 애착을 수시로 확인하고 싶을 때도 좋은 도구가 된다. 이런 이유로 동생이 태어나 문제 행동이나 퇴행 현상을 보이는 아이에게 부모는 30분이라도 하루 한 번씩은 동생 없이 단 둘만 있는 상태에서 함께 신나게 놀아 주거나 그림책을 읽어 주는 것이 좋다.

수동적 집중력과 능동적 집중력

디지털미디어에 빠져 있는 아이는 언뜻 보면 집중력이 대단해 보인다. 아무리 불러도 전혀 들리지 않는 듯 대답은커녕 미동도 없다. 그런데 이때 보이는 아이의 집중력은 공부하는 데 전혀 도움이 되지 않는 집중력이다.

집중력에는 수동적 집중력과 능동적 집중력이 있다. TV나 게임, 디지털미디어 등에 몰입하는 것은 '수동적 집중력'이다. 수동적 집중력은 자극이 주어지는 대로 끌려 다니는 집중력이고, 능동적 집중력은 자신이 주체가 되어서 자기에게 필요한 주의를 유지하는 집중력이다. 수동적 집중력은 인간의 본능에 해당하는 호기심을 충족시킬 때 자연스럽게 나타나는 것으로 새롭고 신기한 자극이나 강한 자극을 접할 때면 누구나 발휘한다.

반면 능동적 집중력은 다소 지루하고 반복적이거나 어려운 과제를 할 때 발휘되는 집중력이다. 능동적 집중력이 높은 사람은 익숙하고 평범한 것에서도 세세한 부분에 관심을 기울여 새롭고 신기한 것을 찾아낸다. 공부가 다소 재미없고 지루해도 인내심과 끈기를 가지고 집중한다. 능동적 집중력은 자신의 주의를 기울여야 할 것에 초점을 맞출 수 있다고 하여 초점적 집중력 혹은 적극적 집중력이라고도 한다. 능동적 집중력이 높은 아이는 보여 주는 대로 보는 것이 아니라 자기가 필요한 것을 능동적으로 찾아서 본다.

디지털미디어에 몰입하는 아이는 주어지는 화려한 그림을 보고 있지만, 그 그림의 한 부분이나 부분 부분을 자세히 주의 깊게 보지 않는다. 보려고 해도 금세 지나가 버린다. 아이는 강력한 자극 하나만 기억하고, 주변의 모든 것은 그냥 지나쳐 버린다. 주의 깊게 자세히 보고 생각을 해야 어떤 정보가 전두엽으로 넘어가고 사고력이나 문제해결력이 높아진다. 하지만 수동적 집중력에 빠진 아이는 전두엽이 거의 활성화되지 않는다. 항상 수동적 집중력만 발휘하는 아이들에게 나타날 수 있는 증상이 ADHD이다.

스마트폰보다는 덜 하지만 TV 또한 수동적 집중력을 일으키는 도구 중 하나이다. 미국 시애틀 어린이병원 연구팀은 TV 시청 시간이 1시간씩 늘어날 때마다 ADHD 발생 위험이 10%씩 증가한다고 발표했다. 일본 니혼 대학교의 모리 아키오 교수는 게임에 빠진 뇌를 치매에 걸린 뇌에 비유했다. 그는 아이들이 하루 2시간 이상, 일주일에 4일 이상 게임에 몰두하는 경우 지적 기능을 담당하는 전두엽이 거의 활성화되지 않는다고 했다.

그림책을 읽을 때 발휘되는 집중력은 능동적 집중력으로 쓰면 쓸수록 더 높아진다. 아이들은 그림책에서 그림을 볼 때 비슷한 장면이 나올수록 더 집중해서 차이를 찾아낸다. 그림에 표현된 엄마의 앞치마 모양, 달력 날짜, 주인공의 표정 변화, 머리 모양의 차이 등을 발견한다. 천천히 반복해서 보면서 그림의 구석구석을 관찰해 나간다. 아이는 그런 과정에서 시각집중력을 키우게 된다. 그림책을 어릴 때부터 자주 읽어 주면 시각집중력과 청각집중력 2가지를 모두 키울 수 있다. 그림책의 그림을 보면서 시각집중력을, 부모가 읽어 주는 소리를 들으면서 청각집중력을 키우기 때문이다.

유아기는 워낙 이미지에 대한 욕구가 강할 때라 그림책을 보여 주면 자동적으로 그림에 집중하기 때문에 시각집중력을 키우기 쉽다. 단 아이가 별 관심을 보이지 않는데 "천천히 꼼꼼히 좀 봐봐."라고 강요하거나, 아이가 어떤 페이지의 그림에 관심을 보이며 찬찬히 살펴보고 있을 때 "뭘 그렇게 오래 보니?" 하면서 페이지를 넘겨 버리면 안 된다. 또 그림에 집중한 아이가 그림책의 이야기가 궁금할 때는 부모가 읽어 주는 말을 주의 깊게 듣게 해야 한다. 부모가 '의사'라고 읽었는데, 아이가 '이사'라고 듣는다면 이야기가 이어질 수 없다. 아이는 귀 기울여 들으면서 정보를 있는 그대로 제대로 듣는 연습을 하게 된다.

간단히 말해 '틀린 그림 찾기'가 시각집중력이라면, 청각집중력은 '틀린 소리 찾기'라고 할 수 있다. 아이는 주의 깊게 듣는 연습을 하면서, 들을 때마다 등장하는 새로운 단어를 구분하는 능력도 키우게 된다. 시각집중력으로 새로 보는 사물이나 장면 등을, 청각집중력으로 새로 듣는 단어나 문장·소리 등을 변별하고 입력하면서 아이의 기억력도 함께 발달하게 된다. 단지 그림책을 읽어 주는 것만으로 아이의 집중력과 기억력을 모두 키울 수 있다.

그림책을 읽는 동안 여러 부위의 뇌가 활성화된다

아이에게 '그림책'을 읽어 주면 디지털 시대에 위기에 빠진 아이의 뇌를 구할 수도 있지만, 디지털미디어에 빠진 아이가 아니더라도 아이가 그림책을 읽는 동안 뇌의 거의 모든 부분이 활성화되기 때문에 좋다. 아이가 그림책을 읽을 때 이루어지는 뇌 활동을 보면 먼저 시각 정보가 뇌로 들어온다. 그것이 머리 뒤에 위치한 후두엽까지 전달된다. 후두엽에서 자료에 대한 시각적 분석을 하고 그 다음 측두엽에서는 언어적 분석을 한다.

그림책을 읽으면 그림에서 느껴지는 감성은 바로 변연계로 가고, 그림책에서 얻은 모든 정보는 종합적인 판단 · 추리 · 이성 등을 담당하는 전두엽으로 간다. 그림책의 글은 부모의 입을 통해서 언어를 담당하는 측두엽으로 가서 다시 전두엽으로 간다. 아이에게 그림책을 읽어 주면 언어 발달뿐 아니라 뇌 발달에도 도움이 된다. 더구나 그림책을 읽으면서 이루어지는 아이와 부모의 교감은 의사소통은 물론 정서 발달에도 좋다.

아기가 태어나자마자 들려주기 시작한 부모의 그림책 이야기는 아기의 뇌 속에 그대로 저장된다. 이렇게 저장된 단어나 표현 등은 말을 하기 시작할 무렵, 학교에 들어가서 읽고 쓰기를 배울 무렵에 아이 자신도 모르게 서서히 나타난다. 아이의 뇌에는 인간이 진화하면서 조물주가 이미 만들어 놓은 '경험기대적 발달'인 시각, 청각, 언어 등의 신경회로가 들어 있다. 독서는 '경험의존적 발달'로서 이들 기존의 신경회로를 사용해 새로운 연결을 만들어 내는 것이다. 그림책을 읽을 때마다 아이의 뇌에서는 새로운 시냅스와 신경회로가 만들어진다. 이 새로운 시냅스와 신경회로는 아이의 집중력, 기억력, 시각, 청각, 언어를 담당하는 뇌 부분을 발달시켜 나간다.

책을 읽어 주면 아이가 자연스럽게 글자를 배우게 된다

만 2~3세의 유아에게는 단어 카드로 학습을 시키는 것보다 다양한 색이 들어 있는 그림책을 보여 주거나 노래를 불러 주는 것이 좋다. 아이는 책 속의 색깔, 모양, 동물 등을 보면서 언어를 배우기 시작한다. 매일 그림책을 함께 읽다 보면, 아이는 자연스럽게 글자를 배워 나가게 된다. 그림책의 글자를 손으로 짚어 가며 읽어 주는 것은 바람직하지 않다. 뭔가를 가르치겠다는 생각을 버려야 아이가 그림책을 충분히 즐겁게 즐길 수 있다.

아이가 글자에 관심을 보인다면 생활 속에서 천천히 글자를 소개해 준다.

예를 들어, 아이가 그린 그림에 이름을 써 주고 이름을 한 글자씩 읽어 주는 식으로 글자 하나하나가 소리를 가지고 있다는 것을 알려 줄 수 있다. 아이의 이름을 스티커로 방문에 붙여 주거나 한글 모양의 퍼즐 장난감이나 자석 등을 가지고 놀도록 하는 것도 도움이 된다.

아이에게 한글을 가르칠 때는 단어를 함께 가르치는 것이 효과적이다. 예를 들어, '가'라는 글자를 가르친다면 '가방', '가지'처럼 '가'로 시작하는 단어들을 알려 준다. 아이의 이름이 '지은'이라면 '지'로 시작하는 단어를 함께 찾아보는 놀이를 하는 것도 좋다.

만 4세 미만의 시기에 글자에 전혀 흥미를 보이지 않는다면 읽기를 강요하지 않는 것이 좋다. 만 4세가 되기 전까지는 억지로 글자 쓰기를 가르치지 않는다. 글자를 빨리 깨우친다고 해서 언어 실력에 도움이 되는 것은 아니다. 케임브리지 대학교의 우샤 고스와미 교수는 5세부터 글자 읽기를 시킨 아이들이 7세부터 글자 읽기를 시작한 아이들보다 초등학교 시기의 학업성취도가 낮다는 연구 결과를 보고하기도 했다.

글자 학습을 꼭 집에서 읽기와 쓰기를 통해 해야 하는 것은 아니다. 오히려 밖에서 직접 경험으로 배운 글자는 더 오래 기억에 남는다. 차를 타고 가면서 간판을 함께 읽어 보거나 버스 광고의 글씨를 읽어 본다. 그 후에 관련된 책을 읽어 주면 더욱 효과적인 학습이 될 수 있다.

그날그날의 책 선택에는 원칙을 세우자. 만약 3권의 책을 읽어 준다면 처음 책은 아이가 좋아하고 원하는 책을, 두 번째 책은 아이가 읽어 봤던 익숙한 책을, 세 번째 책은 새로운 책을 읽어 주는 것을 추천한다. 흔히 아이는 예측 가능한 삶에서 안전함을, 동일한 일상의 반복에서 편안함을 느끼므로 좋아하는 책만 반복해서 읽어 달라고 조르기 쉬우므로 아이가 원하는 것을 먼저 해 주고 나서 새로운 경험을 더하도록 안내하는 것이다.

책을 줄줄 읽는다고 마냥 좋은 것일까?

초독서증이라고 하여 유사자폐증을 보이는 아이도 심심치 않게 볼 수 있다. 초독서증은 의미를 전혀 모르면서 한글이나 영어를 기계적으로 '발음'하는 현상으로 자폐증의 증세 가운데 하나이다. 그러나 최근에 우리나라에서 보이는 초독서증은 자폐증 아이에게서 보이는 증상이 아니라 뇌가 성숙되지 않은 아이에게 한글, 영어, 수학을 조건반사적으로 가르침으로써 생기는 부작용이다. 특히 초독서증을 보이는 아이들은 머리가 좋은 경우가 많다. 그러나 이 아이들은 많은 단어를 익혔지만 대화는 잘하지 못한다.

3세 이전에 영어그림책을 의미는 모르는 채 줄줄 읽는 아이가 있는데 이것은 3세 이하의 아이들을 무리하게 가르쳐서 생기는 초독서증에 해당된다. 부모들은 아이가 잘 따라 해서 매일 영어와 한글을 가르쳤다고 말하는데 아이들은 부모가 원하거나 기뻐하는 것을 하려는 경향이 있기 때문에 아이가 좋아하거나 잘 따라 해서 영어나 한글을 가르쳤다는 것을 곧이곧대로 믿기는 어렵다.

우리나라 아이들은 어릴 때부터 TV나 스마트폰, 컴퓨터게임, 글자 플래시카드, 그림책 등 시청각 매체에 과도하게 노출된 경우가 많다. 영·유아기에는 부모와 즐거운 상호 작용 놀이가 중요한데 시청각 매체의 과다한 노출로 인하여 부모와 밀접한 상호 관계 시간이 줄어들어 아이들의 감성 발달이 잘 이루어지지 못하고 집중력이 떨어지고 있다.

그림책 읽기도 부모와의 상호 관계가 없다면 다른 시청각 매체와 다를 바가 없다. 부모와의 상호 관계 없이 그림책을 읽힐 경우에도 아이가 그림책에 빠져 있어 그림책을 한시도 손에서 떼지 않지만 행동 면에서 문제를 보인다. 이런 아이들은 언어 이해가 어느 정도 되는 것 같은데도 반응이 없거나, 눈맞춤을 하지 않으려 하고, 산만하며, 말을 하지 못하는 경우가 많다. 한글, 숫자, 알파벳을 읽거나 읽은 책의 내용을 혼자 웅얼거리지만 부모와의 대화는 거의 이루어지지 않는다.

아이의 흥미에 관심을 표현해 주거나 아이의 소리에 반응을 해 주지 않고 보여 주는 그림책은 아이의 인지 발달에 도움을 줄 수 없다. 그림책이 아이에게 의미가 있는 이유는 그림책을 통해 부모의 피부 촉감을 느낄 수 있고 부모의 사랑스런 소리를 들을 수 있고 부모의 반응을 유발해 부모를 온통 독차지할 수 있기 때문이다. 더구나 그림책은 말을 배울 수 있는 좋은 기회이다. 아이의 어휘력과 문장력은 부모 목소리로 이야기를 들을 때 가장 증대된다는 연구 결과도 있다.

따라서 부모는 아이가 혼자 책을 읽을 때 마냥 좋아서 방치할 것이 아니라 부모와의 상호 작용에 관심을 가지고 지켜볼 필요가 있다. 부모의 사랑이 스며든 그림책을 아이에게 보여 주어야 한다. 그림책을 읽어 줄 때는 다음 방법을 사용한다.

- 아이에게 그림책을 읽어 주기 전에 엄마가 미리 내용을 파악하여 아이의 흥미를 자극할 수 있도록 리듬감을 살려 흥미진진하게 읽어 준다. 등장인물에 따라 목소리를 바꾸어 가며 읽어 주어 마치 여러 사람이 말하는 것처럼 느끼게 해 주면 아이는 더 재미있게 본다. 책에 대한 느낌을 가지고 읽으면 아이가 흥미를 느낄 뿐 아니라 정서적인 교류도 할 수 있다.
- 그림책은 글자를 가르치기 위한 책이 아니다. 글자를 읽고 이해하는 것보다 그림책을 읽으면서 생각을 하고 상상을 할 시간을 주어야 한다.

- 그림책을 끝까지 읽게 해야 한다. 영상 매체에 익숙한 아이들은 그림책을 읽을 때 끝까지 집중력과 인내력을 발휘하기가 쉽지 않다. 조금이라도 흥미가 떨어지면 책을 덮어 버리는 경우가 많은데 이때는 적절한 격려와 칭찬을 통해 끝까지 읽을 수 있도록 해야 한다.
- 여러 종류의 그림책을 읽어 준다. 사물을 인지할 수 있는 사물 그림책, 상상력을 자극하는 이야기 그림책, 일상생활을 익히게 하는 생활 그림책, 숫자나 글자를 익히게 하는 인지학습 그림책 등을 번갈아 가며 읽어 준다.
- 그림책에 의성어나 의태어가 포함돼 있으면 좌뇌뿐 아니라 우뇌도 발달시킨다. 의성어와 의태어는 아이가 반복하기를 좋아하고 쉽게 외우기 때문에 다양한 표현과 어휘를 익히는 데 좋다.
- 그림책 읽기를 오감놀이로 활용한다. 노래를 부르듯이 읽어 주거나 그림책의 한 장면을 목소리로 흉내 내거나 주인공의 감정을 몸으로 표현한다.
- 그림책을 읽고 나서 아이가 느끼고 생각한 것을 표현하는 독후 활동을 한다. 책의 내용으로 놀이를 할 수도 있고 그림으로 표현할 수도 있다.
- 책 내용을 바탕으로 종이 인형극이나 역할극을 해 보는 것도 좋다. 부모와 아이가 역할을 분담하고 상황을 재현한다. 아이는 이를 통해 자연스레 다른 사람의 마음을 이해하고 공감하게 된다.

03
초등학교 때 읽기를
배우지 못하면 공부를 잘하기 어렵다

생후 2년간 부모와 상호 작용하면서 많은 단어를 귀로 들은 아이들은 그보다 적은 단어를 귀로 들은 아이들보다 빨리 언어를 배운다. 이러한 가정 환경의 차이는 사회 경제적 계층과 관련이 있다. 연구에 의하면 빈곤층 아이들은 시간당 600단어를 들었고, 노동자 부모를 둔 아이들은 1,200단어를 들었으며, 전문직 부모들 둔 아이들은 2,100단어를 들었다. 아이들이 처한 언어 환경과 주요 차이는 향후 언어 발달이나 IQ와 상관관계가 있다.

책을 능숙하게 읽을 수 있는 아이와 그렇지 않은 아이 사이의 격차는 아이가 초등학교, 중학교, 고등학교에 들어갈수록 커진다. 키스 스타노비치 (Keith Stanvich)에 따르면 읽기에 익숙하지 않은 초등학교 고학년이나 중학교 학생의 경우 1년에 대략 10만 단어 정도를 읽고, 평범한 아이는 100만 단어를 읽지만, 잘 읽는 아이는 약 1,000만~5,000만 단어까지 읽을 수 있다고 한다. 일반적으로 책 속에 약 5만 단어가 들어 있다고 가정하면 읽기에 익숙하지 않은 아이는 1년에 책 2권, 평범한 아이는 20권, 잘 읽는 아이는 200권에서 1,000권을 읽는다고 볼 수 있다. 읽기에 익숙하지 않은 아이와 잘 읽는 아이의 지적 능력은 시간이 갈수록 차이가 난다.

아이의 뇌는 읽기 능력이 숙달될수록 문자를 해독하기 위한 에너지 소모가 줄어든다. 아이의 두뇌 속에 문자만을 인식하는 영역이 발달하기 때문이다. 이 영역의 발달 여부에 따라 분당 최대 500단어까지 읽을 수 있는 아이가 있는가 하면 분당 20~30단어도 힘들게 읽는 아이도 있다.

아이가 유창하게 글을 읽을 수 있게 되면 사용할 수 있는 워킹메모리의 공간이 늘어난다. 입력받아 즉시 이해할 수 있는 단어들이 늘어나 자동적으로 음운 디코딩 작업을 하게 되어 유창성이 충분히 확보되면 늘어난 워킹메모리로 생각하고 추론하고 감정이나 경험적 지식까지도 통합할 수 있게 된다. 이렇게 수많은 정보를 처리할 수 있는 워킹메모리의 여유를 가지고 책을 읽으면 창의적인 생각을 하고 응용을 하는 능동적 독서가 가능해진다.

읽기의 뇌

언어의 뇌 중 가장 중요한 영역은 베르니케 영역과 브로카 영역으로 각각 언어의 이해와 표현을 담당한다. 베르니케 영역의 왼쪽에는 귀에서 들어오는 소리를 처리하는 청각피질이 있고 브로카 영역의 위쪽에는 몸의 근육을 움직이게 하는 운동피질이 길게 자리하고 있다. 뒤통수에 있는 후두엽은 시각 정보를 처리하는데, 눈을 통해 뇌로 들어가는 신경신호가 일단 후두엽의 1차 시각피질로 들어간 다음 그 종류에 따라 별도의 처리 부위가 작동한다. 눈으로 들어간 시각 정보는 일상적인 사물일 수도 있고, 좋아하는 사람일 수도 있고, 복잡한 글자일 수도 있는데 각각의 정보를 처리하는 시각피질의 위치가 다르다.

예를 들어, 아이가 "옛날 옛날에 철수라는 이름의 아이가 살았습니다."라는 문장을 소리 내어 읽는다면, 먼저 책을 눈으로 읽고 있으므로 1차 시각피질이 활성화되고 청각피질에 저장된 단어 읽기 관련 정보와 베르니케 영역을 통해 읽은 문장을 이해하려 할 것이다. 단어가 만들어진 구조와 철자, 발음과 의미를 살피기 위해서는 각회라는 영역이 작동을 한다.

각회는 대뇌피질 뒤쪽에서 후두엽, 두정엽, 측두엽이 만나는 지점에 있다. 이곳은 시각 단어 인식 시스템이나 나머지 언어 처리 시스템 사이의 가교 역할을 하기에 적절한 위치이다. 게다가 각회는 구어 경로의 일부인 횡측두회에 가까이 붙어 있다. 문자는 각회에서 해석되면서 소리로 전환된다. 이 소리를 음소라고 부른다. 어떤 단어가 마음속에 떠오르면 그 단어와 관련해서 저장된 모든 정보에 관한 뉴런들이 활성화된다. 글을 제대로 읽어 내려면 단어를 상기하는 능력뿐만 아니라 각회에서 무의식적으로 빠르게 읽기 활동을 해내는 능력을 갖추어야 한다. 각종 언어 정보는 각회에서 수집된 다음 궁형속이라는 신경고속도로를 타고 브로카 영역으로 이동한다.

표현언어를 담당하는 브로카 영역에는 글자를 소리 내어 읽도록 해 주는 음성 정보가 함께 저장되는데, 브로카 영역은 바로 위에 있는 운동피질에 명령을 내려서 목·입 등을 움직여 말소리를 내도록 한다. 책을 읽은 아이의 목소리는 아이의 귓속으로 들어가서 청각피질로 전달되고 아이는 제대로 읽고 있는지 순간적으로 판단을 내리며 실시간으로 발성을 조정한다.

아이가 읽기를 하려면 전두엽, 소뇌, 측두엽, 두정엽, 후두엽이 모두 동원된다. 특히 좌측 하측두피질에 있는 방추상회가 중요하다. 방추상회는 글로 쓴 언어를 인식할 뿐 아니라 사람들에게 단어(예를 들어, 꽃)를 보여 주거나,

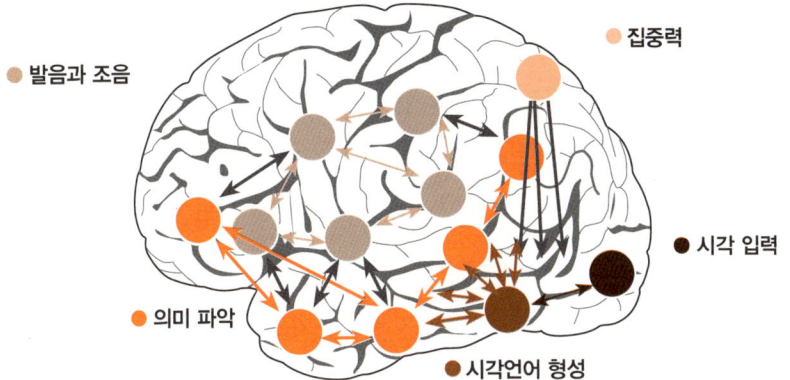

읽기의 뇌 읽기에는 전두엽, 소뇌, 측두엽, 두정엽, 후두엽 등이 모두 동원된다. 후두엽에 시각이 입력되면, 측두엽에서 시각언어로 바꾸고, 전두엽에서 의미를 파악하고, 운동피질과 소뇌가 발음과 조음을 하고, 두정엽은 공간집중력을 유지한다.

단어처럼 보이지만 실제로 단어가 아닌 문자열(예를 들어, 꽃)을 보여 줄 때 활성화된다. 대뇌 좌반구의 가장 안쪽에서 바깥쪽 순서로 집, 얼굴, 텍스트, 물건을 알아본다. 아이의 두뇌에는 각 범주별로 시각 정보를 처리하는 부위들의 순서가 모두 똑같아서 단어 텍스트를 알아보는 곳은 반드시 얼굴과 물건을 처리하는 곳 사이에 위치한다.

사실 인류가 문자를 보편적으로 활용하게 된 역사는 그리 오래되지 않았다. 기원전 4000년경 이후부터 발달한 이집트의 신성문자와 수메르의 설형문자가 문자 시스템의 시초이므로 불과 1만 년도 되지 않았다. 게다가 일반 대중이 문자를 평소에 사용하기 시작한 것은 더욱 역사가 짧다. 우리나라만 해도 일반 백성에게 문자 문명이 개방된 것은 1446년부터이고 한글 사용이 보편화된 지는 수백 년에 불과하다.

이렇게 짧은 시간 동안 인간의 두뇌가 텍스트를 고속으로 읽을 수 있게 된 것은 뇌의 '재활용' 때문이다. 새로운 기능이 요구될 때는 없던 것을 새로 만드는 것보다 원래 있던 것을 보완하거나 수정해서 재활용하는 것이 자연과 두뇌의 보편적 섭리이다. 인간은 시각 시스템 중에서 인식 속도가 가장 빠르다고 했던 얼굴 인식 부위에서 불과 8mm 떨어진 부위에 단어 텍스트를 알아보는 부위를 초단시간에 덧붙일 수 있다.

그런데 왜 하필이면 물건을 알아보는 대뇌 부위와 사람 얼굴을 알아보는 부위 사이에 텍스트를 알아보는 부위가 덧붙여진 것일까? 최초의 문자 시스템은 상징이라기보다 그림에 가까운 상형문자였으므로 물건을 알아보는 부위와 문자를 알아보는 부위가 별반 다를 필요가 없었을 것이다. 알파벳 A는 뿔 달린 소를 그린 이집트 상형문자가 변형된 것이고, S는 뱀의 형상을 모방해 그린 것이기 때문이다. 그러나 문자는 서서히 주변 사물과의 유사성이 상실되면서 추상화되었고, 그로 인하여 이들 문자를 알아보고 복잡한 문자 시스템을 이해·표현하기 위해서는 지속적인 훈련과 교육이 필요하게 되었다. 특히 소리 내어 읽기와 다독이 중요해졌다.

읽기의 발달 과정

처음에 아이는 글자나 단어들을 그림으로 본다. 부모가 길거리의 간판을 가리키며 읽어 주면 아이는 자음과 모음을 조합해서 읽는 게 아니라 상표와 간판에 있는 글자 모두를 1개의 그림으로 읽는다. 2단계로 넘어가면서 소리 회로와 의미 회로가 서서히 연결하기 시작한다. 즉 글자를 소리로, 소리를 글자로 더듬더듬 옮길 수 있고, 자음과 모음을 합해서 소리 내어 읽고 의미를 연결할 수 있게 된다. 3단계에서 자동화가 이루어진다. 글자와 단어를 읽는 데 특화된 '단어상자'가 견고하게 조직화되어, 아이는 원하는 정보를 텍스트에서 자유롭게 찾아낼 수 있는 단계에 들어간다. 뇌를 통해 여러 경로가 지나가고 연결되면서 아이는 단어의 뜻이 무엇인지, 읽은 내용 중에서 얼마나 기억할 것인지 파악한다. 읽기에 능숙해지면 아이의 뇌는 이 모든 일을 동시에 자동적으로, 무의식적으로 수행한다.

연구에 의하면 뇌가 불필요한 정보를 여과하는 동안 기저핵과 전전두엽피질이 특히 활발하게 작동한다고 한다. 기저핵은 움직임을 조절하는 영역이고, 전전두엽피질은 합리적·이성적 사고와 문제 해결에 관여하는 영역이다. 기저핵은 움직임에 영향을 미치는 기존 역할 외에도 학습을 위한 연결을 강화하는 행동을 할 때, 또는 어떤 행동을 방해하거나 그 행동의 강도를 약화시키기 위해 행동을 억제할 때도 활성화된다. 기억의 뇌는 모든 정보를 받아들이는 것은 아니다. 기억의 뇌는 주어진 과제의 부담 정도와 학습자의 성공적 학습 경험을 토대로 정보를 받아들인다. 뇌는 불필요한 정보를 처음에는 시상에서 거르고, 다음에는 기저핵과 전전두엽피질에서 거른다. 즉 기저핵은 학습자가 불필요한 소음이나 방해가 되는 외부 자극을 차단하는 의식적 결정을 내리도록 한다.

읽기에는 청각 시스템만큼 시각 시스템도 중요하다. 능숙하게 읽으려면 후두엽과 뇌의 시각 시스템이 반드시 활성화되어야 한다. 어린아이들은 우선 물체를 보고, 이름을 붙인 다음, 단어를 발음하도록 배운다. 또한 시각 연합 시스템이 발달하면서 말하기를 배운다. 아이들은 읽기를 배울 때 시각 시스템을 통해 개별 문자와 조합된 문자 형태 안에서 임의의 형상을 보고 해석하게 된다. 상징적인 어떤 기호가 입력되면, 그 종이에 쓰인 단어가 무슨 의미인지를 이해하기 위해 이전에 장기기억에 저장된 이미지와 연결한다. 읽기를 잘하는 아이들은 그림을 해석하는 데 심상뿐만 아니라 감정과 기분까지 불러일으킨다. 이것은 단순히 단어를 파악하는 것보다 훨씬 더 발달된 읽기 행동이다.

읽기 능력을 효율적으로 발달시켜야 한다

핀란드 아이들은 만 7세가 된 후에야 공식적인 읽기 교육을 받기 시작하는데도 2년 더 일찍 읽기 교육을 받는 미국 어린이들보다 더 높은 읽기 성취도를 보인다. 미국 교육부 통계자료에 따르면 2011년 기준으로 초등학교 4학년의 경우 핀란드의 읽기 성취도는 세계 3위, 미국은 세계 6위를 차지하고 있다. 초등학교 시기는 측두엽이 발달하는 시기이기 때문에 읽기 교육이 가장 효과적인 때이다.

학업과 직업 능력에 대한 수많은 연구에서 독해 능력은 특히 중요하다. 읽기가 가능해지면 사물에 대한 관심이 더 많아지고 흥미도 더 생기기 때문이다. 따라서 운동에서 기초체력을 중요시하듯 아이의 두뇌 발달에서 기초체력이라고 할 수 있는 읽기 능력을 키워 주는 것이야말로 인간을 인간답게 해 주는 중요한 과제이다. 초등학교 저학년 때 읽기를 배우지 못하면 고학년이 됐을 때 공부를 잘하기 어렵다. 저학년 때 술술 읽고 해독할 줄 아는 능력을 키워 주어야 나중에 읽기를 활용한 학습이 가능하다.

초등학교 저학년 때 아이들은 말소리의 최소 단위인 음소를 발음규칙과 함께 익히면서 자연스럽게 말을 소리 내는 뇌의 경로에서 읽기 해독 경로로 전환시킨다. 말을 하는 데에 관여하는 신경회로를 읽기 해독 경로로 전환하기 위해서는 반복 연습과 검사를 필요로 하며, 뇌가 자동 읽기 경로를 개발할 수 있도록 부모가 집중적으로 개입하고 도와줘야 한다. 글을 읽으려면 우선 각각의 철자를 그것의 소리와 연결시켜야 하고, 이 소리들을 결합해 하나의 소리 덩어리로 구성할 수 있어야 한다. 그 소리 덩어리가 어떤 의미를 지닌 단어라는 판단이 서면 뇌는 그 단어가 어떤 의미를 지니고 있는지 확인하고 싶어 한다. 그리고 단어의 의미를 알게 되면, 문장 속에서 그 단어의 앞뒤에 위치한 다른 단어들의 의미를 새롭게 확인하게 된다.

읽기의 뇌를 발달시키기 위한 지침은 다음과 같다.

일상에서 읽기를 가르칠 기회를 찾는다.

아이들이 학교에 입학하기 전에 글을 읽게 하려고 스트레스를 줄 필요는 없다. 하지만 아이들이 과자봉지나 거리 표지판에 뭐라고 쓰여 있는지 물을 때 기꺼이 읽어 준다면, 읽는 것은 재미있고 유용하다는 것을 은연중에 가르쳐 주는 것이다. 이것이 바로 맥락 속에서 뭔가를 배우는 것이다.

책을 읽는다.

일상대화의 99%는 불과 2,000개 이내의 단어로 이루어진다. 하루 종일 대화하더라도 그저 일상적인 대화뿐이라면 아이는 미래를 위해 필요한 수준 높은 단어에 접할 확률이 매우 낮다. 따라서 아이에게 책을 읽혀야 한다. 책 속에는 수만 단어 수준의 고급 어휘가 가득하다. 게다가 좋은 책 속에서 사용된 단어들은 단어 전문가들의 세심한 손길을 여러 단계 거치며 검증받은 양질의 것이다. 책 속의 글을 통해 얻을 수 있는 단어의 양과 질은 일상대화를 통해 접할 수 있는 단어의 양과 질에 비교할 수 없을 정도로 좋다.

시스템적으로 읽기 교육을 시킨다.

신경과학 전문가들은 임상적으로 읽기 치료를 받는 아이들의 뇌에서 읽기가 일어나는 과정을 촬영한 결과, 읽는 데 어려움이 있던 아이들도 시스템적으로 가르치면 읽을 수 있다는 사실을 입증했다. 시스템적인 교육을 받은 후 아이들은 뇌의 단어 식별 영역에서 뇌 발달이 이루어졌다. 단어를 식별하는 과제를 하면서 그 단어와 관련된 두뇌 영역을 개발하고 활용한 것이다. 직접적이고 시스템적인 지도를 통해 과학적으로 가르치면 아이들이 정확하고 신속한 단어 해독자가 되는 데 필요한 기술을 익힐 수 있다. 아이들은 복잡한 어휘를 익히기 위해 방대한 단어 네트워크를 구축하고, 점점 더 길어지는 문장 속에서 단어 이해력을 높이며, 분석하고 종합해서 질문에 답하기 위해 뉴런을 뇌의 다양한 영역에 연결한다.

소리 내서 읽는다.

모르는 단어가 많으면 속도를 내어 읽을 수 없으므로 기본 어휘를 두뇌 창고에 충분히 축적해야 한다. 폴 네이션(Paul Nation)의 연구 결과에 따르면 쉬운 글인 구어체 텍스트를 이해하기 위해서는 6,000~7,000단어를 알아야 하고 어려운 글인 문어체 텍스트를 이해하기 위해서는 8,000~9,000단어가 필요하다. 어휘 수가 이 수준에 가까워지면서 아이는 스스로 소리 내어 읽는 모습을 보이기 시작한다. 대개 부모가 소리 내어 읽어 주는 단계를 지나고 아이가 스스로 소리 내어 읽는 단계를 지나면서 구어체 텍스트를 이해하기 위한 기본 단어들을 거의 익힐 수 있다. 단순하게 꾸준히 읽어 주기만 해도 아이는 필요한 단어들을 두뇌에 확실히 담게 된다.

쓰기를 가르친다.

말리테샤 조쉬(Malatesha Joshi) 등의 연구에 의하면 단어를 구성하는 소리와 철자의 관계를 아는 것이 읽기 이해력과 직접적인 상관관계가 있다고 한다. 올바른 철자법으로 글을 씀으로써 언어를 숙달하게 된다는 것이다. 아이들은 머릿속에서만 따졌던 소리를 문자로 쓰기 시작하면서 글을 쓰기 위해 적절한 단어를 고르고 자기가 읽는 단어의 의미를 생각하게 된다. 말할 때 사용하는 어휘보다 읽고 쓸 때 훨씬 더 많은 어휘를 활용한다. 읽거나 쓸 때 뇌가 자동적으로 조절되는데 이때 뇌는 장기기억에 저장된 방대한 어휘 사전에 접근할 수 있다. 하지만 말할 때는 알고 있는 어휘 중에서 발음이 가능한 어휘에만 뇌가 접근할 수 있다. 말하는 동안에는 듣는 사람이나 관객의 피드백을 해석하느라 뇌가 고난도의 단어를 찾을 여력이 없기 때문이다.

종이책이 더 좋다.

사람들은 특정 문자 정보를 찾으려 할 때 원하는 텍스트가 어디에서 나왔는지 위치를 추적하는 경향이 있는데 종이책은 전자책에 비해 훨씬 분명한 위치감을 줄 수 있다. 페이지를 펼치면서 여기가 시작부분인지 끝부분인지 당장 알 수 있고 종잇장을 손으로 만지며 두께와 질감과 때로는 냄새까지도 느낀다. 종이책으로 읽으면 책 전체를 놓치지 않으면서 지금 읽고 있는 위치가 어디인지를 객관적으로 느낄 수 있다. 또한 종이책은 전에 읽었던 내용을 다시 찾아보고 자유롭게 그 부분을 펼쳐 볼 수 있고 앞으로 나올 내용도 빠르게 넘겨 볼 수 있다. 종이책이라면 떠오르는 생각을 여백에 적을 수도 있고 밑줄을 치고 형광펜으로 표시할 수도 있을 뿐 아니라 원하는 대로 페이지를 접고 구길 수 있다. 아이에게 통제력과 자기주도성을 키워 줄 수 있는 것이다. 따라서 종이책으로 읽은 것은 장기 기억화하기 유리하다. 글을 읽은 후 시일이 꽤 지난 다음에 기억하는 정도를 측정해 보면 전자책으로 읽은 것은 의도적으로 떠올려야 하지만 종이책으로 읽은 것은 그냥 안다.

읽기의 정상 발달

시기	특징
0~12개월	-책을 입으로 빨다가 책장을 넘기기도 한다. -책의 목적을 이해하기 시작한다.
13~36개월	-책을 읽어 달라고 한다. -글자와 그림은 다르며 각각 이름이 있음을 안다. -책 속의 사물 이름을 말한다. -등장인물에 대해 말한다. -책 속의 그림이 실제 사물을 그린 것임을 깨닫는다.
37~48개월	-그림이 아니라 활자를 읽어 준다는 것을 안다. -주변 환경과 관련된 단어를 인식한다. -이야기의 문자적 의미를 이해한다는 표시를 한다. -특히 자기 이름 속에 있는 글자를 포함해 10개의 글자를 식별한다.
49개월~6세	-유창하지 않아도 익숙한 글을 읽는 시늉을 한다. -글자 전부를 알아보고 이름을 말할 수 있다. -문자 연속이 소리 연속을 나타낸다는 자모 법칙을 이해한다. -글자-소리 대응 대부분을 인식한다. -자주 쓰이는 쉬운 단어는 즉시 인식할 수 있다. -짧은 문장이 잘못되어 있으면 알아낸다. -소리 내어 읽어 준 이야기에 대한 질문에 대답한다. -그림을 보거나 이야기의 일부만 듣고 앞으로의 전개를 예측할 수 있다.
7세	-이제부터 적합한 수준의 소설이나 비소설을 읽고 이해할 수 있다. -읽는 시늉만 내던 단계에서 실제 읽는 단계로 접어든다. -모르는 단어를 소리 내어 읽기 위해 글자-소리 대응을 활용한다. -읽다가 틀린 부분을 문맥이나 글자 단서를 이용해 스스로 수정한다. -단순한 문장이 온전하며 말이 되는지 구별할 수 있다. -글에 대한 질문을 읽고 답할 수 있다. -이야기의 전개가 어떻게 될지 예측하고 근거를 댈 수 있다.
8세	-어렵지 않게 읽는다. -규칙적인 철자로 된 다음절어와 의미 없는 단어를 해독한다. -글자-소리 대응에 기초해 미지의 단어를 소리 내어 읽는다. -의미가 분명하지 않을 때 문장을 다시 읽는다. -특정 질문에 답하기 위해 이야기책이 아닌 것도 읽는다. -도해, 도표, 그래프에서 정보를 추출한다. -어떻게, 왜, 만일이 사용된 질문에 대한 답을 낼 수 있다.
9세	-글자-소리 대응 관계를 사용하며 단어를 해독하기 위해 구조적 분석을 시행한다. -더 긴 분량의 소설을 읽고 장으로 구분된 책을 혼자서 읽을 수 있다. -소설 이면에 담긴 주제나 메시지에 대해 논의한다. -비소설 속의 인과 관계, 사실과 의견, 요지의 세부 정보를 구별한다. -알고 있는 어근, 접두사, 접미사를 이용해 단어의 뜻을 유추한다.
10~14세	-학습을 위해 독서한다. -활자와 아이디어를 연관 짓는다. -듣기보다 읽기에 효율성을 보이기 시작한다.
15~17세	-복합적 관점을 갖는 교재를 읽는다.
18세 이상	-독서 활동을 통해 지식을 시스템화한다.

난독증은 조기 발견이 중요하다

난독증은 학습장애 중에 하나로 지능은 정상인데 글자를 읽는 데 특히 어려움을 보이는 증세이다. 말도 제때 트이고 읽어 준 그림책 내용을 줄줄 외고 다니는 아이 중에도 난독증이 있는 경우가 있다. 난독증은 본격적으로 한글공부를 시켜 보면 알 수 있다. 난독증인 아이들은 '미끄럼틀'을 '럼끄틀미'라고 마음대로 읽고, 문장 하나, 행 하나를 통째로 빼먹거나 있는 글자를 빼먹거나 없는 글자를 추가하는 행동을 자주 한다. 또한 처음 보는 단어는 읽는 것 자체를 어려워하기도 한다. 그림책을 읽어 주어도 내용을 잘 이해하지 못하고, 글자에 별 관심을 보이지 않는다. 취학 직전인 만 6세 정도 되면, 평균적으로 글자에 강한 관심을 보이며 스스로 읽고 써 보려는 행동을 많이 하는데, 난독증이 있는 경우에는 스스로 읽고 쓰는 것을 무척 싫어한다. 혼자 읽어 보라고 하면 책을 아예 멀리해 버린다. 난독증이 있으면 쉽게 학습부진아로 오해받는다.

하지만 난독증이 있는 아이 중에는 우뇌가 매우 발달한 경우가 왕왕 있다. 그래서 미술, 음악, 체육, 과학, 연극 등에서 뛰어난 기능을 보이기도 한다. 레오나르도 다빈치, 아인슈타인, 토마스 에디슨, 피카소, 톰 크루즈, 데이비드 베컴 등도 난독증이 있었다. 우뇌가 발달한 아이들은 뭔가를 보면 시각의 뇌가 빠르게 작동해 그림으로 먼저 파악한다. 하지만 글자는 시각의 뇌에서 좌측 측두엽으로 가서 청각적인 것, 즉 언어적인 것으로 정보를 바꿔 전두엽으로 넘기는 작업을 해야 읽을 수 있다. 우뇌가 너무 발달한 아이들은 어떤 자극을 받을 때 좌뇌로 넘기는 것이 약하다 보니 전두엽으로 정보를 보내는 것에 문제가 생겨 글을 잘 읽지 못하는 것이다.

난독증의 유형은 크게 2가지이다. 하나는 자극을 받아들이는 감각 자체에 문제가 있는 경우이다. 이 아이들은 감각이 깨지거나 울퉁불퉁한 거울 같다. 글자를 보았을 때 하나하나가 분해되어 보이거나 물속에서 글자를 읽는 것처럼 흔들려 보인다. 글자가 출렁거리면서 도망 다닌다. 때문에 P와 B는 아예 똑같은 글자로 보이기도 한다. 또 하나는 글자를 보고 해석하는 능력에 문제가 있는 경우이다. 전두엽 기능이 낮은 것으로 볼 수 있다. 이런 아이들은 차이를 구분하지 못해 숨은그림찾기 같은 것도 매우 어려워한다.

난독증의 치료 방법은 유형에 따라 2가지로 나뉜다. 감각 자체에 문제가 있는 경우에는 왜곡된 감각을 교정하는 치료를 한다. 전두엽 기능이 낮은 경우에는 전두엽을 발달시키는 여러 가지 치료를 한다. 요즘은 초등학교 시기 아이들 중 15%가 난독증이 있다. 보통 난독증은 아이가 초등학교 생활을 시작하고 나서야 발견된다. 하지만 시작되는 것은 5~6세 때로 본다. 아이에게 난독증이 있을 경우 조금이라도 빨리 발견할 수 있다면 학습장애로 인해 아이가 받는 상처를 최소화할 수 있다.

난독증 체크리스트(만 6세용)

- 상대적으로 주의력이 산만하다.
- 유아용 리듬과 압운 단어를 기억하기 힘들어한다.
- 단어 끝말잇기를 어려워한다.
- 이야기는 즐기는데 단어나 글자에는 관심이 없다.
- 방향성 단어를 헷갈린다.
- 말로 하는 전체 단어가 뒤죽박죽이다.
- 잡기, 던지기, 공차기, 점프하기, 균형잡기 등의 운동을 어려워한다.

04
모국어 실력이 영어 실력을 좌우한다

    프랑스의 자크 멜러(Jacques Mehler) 교수의 연구에 의하면 생후 2일 된 아기들도 이미 외국어보다 본인의 언어를 선호한다고 한다. 그는 실험에서 아기들에게 녹음된 프랑스어를 계속 반복해서 들려주었다. 아기들은 신나게 노리개젖꼭지를 빨다가 결국에 조금 지루해졌고, 젖꼭지를 빠는 속도도 느려졌다. 바로 그 시점에서 언어를 러시아어로 바꾸고 아이의 행동을 관찰했다. 그러나 프랑스 아기들은 특별한 관심을 보이지 않았고, 노리개젖꼭지를 빠는 속도는 변함없이 느렸다. 그러다가 들려주는 언어를 러시아어에서 프랑스어로 바꾸자 아기들은 몹시 흥분해서 젖꼭지를 빨았다. 결국 아기들은 2가지 언어의 차이를 구분할 수 있었고 특히 모국어를 선호한다는 것이다.

    아기들은 여러 가지 언어를 구분할 수 있다. 예를 들어, 아빠는 스페인어, 엄마는 영어, 입주 유모는 프랑스어를 쓰는 것과 같이 여러 언어가 자연스러운 환경에서 제공되면 아기는 그 언어들을 모두 발달시킬 수 있다. 아기들은 자신들을 향한 언어의 흐름을 분석할 준비가 되어 있기 때문이다. 아기들은 뒤섞인 언어를 흡수하고 끌어내어 이어지는 것들을 분해할 수가 있다.

　연구에 의하면 가족이 2가지 언어를 사용하더라도 아이의 언어 학습에 불리하지 않다. 서로 다른 언어를 사용하는 부모 밑에서 자란 아이들의 정신 발달이 제대로 이루어지지 않거나 언어를 완벽하게 습득하지 못하는 일은 없었다. 반대로 두 언어 모두에서 말하기와 이해 능력이 평균을 넘어서며 2개의 언어를 쓰는 것은 일반적인 지능 발달도 촉진시키는 것으로 드러났다. 그런 아이들은 두 문화권에 익숙하다는 장점도 있다. 그러나 이런 이상적인 경우에도 이중언어 습득은 대부분 3단계로 진행된다.

　첫 번째 단계에서는 아이들의 어휘가 언어에 따라 구분되지 않는다. 아이들은 각각의 대상을 지칭하는 어휘를 배우고 그 어휘들이 마치 동일한 언어인 양 섞어서 사용한다. 이중언어는 거의 언제나 언어의 혼재로 시작한다. 그러나 부모가 흔들리지 않고 서로 다른 언어를 지속적으로 사용하면 아이들은 어휘들을 분리해서 사용하게 된다.

　두 번째 단계에서는 아이들이 부모가 서로 다른 언어로 말을 한다는 것과 그들에게도 그런 일이 기대된다는 사실을 인식한다. 신기하게도 한 언어의 발음은 다른 언어에 절대로 영향을 주지 않는다. 그러나 이 시기에 말을 할 때는 두 언어가 뒤섞인다. 한 가지 언어로 배운 단어는 다른 언어로 말할 때도 불쑥불쑥 나타난다.

　세 번째 단계에서는 두 언어가 완벽히 갈라진다. 아이는 2가지 언어 사용을 기대받고 있으며, 자기가 2가지 서로 다른 어휘를 구사하고 있음을 인식하게 된다. 이런 인식이 전환점을 이루어 두 언어는 점점 더 구분되며, 아이들은 언제, 누구와, 어떤 언어로 말해야 할지를 정확히 알 수 있다.

제2언어를 배우면 뇌도 변화한다. 한 가지 이상의 언어를 말하는 사람들은 그렇지 않은 사람들에 비해 좌측 하위 두정엽피질에 있는 영역이 더 크다. 특히 어릴 때 제2언어를 배웠거나 제2언어를 유창하게 말하는 사람들의 경우는 아주 크다. 물론 2개 이상의 언어를 배우면, 다른 언어의 개입을 막아내면서 또 다른 언어에 주의를 집중해야 하기 때문에 어느 정도 저항이 따를 수 있다. 이런 개입으로 2개 이상의 언어를 쓰는 아이들은 하나의 언어를 쓰는 아이보다 단어 선택이 늦어지고, 설단현상을 더 자주 겪는다. 그렇더라도 이러한 저항을 극복하면 그에 따른 이점들이 있다.

먼저 2개 언어를 사용하는 아이들은 실행 기능 검사에서 모국어만을 사용하는 아이들보다 우월하다. 이는 2개 언어를 사용하는 아이들이 상황에 따라 인지적 유연성을 보여 주는 능력을 강화시킬 수 있기 때문이다. 2개 언어를 사용하는 아이들은 다른 사람을 이해하는 능력을 측정하는 검사에서도 1개 언어를 사용하는 아이들보다 뛰어나다. 이런 장점은 이들이 다른 사람들의 관점을 받아들이기 위해 더 많은 연습을 해야 하기 때문에 발전한 것일 수도 있다. 왜냐하면 2개 언어를 사용하는 아이들은 자신들이 말을 건네는 상대방에게 적절한 언어를 선택해야 하기 때문이다. 또한 2개 언어를 사용하는 아이들은 인지 통제를 할 때 다양한 뇌 영역을 사용한다. 아이들의 뇌는 전전두피질 부위뿐 아니라 문법 규칙을 처리하는 언어 영역인 브로카 영역에서도 활성화가 나타난다.

모국어가 영어를 좌우한다

처음에 이중언어를 배운다고 하더라도 아이는 몇 년 지나면 한 가지 언어를 주로 사용하게 되는데, 대부분의 경우 자신이 살아가는 지역의 언어를 택하게 된다. 많은 연구에서 이중언어 사용은 판에 박힌 듯 진행되는 일이 아니라는 것이 증명되었다. 아이들은 두 언어 모두에서 기본적으로 높은 능력을 획득했지만 종종 하나의 언어로 치우치는 현상이 일어난다. 또한 모국어를 잘하는 아이가 외국어도 잘한다는 것이 밝혀졌다.

메이메리의 연구에 의하면 일찍부터 모국어에 노출된 청각장애인들은 영어를 배울 때도 늦게 모국어를 배운 사람들에 비해 문법적으로나 음소적으로나 단어 수준에서나 훨씬 정확한 영어를 구사해 냈다. 영어를 배우는 데 모국어의 습득 타이밍이 가장 중요한 언어적 변수였던 것이다. 모국어를 일찍 습득한 아이들은 영어를 더 정확하게 빠르게 배운다. 탄탄한 모국어 실력이 영어를 배우기 위한 튼튼한 발판이 되는 것이다.

따라서 가족 구성원 중에 영어를 잘하는 사람이 있어서 아기 때부터 지속적으로 영어를 할 수 있다면 영어를 가르치는 것이 바람직할 수 있다. 그런 경우가 아니라면 모국어에 먼저 익숙해진 다음 영어를 가르치는 것이 좋다. 모국어에 빨리 익숙해질수록 문법 구조에 따른 논리력이나 수리력도 함께 개발되기 때문이다. 모국어를 먼저 배우고 영어를 하면 모국어의 언어적 지식과 센스를 이용하여 영어의 의미, 문장 구성, 단어 형태에서 유아기에 영어를 배우는 것보다 빨리 학습이 가능하다. 논리력 · 수리력 · 사회성 · 지능 등 여러 가지 인지 능력에 대한 폭넓은 개발을 위해서라면 모국어를 일찍 습득하고 잘하는 것이 인성 발달의 기초가 된다.

취학 전이 영어에 가장 민감한 시기이다

미국 워싱턴 대학교 패트리샤 쿨(Patricia Kuhl) 박사의 연구에 의하면 아기는 생후 6개월을 기점으로 언어의 자음과 모음의 소리를 받아들이는 방식이 거의 확정된다. 세상에 존재하는 언어에서 자음은 약 600여 개, 모음은 약 200여 개에 달하지만 개별 언어는 평균적으로 40개의 음소만 사용한다. 음소란 단어의 뜻을 달라지게 하는 소리의 최소 단위로, 예를 들어, 'cat'과 'bat'처럼 첫 자음 소리에 해당하는 음소가 다르면 완전히 다른 단어가 된다. 우리말의 경우도 마찬가지여서 '달', '말', '발', '살', '칼'은 모두 첫 음소만 다를 뿐이지만 뜻이 완전히 다르다.

아기는 세상에 태어난 뒤 6개월 정도가 지나면 자기 모국어의 음소를 상당 부분 습득한다. 또한 모국어의 음소로 된 단어들에 집중해 한두 단어를 직접 발음할 수 있다. 다시 말해 생후 6개월까지는 세계에 존재하는 어떤 언어의 음소든지 쉽게 익힐 수 있지만 불과 1년 만에 모국어의 음소를 거의 완벽하게 익히고 나면 다른 언어의 음소에 대한 습득 능력이 빠른 속도로 줄어든다. 이 단계를 넘어서면 일단 엄마의 언어가 아닌 외국어에 대한 불편함과 불안감을 느끼게 된다.

그것은 언어에 따라 주파수 대역이 다르기 때문이다. 영국식 영어의 주파수 대역은 2,000~12,000Hz이고, 미국식 영어는 더 낮은 대역을 차지하므로 미국식 영어에 비해 영국식 영어는 높은 음을 더 많이 쓴다. 특히 100~1,500Hz대를 차지하는 일본어의 경우 영국식이든 미국식이든 영어의 주파수 대역과 상당히 동떨어진 주파수대를 주로 사용하는데, 그 때문에 실제로 일본인들의 영어 성취도는 그리 높지 않다. 우리나라 말의 경우 대략 500~2,000Hz로 일본어보다는 상황이 좀 낫지만 그래도 영어에서 주로 사용되는 주파수 대역과 본질적인 차이가 있다.

부모가 반드시 알아 두어야 할 것은 언어 교육을 취학 전이나 초등학교 때부터 시작하면 아이들의 우수한 언어 습득 능력을 개발할 수 있다는 것이다. 다양한 연령대에 미국으로 건너가 최소한 5년 동안 거주한 중국과 한국의 이민자들을 대상으로 영어 문법 능력을 시험한 연구가 있다. 시험 문제는 영어가 모국어인 사람들이 만 6세쯤 되면 완벽하게 맞힐 수 있는 만큼 쉬웠다. 그렇지만 만 17세 이후에 영어를 배우기 시작한 이민자들은 그중 상당수를 맞히지 못했다. 만 8~10세에 이민 온 사람들은 조금 떨어지는 실력이었고, 만 11~15세에 이민 온 사람들은 그보다 더 능숙하지 못했다. 오직 만 7세 이전에 미국에 온 이민자들만 원어민 수준의 실력을 보였다.

연구에 의하면 사춘기에 들어서서, 혹은 그 후에 외국어를 배우면 외국어가 주로 우뇌에서 처리된다. 반면 만 7세 이전에 이중언어 환경에서 자란 아이들은 두 언어 모두 좌뇌에서 처리된다. 알려진 바와 같이 우뇌는 음악성, 복잡한 도형 인식, 부분과 전체의 관계 인식, 공간 지각, 감정 지각과 표현을 주로 담당하고, 좌뇌는 언어를 처리하고, 세계를 분류하며, 수학적 계산을 수행하고, 복잡한 운동 과제를 계획하며, 논리적이고 분석적이다. 그런데 두 언어를 모두 좌뇌에서 처리하면 자연스레 언어 습득을 위해 마련해 놓은 브로카 영역과 베르니케 영역에서 언어 처리와 생산이 신속하게 이루어져 언어를 효율적으로 습득할 수 있는 것이다.

물론 성인이 되어 외국어를 배워도 완벽하게 구사하는 경우가 있다. 그것은 동일한 시간 동안 영어에 노출됐을 때 통사적 기술 및 형태적 발달에서 성인이 아이들보다 초반에 언어 성취도가 앞서기 때문이다. 실제로 동일한 시간 동안 영어에 노출됐을 때 통사적 기술 및 형태적 발달에서 나이가 더 많은 아이가 더 적은 아이보다 초반에 언어 성취도가 앞서 나간다. 그렇지만 장기적으로 가면 갈수록 성인기에 영어를 외국어로서 배우기 시작한 성인들보다 어린 시절부터 영어에 자연스럽게 노출된 아이들의 언어 성취도가 더 높아진다. 문법과 같은 복잡한 원리를 의식적으로 학습하는 데는 나이든 학습자가 유리하다. 그러나 자유롭게 목표 언어를 사용하려면 어린 시절부터 익히기 시작하는 것이 더 낫다.

2가지 언어를 습득하는 방법

영어는 만 7세 이전에 접하게 한다.

영어를 일찍 접할수록 쉽게 배울 수 있다는 것은 명확하다. 아이들이 영어를 빨리 잊어버리는 것은 사실이지만, 아이들 뇌의 유연성 덕분에 언어 발달의 감수성기에 다시 영어에 노출될 경우 이것을 새로이 받아들일 수 있기 때문이다. 반면에 12세 이후에 영어를 들으면 좌뇌의 활성이 거의 없다. 열심히 노력해서 영어를 들을 수 있게 된다 해도 아이들처럼 자연스럽지는 못하다. 영어를 말하는 것도 마찬가지이다. 영어를 어색한 발음으로 말할 수밖에 없는 것이다.

억지로 가르치지 않는다.

영어는 하기 싫은데 억지로 가르친다면 효과를 보기가 힘들다. 아이에게 불필요하게 스트레스를 주는 것은 의미가 없다. 차라리 아이가 조금 늦게 학교에서 영어 학습을 시작하고 억양이나 발음은 서툴지만 영어 공부를 좋아하게 되는 것이 어렸을 때 강제로 시키는 것보다 좋을 수 있다. 영어가 억지로 공부해야 하는 골치 아픈 녀석이라는 인상을 심어 주면 안 된다. 만일 영어는 부모 때문에 억지로 해치워야 한다는 인식이 아이에게 생겨 조건화되면 아이의 영어두뇌 만들어 주기는 실패를 향해 가고 있다고 봐야 한다.

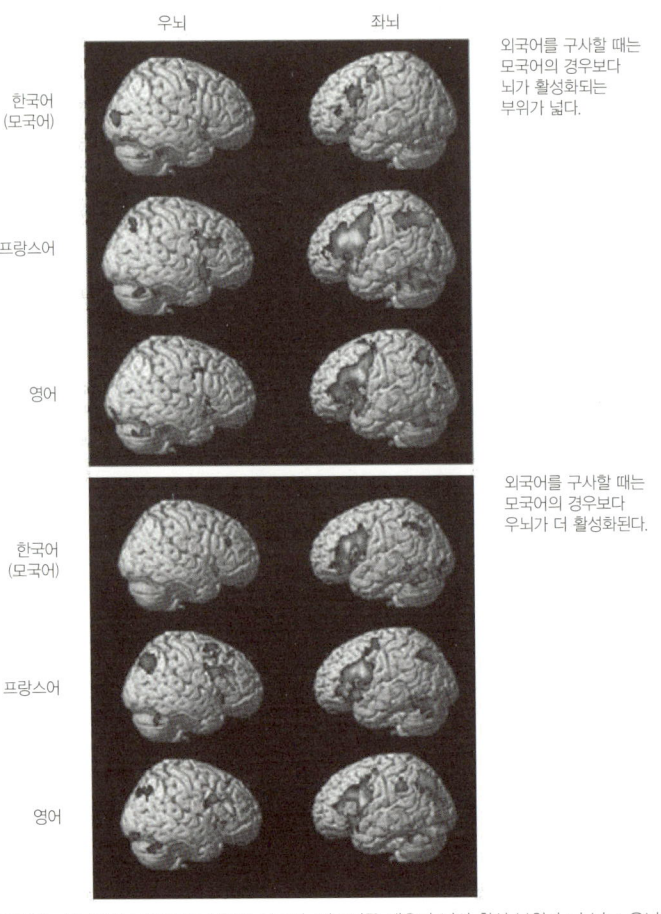

외국어의 뇌 외국어는 모국어와 뇌의 활성 부위가 다르다. 외국어를 배우면 뇌의 활성 부위가 더 넓고 우뇌도 더 활성화된다. 자료:고려대학교 심리학과 남기춘 교수 팀

연습과 대화의 시간이 축적되어야 한다.

영어를 공부하고 익힌다는 것은 새로운 단어의 뜻을 외우는 상황처럼 사실에 대한 정보를 저장하는 서술기억 형성과, 입에서 곧바로 나올 정도로 영어를 소리 내어 연습하고 대화하는 절차기억 형성이 동시에 진행되어야 한다. 머리는 물론 몸으로 반응할 수 있어야 영어를 제대로 활용할 수 있다.

영어를 비롯한 절차기억의 형성에 개입하는 주요 두뇌 부위로는 발성기관을 포함하여 몸이 자동적으로 정확한 타이밍에 움직이도록 해 주는 소뇌가 있다. 마지막으로 장기기억을 담당하는 해마 근처에 위치한 편도체도 비서술기억 형성에서 핵심적인 역할을 한다.

영어그림책을 읽어 준다.

부모가 아이를 무릎에 앉혀 놓고 직접 영어책을 소리 내어 읽어 준다. 명작 동화나 전래 동화는 아이와 함께 다양하게 해석하고 대화를 나눌 수 있는 생각거리를 풍성하게 제공할 수 있다. 오랜 세월의 검증을 받으며 살아남은 명작 그림책은 역사적 배경지식의 심오한 사고력이 뒷받침되어야 하므로 깊이 있게 생각하는 능력을 키우기에 좋다. 명작 그림책 내용의 잔인함에 대해 걱정하는 어른도 있지만 그것은 동화를 아이가 어떻게 받아들이는지를 관찰해서 대처하면 된다. 명작 그림책 읽어 주기는 잃는 것보다는 얻는 것이 훨씬 크다.

DVD도 도움이 될 수 있다.

영어는 대화와 그림책을 통한 상호 작용을 하여야 효과적으로 배우지만 영어를 본격적으로 가르치기 전에 영어로 된 DVD 영상을 하루 30~40분씩 보여 주면 영어에 대한 거부감을 줄일 수 있다. 처음 볼 때는 자막을 보더라도 나중에는 자막 없이 보게 하면 영어 듣기 능력을 기르는 데 도움이 된다. 그림책으로도 나와 있는 DVD는 그림책의 텍스트를 따라가며 영어 소리를 듣도록 하면 그림책을 외울 정도로 들었던 경험이 있기 때문에 DVD의 내용에 맞추어 그림책의 텍스트를 따라 읽을 수 있다.

제3장

탄성회복력 · 긍정력 · 공감력을 높이는
변연계 키우기

아이의 변연계는 초기에 전두엽의 개입 없이 독자적으로 두려움, 웃음, 울음 등의 감정을 조절한다. 아이는 가설을 세우거나, 논리적인 추론을 하거나, 자기의 관점을 객관적으로 바라보고 거리감을 두거나, 앞으로의 일을 예상할 줄 모르기 때문에 '지금, 여기'만 생각한다. 아이의 사고도 나름의 논리를 따르지만 자기중심적이다. 그 결과 자제력을 잃고 갑자기 화를 내거나 올바른 결정을 내리지 못하거나 전반적으로 공감력과 자기이해력이 부족한 모습을 보게 된다.

아이의 감정을 조절하는 변연계 상부는 오랜 시간에 걸쳐 발달한다. 따라서 감정을 통제하고 평가하는 일은 5~6세가 되어야 비로소 시작한다. 전두엽이 성숙해 가면서 감정은 변연계에서 만들어지지만 전두엽에서 지각할 수 있다. 아이는 비로소 자신의 감정을 주변 사건과 일치시킬 수 있고 피곤하거나 배가 고프거나 실망한 것을 부모에게 알리기 위해 자신에게 관심을 집중한다. 그러면서 공감력이 생겨 자신이 좋아하는 과자를 타인에게도 주기 시작한다. 공부 의욕과 관련 있는 대상회는 아래쪽에 있는 편도체나 시상하부로부터 정보를 전달받아 유쾌하다거나 불쾌하다는 판단을 내리고 욕구를 대뇌피질에 전달하며, 행동하고자 하는 의욕을 만들어 낸다.

부모는 자라는 아이들이 다양한 시각에서 감정을 바라보도록 가르쳐야 한다. 역할놀이를 통해, 또는 이런저런 상황에서 사람들이 어떻게 느끼는지, 그런 상황에서 형제나 친구는 어떤 기분인지를 계속 알려 주어야 한다. 이런 연습은 특히 공감력이 떨어지는 남자아이에게 중요하다. 아기가 경험하는 스킨십은 변연계에 작용하여 정서를 안정시키는 신경회로를 발달시킨다.

01
세로토닌은 회복탄력성을 높인다

학대받는 뇌

앞에서 언급한 바 있듯이 루마니아의 독재자 차우셰스쿠는 1965년 정권을 잡자마자 물불 가리지 않는 출산장려 정책을 펼쳤다. 출산율은 올라갔지만 아이를 기를 능력이 없는 루마니아 국민은 아이를 버리기 시작했고, 아이들은 수용 능력을 상실한 고아원에서 죽거나 방치되었다. 1989년 차우셰스쿠 정권이 물러나자 이 아이들에게 따스한 가족을 찾아 주려는 국제적인 노력이 이어졌다. 적절한 보살핌과 영양 공급으로 보통 아이들의 5배에 해당하는 성장 속도를 보였고, 몇 년이 지나자 제 나이 또래의 키와 몸무게에 육박했다.

하지만 입양 가정에서 몇 년간 사랑과 적절한 보살핌을 받은 후에도 어린 시절 고아원에서 지냈던 폐해는 여전히 남아 있었다. 아이들은 지능지수가 낮았고 충동을 조절하지 못했으며 친구를 사귀는 데 애를 먹었다. 신경질적으로 몸을 앞뒤로 흔들거나 누군가와 몸이 닿는 것을 극도로 싫어하는 아이가 많았다. 난폭하거나 극심한 불안 증세를 보이기도 했다.

진찰 결과 스트레스에 예민하게 반응했고 주의 집중에도 문제가 있었다. 아이들은 대부분 뉴런이 훨씬 적었고, 주의 집중 시스템이 자리 잡은 대뇌 피질의 연결 상태가 불안정했다. 또 감정을 저장하는 변연계에서도 뚜렷한 차이를 보였다. PET 결과, 일반 아이들의 뇌는 활성도가 높은 반면 고아원 아이들은 언어 능력을 조절하는 부위가 거의 활성화되지 않았다. 만 6개월~3세보다 늦은 시기에 부모와 떨어진 아이들과 6개월이 되기 전에 부모 품을 되찾은 아이들은 긍정적인 관계를 형성하는 데 더 나은 회복력을 보였다. 이를 통하여 뇌과학자들은 만 6개월~3세가 아이들의 두뇌가 영향을 제일 많이 받는 결정적 시기라는 점을 알게 되었다.

스트레스에 대한 아이의 반응

기저귀가 젖어 불편한데 혼자서는 아무것도 하지 못하는 아기는 스트레스를 받는다. 교감신경계가 활성화되면서 심장박동이 빨라지고 혈압이 높아지며 호흡이 가빠진다. 결국 아기는 울음을 터뜨린다. 우는 동안 뇌에서는 에피네프린을 분비해서 스트레스에 대응한다. 에피네프린은 저장된 에너지를 동원해서 혈압의 흐름을 정상적으로 바꾸고 스트레스의 원인에 관심을 갖게 만든다. 동시에 코르티솔도 분비된다.

엄마가 와서 안아 주고 기저귀를 갈아 주고 달래 준다. 안정을 되찾은 아기는 울음을 그치고 스트레스 호르몬이 점차 줄어든다. 대신 유대감을 증대시키는 옥시토신과 바소프레신이 분비된다. 동물을 대상으로 한 연구들을 보면, 신체 접촉을 하거나 좋은 냄새를 맡는 것처럼 유쾌한 경험을 할 때도

이 물질들의 분비가 증가한다.

그런데 엄마가 아기를 곧장 안아 주지 않고 몹시 더디게 반응하거나 무관심으로 일관하면 아기의 뇌는 생존 모드로 들어간다. 코르티솔이 급등해 뇌 기능을 원초적인 단계로 퇴화시키고, 스트레스 신호를 보내고 반응을 기다리는 것 외에 다른 데는 관심을 가지지 못한다. 아기의 뇌는 기다림이 길어지면서 몹시 예민한 상태가 되어 코르티솔이 꾸준히 상승한다. 그리고 스트레스의 원인이 해소된 뒤에도 한동안 이런 상태에 머무른다. 이렇게 스트레스 호르몬이 많이 분비된 동안에는 뇌의 학습 능력과 새로 유입된 정보를 효과적으로 유지하는 능력이 급격히 떨어진다.

스트레스에 대한 아이의 반응은 먼저 싸우기 아니면 도망치기로 나타나지만 아이가 싸우거나 도망치는 것이 불가능하면 결국 해리 반응을 일으킨다. 이것이 반복되면 스트레스에 대한 반응 시스템으로 굳어져 오피오이드 시스템이 왜곡되고 아이의 정서 및 인지 발달에까지 영향을 미친다.

긍정적인 스트레스를 적당히 받으면 아이들은 건강하게 성장하며 부모의 도움으로 스트레스에 적응하고 올바로 대처하는 법을 익힐 수 있다. 그러나 새로운 환경에 접하거나 새로운 과제를 할 때 아이들은 스트레스를 받을 줄만 알지 어떻게 극복하고 조절해야 할지 모르기 때문에 문제가 된다.

다행히 견딜 수 있는 스트레스도 있다. 스트레스에 대한 반응이 격렬해 뇌의 연결에 영향을 미칠 수 있지만, 단기간 겪거나 양육자의 보살핌으로 완화할 수 있다. 또한 스트레스의 지속 기간이 짧고 그에 대한 반응도 적당하면 아이의 뇌에 긍정적일 수 있다. 유치원에서 엄마와 헤어질 때, 주사를 맞을 때, 좋아하는 물건을 잃어버려서 실망했을 때 등 일상에서 겪는 사소한 스트레스이다.

학습된 무기력

셀리그만은 두 칸으로 나뉜 우리에 개를 집어넣고 전기 충격을 주는 실험을 했다. 우리의 바닥에는 전선이 지나가고 양쪽 칸에는 전구가 달려 있었다. 전구에 불이 들어오고 얼마 후 바닥에 전기 충격이 오도록 우리를 설계했다. 천장에 불이 켜진 후 얼마 뒤에 전기 충격이 오는 것의 규칙성을 발견하면, 개는 천장에 불이 켜지면 곧바로 전기 충격이 흐르지 않는 옆 칸으로 대피하는 것을 학습했다.

이렇게 학습을 시킨 후에 셀리그만은 실험을 조금 변경했다. 앞에서 회피를 학습한 개를 단단히 묶어 놓고 동일한 실험을 실시했다. 그 결과, 처음에는 전구에 불이 켜지자 낑낑거리며 열심히 전기 충격을 피하려고 노력했다. 하지만 이 절차가 계속 반복될수록 노력하는 행동은 점차 줄어들고 나중에는 얌전히 전기 충격을 그대로 받았다. 나중에 묶은 끈을 풀어 주고 장애물을 없앴는데도 개는 여전히 전기 충격을 고스란히 받았다.

스트레스는 아이의 뇌에 부정적인 영향을 준다. 특히 강력하고 자주 경험하거나 만성적인 스트레스는 제대로 된 보살핌을 받지 못하고 가정환경이 열악하거나 지속적으로 생존에 위협을 받는 등 심각한 상황에서 비롯한다. 9.11테러사건이나 멕시코 연안에 발생한 허리케인과 같은 극심한 스트레스는 아이들의 삶을 뒤바꿔 놓았으며 외상 후 스트레스를 겪게 했다. 최악의 경우 독이 되는 스트레스는 뇌를 작아지게 한다. 이런 스트레스는 아무리 가벼운 수준이라고 해도 아이들의 대처 방식을 변화시키고 스트레스를 견디는 한계점을 낮춤으로써 미래의 행복과 학습 능력에 큰 영향을 미친다.

아이들 역시 성인들 못지않게 할 일은 많은데 시간이 없다거나, 누군가 자기가 하기 힘든 일을 하기를 기대할 때, 부당하게 비난받을 때, 혹은 대인

관계에 문제가 있을 때 스트레스를 받게 된다. 아이들은 과할 정도로 많은 숙제를 해야 한다거나, 고정관념을 깨는 자유 과제를 해야 한다거나, 기껏 열심히 해 온 과학 숙제를 보고 친구의 보고서를 베낀 게 아니냐고 다그치는 선생님의 질책 앞에서 극심한 스트레스를 받게 된다.

연구에 의하면 아이는 스트레스를 받고 있거나 과중한 과제에 치일 때는 전반적으로 실행 기능을 발휘하는 능력이 떨어진다. 특히 스트레스 과잉 상태에서는 평소에 취약함을 보였던 기능이 가장 먼저 반응하고 가장 민감하게 영향을 받게 된다. 특히 감정 조절에 문제가 있는 아이들은 스트레스에 매우 민감하기 때문에 스트레스를 받는 상황에서는 감정 조절 능력뿐만 아니라 다른 전반적인 실행 기능이 떨어지는 경향이 있다.

피로나 배고픔을 느끼거나 과도한 자극이 주어질 때, 학교에서 좋지 않은 일이 있었다거나 갑작스럽게 계획이 바뀌었을 때, 아이들은 실행 기능을 제대로 발휘하지 못하게 된다. 부모는 그런 상황에 맞춰서 아이의 행동을 보듬어 주어야 한다. 그런데 부모는 자녀의 숨통을 너무 틔워 주어 지나치게 느슨하게 만들지는 않도록 주의해야 한다. 아이가 스트레스를 받거나 지친 상황일 때라도 가능하면 아이들을 완전히 풀어 주기보다는 요구 사항 수위를 낮춰 주는 것이 회복탄력성을 위해서 더 효과적일 수 있다. 예를 들어, 10분 동안 놀이방을 정리하라고 하는 대신 레고 블록만 치우고 나머지 장난감은 내일 정리하라고 말하는 식이다.

아이들 중에는 스트레스로 인하여 의욕과 자신감이 없고, 자신의 능력을 의심하며, 시도했다가 실패하여 자책감을 느끼느니 차라리 시도조차 하지 않으려 하거나, 지루하고 어려운 일보다는 재미있는 일을 하며 시간 보내기를 더 좋아하는 유형도 있다. 이 아이들에게 가장 시급한 것은 아이가 과제를 안 하는 것인지, 못하는 것인지를 파악하는 것 자체가 아니라, 과제를 해 내려는 아이의 의지를 가로막고 과제를 끝까지 마치지 못하도록 방해하는 장애물을 극복할 수 있도록 도와주는 일이다.

아이들이 장애물을 극복할 수 있게끔 돕기 위해서는 과제에 지레 겁부터 집어먹지 않도록 과제를 쉽게 바꿔 주고, 과제를 마치기 위해 해야 할 과정들을 가르쳐 준 다음에 아이들이 이를 따르는지 감독한다. 그리고 과제가 다소 어렵게 느껴지더라도 집중해서 그 일을 끝낼 만한 가치가 있다고 느껴지는 보상을 해 주어야 한다. 그렇게 하면 의욕이 없고 쉽게 포기하는 유형의 아이들도 얼마든지 영리하면서도 산만하지 않은 아이로 자랄 수 있다.

감정과 편도체

감정은 마음을 구성하며 아이가 생존하는 데 가장 기본적인 신호이다. 감정은 세상의 보상과 처벌을 신속하게 구분하며, 아이로 하여금 가장 중요한 과제에 집중하게 하고, 인생의 소중함을 깨닫게 하며, 적절한 행동을 하게 하고, 자신의 내면을 다른 사람들에게 전달하기도 한다.

신생아도 웃을 수 있지만 생후 3~8주가 돼야 얼굴 표정이나 목소리, 발 구르기와 같은 외부 사건에 반응해 웃기 시작한다. 생후 3개월쯤 되면 아기들은 친숙한 얼굴에 더 많이 웃고 관심과 놀라움을 보여 준다. 생후 4개월쯤 되면 아기들은 능숙하게 웃으며, 이후 1년 정도는 까꿍놀이를 하거나 우스꽝스러운 얼굴을 보여 줄 때 웃음의 강도가 매우 세다.

부정적인 감정의 신호도 어릴 때부터 존재한다. 가장 먼저 나타나는 것은 놀람과 혐오, 고통이다. 이 감정들은 웃음과 마찬가지로 생후 2~3개월에는 외부 사건과 관련이 없을 수도 있다. 분노와 슬픔은 생후 3개월쯤 얼굴 표정

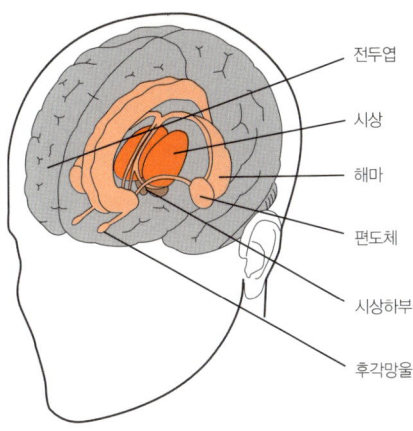

편도체 편도체는 시상에서 들어오는 자극을 시상하부와 뇌줄기를 경유해 활동하면서 싸움이나 경쟁을 위한 신체 준비를 하고, 전두엽을 경유하면서 감정의 인지적 측면을 통제한다. 편도체는 부정적 기억을 담당하는 반면 해마는 긍정적 기억을 담당한다.

에 드러나는데, 보통 고통이나 불만을 표출하는 것이다. 이 모든 감정 표현은 부모와 다른 어른들의 보살핌을 환기시키는 데 도움이 된다.

편도체는 출력할 때 다른 뇌 영역으로 가서 2개의 주요 시스템을 구성한다. 첫째 시스템은 시상하부와 뇌줄기를 경유해 활동하면서 심장 박동, 혈압, 호흡의 변화를 만들어 내는 자율신경계를 활성화시킨다. 이 변화는 싸움이나 경쟁을 위한 신체 준비의 일환이다. 둘째 시스템은 피질의 다양한 영역을 경유하면서 해석, 규제, 의식적 지각, 기억과 상상에 대한 감정적 반응과 같은 감정의 인지적 측면을 통제한다. 이 두 시스템은 상호적이어서 번갈아 가며 편도체에 영향을 미친다.

편도체는 정확도보다는 속도를 우선으로 여긴다. 그래서 편도체는 수많은 거짓 정보를 보낸다. 예를 들어, 숲 속을 걸을 때 땅바닥에 떨어진 흰 나뭇가지를 보고는 착각임을 깨닫기도 전에 뱀인 줄 알고 무서워서 재빨리 펄

쩍 뛰며 뒤로 물러날 수도 있다. 이러한 반응은 진화적 산물이다.

편도체는 실제로 광범위한 권한이 있다. 편도체는 자극에 중요성을 부여해 뇌가 그 같은 상황, 사람 또는 사물에 대한 예전의 경험을 바탕으로 적절하게 반응하도록 준비시킨다. 이러한 판단들은 부정적일 수도 있지만 긍정적일 수도 있다. 시각 시스템이 어두운 반점을 거미인지 아니면 먼지 조각인지 확신하지 못한다면, 편도체는 피질이 그러한 느낌을 바로잡을 때까지 그것을 거미라고 가정한다.

애착

섬세한 부모는 아기가 상호 작용을 원하는 시간에 반응하고, 상호 작용이 최고조에 도달하도록 하며, 아기가 지나치게 자극받았을 때 이에 반응함으로써 아기의 각성 수준을 조절할 수 있다. 이는 어린 아기들은 스스로 할 수 없는 일이다. 따라서 부모가 아기의 정서적 흐름에 맞추어 섬세하게 반응하는 것이 중요하다. 부모와 아기가 정서적으로 동조를 이루는 것이 발달에는 최적이다. 아기는 스트레스를 받으면 주양육자를 찾고 마음이 안정될 때까지 곁에 있기를 원한다. 애착학자인 볼비에 의하면 아기는 단순히 먹을 것을 준다고 해서 곁에 있으려고 하지는 않는다. 접촉이나 상호 작용을 통해 아이를 보호하고 돌봐 준 주양육자여야 한다는 것이다.

따라서 아이의 정서 발달에는 아이가 태어나고 처음 몇 년간 부모가 얼마나 신속하고 민감하게 반응하느냐가 중요하다. 뿐만 아니라 부모의 신속하고 민감한 반응은 아이의 사회성 발달이나 성격 형성을 돕는 원동력이다. 부모는 아이의 신호를 잘 파악해서 적절하게 반응하고 또 아이가 잠깐 궤도에서 이탈했을 때 되돌려 놓으려는 노력을 하기 때문이다.

안정 애착이 형성된 아이는 부모의 보호 아래서 호기심을 가지고 적극적이고 자유로운 탐색을 한다. 만약 낯선 사람이 말을 건다고 하더라도 엄마의 반응을 살피고 엄마가 안전하다는 신호를 보내면 낯선 사람에게 다가간다. 부모가 아이의 활동 수준에 맞춰 민감하게 반응하고 아이가 짜증스러워하거나 지루해하는 등의 모습을 보일 때 빠르게 대응하면 아이의 코르티솔은 낮아지고 긍정심이 생긴다. 이것이 도파민이나 세로토닌 같은 신경전달 물질을 나오게 해 아이 두뇌의 뉴런을 성장시키고 시냅스를 증가시키고 강화한다. 이렇게 되면 안정 애착 아이들은 정서를 스스로 조절하기 시작한다.

반면 안정 애착이 형성되지 못한 아이는 엄마를 졸졸 따라다니면서 떨어지려 하지 않고 불안해지면 엄마를 찾고 매달린다. 여기에 더해 부모에게 무시당하거나 거부당하는 일이 많으면, 아이는 감정을 차단시켜 버리고 부모와 심리적 거리를 유지하면서 스스로 안정을 찾으려고 노력하며 성장하게 된다. 아기 때 불안정 애착을 보인 아이들은 초등학교에 들어가면 다른 아이에 비해 비협조적이고, 일부 아이는 공격적인 성향을 보인다. 또 자신의 잘못을 다른 사람 탓으로 돌리고 다른 아이들에게 적대적인 경우가 많다.

앨런 쇼어는 이러한 애착 이론을 뇌과학적으로 해석했다. 그에 따르면 영·유아기 때 부모와의 관계가 특히 우뇌 성숙을 촉진한다고 한다. 그리고 부모가 아이의 감정을 어떻게 다루느냐에 따라 애착 형성이 달라진다고 한다. 예를 들어, 배고파 우는 아기에게 젖을 줄 때 신경질적이고 귀찮은 표정을 하고 있다면 아기는 2가지 상충된 경험을 하게 된다. 배가 고프다고 울면 젖을 먹을 수 있고 배고픔을 해결하지만, 동시에 엄마의 부정적인 감정을 느낀다. 이런 일이 계속된다면 아기는 자존감을 잃게 된다.

커서는 대화가 문제가 된다. 예를 들어, 아이가 팔이 다쳐서 집에 들어왔다고 생각해 보자. 엄마가 상처를 치료해 주고 감정이 격앙되어서 "팔이 부어오르는지 잘 보고 있어! 팔이 부으면 응급실에 가야 하니까!"라고 아이에게 주의를 준다. 아이는 겁먹은 표정으로 팔에 난 상처를 보면서 눈물을 꾹 참는다. 이런 식의 태도는 공감이 없는 대화이다. 반면에 잘 공감하는 엄마라면 아이를 품에 안고 부드러운 목소리로 "걱정 마. 괜찮아질 거야. 팔이 부어오르는지 같이 지켜보자."라고 말할 것이다. 아이는 위로를 받아 마음이 안정될 것이다. 공감과 상호 작용이 있는 대화법이다.

대니얼 스턴에 의하면 부모와 아이의 상호 작용이 활발하면 3가지 중요한 결과가 나온다고 한다. 첫째, 아이의 두뇌에서 기분이 좋아지는 신경전달 물질이 분비되어 동기를 일으키는 뇌가 활성화된다. 그로 인해 동기부여에 관련된 신경계 흐름이 활발해진다. 둘째, 부모와 아이 사이의 유대감이 높아져 애착이 강화된다. 셋째, 감정을 공유하는 공감력이 좋아진다. 감정은 우

애착의 정상 발달

시기	특징
0~6개월	날마다 자신을 돌봐 주는 사람에게 애착이 생기면서 대상을 향해 미소 짓고 눈을 맞춘다. 처음에는 몇 초에 불과하던 것이 점점 늘어 몇 분이 된다. 이 시기 아기는 부모의 얼굴을 가장 좋아하며, 즐거워하는 소리를 내서 관심을 끈다.
7~9개월	낯선 사람을 보면 불안해하기 시작한다. 낯선 사람에 대한 불안은 부모에 대한 애착을 더욱 단단하게 만든다. 다른 모든 사람을 '낯선 사람'으로 생각하는 건 부모에 대한 강한 애착 때문이다. 처음 보는 사람이 다가오면 아이들은 부모 품에 더 꼭 매달리고 울음을 터뜨리기도 한다. 부모와 애착이 형성되지 않으면 낯설게 느껴지는 사람도 없다. 누구든 자신에게 중요한 정도가 같기 때문이다.
10~15개월	아이들 대부분이 분리불안을 경험한다. 자신이 부모와 별개의 존재라는 것을 인식하면서 나타나는 현상이다. 낯가림과 마찬가지로 이 역시 아이가 부모에게 강한 애착을 갖고 있다는 증거이다. 또 이 시기 아이들은 탐색 활동을 시작한다. 걷기 시작하면서 즐겁게 주변을 살피되 안전지대 가장자리까지 갔다가 다시 돌아오는 일을 반복한다. 가도 되는지 부모가 확인해 줄 때까지 기다리는 것이다. 자기가 해낸 것을 기뻐하고, 다른 사람들의 손길을 받아들이고, 담요 같은 특정 물건으로 스스로 위안을 얻는 것 역시 건강한 애착의 신호이다.

측 전전두피질과 좌측 전전두피질이 분화되어 있다. 좌측 전전두피질이 손상된 수많은 환자는 우울해지며, 우측 전전두피질이 손상을 입은 환자들은 어울리지 않게 쾌활해지거나 흥분하기도 한다. 결과적으로 좌측 전전두피질은 긍정적인 감정을, 우측 전전두피질은 부정적인 감정을 전달한다. 양 전전두피질에 의하여 긍정성이 결정되는 것이다. 부모는 공감대화를 통하여 아이의 긍정성을 키우도록 하여야 한다.

회복탄력성 높이기

세로토닌은 아이의 정서에 깊이 관여하는 신경전달물질로 수면이나 기억, 식욕 조절 등에 관여하며 아이에게 생기와 활력을 불어넣어 준다. 이 호르몬은 행복을 느끼게 하는데 이 호르몬이 부족하면 우울증에 걸리기 쉽고 자극이나 통증에 민감해진다. 또한 세로토닌은 감정을 가라앉히는 기능을 하는데 공격성을 나타내는 노르에피네프린, 중독성이 있는 엔도르핀과 도파민의 과잉 분비를 조절한다. 세로토닌이 부족한 아이들이 쉽게 공격적이 되거나 격정적인 흥분에 빠지기 쉽다. 세로토닌이 충분히 나오면 자기감정을 관리할 수 있는 힘이 생기며 집중력도 강해진다.

세로토닌의 분비를 촉진시키는 방법은 다음과 같다.

정기적으로 일광욕을 시킨다.

트립토판이 세로토닌으로 분비가 되기 위해서는 햇빛이 있어야 한다. 햇빛을 받지 못하면 세로토닌은 감소한다. 북유럽 사람들이 우울증에 잘 걸리는 이유도 햇빛과 관련이 있다.

충분한 수면을 취하게 한다.

세로토닌은 수면과 관련이 많다. 수면 부족으로 인하여 코르티솔이라는 스트레스 호르몬이 증가하면 세로토닌은 감소하는 것으로 알려져 있다. 세로토닌은 마음을 가라앉혀 잠을 잘 들게 하는데 수면 부족이 세로토닌을 감소시킴으로써 편안하게 잠드는 것이 힘들어진다. 따라서 잠을 충분히 자는 것이 무엇보다 중요하다.

세로토닌 음식을 먹는다.

이유식에 콩을 첨가한다. 세로토닌을 만들기 위해서는 필수아미노산인 트립토판이 필요하다. 트립토판은 콩류에 특히 많은데 장에서 소화 흡수되어 그 일부가 세로토닌으로 분비된다. 바나나, 우유, 등 푸른 생선, 견과류에도 트립토판이 풍부하다.

세로토닌이 생성되는 데는 철분이 보조효소로 작용한다. 따라서 철결핍성 빈혈이 있으면 세로토닌이 감소한다. 철결핍성 빈혈이 있으면 세로토닌이 떨어지고 세로토닌 부족으로 인하여 집중력이 떨어지며, 결국에는 IQ도 떨어지는 것으로 알려져 있다. 철결핍성 빈혈을 치료한다고 하더라도 IQ가 회복되기 위해서는 6개월 이상 걸리기 때문에 부모는 아이가 철결핍성 빈혈이 생기지 않도록 영양 관리를 하여야 한다. 특히 모유를 먹는 아기는 6개월이 되면 철분이 풍부한 이유식을 먹여야 한다.

스킨십을 활용한다.

가장 손쉽게 세로토닌을 높일 수 있는 효과적인 방법은 접촉 위안을 활용하는 것이다. 많이 안아 준 아이는 정서 안정과 더불어 부모를 좋아하게 되고, 주위 환경에 대한 호기심이 증가한다. 아빠와 함께 하는 몸놀이는 접촉 위안을 극대화하고 아이들이 부모에게 쌓인 화를 공식적으로 해소할 수 있는 좋은 방법이다.

놀이할 때 간섭을 줄인다.

아이가 놀 때는 아무런 압력도 받지 않고 하고 싶은 대로 하도록 내버려 두어야 한다. 물론 24개월 이전에는 TV나 스마트폰 시청은 하지 않는 것이 좋다. 이것들은 아이의 뇌를 수동적으로 만든다. 아무런 간섭 없이 자기가 하고 싶은 일을 하게 하는 것은 정서를 안정시키는 데 필수적이다. 아이는 놀면서 창의력을 키우고 피곤한 두뇌도 재충전된다.

민감하게 반응한다.

0~24개월 아이는 부모와의 상호 반응이 중요하다. 아이가 말을 했을 때 바로 반응해 주고 칭찬을 하면 아이는 자존감이 생긴다. 아이가 잘못한 것을 고쳐 주기보다는 아이가 잘하는 것을 계속 잘할 수 있도록 격려하는 것이 중요하다.

유대감을 느끼게 한다.

행복하다는 감정 속에는 모든 것이 내가 몸담은 가족과 문화, 세상과 잘 어울린다는 느낌이 포함되어 있다. 아이는 보다 큰 틀에서 자신이 소중한 사람이라는 자존감을 갖고 있어야 한다. 아이는 자신의 삶에서 중요한 사람과 연결되어 있다는 느낌을 받을 때 행복을 느낀다. 이러한 사회적 경험은 구체적인 신뢰, 안정, 자신감을 구축한다.

02
공감력이 큰 아이가 미래를 이끈다

공감하는 힘

빌 카터는 전 세계의 혁신가들을 만나면서 무엇이 그들을 변화의 리더로 만들었는지 면밀하게 살펴보았다. 그 결과 변화의 리더가 되기 위해서는 공감력이 중요하다고 결론을 냈다. 다른 사람의 고통에 공감하기 때문에 사회 문제에 대해서도 관심을 가지게 되고 해결하려고 노력하면서 아이디어를 발견하게 된다는 것이다.

미래의 혁신가가 될 아이들에게는 수학이나 국어도 중요하지만 다른 사람을 이해하고 배려할 수 있는 공감이 더욱 필요하다. 공감할 줄 아는 아이들이 자라나서 세상을 이끌게 되면 많은 것을 변화시킬 수 있다. 문제를 해결하는 창의성, 함께 고민하는 팀워크, 인류적 비전을 가진 리더십, 효과적으로 행동하게 하는 논리적 사고, 올곧은 역사 인식, 혁신을 위한 결단력은 공감의 기반 위에서 역량을 키워야 하는 것이다.

아기들은 보통 다른 아기가 우는 소리를 들으면 공감되어 자신들도 운다. 14~18개월 아이는 어른이 좋아하는 음식을 가리키면, 자신이 그것을 좋아하지 않더라도 그 음식을 어른에게 갖다 줘야 한다고 이해한다. 아기들은 또한 다른 사람들이 자신에게 어떤 감정을 갖고 있는지 조금씩 의식하기 시작한다. 24개월에 당혹감과 같은 자의식의 감정들이 발달하는 것도 이와 같은 이유에서이다. 진정한 공감은 다른 사람의 감정을 인정하는 능력으로 만 5세쯤 되면 발달한다.

공감력은 자기통제력과 관련이 있다. 아이는 자기 통제를 잘할수록 더 많이 공감하며 양심도 더 발달한다. 자기를 잘 통제하여 자동행동 반응을 능숙하게 억제하는 아이들은 다른 사람들의 생각과 감정을 상상할 수 있다. 그러나 이 공감력은 현대에 와서 많이 저하되고 있다. 메타 분석에 따르면 "누군가를 비판하기 전에 처지를 바꿔 어떤 느낌이 들는지 생각해 보려고 한다."라는 문구에 대해 오늘날의 대학생들은 20, 30년 전 대학생들보다 긍정적인 답변이 40% 정도 감소했다. 다른 연구에 의하면 지난 10년 동안 다른 사람을 배려하는 모습이 줄어들고 있다고 한다.

사회성의 발달

정서적인 반응은 코르티솔과 옥시토신 같은 호르몬의 방출이나 생산과 관련이 있다. 코르티솔은 스트레스와 불안에 반응하는 것과 관련 있기 때문에 보통 스트레스 호르몬이라고 불린다. 정서 발달은 생애 첫 5년 동안 매우 급속하게 이루어진다. 연구에 의하면 12개월 된 아기들은 분노, 슬픔, 즐거움, 두려움, 흥미, 놀라움 등 감정을 이해할 수 있다. 걸음마 단계의 아기는 자신의 감정과 상황적인 맥락을 연결시킬 수 있게 된다. 즉 무엇이 자신을 행복하게 하는지 알게 되어 그 행복감을 모방하기도 한다. 24개월에는 죄책감, 부끄러움, 난처함, 자부심을 나타낼 수 있다.

다른 사람의 얼굴에서 감정을 인식하는 아기의 능력은 얼굴 표정을 짓는 능력만큼 일찌감치 발달한다. 생후 2~3개월 된 아기는 안면 처리를 전담하는 후두측두피질이 다른 사물이 아닌 얼굴에 의해 더욱 활성화된다. 생후 7개월 된 아기는 두려워하는 얼굴을 행복하거나 무표정한 얼굴보다 더 오래 응시하며, 이 아기들의 전두피질은 여기에 반응한다.

36~60개월 된 아이는 우정을 형성하고 자신의 느낌을 표현하기 위해 감정을 조절하는 방법을 배운다. 48개월이 되면 다른 아이의 감정을 알아차리기 시작하여 자신도 같은 정서로 반응할 수 있다. 또래 친구의 정서 상태에 적응함으로써 관계를 맺어 간다. 자신의 감정도 조절할 줄 알게 되어 또래에게 잘 보이려고 한다.

표정과 몸짓언어는 상대방의 정서적인 반응을 해석하는 일반적인 단서이다. 그러므로 부모는 자녀가 놀이에 참여하는 동안 친구의 감정을 파악할 수 있도록 다른 아이의 표정과 몸짓이 어떻게 반응하는지 알려 주어야 한다. 아이가 너무 흥분하면, 부모는 본능적으로 아이를 진정시키려고 하는 경향이 있다. 하지만 그때가 바로 아이 자신의 감정에 대해 지적해 줄 수 있는 최적의 기회이다. 이때 아이의 반응을 말로 표현해 준다. "우와, 너 정말 신났구나! 기분이 굉장히 좋은데! 지금 바로 하고 싶지?"라고 아이의 마음을 반영해 주어야 한다.

친구가 행복한지, 화가 나지는 않았는지, 슬프거나 실망하지는 않았는지 알아차리고, 그 감정에 친밀하게 반응하는 아이는 또래에게 인정을 받는다. 부모는 아이가 또래와 놀이를 하는 동안 생각과 느낌을 표현하고, 다른 사람의 감정을 올바르게 인식할 수 있도록 도와주어야 한다. 부모는 아이가 장난감을 독점하지 않고 사이좋게 공유할 수 있도록 분위기를 만들어 주어야 한다. 장난감을 가져간 아이에게 원래 누가 그 장난감을 가지고 노는 중이었는지 알려 주어야 한다. 오랫동안 장난감을 가지고 노는 아이에게 "자, 친구에게 이 장난감 잠깐 가지고 놀아도 좋다고 말해 주자."라고 해 준다.

유대감과 사회성

유대감은 아이와 양육자 사이에 지속적으로 진행되는 애착 관계로, 수많은 상호 작용을 통해 형성된다. 그래서 시간이 흐를수록 더욱 견고해진다. 그러나 조급해하지 않는다. 사실 아이가 맺을 수 있는 애착 관계는 그리 많지 않다. 이상적인 애착 및 유대 관계를 맺을 수 있는 건 태어난 후 3년 사이로, 일반적으로 생후 7개월쯤 형성된다. 최근 뇌 연구에 따르면 뇌의 다양한 부분, 구체적으로 편도체와 복내측 전전두피질이 정서 조절과 관련이 있다. 성인을 대상으로 한 fMRI는 자발적인 감정 조절이 뇌의 이러한 영역을 활성화시킨다는 사실을 보여 준다.

사회성이 있는 아이는 차례를 기다릴 줄 알고, 자신이 원하는 물건을 막무가내로 차지하고 싶은 욕구를 자제할 줄 알며, 어떤 활동을 끝내기 위해 청소를 하거나 변화를 주는 일도 무리 없이 해낸다. 이러한 기술은 실행 기능의 일부로 워킹메모리와 감각 통합과 관련이 있다. 이러한 기능은 캐치볼이나 뜨거운 감자 잡기 놀이 같은 간단한 활동을 통해 강화할 수 있다. 단체로 캐치볼을 하면 아이는 공이 오기를 기다려야 하고, 기다리는 동안 흥분된 마음을 진정시킬 줄도 알아야 한다. 공을 잡으면 반드시 다음 아이의 이름을 부르고 주저 없이 그 아이에게 공을 던져야 한다. 또 다른 경기를 할 때가 되면 게임을 멈추고 다음으로 넘어가는 법도 배운다.

　유아기에 아이들은 친구를 사귀며, 친한 친구도 1명쯤 생긴다. 만 5세 아이는 흥정을 할 수 있고, 다른 친구에게 장난감을 주거나, 다른 인솔자를 따르는 데 동의하거나, 자신이 정말 하고 싶지 않은 무언가를 친구가 하라고 요구할 때 타협을 하기도 한다. 아이는 친구와 우정에서 안전함을 느끼므로 그 관계를 유지하고자 무엇이든 하려 든다.

　호감이 가는 아이는 사랑스럽고 사교적이다. 타인에게 관심이 많으며, 나눌 줄 알고, 잘 웃고, 다른 사람의 대화를 귀담아 듣는다. 친구를 돕고, 친구의 생각을 이해하며, 문제 상황에 직면했을 때 어떻게 넘겨야 하는지도 안다. 무엇보다 친구와 오랫동안 의미 있는 우정을 쌓아 갈 줄 안다.

　도움과 공유는 더욱 일반화되며, 공격성은 만 3세 이후 줄어든다. 이 시기에는 물건의 점유를 둘러싼 생각과 의견의 불일치도 갈등에 속하며, 언어가 사회관계에서 점점 더 중요해진다. 사교 능력은 이 나이 아이들의 사회적 성공과도 관련이 있다. 사회화가 잘된 아이들은 친구를 잘 사귀고, 친구가 많아지면 사교 기술이 훨씬 더 향상된다.

　우정에 대한 아이들의 개념은 좀 더 복잡해져서 유치원에서 활동을 공유하는 정도에 머물다가 초기 청소년기까지 가치, 자아 개방, 충성심을 공유할 정도로 발전한다. 남자아이들과 여자아이들 간의 사회적 상호 작용은 만 7세 무렵에 급격하게 떨어지고, 초기 청소년기에 다시 시작된다. 만 3~9세 아이는 대개 소속 집단의 구성원이 아닌 경우에는 함께 놀지 않으려고 한다.

　드라마 수업도 사회성에 도움이 된다. 드라마 수업을 받은 아이들은 적응성과 그 밖의 사회적 기술을 평가하는 척도에서 드라마 수업을 받지 않은 아이들보다 더 높은 점수를 기록했다. 이러한 효과는 자녀의 변화를 눈치

챌 수 있을 만큼 큰 것이다. 이처럼 다른 사람의 성격으로 사는 것을 의도적으로 연습하게 되면 일상적인 사회적 상호 작용에 관여하는 뇌 영역의 수행이 향상된다.

공감의 뇌

뇌는 감정적 자극을 신속하게 처리할 수 있는 시스템을 갖추고 있다. 그래서 다른 사람들의 감정에 전염되듯이 반응한다. 이러한 과정에서는 각각 대뇌피질, 시상하부, 편도체가 관여한다. 시간이 충분할수록 측두엽과 전두엽 등의 영역이 인지적 공감에 개입할 수 있다.

공감을 발달시키기 위해 아이들은 대안과 가상적 가능성을 품을 수 있는 일정한 능력이 있어야 하며, 이는 자기 통제의 일부분이다. 대뇌피질의 전전두피질과 전대상피질 영역은 자기 통제를 담당한다. 또한 공감에도 관여한다. 뇌의 주의 조절 시스템의 부분인 전대상피질은 아이들이 자신의 행동이나 다른 사람들의 감정에 집중할 때 활성화된다. 전전두피질은 행동 억제에 중요하며, 다른 사람들의 마음을 읽는 데 집중하게 한다. 그 밖에 혐오감을 경험할 때나 혐오스러운 얼굴을 볼 때는 섬엽이 활성화되며, 겁먹은 얼굴을 보거나 스스로 공포를 느낄 때는 편도체가 활성화된다.

사람들이 주체를 감지할 때는 후부 상측구 근처 대뇌피질 영역이 활성화되고, 사회적 지식을 받아들일 때는 측두극이 활성화된다. 하두정소엽은 시각적 움직임이나 다른 사람의 시선 방향에 따라 활성화되는데, 다른 사람의 시선은 그 사람의 의도에 관한 정보를 전달한다.

사회성을 발휘하는 데는 내측 전두피질도 활성화되는데 익살과 당혹감, 그 밖의 도덕적 감정과 관계가 있다. 이런 영역은 늦게 발달하며, 전두엽과 측두 영역 간의 장기 의사소통도 늦게 발달한다. 그래서 이런 능력들도 48개월이 지나야 나타난다.

흉내 내기의 뇌

아이들은 왜 다른 사람의 행동을 흉내 낼까? 뇌의 수많은 영역에서 직접적인 경험을 하게 되면 동일한 뉴런들의 일부가 대리 경험으로서 활성화된다. 전뇌 영역인 전운동피질로부터의 전기 기록에는 원숭이가 특정한 동작으로 움직일 때 활성화되는 뉴런들이 있다. 과학자들은 이것에서 거울 뉴런이라고 불리는 특정 뉴런이 2가지 경우에 발화된다는 사실을 밝혀냈다. 하나는 동물이 그러한 동작으로 움직일 때, 또 하나는 동물이 다른 누군가가 같은 동작으로 움직이는 것을 볼 때였다.

특정 행동에 대한 거울 뉴런들은 인간의 뇌 속에서도 발견됐다. 예를 들어, 감정과 관련된 뇌 영역은 거울과 유사한 속성들을 보여 준다. 강한 부정적 감정들이나 이와 동일한 감정을 표현하는 얼굴 표정을 보게 되면, 편도체와 같은 감정 처리 영역과 소통하는 피질 영역인 섬엽이 활성화된다. 섬엽은 전운동피질로부터 정보를 받아들이는데, 이는 거울 뉴런들이 보디랭귀지의 감정적 내용을 전달할 수 있음을 의미한다. 정보는 이 2개 뇌 영역 사이에 쌍방향으로 전달된다. 그래서 두 영역은 감정들과 감정의 물리적 표현에 관해 서로 가르침을 줄 수 있다.

연구자들은 fMRI를 이용하여, 어떤 행동을 실행하기 전에 마음속으로 계획하는 것만으로도 전운동피질의 뉴런이 활성화된다는 사실을 발견했다. 흥미롭게도 이 뉴런은 자기가 하려던 것과 똑같은 동작을 다른 사람이 수행하는 모습을 볼 때도 활성화되었다. 예를 들어, 직접 커피 잔을 들 때 일어나는 뉴런의 활성화는 다른 사람이 그렇게 행동하는 모습을 볼 때 똑같이 일어난다. 이처럼 우리는 어떤 움직임을 인식하는 것만으로도 그 움직임을 직접 만들어 낼 때와 유사한 뇌 영역을 사용한다.

신경과학자들은 이러한 거울 뉴런이 다른 사람들의 의도를 해석하고 행동을 예측하도록 돕는 것 같다고 말한다. 다른 사람의 경험을 우리 안에서 재생함으로써 그들의 감정을 이해하고 공감하게 된다는 것이다. 즉 다른 사람의 얼굴에서 슬픈 표정을 보면 거울 뉴런이 상대방과 비슷한 감정을 유발시켜서 직접 그 일을 겪은 것 같은 기분이 느껴지는 것이다.

거울 뉴런은 상대방을 인식하는 것 외에 초인지라는 중요한 기능을 한다. 이것은 자기 자신을 인식하는 능력인데, 마치 타인을 인식할 때처럼 자신을 인식할 때도 외부에서 관찰하는 것처럼 그 행동이나 의식을 인식하는 것을 말한다. 이러한 초인지는 다른 사람들과 커뮤니케이션을 할 때 중요한 요소로 작용한다. 우리는 얼굴과 목소리, 의식에 이르기까지 자신의 진짜 모습을 다른 사람과 얼굴을 맞대고 대화 등을 나눌 때 확인할 수 있다. 하측두피질은 얼굴, 신체 부분들, 기타 사물, 최근에 본 사람에 대한 기억, 심지어 사람의 정체에 반응해 선별적으로 발화하는 뉴런들을 포함하고 있다.

사회성의 뇌

대뇌피질이 발달하면서 생후 1년 6개월쯤 되면 아이들은 자부심이나 수치심, 죄책감, 시기심, 당혹감과 같은 2차 정서를 보여 주기 시작한다. 이러한 사회적 감정들은 아이들이 특정 결과에 대해 자기 행동의 중요성을 인정하게 될 때 좀 더 상황적이 된다. 예를 들어, 6세 아이는 일이 잘못될 때마다 죄의식을 느낀다. 그러나 9세쯤 되면 자신의 행동이 상황에 대해 책임이 있

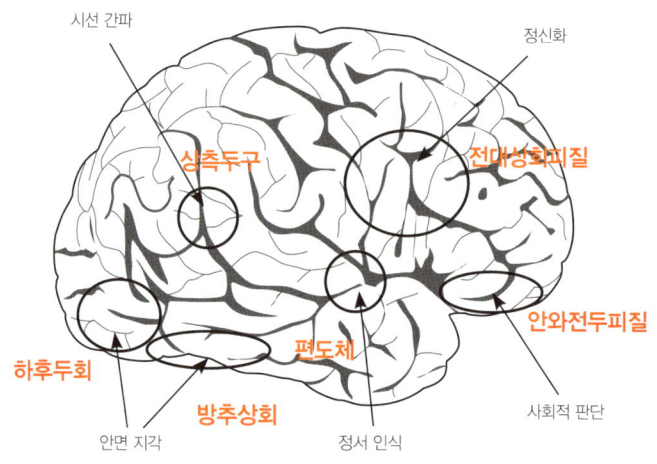

사회성의 뇌 아이가 친구들과 사회 활동을 하면 시선을 간파하고, 안면을 지각하고, 정서를 인식하고, 이를 정신화하여 사회적 판단을 하기 때문에 뇌의 다양한 영역이 활성화된다.

을 때만 죄의식이 적절하다고 이해한다.

전대상피질, 섬엽, 안와전두피질은 무수한 뇌 신호를 결합시켜 감정의 의식적인 경험을 구성한다. 좌측대상피질은 감정을 이해하거나 통제하려는 시도에 관여할 수도 있다. 안와전두피질은 선택의 사회적 배경을 평가하는 데 중요하다. 반면에 전측섬엽은 내부의 상태를 나타내며 갈증, 흡연 욕구, 사랑 등 모든 것에 관해 광범위한 뇌 영역으로부터 신호를 받아들인다. 사회적 인지에는 피질의 수많은 다른 영역, 즉 편도체는 물론이고 후두상측두구, 측두정엽, 전측섬엽이 관여한다.

도덕성

왜 거짓말을 하는지 이해하는 것은 아이가 도덕성의 개념을 이해하고 있는지, 혹은 도덕성을 개발해 가고 있는지 확인할 수 있는 최고의 방법 중 하나이다. 거짓말은 다른 사람을 조정해서 원하는 것을 얻어 내려는 의식적인 시도이기도 하고, 관심의 표출이기도 하며, 부모가 아이의 유머 감각을 보기 위해 일부러 시도하는 괴롭힘의 한 형태이기도 하다. 또한 대화중에 저지르는 무의식적인 실수일 수도 있다.

아이들은 주변에 있는 친구와 어른이 하는 거짓말을 알아차린다. 심지어 48개월 된 아이도 어떤 말이 속임수이고 도덕적으로 잘못된 것인지 구분할 수 있다. 연구에 따르면, 만 36개월~5세 아이는 실수로 한 거짓말이나 무심코 던진 거짓말과 의도적인 거짓말을 정확히 구분해 냈다.

아이들이 가장 복종하는 부모는 온화한 부모이며 아이들은 이러한 부모를 기쁘게 해 주고 싶은 욕구가 있어서 기꺼이 부모의 의도를 따른다. 긍정적인 부모와 자녀의 상호 작용은 안정적으로 애착이 형성된 아이들의 경우 장차 도덕적 행위의 강한 선도자 구실을 한다.

자폐증으로 오해받는 경우

'다른 아이와 놀지 않는다. 눈을 맞추지 않는다. 방구석이나 테이블 밑 같은 그늘진 곳에 있고 싶어 한다. 전에 한 번 들은 말을 반복적으로 그대로 따라서 한다. 모르는 사람이나 이웃 사람이 오면 화장실로 도망친다. 성인의 손을 끌어 필요한 것을 해결한다. 극단적으로 신경질적이고 활발한 움직임을 보인다. 물건에 집착하고 마음에 드는 장난감이 없으면 외출하지 못한다. 몸에 손대는 것을 싫어한다. 물건을 일정한 방식대로 배열하려 한다.'

자폐증을 앓는 아이들의 모습이다. 자폐증 아이들의 뇌에 일관되게 영향을 미치는 구조는 소뇌와 이와 연결된 영역들이다. 뉴런의 수와 관련해 소뇌 구조에서의 감소는 자폐아의 뇌 가운데 4분의 3에서 나타난다. 이상은 전체 뇌 영상에서도 마찬가지로 나타난다. 소아신경학자들은 신경 발달 문제와 손상된 뇌 부위의 관계를 찾기 위해 조산한 아이들을 검사한 결과, 자폐증이 다른 뇌 영역보다 소뇌의 손상과 관련이 있다는 것을 밝혀냈다.

소뇌는 엄마의 웃는 얼굴을 보는 것 같은 감각적인 사건을 사회적 의미를 가진 메시지로 해석하는 데 관여한다. 비정상적인 소뇌는 다른 뇌 영역과의 연결을 통해서도 이상을 초래한다. 정서 반응에 관여하는 전대상피질과 복잡한 계획이나 실행 기능에 관여하는 전전두피질에 문제가 생긴 것이다.

소뇌의 이상은 시각에서의 결여를 불러올 수 있다. 소뇌는 자신의 촉감과 다른 사람의 촉감을 구별하는 데 관여하는데 대표적인 예가 간지럼 현상이다. 뇌는 다른 사람의 경우에만 감각을 느낄 정도로 충분히 큰 신호를 생성하기 때문에 자신을 간지럼 태우지는 못한다. 이런 신호는 다른 사람들의 접촉이 있는 동안에 소뇌에서 증가한다.

아이들이 구조 차량을 만든다며 나무 막대를 주워 모아 함께 몰려다니는 놀이가 있다. 이 활동에는 나무 막대를 찾고, 움직이는 동안 그것을 주워 올리고, 친구와 함께 뛰어다니며 놀이가 계속 진행되도록 신경 써야 하는 감각 통합 기술이 필요하다. 아이들은 막대를 모아서 다음에는 무엇을 할지 정해 놓은 자신들의 계획을 따른다. 이처럼 아이들이 놀이를 할 때 통합되어야 하는 감각은 촉각, 전정감각, 자기수용감각 3가지이다.

첫째, 촉각은 우리가 환경 속에서 감지하는 질감, 모양, 사물의 크기 등에 관한 정보를 피부를 통해 제공한다. 둘째, 전정감각은 내이를 통해 감지하는 것으로, 평형감각을 유지하고 신체를 유연하게 움직일 수 있게 한다. 또한 자세를 잡는 근육과 눈의 연결을 통해 머리와 몸이 어떻게 위치해야 하는지에 관한 정보도 알려 준다. 셋째, 자기수용감각은 관절, 근육, 인대 등을 통해 전달되는 것으로 특정 시간에 몸이 하는 일을 감지해서 뇌에 통지한다.

이는 아이가 자기 몸의 감각을 확실히 느끼게 할 뿐만 아니라 차분하고 조직적인 행동을 하게 해 준다. 예를 들어, 자기수용감각은 집에서 기르는 고양이를 어느 정도 세기로 토닥여야 하는지 알 수 있게 해 주고, 교실에서 여기저기 부딪치지 않으면서 책상과 의자 주변을 다닐 수 있게 도와준다.

이들 3가지 감각의 조절에 문제가 있는 아이는 감각을 받아들이는 것 자체를 피하거나, 자신에게 해로운 느낌을 없애 줄 감각적 자극을 찾아 헤매는 것으로 불편한 느낌에 반응한다. 예를 들어, 촉각에 예민해서 과민반응을 하는 아이라면 심부 압박의 느낌, 즉 자신의 몸을 무언가로 강하게 눌러주는 식으로 스스로를 진정시키려 하고, 어떤 아이는 또래와 마구 부딪치고 누르는 행위를 통해 감각적인 자극을 얻으려고 하기도 한다. 자폐증은 이러한 감각 통합의 문제를 가지고 있다.

자폐증은 일란성 쌍둥이의 경우 둘 다에서 발생하지는 않는다. 이는 자폐증의 원인이 환경적 요인일 수 있음을 의미한다. 이러한 환경적 영향은 아마도 초기 유아기나 출생 전에 작용했을 것이다. 한 가지 예는 뇌전증과 정신병에 쓰이는 데파코트라는 약인데, 이 약을 엄마가 임신 중에 복용했을 경우 자폐증 발생률이 높다. 또 다른 예는 임신 만 5개월, 6개월 또는 9개월에 태아가 스트레스를 받은 경우이다. 이는 자폐증 발생률을 더욱 높인다.

아이들의 행동만 놓고 본다면 '어쩌면 자폐증일지 모르겠다.'라고 걱정할 만한 모습을 보이는 경우가 흔하다. TV 드라마나 소설에서 묘사된, 부모가 완고하거나 혹은 부모가 제대로 돌보지 못하여 자폐증을 일으켰다는 잘못된 이야기들이 부모들을 불안하게 하기도 한다. 심지어는 어릴 때부터 외톨이로 있는 것을 좋아하고 개와 말을 하거나 꽃과 말을 하는 것을 좋아하는 아이를 자폐아라고 엉뚱하게 묘사하기도 한다.

그러나 이러한 행동은 정상아에게서도 나올 수 있으며 대개는 자폐증과 관련이 없는 경우가 많다. 특히 이러한 행동들이 주위 사람과의 관계에서 생겨난 것이라면 자폐증과는 거리가 멀다. 아이가 사회와 관계하면서 비사회적이거나 반사회적인 경우는 사회와 전혀 관계를 갖지 않는 자폐증과는 차이가 있다.

자폐증은 엄마의 양육 태도가 원인이 아니다

자폐증은 모자의 관계나 엄마의 양육 태도 때문에 나타나는 것이 아니다. 태어나면서부터 뇌가 정보를 처리하는 방식에 문제가 있는 질환이다. 자폐증은 감각 기관을 통해 들어온 정보를 처리하는 뇌의 발달 이상으로 인하여 일어난다. 또한 뇌 화학물질의 부조화에서 기인할 수도 있고, 일부는 유전적인 요인도 관여하는 것으로 여겨진다. 뇌의 기능에 이상이 있기 때문에 자기가 보거나 듣거나 느낀 감각들을 적절히 이해하지 못하며 인간관계를 제대로 갖지 못하고 다른 사람과 정서적, 감정적 교류를 하지 못하는 것이다. 이 발달장애는 대개 3세 이전부터 나타나기 시작하여 평생 지속된다.

자폐증 아이들은 대체로 다음과 같은 증상들을 보인다.

-언어 발달이 심하게 지연된다.

-친구를 만들거나, 다른 사람의 생각을 읽는 등 사회관계 형성을 잘 이해하지 못한다.

-특정한 소리나 색깔 혹은 냄새에 대하여 비정상적인 반응을 보인다.

-활동성이나 흥미가 현저히 제한되어 있어, 반복적인 행동을 보이거나 동일성을 고집한다.

자폐아의 경우는 의사소통이나 다른 사람과의 관계 형성 부분은 발달이 잘 되지 않지만, 다른 부분에서는 훌륭한 능력을 보일 수도 있다. 레고를 잘 쌓거나 컴퓨터를 잘 만지지만 의사소통이나 눈맞춤을 전혀 하지 않는 자폐아도 있다. 자폐증에서 나타나는 행동상의 문제들은 다양하다. 아주 심한 경우는 기괴한 형태의 행동이나 공격성, 때로는 자해 행위까지 하는데, 이런 행동이 오래 지속되고 잘 교정되지 않는다. 그러나 가벼운 경우는 마치 학습장애만 있는 것처럼 보인다. 이 경우에도 의사소통과 사회성의 부분에 대한 문제는 상당히 지장을 받는다.

적절한 지도를 받은 자폐아들은 현저하게 나아진다. 대부분의 자폐아는 주변 세상을 이해하는 법을 배우면 주위의 자극에 적절한 반응을 보인다. 좋은 행동을 했을 때는 상을 주고, 바람직하지 못한 행동을 했을 때는 벌을 줌으로써 어떤 행동을 해야 하는지를 알게 한다.

행동 치료는 자폐증으로 진단되면 바로 시작할 수 있는데, 보통 24~36개월 무렵이다. 단순한 작업부터 시작해 아이들에게 분명한 지시에 반응하도록 한다. 아이들이 적절하게 반응하면 처음에는 음식이나 바람직한 감각, 지각적 사물로 나중에는 칭찬, 간질이기, 안아 주기, 뽀뽀하기 등으로 보상해 보람을 느끼게 한다. 일단 질문에 대답하고 순서를 지키고 기본 놀이에 참여하면 아이들은 감독놀이를 하는 동안 피드백을 제공한 일반 아이들과 짝을 이루게 된다. 결국 자폐아도 학습 상황과 집단 놀이에 참여하게 된다. 행동 치료를 받는 아이들은 사회적 참여도가 좀 더 높고, 언어 구사도 더 잘하며, IQ도 평균 20점 정도 향상된다. 놀이 치료를 통해서는 자폐아에게 정신적 자극이나 피부 접촉, 운동 등 여러 자극을 동시에 줄 수 있다.

자폐증 초기 증상

1. 사회적 놀이에 장애가 있다.
-숨었다 나타나는 것과 같은 초기 사회적 놀이에 적극적으로 참여하지 않는다.
-손가락을 가지고 하는 간단한 놀이에 참여하지 못한다.
-간단한 일상적인 놀이를 시작하지 못한다.
-혼자 노는 것을 좋아한다.

2. 다른 사람에 대한 관심이 부족하다.
-장난감이나 기타 물건을 보여 주는 것과 같은 상호관계를 형성하지 못한다.
-다른 사람에 대한 반응이 적다.
-원하는 물건이나 행동을 얻으려고 할 때만 상호관계를 형성한다.
-다른 사람의 기쁨이나 슬픔을 알거나 반응하지 못한다.

3. 다른 사람을 흉내 내지 못한다.
-헤어질 때 손을 흔들지 않는다.
-손뼉을 쳐 장단을 맞추는 놀이를 하지 못한다.
-부모들이 하는 간단한 집안일을 흉내 내지 못한다.

4. 비언어적 의사소통이 부족하다.
-다른 사람에게 기쁨을 표현하거나 웃음을 주지 않는다.
-어떤 대상이나 행동에 다른 사람의 관심을 끌게 하기 위하여 눈맞춤을 하지 않는다.
-손을 가리키는 몸짓을 하거나, 필요한 것을 알리거나, 관심을 표현하는 일이 없다.

5. 상상하는 놀이를 하지 못한다.
-반복적이고 비기능적인 놀이를 하는 양상을 보인다.
-장난감 비행기를 날리거나, 봉제동물에게 먹이기 놀이를 하거나, 종이판이 모자인 척하는 등 흉내 내는 놀이에 참여하지 않는다.

03
긍정력을 높이려면 잠을 잘 자야 한다

수면이 뇌 발달에 중요한 이유는 뇌가 가장 활발하게 활동하는 때가 잠을 잘 때이기 때문이다. 뇌는 포도당만을 에너지로 사용하는데 뇌가 포도당을 가장 많이 쓰는 때가 바로 잠을 잘 때이다. 아이가 잠을 자면 뇌의 활동을 쉬거나 멈춘다고 생각하는 일반적인 생각은 잘못된 것이다. 수면은 비렘수면과 렘수면으로 나뉘는데 렘수면 동안 뇌가 활발하게 활동한다. 렘수면은 눈동자가 빠르게 움직인다고 해서 붙여진 이름인데 렘수면 동안 뇌는 기억을 강화한다. 낮에 수집한 단기기억을 장기기억으로 저장하는 것이다.

수면 중에도 뇌가 활동하는 것은 뇌의 용량이 부족하기 때문이다. 뇌에 집중적으로 입력되는 많은 정보를 실시간으로 기억하고 장기기억으로 담기에는 뇌의 용량이 부족하기 때문에 나중에 따로 시간을 내서 버려야 할 정보와 기억해야 할 정보를 구분하고 그것을 체계적으로 분류해서 장기기억으로 저장할 필요 때문이다. 수면은 신체의 에너지 소비를 최소화하는 동시

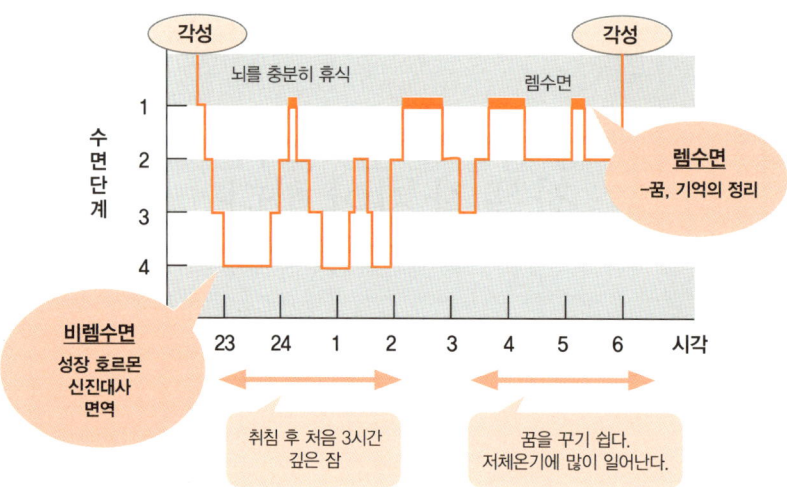

수면의 주기 수면은 비렘수면과 렘수면으로 나뉜다. 비렘수면은 깊은 잠으로 성장 호르몬이 증가하고 신진대사와 면역력이 회복되는 반면, 렘수면은 얕은 잠으로 꿈을 꾸기도 하고 낮에 수집한 단기기억을 장기기억으로 조직화하고 체계화한다.

에 뇌의 활동을 그대로 유지해 신체가 휴식을 취하고 뇌는 활동적으로 단기기억을 장기기억으로 넘기는 방향으로 진화한 것이다.

잠을 잔다고 하는 것에는 2가지 의미가 있다. 하나는 뇌가 쉬는 시간이고, 다른 하나는 뇌가 깨어 있을 때의 행동이나 학습을 다시 연습하는 시간이다. 그런데 잠을 잤을 때는 그 연습 시간이 충분해야 한다. 예를 들어, 8시간을 자야 할 아이가 6시간을 자게 되면 뇌가 쉬는 시간은 5시간 30분으로 줄어들어 크게 변하지 않는데 깨어 있을 때 학습하는 것을 반복하는 연습 시간은 2시간에서 30분으로 줄어든다. 그래서 잠을 적게 자면 기억력이 떨어지고, 세로토닌이라는 신경전달물질이 떨어진다. 세로토닌이 떨어지면 아이들이 충동 조절이 안 되고, 집중력이 떨어진다. 그래서 산만해지고 식욕이 떨어지며 예민해지고, 판단하고 문제를 해결하는 기능이 떨어진다.

수면의 뇌

뇌와 신체의 일주기 리듬과 관련이 있는 뇌 부위는 시신경교차상핵이다. 시신경교차상핵은 1만 개 미만의 뉴런이 포함된 소량의 조직으로, 시신경이 뇌로 향하는 중간에 만나서 교차되는 지점이다. 시신경교차상핵은 망막의 신경절세포에서 나오는 신호를 받아들이는데 망막은 빛의 밝기에 관한 전보를 전달하는 것이 주 임무이다. 이 신경절세포는 멜라놉신이라는 색소 단백질을 만드는데 빛을 자극으로 변환시켜 시신경을 따라 시신경교차상핵까지 이동시킨다. 그렇게 해서 뇌는 낮과 밤이 언제인지 안다.

태아는 수정 후 18주에 시신경교차상핵이 만들어진다. 그 몇 주 뒤에 태아의 심장박동과 호흡에서 생리적 주기가 발견된다. 이러한 리듬은 엄마한테서 발생하는 주야 신호, 즉 부신피질자극호르몬방출호르몬과 코르티솔, 수면 유도 신호인 멜라토닌이라는 3가지 호르몬이 주기적으로 분비된다.

그런데 아기가 태어나면 이 리듬은 사라져 신생아의 수면 패턴이 매우 불규칙해진다. 생후 3개월 무렵이 돼야 아기의 수면 주기가 수유 시기나 야간의 일상과 같은 신호에 영향을 받기 시작한다. 따라서 일과를 정해 주면 아기의 패턴을 규칙적으로 만들 수 있다. 그래도 생후 몇 주 동안에는 일일 패턴이 거의 만들어지지 않는다. 아기들의 수면 주기가 보통 약 50~60분 지속되는데, 시계가 가리키는 시간과는 관계가 없다. 훗날 이러한 수면 주기는 크고 작은 각성 상태의 하루 내 주기 속으로 사라지는데, 만 3세에는 약 1시간의 리듬을 갖고 있다가, 만 5세경에는 90분으로 늘어나며, 이 주기가 남은 평생 계속 이어진다.

아이의 뇌는 두 번에 걸쳐 크게 발달한다. 초기 25~36개월에 급속하게 발달하고, 청소년기에 갑작스럽게 전전두엽이나 전두엽의 시냅스가 확 늘어난다. 특히 25~36개월에는 시냅스가 급속히 늘어났다가 필요 없는 시냅스들을 가지치기한다. 중요한 부분은 유지하거나 강화시키고, 필요 없는 부분은 정리하는 것이다. 그런데 그 과정에서 잠이 부족하면 중요한 가지치기나 시냅스의 강화가 이루어지지 않게 된다.

수면 부족이 미치는 영향

최근에 비만아가 많아지고 ADHD 증세를 보이는 아이가 많아졌다. 이러한 질환이 많아진 이유에 대해서는 여러 가지 설이 있지만 수면 부족도 한 가지 요인이다. 수면은 아이의 집중력과 정서 발달에 영향을 줄 뿐 아니라 뇌 발달이나 신체 발달에도 큰 역할을 한다. 그렇다면 수면이 부족하면 뇌에는 어떤 일이 벌어지는 것일까?

집중력이 떨어진다.

수면이 부족하면 뇌의 에너지인 포도당을 혈액에서 흡수하는 능력이 떨어지는데 특히 전전두엽의 기능이 떨어진다. 전전두엽에서는 목표를 위한 사고력, 일의 결과 예측, 자기 행동에 대한 파악을 하는데 이러한 기능이 떨어짐으로써 수행 능력에 영향을 준다. 따라서 잠이 부족한 아이들은 집중력이 떨어져서 산만하고 충동적이다.

기억력이 떨어진다.

잠은 기억력에도 영향을 미치는데 뇌는 자는 동안에 주위의 자극 없이도 해마가 계속 활성화되어 평소에 익힌 경험이나 발달 기술이나 방법을 다시 기억한다. 단기기억이 장기기억으로 넘어가기 위해서는 이해된 내용을 장기기억으로 전환하는 작업이 필요하다. 단어의 기억은 깊은 잠인 비렘수면의 단계에서 이루어지고 감정이 실린 기억은 얕은 렘수면의 단계에서 이루어지며 음성기억은 수면의 모든 단계에서 이루어진다. 따라서 낮 동안에 많은 것을 배웠다면 그날 밤은 더 많이 자야 한다.

지능이 떨어진다.

수면이 부족하면 인지 기능이 떨어지는데 기억력과 집중력, 계산력이 모두 떨어진다. 총수면 시간이 긴 아이들의 IQ가 더 높다. 동일한 연령의 평균 수면 시간보다 30~40분 정도 더 오래 자는 아이들이 똑똑하다. 쌍둥이라 하더라도 10세 정도가 되면 잠을 많이 잔 아이가 읽기 능력과 어휘력, 이해력 등에서 그렇지 않은 아이보다 점수가 높았다.

부정적 정서를 일으킨다.

뇌는 긍정적인 기억이냐, 부정적인 기억이냐에 따라 처리하는 장소가 다르다. 긍정적인 기억은 해마가 처리하는 반면 부정적인 기억은 편도체에서 처리한다. 수면이 부족하면 해마의 기능이 급격하게 떨어지지만, 편도체는 기능이 떨어지지 않는다. 따라서 잠이 부족한 아이들은 우울하고 부정적인 기억만 하게 되고 즐겁고 긍정적인 기억은 하지 못한다. 뇌 발달에는 자신감이나 긍정심이 중요한데, 뇌에 부정적인 기억이 많아짐으로써 자신감·자존감·긍정심이 떨어지기 때문에 문제가 된다.

활동해야 하는 낮에 뇌의 효율성이 떨어진다.

잠이 부족한 뇌는 낮 시간에 잠을 보충하려고 한다. 밤에 못 잔 아이들은 낮에 자는 경우가 많다. 8시간의 생리적 수면 시간이 필요한 아이가 밤에 6시간을 잤다면 뇌는 부족한 2시간의 잠을 보충하려고 낮의 뇌 활동이 느려진다. 밤잠이 부족한 아이는 낮에 졸면서 잠을 채우는 것이다. 밤잠이 부족하면 낮 동안의 놀이 활동 능률이 떨어질 수밖에 없다.

스트레스의 대처 능력이 떨어진다.

수면이 부족할 경우 스트레스에 대처하는 능력이 떨어지고 참을성이나 호기심, 열정, 활동성 등이 부족해진다. 화를 잘 내는 아이들은 수면 스케줄이 불규칙하고 주의집중력도 약하다. 유아기에는 수면 시간이 불규칙하고 오래 자지 못하는 아이일수록 학습 능력이 떨어진다. 다루기 힘든 아이일수록 잠을 짧게 자며, 수면 습관이 불규칙하고, 집중력도 모자라고, 혼자서 잠을 자지 못한다. 낮잠을 잘 자는 아이가 적응력도 뛰어나다.

행동 이상을 보인다.

연구에 의하면 24개월 아이는 11시간 이상을 자지 못하면 행동적으로 이상을 보인다고 한다. 더 신경질적이고 분노발작도 많을 뿐 아니라 집중력이 떨어지고 과잉행동이 많아지고 때로는 공격적이 된다는 것이다. 따라서 30개월 아이는 최소한 13시간 이상, 48개월 아이는 11시간은 자야 한다. 특히 아이들이 7시간 이하로 자는 경우에는 행동장애를 초래할 확률이 높다. 수면 부족은 집중력 부족이나 ADHD, 학습 부진 등을 일으킬 수 있다.

0~3개월 아이의 수면

신생아는 배고파서 깨는 것 외에는 자는데, 일반적으로 하루에 5~6번 잠을 잔다. 아기가 커 가면서 깨어 있는 시간이 길어져 밤에 오래 자고 잠깐씩 낮잠을 자게 된다. 그러나 수면-각성 주기의 틀은 최소한 3개월이 지나야만 정해지게 된다. 수면-각성 주기의 형태가 불안정하여 자는 시간의 조절이 거의 불가능하며 인위적으로 조절했다고 하더라도 오랫동안 고정되지 않고 쉽게 변하기 때문이다. 시간에 얽매이지 않고 아기가 배고파하는 것 같으면 언제든 젖을 주고, 기저귀가 젖으면 갈아 주고, 자고 싶어 하면 곧바로 자게 해야 한다.

다음은 이 시기 아이들의 수면을 관리하는 방법이다.

수면 각성 리듬을 파악한다.

신생아도 5시간 정도는 한꺼번에 잘 수 있는데 낮에 길게 자면 밤에 적게 자기 때문에 낮잠을 3시간 이상 길게 잘 때는 깨우는 것이 좋다. 아기들은 점점 밤에 더 오랫동안 잠을 자며 낮잠은 짧고 불규칙하게 바뀐다. 아기가 아침에 일어났을 때, 혹은 낮잠을 자고 난 후에는 늘 시계를 보고 있어야 한다. 1시간이 지나서 아기가 짜증을 부리거나 졸려 하기 전에 달래야 한다. 아기를 달래는 방법을 한 가지 택하여 일관성을 유지하여야 학습이 이루어진다. 낮잠을 잘 때 부모가 도와주지 않고 아기 혼자 안정을 찾아 잠드는 방법이 있고, 아기가 잠들려고 할 때마다 부모가 아기를 안고 깊이 잠들 때까지 달래 주는 방법이 있다. 일단 한 가지 방법을 택하였으면 일관성을 유지하여야 한다.

잠이 잘 들 수 있는 환경을 마련해 준다.

아기에게 좋은 잠버릇을 갖게 하기 위해서는 가족들의 생활습관을 아기에게 맞춰 바꾸는 것이 좋다. 잠잘 시간이 되면 조명을 어둡게 하고 이불을 펴 놓는 등 잠잘 수 있는 분위기를 만들어 준다. 목욕도 아기의 잠에 영향을 주는데 오후 9시가 넘어서 목욕을 시키면 그만큼 잠을 자는 시간도 늦어지게 된다. 8시 이전에 목욕을 시키고 아기의 몸과 마음을 모두 안정시킨 뒤 잠잘 수 있는 조용한 분위기를 만들어 준다. 또한 아침에 늦게 일어나면 그만큼 늦게 자게 되므로 아침 9시가 되면 억지로라도 아기를 흔들어 깨운다.

잠을 잘 자지 못하는 원인을 파악한다.

같은 시간을 자는 아기라 하더라도 자주 깨거나 자는 것이 어려운 아기들이 있다. 기질적으로 까다로운 아기이거나 영아산통으로 몸이 불편해서 일 수도 있지만, 수유 양이 적거나 방이 덥거나 기저귀가 젖었거나 하는 사소한 것도 요인이 될 수 있다. 밤중수유도 문제가 되는데 아기가 잘 자려면 계획을 세워서 밤중수유를 줄여 나가야 한다. 먹이는 양을 줄이면서 간격을 서서히 벌려 2개월쯤 되면 분유는 1번, 모유는 2번 정도 먹인다. 아기는 생후 2개월이 되면 4~5시간, 3개월이 되면 6~8시간 정도 안 먹고 버틸 수 있기 때문에 굳이 밤중수유를 여러 번 할 필요는 없다.

영아산통을 관리한다.

영아산통은 소화관의 불편을 호소하는 증상으로 아기가 다리를 위로 쳐들고, 주먹을 꽉 쥐고, 얼굴이 선홍색이 될 정도로 붉힌다. 아기의 배를 만져 보면 딱딱하게 느껴지는 경우도 있다. 울음이 몇 시간씩 이어지기도 한다. 흔들의자, 그네, 바퀴에 스프링이 달린 요람이나 유모차 등에 태워 흔들어 주거나 적당한 운동을 시키는 것이 도움이 되며 젖이나 우유병, 주먹, 손목, 엄지손가락, 노리개젖꼭지 등을 빨게 하는 것도 효과적이다. 담요나 모포로 감싸거나 꼭 껴안아 주거나, 따뜻한 물을 주거나 배를 따뜻하게 해 준다. 수유를 하기 전에 트림을 시키거나 수유 중에도 가끔 트림을 시키면 도움이 된다. 엄마의 심리 상태가 중요한데, 긴장하거나 불안한 상태에서 수유하지 않도록 하며 편안하고 행복한 상태에서 수유를 하도록 한다.

다섯째, 다양한 팁을 사용한다.

아기가 잠을 쉽게 들지 못할 때 리듬감 있는 음악을 틀어 주면 효과적이다. 낮은 목소리로 자장가를 불러 주거나 태동 음악 같은 간단한 리듬을 들려주는 것도 좋다. 또한 촉감이 좋은 타월이나 인형, 베개 등 아기가 좋아하는 물건을 주면 심리적으로 안정된 상태에서 편안하게 잠을 잘 수 있다. 안아 주어도 자지 않는다면 안아 주는 방법을 바꾸어 본다. 먼저 엄마의 심장 고동 소리를 들을 수 있도록 세워서 안는다. 엄마 뱃속에 있으면서 친숙했던 진동이 전해지면 아기는 태아 때처럼 편안한 마음을 가질 수 있다.

4~24개월 아이의 수면

생후 4개월이 지나면 수면 패턴이 성인과 비슷한 양상으로 바뀐다. 이보다 어린 아기들은 렘수면이 많지만, 이 정도 월령이 되면 아기들은 성인처럼 비렘수면으로 옮겨 가기 시작한다. 깊은 수면인 비렘수면으로 이동하는 수면 주기 사이사이에 렘수면이 끼어드는 형식도 성인과 비슷하다. 대부분의 아기는 오전 7시에 하루를 시작한다.

4개월 정도 된 아기는 아침에 깨어 있는 시간을 2시간으로 하고, 8개월 정도 된 아기는 3시간으로 하는 것이 좋다. 그리고 낮잠 전에 아기를 달래는 시간은 30분 정도로 한다. 이때 무엇을 할지는 부모 마음대로 정한다. 목욕을 시키거나 우유를 주어도 되고 젖을 먹여도 되고 자장가를 불러 주거나 마사지를 해 주어도 좋다. 아기가 깨어 있어도 되는 시간이 2시간이라면 그 2시간이 끝나기 30분 전부터 아기를 달래기 시작하여야 한다.

10~12개월에는 아기의 자율성이 정착하기 시작하는 단계이다. 따라서 아기의 고집이 세지고 독립심이 커지며 밤에 잠을 자려 하지 않는다거나 자다가 깨는 일이 많다. 이 시기에는 잘못된 수면 습관이 문제가 되는데, 특히 낮잠을 거르는 것이 수면 패턴을 망가뜨리는 가장 큰 원인이 된다. 자아가 발달하여 낮잠을 자지 않겠다고 반항할 수 있으며 자는 것보다 나가서 노는 것을 더 좋아할 수 있다. 어떤 이유로든 아기는 낮잠을 거르면 결국 피로를 느끼게 된다. 그 피로에 대한 반응으로 각성 상태가 고조되어 이후의 낮잠도 잘 수 없고 밤잠을 이루지 못하게 된다.

10~12개월 아이는 오후에 신체 활동이 활발하고 세 번째 낮잠을 많이 거르기 때문에 일찍 재우는 것이 좋다. 취침 시간이 너무 늦으면 낮잠을 걸렀을 때와 똑같이 수면 장애를 일으킨다. 일찍 재우면 늦게까지 잠을 잔다. 오히려 너무 늦게 재우면 다음날 너무 일찍 일어나는 결과를 낳는다. 이 시기의 아이들은 오후 6~8시에 잠자리에 들고, 오전 6~7시에는 일어나야 한다.

13~24개월 아이들 중에는 자지 않으려고 하는 경우가 많다. 우선 13~24개월 아이는 상당히 활동적이고 지적 호기심이 많아 이것저것 집안일도 참견하고 보고 듣고 하는 일이 많아서 자기 전의 잠자리 환경에 영향을 많이 받는다. 또한 13~24개월 아이는 엄마로부터 독립하려는 시기로서 "안 돼. 안 돼." 하면서 잘 돌아다니면서도 마음 한구석에는 엄마에게 매달리고 싶고 떨어지지 않으려는 분리불안의 감정을 항상 갖고 있다. 따라서 잠자는

것이 자기가 피곤해서 자는 것이 아니라면 잠을 자지 않으려고 한다. 잠을 자면 엄마가 사라지고 재미있는 세상이 없어지므로 자지 않으려고 버티는 것이다. 게다가 이 시기에는 잠자기 전에 자극이 많으므로 꿈도 자주 꾸고 잠도 깊이 못 자는 경우가 많다. 따라서 4~24개월 아이가 잠자는 데 어려움을 느끼거나 자주 깨게 되면 몇 가지 점을 점검하고 그에 대한 조치를 취해 주어야 한다. 다음은 그 방법들이다.

너무 늦게 재우지 않는다.

하루 종일 회사에서 일을 하고 집에 돌아오면 피곤하긴 해도 아이와 놀아 주고 싶은 마음에 늦은 시간까지 데리고 노는 부모들이 종종 있다. 아이가 놀다가 지쳐 자연스럽게 잠들기를 기대하면서 일부러 늦게까지 놀아 주기도 한다. 그러나 어떤 이유에서든지 아기를 밤늦게까지 재우지 않는 것은 좋지 않다. 영·유아들은 지나치게 피곤하면 잠들기도 어려울 뿐 아니라 숙면을 취하기도 힘들어진다. 너무 늦게 잠든 경우 일찍 잠들었을 때보다 더 이른 시간에 일어나기도 한다.

과도한 자극을 피한다.

수면 위생에 신경을 써야 한다. 여기서 위생이라고 하는 것은 환경을 깨끗이 한다는 의미가 아니라 자기 전 아이의 심리 상태를 깨끗이 해 주어야 한다는 말이다. 자기 전 1시간 안에는 TV나 스마트폰을 보게 해서는 안 된다. 아이가 가장 좋아하는 동영상을 보면서 잠들게 하면 소중한 수면 시간 30분 정도를 잃을 수 있다. 자기 전 1시간 안에는 아이가 흥분할 수 있는 놀이나 장난은 피한다. 과식하거나 위에 자극적인 음식들도 피한다. 자기 전 1

시간 안에는 조용조용히 대화하고 조용조용히 걷고 조명도 너무 밝지 않게 한다. 수면 부족은 다음날 아이의 기분과 행동에 많은 영향을 미치게 된다는 점을 기억해야 한다.

규칙성과 일관성을 유지한다.

규칙적으로 재우는 습관을 들인다. 아이들 잠트러블의 대부분 원인은 일정한 시간에 자지 않는 데서 온다. 엄마나 아빠의 생활 리듬을 바꾸어서라도 일정한 시간에 자고 일정한 시간에 깨는 습관을 들여야 한다. 아이의 수면 시간은 대개 일정하므로 일찍 일어나게 하고 싶으면 일찍 잠자리에 들도록 하고, 늦게 일어나게 하려면 늦게 재워야 한다. 엄마가 1주일간 아이가 잘 때마다 수면 시간을 체크해 두었다가 그 시간에 맞게 자는 시간을 정하면 된다.

아이를 아이 방에서 혼자 재우기 시작한 경우라면 때에 따라 아이가 엄마와 떨어지지 않으려 할 때가 있다. 이런 경우 일주일에 몇 번쯤은 아이가 잠들 때까지 옆에 함께 누워 있어 주고 싶다는 생각이 들 수 있다. 또는 잠을 자던 아이가 잠이 깼을 때 엄마 아빠 곁으로 오는 것을 허용해 줄 수도 있다. 그런데 이런 일이 반복되면 아이를 따로 재우기가 힘들어진다. 아이는 왜 어떤 때는 자신의 침대로 돌아가야 하고, 어떤 때에는 엄마 아빠 침대에서 잘 수 있는지 까닭을 알지 못한다. 그래서 매일 밤 함께 잘 수 있을 때까지 울고 불고 떼를 쓰게 된다. 이런 상황에 이르게 되면 아이를 조용히 달래서 아이 방으로 데려가서 아이가 잠들 때까지 침대 옆에 앉아 있어 준다.

일관성이 있는 취침 의식이 중요하다.

아기를 재울 때는 취침 의식을 정하고 일관성 있게 반복하는 것이 좋다.

아이가 하품을 하고 눈을 비빌 때까지 기다리지 않는다. 단 15~20분만이라도 일찍 재워 수면 시간을 늘리면 아이의 성장에 큰 도움이 된다. 취침 의식은 어떤 것이라도 좋다. 책 읽기, 음악 듣기 등 아이가 좋아하는 것으로 순서를 정해 매일 밤 같은 시간에 일관성 있게 하는 것이 중요하다.

엄마가 옆에 있다는 사실만 느끼게 한다.

엄마가 옆에 있어야 자는 아이라면 엄마가 옆에서 만져 주거나 안아 주기보다는 아이 옆에서 다른 일을 하면서 엄마가 아이 옆에 있다는 사실만 느끼게 하는 것이 좋다. 혼자 자는 버릇을 들이기 위해서는 아이가 잠들기 전에 나가는 것을 습관화해야 한다. 아이 옆에 있다가 아이가 자기 전에 나와 아이가 혼자 자야 한다는 생각을 은연중에 갖도록 해야 한다. 잠자다가 아이가 일어나서 엄마를 부르더라도 조금 늦게 반응하는 것이 좋다. 아이가 일어나서 엄마를 부르다가 제풀에 자는 경우도 많기 때문이다.

25~48개월 아이의 수면

25~48개월 아이는 대개 저녁 7~9시에 취침을 하고 오전 6시 30분~8시에 잠에서 깬다. 아직은 낮잠이 필요하다. 36개월 된 아이의 평균 낮잠 시간은 2시간 정도이다. 하지만 개인차가 많아서 1시간만 자는 아이도 있고 3시간 30분을 자는 아이도 있다. 낮잠 시간과 취침 시간은 상황에 맞춰 정하되 잠자리에서 이루어지는 일상생활은 규칙을 지키도록 한다.

이 시기의 아이들은 밤을 무서워한다. 번개를 동반한 심한 폭우, 개 짖는 소리, 커다란 트럭, 그 밖에 많은 일이 아이들을 두려움에 빠뜨린다. 밤에 대한 두려움 때문에 심각한 수면 장애가 생기는 아이도 있을 수 있다. 아이들은 자다가 자연스럽게 부분각성 상태로 될 때가 있는데, 이때 다시 잠들지 못하고 완전각성 상태로 바뀌면 침대 밖으로 나올 수 있다. 이 시기의 아이는 '조금 들뜬' 상태이며 동시에 항상 불안한 상태이기도 하다. 그런 아이의 수면은 자칫하면 리듬이 깨지기 십상이다. 취침 시간이 일정하지 않다거나 낮잠이 부족한 경우, 시끄럽고 불안한 환경에 있거나 부모와 한방을 쓰는 아이의 경우는 그럴 확률이 더욱 높다. 잠자리가 바뀌어도 수면 장애가 올 수 있다. 아이들은 대개 이때쯤 유아용 침대에서 아이용 잠자리로 옮기게 된다. 이전보다 조금 넓어진 공간에서 아이는 새로운 환경을 경험하게 된다. 이때는 아이가 원하는 대로 물건들을 놓아두는 것이 좋다.

아이들이 자면서 꿈을 많이 꾸지는 않지만 잠자는 것에 분리불안을 느끼므로 잠을 깊게 자지 않는다. 갑자기 벌떡 일어나서 소리를 지르거나 눈을 크게 뜨고 숨을 헐떡거리는 경우가 있는데, 이것은 야경증이라고 하며, 꿈과 달리 깊은 잠을 잘 때 나타나고 정신을 차리지 못하는 것이 특징이다.

또한 대소변 가리기가 대체로 완성되는 시기이므로 아이는 훈련으로 인한 스트레스와 엄마로부터 독립하려고 하나 마음대로 되지 않는 데서 오는 좌절감 등을 항상 마음속에 갖고 있다. 따라서 이 시기의 아이들은 잘 깨고 깨어서는 엄마를 찾는다.

다음은 이 시기 아이들의 수면을 관리하는 방법이다.

아이가 자는 동안 있었던 일을 기록해 놓는다.

잠든 시간, 깨어난 시간, 침대 밖으로 나온 횟수, 아이가 칭얼거린 시간 등을 모두 기록한다. 아이의 행동에 대한 일관된 태도를 유지할 수 있다.

아이가 피곤해하면 잠이 부족한 것이다.

늦은 오후나 초저녁에 아이가 피곤해 보이면 그날 낮잠이 부족했거나 저녁 취침 시간이 너무 늦었을 가능성이 있으므로 바로 자게 해 준다.

잠잘 시간이 되면 잘 준비를 시킨다.

잠잘 시간이 되면 자리에 눕고 아침이 될 때까지 절대로 침대 밖으로 나와서는 안 된다는 규칙이 생겼음을 알린다. 아이가 자기 침대에서 빠져나와 부모 침대로 온다면 다시 아이 침대로 돌려보낸다.

칭찬과 격려를 해 준다.

규칙에 협조를 잘했을 때에는 매일 아침 칭찬을 많이 해 준다. 아이가 말을 조금만 들었다면 작은 상을 주고 완벽하게 해냈다면 큰 상을 준다.

5~6세 아이의 수면

이 시기의 아이들은 상상력이 왕성하고 환상에 빠지는 일이 많기 때문에 비교적 두려움을 많이 느낀다. 특히 어두움에 대한 두려움은 TV에서 본 무서운 장면과 관련하여 나타나는 경우가 종종 있다. 아이들은 한밤중에 깨서 울기도 하고 혼자 자는 아이라면 일어나서 부모 옆에서 자려고 하기도 한다. TV에서 나온 무서운 장면이나 상상의 괴물이 아이를 두렵게 하며, 한밤중에는 눈에 익은 가구들과 사람들이 보이지 않음으로써 자기 주변에 대한 감각을 잃어버리기 때문이다. 잠을 자다가 우연히 어둠 속에서 잠을 깨거나, 동물들이 우는 소리, 창문이 덜컹덜컹 흔들리는 소리, 마룻바닥이 삐걱거리는 소리 때문에 잠에서 깨어났을 때 어두움 때문에 주위에 대한 파악이 이루어지지 않아서 당황하게 되는 것이다.

일반적으로 이 시기의 아이들은 잠을 잘 자며 수면 관련하여 호소를 하는 아이는 거의 없다. 그러나 야경증이나 수면보행증(몽유병) 같은 사건수면들은 종종 나타난다. 주로 문제가 되는 것은 아이를 잠자도록 설득시키는 것이며 취침 시간이 일정하게 정해지지 않는 것이다. 규칙적인 취침 및 기상 시간, 조용하고 어두운 침실, 주의가 산만하지 않은 분위기가 중요하며 일정한 취침 의식이 수면 문제를 해결하는 데 도움이 된다. 아이에게 낮 시간의 스트레스로 인하여 수면 문제가 생길 수 있는데 부모가 관심을 가지고 어려움을 말하도록 유도하고 안심시키는 것이 필요하다.

다음은 이 시기 아이들의 수면을 관리하는 방법이다.

수면 환경을 관리한다.

집안에 어른이 많고, 잠자는 시간이 되어도 웃음소리나 TV 소리가 들리면 아이는 잠을 자는 것이 아쉬워진다. 아이가 잘 무렵에는 한 번 TV나 전등을 끄고 조용한 환경으로 만들 필요가 있다.

낮잠을 줄인다.

낮잠을 너무 많이 자는 것도 잠들지 못하는 원인의 하나이다. 특히 빨리 잠들지 못해서 수면 시간이 모자라면 걱정이 되어서 낮잠을 오래 자게 하는데 그렇게 되면 밤이 되어도 잠이 오지 않는다. 그러다 보면 밤 수면 부족과 낮잠을 너무 많이 자는 악순환을 되풀이하게 된다. 잠이 모자라더라도 낮잠은 정해진 시간으로 끝내고 밤에 잠이 오도록 습관을 들여야 한다.

자기 전에 흥분된 놀이는 삼간다.

낮에 긴장이 계속되거나 잠잘 무렵에 흥분하게 돼도 잠을 못 자게 된다. 여유 있는 마음이 되도록 애정을 갖고 대하는 것이 중요하다. 운동이 모자라서 적당한 피로감을 느끼지 못하기 때문에 잠들지 못하는 경우도 있으므로 낮에 산책을 하거나, 몸을 쓰는 놀이를 하는 등 땀을 흘리는 일도 필요하다.

잠자리 그림책을 읽어 준다.

잠들지 못하는 아이에게 "자라."고 명령을 한다고 해서 아이가 바로 잠들지는 못한다. 억지로 자려고 해도 좀처럼 잠들지 못할 경우에는 억지로 재우려고 하기보다는 저절로 졸음이 오도록 그림책을 읽어 주거나 누워서 조용히 손놀이를 하는 것도 좋은 방법이다. 아이의 손을 엄마 손으로 살짝 감싸면서 "엄지야, 엄지야, 잘 자거라.", "검지야, 검지야, 잘 자거라." 하고 차례로 접어 가는 것이다. 작은 목소리로 곡조를 붙이면 자장가 대신이 된다. 잠들기 어려운 아이한테는 먼저 잠자리에 드는 즐거움을 느낄 수 있게 한다.

초등학생의 수면

잠자는 동안 아이들의 뇌는 대단히 빠른 속도로 새로운 신경회로를 형성한다. 뇌가 재정비되는 것이다. 특히 연습하는 수면인 렘수면에서는 새로 들어온 정보들이 뇌에 깊이 저장된다.

심리학자들은 하루 종일 테트리스 게임을 한 사람의 뇌를 관찰한 결과 꿈에서도 테트리스 게임을 하는 것을 발견했다. 꿈과 현실 모두에서 기술을 반복하는 것은 테트리스를 잘하도록 뉴런의 신경회로를 만들고 강화하는 것이다. 아이들도 자는 동안 깨어 있을 때 했던 행동을 보다 잘하도록 만드는 뇌의 신경회로를 형성한다. 그래서 수면이 부족한 아이들은 수업 시간에 집중력이 떨어지고, 슬픔이나 좌절의 강도도 높다. 수면이 부족하면 사고력과 감정 제어 능력이 떨어질 뿐 아니라 집중력, 창의력 및 문제해결력도 떨어진다.

다음은 이 시기 아이들의 수면을 관리하는 방법이다.

효과적으로 잠을 재운다.

매일매일 9시간을 꼬박 자는 것이 중요한 것은 아니다. 효과적으로 잘 수만 있다면 6~7시간을 자도 충분하다. 최적의 수면 시간이 되려면 밤 12시부터 새벽 5시까지를 반드시 포함해야 한다. 앞뒤로 1~2시간을 더 자는 것이 가장 좋다. 아이들마다 수면 양이 다르고 수면 양상도 다르기 때문에 아이 스스로 자기에게 적합한 생체 리듬을 찾아야 한다. 만약 아이가 6시간 미만으로 잤는데도 낮에 졸리지 않으면 수면이 부족한 것은 아니다. 다만 같은 수면 패턴을 3주 이상 지속했을 때 몸 상태가 좋아야 한다.

공부를 위해 수면 시간을 줄이지 않는다.

아이가 아침에 깨워도 안 일어난다면 아이가 게으르다고 야단칠 일이 아니라 아이의 수면이 부족한 것은 아닌지 의문을 가져야 한다. 아이 스스로 일어나지 못한다면 수면이 부족하다는 신호이므로 아이와 상의하여 학습양을 줄이고 수면 양을 늘리도록 해야 한다. 부모들은 아이들이 일찍 자고 새벽에 일찍 일어나 공부하길 바란다. 일찍 일어나 새벽에 공부하는 것은 밤늦게 잠드는 것과 똑같은 이유로 최상의 수면을 위협하는 것이기 때문에 바람직하지 않다. 밤과 새벽은 잠을 위한 시간으로 정하고 낮과 저녁 시간을 이용하여 효율적으로 공부하는 것이 바람직하다.

잠을 의지로 줄일 수 있다는 생각은 버린다.

잠은 이성으로 줄일 수 있는 것이 아니며 철저하게 생체 리듬에 따른다. 개인차도 많아서 6시간만 자도 상쾌한 나폴레옹형 아이가 있는가 하면, 10시간을 자는 아인슈타인형 아이도 있다. 흔히 부모들은 잠은 의지로 해결할 수 있다고 믿는데 아이에게 필요한 수면 양은 정해져 있고 두뇌는 그것을 채우기 위해 끊임없이 자려고 한다.

잠자기 전에 간식을 주지 않는다.

아이가 밤 11시나 12시까지 공부를 할 때 간식을 주는 경우가 많은데 잠자기 전에 탄수화물이 많은 음식을 먹으면 잠을 깊이 자기 어렵다. 밥, 국수, 감자 등에 포함된 복합탄수화물은 소화가 되는 과정에서 숙면을 방해한다. 기름에 튀긴 음식도 수면에는 좋지 않다.

청소년의 수면

아이가 사춘기에 접어들면 자는 문제로 부모와 갈등하는 경우가 많다. 사춘기에 접어들면서 아이들이 조금씩 늦잠을 자게 된다. 10대들은 나이가 많아질수록 더 많은 잠이 필요하다. 10대들은 학년이 올라갈수록 잠을 더 늦게 자고 아침에는 좀 더 늦게 일어나는 것이 생리적으로 맞다.

미네소타 대학교의 카일라 왈스트롬의 연구에 의하면 수면 부족이 학습 능력에도 영향을 준다고 한다. 미니애폴리스에 있는 공립학교들은 아이들의 수면이 학습과 감정 조절, 그리고 활동에 중요한 역할을 한다는 점을 인식하고, 85개 학교가 등교 시간을 7시 15분에서 8시 40분으로 늦췄다. 아이들은 평균 45분을 더 잘 수 있었는데, 다른 학교 아이들에 비해 지각 · 결석 ·

우울 정도가 적었으며, 정신이 맑은 정도와 성취도가 좋았다.

8~13세의 여아는 에스트로겐의 영향으로 수면주기가 재설정된 탓에 점점 더 늦게 자고 늦게 일어나며, 잠도 많이 잔다. 남아의 경우에는 2~3년 늦게 이러한 수면주기를 따라가는데, 14세에 이르면 여아보다 오히려 1시간 더 늦어진다. 이때부터 여아는 남아보다 약간 일찍 자고 일찍 일어나며, 이러한 경향은 성인까지 계속된다.

심야에 하는 라디오 음악 프로그램은 진행이나 음악 선곡을 대부분 10대들을 타깃으로 하고 있다. 그런데 10대들은 실상 어른보다 훨씬 많이 자야 한다. 적어도 하루에 8시간, 가능하다면 9~10시간 정도 자는 것이 좋다는 학자도 있다. 아이들이 일단 사춘기에 접어들면 수면 및 기상 주기가 변해 멜라토닌이 점점 더 늦은 시간에 방출되고 멜라토닌의 수준이 떨어지는 시간도 점점 늦춰진다. 그 결과 10대들은 다른 연령대의 사람들이 피곤을 느끼는 밤 11시나 12시에는 말똥말똥하고, 일반 사람들이 활기차게 움직이는 오전 8시에는 녹초가 되는 것이다. 멜라토닌이 분비되기 시작하는 시간은 보통 밤 9~11시이고, 새벽 2시경에 최고조에 달한다. 10대에는 멜라토닌 분비가 이전보다 2~3시간 늦어지므로 12시부터 시작된다고 볼 수 있다. 그러므로 적어도 밤 12시를 넘기지 않고 잠자리에 드는 것이 좋다.

입시생들 사이에 쓰이는 '4당 5락'이라는 말이 있다. 4시간 자면 붙고 5시간 자면 떨어진다는 이 말은 적어도 10대의 수면과 학습을 뇌과학적으로 분석한다면 잘못된 이야기이다. 수면을 취하는 동안 기억을 관장하는 해마는 입력된 정보들 중에서 남길 만한 것은 남기고 버릴 것은 버리며 정보를 정리 정돈한다. 숙면을 취하지 못하는 아이의 성적이 더 부진하다는 연구 결과도 있다. 그 밖에도 수면 부족은 포도당을 처리하는 능력에 문제를 일으켜 비만을 일으키며, 감정을 격하게 하고 정서 조절 능력이 저하된다.

10대들에게 권하는 수면 지침은 다음과 같다.

수면주기를 바로 잡는다.

일찍 일어나게 하기보다는 일정한 시각에 잠들게 한다. 멜라토닌의 변화를 고려할 때 자정 전에 잠자리에 들고 아침에 일찍 일어나는 것이 좋다. 새벽 2~3시가 돼야 잠드는 아이라면 수면 리듬을 바꾸기 위해 2주 정도의 기간을 갖고 평소보다 30분씩 앞당기는 계획을 세운다.

주말에도 수면 리듬을 지킨다.

주말에도 취침 시간을 지켜야 하고, 일어나는 시각도 1~2시간 이상 늦춰지지 않도록 해야 한다. 그래야 몸의 습관이 다시 과거로 돌아가지 않는다. 늦잠을 자지 않는 대신 주말에는 평소보다 일찍 잠자리에 들도록 하면 수면 시간을 더 확보할 수 있다.

8시간 이상은 잔다.

심리학자 에이미 울프슨(Amy Wolfson)은 로드아일랜드의 고등학생 3,000명을 대상으로 설문조사를 실시한 결과, 상당수가 적정량인 9시간에 턱없이 모자라는 6시간의 수면을 취하고 있다는 사실을 확인했다. 울프슨과 카스케이던(Carskadon)의 연구에서는 수면 시간이 9시간에 못 미치는 아이들은 오전에도 기회만 주어질 경우 바로 렘수면에 들어가는 경향을 보였는데, 이는 수면 부족이 심각한 상태라는 증거이다. 게다가 수면이 부족한 아이들은 학교 수업에도 뒤떨어지고, 슬픔이나 좌절감도 높다.

수면을 방해하는 환경을 관리한다.

교실에서는 쉬는 시간마다 간단한 스트레칭으로 몸을 풀고, 방학 때는 운동이나 산책 등으로 몸을 많이 쓰게 한다. 커피나 콜라 같은 카페인 음료를 피하고, 짧은 낮잠을 적극적으로 활용하는 것이 좋다. 잠들기 전 1시간 동안은 TV나 인터넷게임 같은 자극을 피한다. 특히 방학 중에는 수면 시간이 불규칙해지기 쉬우므로 수면 주기 관리를 잘해야 한다.

영 · 유아기 수면 시간

시기	밤잠 시간	낮잠 횟수 및 시간	총 수면 시간
1주	8시간 30분	4회 8시간	16시간 30분
1개월	8시간 30분	3회 7시간	15시간 30분
3개월	10시간	3회 5시간	15시간
6개월	11시간	2회 3시간 15분	14시간 15분
9개월	11시간	2회 3시간	14시간
12개월	11시간	2회 2시간 15분	13시간 45분
18개월	11시간	1회 2시간 30분	13시간 30분
24개월	11시간	1회 2시간	13시간
36개월	10시간 30분	1회 1시간 30분	12시간
4세	11시간 30분		
5세	11시간		
6세	10시간 45분		

04
도파민 학습법으로 공부 의욕을 높여라

의욕을 담당하는 뇌

아이들의 공부 의욕을 조절하는 중요한 뇌 중 하나가 변연계에 있는 대상회이다. 대상회는 변연계의 바깥쪽에 있으며 대뇌피질에 접해 있다. 대상회의 역할은 아래쪽에 있는 편도체나 시상하부로부터 정보를 전달받아 유쾌하다거나 불쾌하다는 판단을 내리고 욕구를 대뇌피질에 전달하며, 행동을 하고자 하는 의욕을 만들어 낸다. 대상회가 활성화되면 그에 연동하여 전두엽 보조 운동 영역 활동이 높아진다. 보조 운동 영역에서는 운동 의사를 나타내는 신호를 내보내며, 그것이 운동 영역으로 전해져 운동 지령 신호를 보내게 된다. 즉 무엇인가 의욕적으로 하고자 할 때는 이처럼 의욕 중추인 대상회와 운동중추인 보조 운동 영역이 연계하여 움직인다.

의욕과 관련된 신경전달물질에는 도파민이 있다. 도파민은 새롭고 도전할 만하고 재미있는 자극이 주어지면 뇌의 복측피개 영역을 활성화시킨다.

그리고 그것이 측좌핵으로 전달되고, 측좌핵에서 만족하면 뇌의 전두엽 부위로 넘어간다. 전두엽으로 가면 장기기억으로 저장되고, 반복해서 그 자극을 준 행동을 하려고 한다.

도파민 활성화를 도우려면, 새로운 것들을 보여 주고 재미있게 가르쳐 주는 게 중요하다. 또 도전할 만한 과제를 주면 도파민이 활성화돼 자꾸 그 일을 하려 한다. 한 단계 한 단계 올라가 뭔가 성취를 이루면 보상을 해 주는 것도 좋다. 칭찬과 격려가 중요하고 스스로 하게 해야 한다. 스스로 노력하고 뭔가를 이루어 내려고 하는 자기주도학습은 도파민과 관련이 있다. 자기주도학습이 이루어지려면 과업을 성취하려는 의욕, 끈기, 열정, 의지 같은 에너지가 뒷받침되어야 하는데 여기에 도파민이 큰 역할을 한다.

도파민이 부족한 경우

흥분과 쾌락을 추구하는 도파민은 무언가에 익숙해지는 순간부터 분비가 감소된다. 분비가 줄어들면 아이는 기분이 나빠지고 허전해진다. 쾌락을 느끼는 신경회로에는 오피오이드 시스템과 도파민 시스템이 있는데, 이 둘은 모두 태내 환경에서부터 3세까지 만들어진다. 부모와의 신뢰감이 만드는 오피오이드 시스템은 어려운 일을 당하면 엔도르핀을 더 만들어서 스트레스를 줄여 준다. 도파민 시스템은 새로운 돌파구를 찾게 한다. 그래서 이 두 신경회로가 공부를 할 때 좌절을 극복하게 해 주고 의욕을 불러일으킨다.

도파민 분비가 부족하면 의욕이 떨어지고 섬세한 소근육 운동을 하지 못하게 된다. 먼저 집중력이 떨어지거나, 머리가 들뜬 느낌이 들거나, 사고나 의사 결정이 전보다 느려질 수 있다. 전처럼 말하기 힘들고, 더 많은 시간과 노력을 들여야 공부를 끝낼 수 있다. 잠을 더 많이 자도 일어나기 힘들다고 하고, 공부를 미루고 싶어 핑계를 만들기도 한다.

의욕이 없는 아이는 복측피개 영역과 측좌핵 등 도파민 관련 뇌 영역의 보상에 대한 활성도가 낮다. 이들 뇌 영역은 아이가 보상을 기대할 수 있을 때 동기를 자극하는 역할을 한다. 의욕이 없는 아이는 이 부분의 활성도가 낮아 보상을 찾아 나서는 일이 적다. 도파민이 잘 생산되는 시간이 따로 있는 것은 아니지만 수면 부족과 스트레스는 도파민 생산을 억제한다. 도파민 부족은 ADHD, 틱, 파킨슨병을 일으키는 주범이다. 도파민이 관여하는 부분 중에서 피각핵은 사랑과 의욕을 담당하고, 섬엽은 고통과 분노를 담당한다. 열정, 미움, 분노도 DHEA(데히드로에피안드로스테론)와 연관된 사랑과 의욕이 있어야만 가능한데 fMRI로 본 우울한 아이들의 뇌는 이 부위의 활성이 약하다.

도파민을 높이는 방법

어떤 학생이 오랫동안 고민했던 수학 문제를 풀고 성취감과 기쁨을 느꼈다고 생각해 보자. 그럴 때 도파민이 분비되면서 뇌는 쾌감을 느끼고, 다시 이 기쁨을 맞보기 위해 같은 행동을 하고 싶어 한다. 즉 또 다른 수학 문제를 풀기 위한 시도를 하는데, 그 과정에서 시행착오를 겪게 되고, 나중에 다시 수학 문제를 풀게 되면 성취감과 기쁨을 느낌과 동시에 뇌에서 다시 도파민이 분비되어 쾌감을 얻는다. 그러면 뇌는 또다시 그 쾌감을 재현하기 위해 다른 수학 문제를 풀기 위한 도전을 반복하면서 결국에는 수학을 잘하게 된다. 이러한 일련의 흐름이 바로 강화 학습이다.

도파민은 특히 도전에 성공했을 때 왕성하게 분비된다. 오랫동안 매달렸던 문제를 풀었을 때 느끼는 가슴 벅찬 기쁨, 그것은 어떤 일을 성취함으로써 도파민이 분비되어 발현되는 감정이다. 이 때문에 도전은 더더욱 자신이

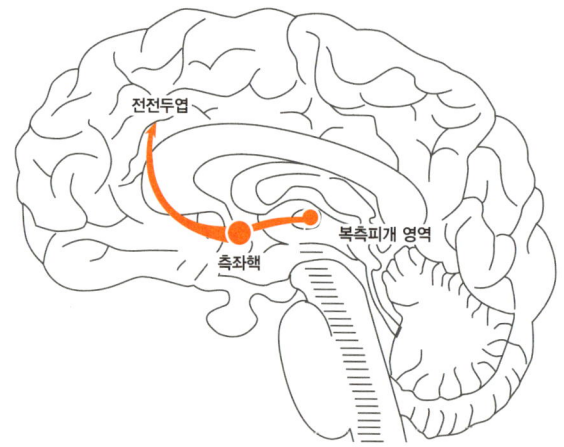

의욕의 뇌 도파민은 새롭고 도전할 만하고 재미있는 자극이 주어지면 뇌의 복측피개 영역을 활성화시킨다. 그리고 그것이 측좌핵으로 전달되고, 측좌핵에서 만족하면 뇌의 전두엽 부위로 넘어간다. 전두엽으로 가면 장기기억으로 저장되고, 반복해서 그 자극을 준 행동을 하려고 한다.

좋아하고 흥미를 가진 것이어야 한다. 의욕이 없는 아이들의 도파민 시스템을 작동하게 하려면 다음과 같은 지침이 필요하다.

스스로 해야 한다.

도파민은 뇌를 기쁘게 해야 분비된다. 뇌가 기쁨을 느끼기 위해서는 '강제하지 않는 것'이 중요하다. 무엇을 하든 '스스로 선택했다.'는 감각이 도파민 시스템에서는 절대적으로 필요하다. 아이들의 자기주도성을 이끌어 내기 위해서는 어떤 일이든 자발적으로 하게 해서 '성공 체험'을 느끼게 하는 것이 중요하다.

도전할 만한 과제가 있어야 한다.

도파민은 도전을 해야 분비된다. 뇌는 잘하는 일을 계속한다고 기뻐하지 않는다. 할 수 있을지 없을지 모르는 일에 열심히 부딪혀 보고 어려움 끝에 목표를 달성했을 때 도파민이 대량으로 분비된다. "내가 이런 일도 할 수 있다니!"라는 말이 나올 만큼 의외성이 강하면 강할수록 기쁨도 커지는 것이다. 힘들면 힘들수록 그 뒤에 오는 기쁨은 크고 학습력은 더욱 강화된다. 뇌는 부담과 고통이 주어지고 그것이 극복됐을 때 가장 큰 기쁨을 느낀다.

그렇다고 자신이 감당할 수 없는 지나치게 높은 난이도의 내용을 공부하면 어디서부터 해결해야 할지 엄두도 나지 않을뿐더러 공부 자체가 싫어질 수도 있다. 따라서 '너무 쉽지도 않고 너무 어렵지도 않은' 난이도의 내용을 학습하는 것이 좋다. 즉 도파민에 의한 강화 학습의 사이클을 가동시키려면 뇌에 자신의 능력 이상의 적당한 부담을 주고, 이 힘든 상황을 돌파하여 뇌에 기쁨을 주는 것이 중요하다. 뇌는 힘든 일을 극복했을 때 도파민이 활성화되면서 큰 기쁨을 느끼며, 덩달아 강화 학습의 사이클도 더욱 강화된다. 이것이 뇌의 메커니즘이다.

호기심과 흥미를 자극하여야 한다.

도파민은 탐색 시스템을 활성화한다. 뇌는 대뇌피질인 상위뇌, 변연계, 중뇌, 소뇌를 포함하는 하위뇌로 나눌 수 있는데 하위뇌에는 선천적인 탐색 시스템이 있다. 아이는 이 탐색 시스템이 활성화되어야 호기심을 갖고 주변을 탐구한다. 공부에 대한 의욕, 새로운 것을 추구하는 에너지, 성취감을 맛보려는 열망은 여기서 발생한다. 아이가 자기주도적으로 공부를 하려면 우선 과제가 아이의 호기심이나 강력한 흥미를 자극하여야 하고 내적 동기와 사명감이 유지되어야 한다. 탐색 시스템은 전두엽과 서로 조화를 이루면서 꿈을 실현시키기 위해 노력한다. 하위뇌와 대뇌피질의 원활한 상호 작용이 공부 의욕을 불러일으키는 것이다.

도파민 식이요법을 한다.

도파민 식이요법은 도파민의 원료가 되는 아미노산인 페닐알라닌과 티로신을 지속적으로 공급하는 것이다. 이 두 아미노산은 단백질이 풍부한 음식에 들어 있다. 페닐알라닌은 필수 아미노산으로, 체내에서 티로신으로 바뀐 후 다시 도파민으로 합성된다. 페닐알라닌은 닭고기, 오리고기, 돼지고기, 달걀, 생선, 두부, 치즈, 갑각류, 조개류, 대두, 호두, 아몬드와 같은 고단백 식품과 죽순, 참깨, 프레인 요구르트 등에 들어 있다.

두뇌식품이라고 하더라도 단백질을 한꺼번에 많이 먹지 말고, 매일 조금씩 지속적으로 먹어야 한다. 단백질 섭취는 콩 종류에 동물성 단백질을 추가해서 먹는 것이 가장 이상적이다. 동물성 단백질은 생선이 가장 좋고, 돼지고기나 소고기보다 칠면조고기, 닭고기, 오리고기를 추천한다. 단백질이 풍부한 아침식사를 하면 티로신 수준이 높아져서 집중력과 문제해결력이 향상된다. 견과류도 도파민 생산에 필요한 티로신을 활성화하는 좋은 간식이다. 필수 미네랄과 비타민의 섭취도 필요하다. 이것들은 직접적으로 도파민 활동을 강화하지는 않지만 적정 수치를 유지하는 데 도움이 된다.

반면에 의욕을 떨어뜨리는 음식도 있다. 설탕, 과자, 초콜릿 등 당분이 많은 음식은 세로토닌의 분비를 감소시켜 좋지 않다. 커피, 홍차, 콜라 등 카페인이 많이 들어 있는 음식도 밤에 잠을 못 이루게 할 수 있다.

의욕을 높이는 방법

기대감을 갖게 한다.

한 연구에서 학생들에게 서로 관련이 없어 보이는 두 문장을 쓰게 했다. 하나는 'I Will'로 시작하는 문장이고, 하나는 'Will I'로 시작하는 문장이었다.

그런 다음 똑같이 철자 순서를 바꾸어 단어를 만들게 했다. 그러자 'Will' 다음에 'I'를 썼을 때 더 좋은 성적이 나왔다. 아이들은 뭔가를 할 거라고 자신에게 단순하게 이야기할 때보다 그 일을 할 수 있을지, 할지 말지 기대감을 가질 때 훨씬 강한 동기를 부여받는다. 스스로 동기를 부여하는 것은 쉽지 않다. 하지만 자기 대화 방식을 조금만 바꾸면 동기부여가 훨씬 쉬워지고, 생산성도 높아진다. 어떤 목표를 앞에 두고 자기 자신에게 "난 해낼 거야."라고 말하는 것보다 "할 수 있을까?"라고 묻는 편이 훨씬 더 효과적이다.

기대감은 달콤한 과자 상자에도 적용된다. 뇌는 처음부터 달콤한 과자 상자를 보면 자동적으로 단 것을 원하게끔 프로그램된 것은 아니다. 하지만 뇌가 달콤한 과자 상자에 맛있는 당분과 탄수화물이 들어 있다는 걸 알게 되면, 그때부터 단맛을 간절하게 '기대'하기 시작한다. 그럴 때 달콤한 과자를 먹지 못하면 낙담하게 된다. 기대감이 아이를 이끄는 것이다.

자율성을 갖게 한다.

자율성에 대한 욕구란 자기의 행동은 자신의 의사에 따라 결정하고 싶다는 욕구이다. 이는 아이가 자신의 기분을 스스로 관리하는 자기 조절의 기본이 된다. 게임을 하고 있는 아이에게 "숙제했어?"라고 물었다가 "지금 하려고 했단 말이야!"라는 말을 들은 적이 있을 것이다. 실제로 아이는 '게임 그만하고 이제 숙제해야지.'라고 생각했을 수 있다. 그런데 아이 스스로 컴퓨터를 끄기 전에 부모가 끼어들었다. 그 시점에서는 컴퓨터를 끄더라도 부모가 시켜서 한 행동일 뿐 자기 의사는 아니다. 부모의 잔소리로 자율성의 욕구가 사라져 버린 것이다. 결국 아이는 "지금 하려고 했단 말이야!"라고 반발할 수밖에 없다. 잔소리가 바람직하지 않은 이유이다.

아이가 뭔가 할 의욕을 느끼려면 자존감이 있어야 한다. 자기가 어떤 것을 해서 어떤 변화가 있었다는 것을 가르쳐 줘야 의욕이 생긴다. 따라서 아이가 자기 일을 스스로 선택하고 일의 결과에 자기 스스로 책임질 수 있도록 하는 것이 중요하다. 자존감은 자율성에 의해 강화된다. 참고서를 선택할 때, 똑똑한 부모라면 이런 점을 최대한 고려한다. 5개의 참고서가 있는데, 3개는 별로고, 2개는 괜찮고, 그중 1개는 아주 마음에 든다고 하자. 그러면 보통 부모들은 진짜 괜찮은 참고서를 내밀면서 공부하라고 한다. 그러나 현명한 부모라면, 별로인 참고서는 제외하고 괜찮은 것과 최고로 좋은 참고서 중에서 "네가 원하는 게 뭔지 스스로 결정하라."고 한다. 그렇게 아이가 스스로 선택하면 아이는 더 열심히 공부를 한다.

유능감을 갖게 한다.

유능감에 대한 욕구란 말 그대로 유능해지고 싶다는 마음이다. 그 욕구가 행동의 원인이 되고 그 과정에서 유능감이 만들어진다. 유능감이란 자신에게 일어나는 어떤 일이라도 제대로 대응할 수 있다는 느낌이다. 처음 하는 일이라도 잘할 수 있다고 생각하는 것이다. 아이는 유능감에 대한 욕구가 채워지면 '해 보자.', '잘 될 거야.' 하는 마음으로 의욕을 갖고 다양한 일에 도전하게 된다. 유능감이 강하면 새로운 분야를 개척하거나 성공한 사람을 본받아 '나도 할 수 있다.'는 도전의식이 생긴다. 또 지금 하는 일도 더 잘하고 싶다는 욕심이 생긴다. 그 열망이 이루어졌을 때 드는 만족감과 성취감은 다른 일에도 도전하고 싶다는 마음으로 이어진다. 그 과정에서 체험하는 것이 유능감이다. 유능감이 쌓일수록 마음속에 자신감이 자란다.

아이들에게는 잘하는 것이 한두 가지 정도는 있다. 책을 좋아하거나, 수학을 좋아하거나, 만들기를 좋아하거나 등 그 아이가 잘하는 것이 있다. 부모는 아이가 잘하는 것부터 시작하게 하고, 아이가 잘하는 것을 칭찬하고 격려해야 한다. 이 과정에서 숙련은 매우 중요하다. 신중한 연습만이 성과를 낼 수 있다. 따라서 부모는 아이에게 꾸준하고 비판적인 피드백을 통해 어떤 일을 반복할 수 있도록 해야 한다. 걷기를 배울 때 1,000번 이하로 넘어진 아이들 중에서는 한 명도 걷는 아이가 없다고 한다. 아이가 어떤 분야에서 영재가 되려면 5,000시간은 투자해야 한다고 한다. 5,000시간은 하루에 3시간씩 5~7년이 걸리는 시간이다. 아이가 좋아하고 유능감이 있다고 생각하는 분야라도 5,000시간의 연습이 필요하다.

유대감을 갖게 한다.

유대감이란 다른 사람과 관계를 유지하고 싶은 욕구이다. 아이는 유대감을 통해 다른 사람에게 사랑받고 인정받고 싶어 하며, 가정과 학교·학원·동아리 등 일정한 집단에 소속돼 거기서 없어서 안 될 존재가 되고 싶어 한다. 하지만 부모에게 받은 학대나 잔소리, 학교에서 당하는 따돌림은 유대감에 대한 욕구를 근본부터 부정한다. 아이는 주변 사람들이 자신의 존재를 받아들이고 제대로 평가해야 비로소 안심하고 살아갈 수 있다. 따라서 유대감에 대한 욕구가 채워지지 않으면 자존감이 생기지 않는다.

많은 부모와 교사들은 직접교수법이 아이의 학습력을 키우는 가장 확실한 방법이라고 믿고 있다. 그러나 지금까지 시행된 여러 연구에 따르면, 아이들이 사회관계를 통해 맺는 또래 간의 연대감이야말로 학업성취도를 높이고 사회성을 발달시키는 최고의 방법이다. 학업 성취를 위해서는 하루 일정 중에 외부 놀이, 자유놀이, 즉흥적인 사회 활동 등이 반드시 필요하다. 아이가 다른 아이의 생각과 느낌을 이해한다면 또래와 서로의 관심사를 공유할 수 있게 하고 협동 학습을 통해 관련된 문제를 해결할 수 있다. 또한 사회관계를 통하여 자신의 감정을 조절하는 기술을 배우고, 협상력을 키우며, 대화를 통하여 관념적인 추론 기술을 키우며, 독립심을 익혀 학습 과제를 완성하는 능력을 키울 수 있다. 다른 사람의 감정을 잘 파악할 줄 아는 아이는 학교에 입학해서도 다른 아이들에 비해 학업성취도가 훨씬 뛰어나며, 유창한 어휘력과 탁월한 사회적 역량으로 공부도 훨씬 잘하게 된다.

보상의 힘은 크다.

당근과 채찍으로 아이를 키우는 것은 치명적 결점이 있다. 내적 동기를 없애고, 성과를 감소시킨다. 창의성을 떨어뜨리고, 사기·편법·비윤리적인 행동으로 이끈다. 중독성을 유발시키고, 근시안적인 생각을 촉진시킨다. 따라서 아이에게 공부를 한다고 보상을 해 주는 행동은 바람직하지 않다. 성적에 대한 대가나 벌 모두 바람직하지 않다. 성적이 아니라 배움을 중시해야 한다. 원할 때마다 해 주지 말고 의미 있는 보상을 해 주는 것이 좋다. 벌은 신속하고 엄격하며 철저하게 해야 하고, 나쁜 버릇은 잘 고쳐야 한다. 예의 없는 행동은 그냥 넘기지 말아야 한다.

작은 성취에 대해서 작지만 일관되게 보상을 해 주면 특히 큰 목표에 대해 큰 보상을 하는 것보다 훨씬 효과적이다. 만약 아이가 첫 책을 끝까지 읽을 때까지 부모가 본체만체했다면, 아이가 독서 습관을 익힐 거라고 기대해선 안 된다. 음식과 장난감은 흔히 제일 처음 마음속에 떠오르는 보상이지만, 가장 효과적인 것은 아니다. 부모가 열렬하게 칭찬하고, 어깨를 두드리거나 하이파이브를 하면서 인정해 주면, 과자를 주는 보상보다 더 많은 행동의 변화를 낳을 것이다.

아이들은 또한 스스로 삶을 통제할 수 있는 것을 즐긴다. 예를 들어, 저녁 식사로 무엇을 먹을 것인지 결정하거나, 10분 더 늦게 일어나거나, 또는 가족 여행의 행선지를 고르게 한다. 이 권한은 긍정적인 행동에 대한 훌륭한 보상이 된다. 그러나 만 6세 이상의 아이들은 어른이 작은 성취에 대해 칭찬하면, 칭찬을 모욕으로 받아들인다. 칭찬이 어른의 낮은 기대치를 반영한다고 여기기 때문이다.

칭찬은 구체적이고, 아이가 통제할 수 있는 것을 언급할 때 가장 효과적이다. "정말 똑똑하구나!"라는 말은 아이에게 다음에 무엇을 해야 하는지에 관해 전혀 암시를 주지 않으며, 끈기를 감소시킬 수도 있다. 반면에 "우와, 수학 숙제를 정말 열심히 했구나!"라는 말은 바람직한 행동에 대한 분명한 메시지를 담고 있다. 이와 더불어 높지만 달성 가능한 기대치를 충족시키는 방법에 대해 상세한 지침을 전달하면 자녀들은 실제로 성공을 달성하는 데 필요한 도구를 얻게 된다. 그것이 바로 자존감을 키우는 최고의 방법이다.

내적 동기를 찾는다.

진정한 의욕은 외부에서 오지 않는다. 내부에서 솟아난다. 아이라고 다를까. 오히려 아이야말로 내적 의욕에 따라 모든 행동이 좌우된다. 부모는 아이가 어릴 때 내적 의욕의 씨앗을 뿌릴 수 있다. 처음에 아이들은 외적 동기에 의해 행동을 하게 되지만, 올바른 행동을 함으로써 기분이 좋아지게 되면, 결국에는 보상 없이도 올바른 행동을 하게 된다. 올바른 행동이기에 당연히 해야 한다는 생각으로 행동하는 것을 내적 동기라고 한다.

부모의 역할은 이런 내적 동기를 유발하는 것이고, 내적 동기는 열정과 실천력을 더욱 강화시켜 준다. 물론 아이가 무기력해 자신의 의사로 행동을 하지 않을 때는 당근과 채찍을 사용하여 의욕을 북돋우는 방법도 생각할 수 있다. 외적 의욕을 만드는 것이다. 어떤 경우라도 당근과 채찍을 사용하는 방식은 아이가 자발적으로 움직이려고 하지 않을 수 있으므로 애정을 바탕에 두고 바르게 사용하는 배려가 필요하다.

아이가 자발적으로 하고 싶은 일을 할 때는 당근이 필요하지 않다. 흥미를 가지고 스스로 공부를 하거나 부모에게 부탁받고 기분 좋게 돕고 있을 때를 생각해 보자. 이 경우는 아이가 자발적으로 행동해 당근을 사용할 필요가 없다. 그저 아이가 하고 있는 일이나 한 일에 대해 부모가 느낀 점을 전하면 된다. "열심히 하는구나.", "성실하네.", "고마워."라는 말 정도로 충분하다. 여기서 당근을 주면 아이가 주체적으로 하는 일의 주도권이 부모에게 넘어가게 된다. 그러면 아이는 의욕을 잃는다.

장기적인 목표를 세운다.

꿈이 있으면 슬럼프를 벗어날 수 있다. 100점 맞는 게 꿈이거나 목전에 닥친 대학 입학이 꿈일 경우 그것을 못 이루게 되면 좌절한다. 그러나 인류에 공헌하는 예술가나 훌륭한 과학자가 되는 것이 꿈이라면 시련에서 금방 빠져나올 수 있다. 꿈은 장기전으로 가는 것이기 때문에 장애물을 만났을 때나 슬럼프에 빠졌을 때 도움이 된다. 꿈을 가지려면 가치관이 있어야 한다. 부모는 아이와 가치관을 나눠야 한다. 남에게 베푸는 법을 가르치고, 멘토를 만들어 주면 도움이 된다. 꿈의 외연을 넓혀 나, 가족, 사회에 대해 생각해 볼 수 있도록 해야 한다.

세계에서 가장 성공한 사람 중 한 명으로 알려진 마이크로소프트사의 빌 게이츠와 애플사의 스티브 잡스는 아빠들이 각각 교육철학과 교육방식은 달랐지만 스파링 파트너로서 아이의 꿈을 지지했다.

좌뇌형 리더인 빌 게이츠가 컴퓨터를 처음 접한 것은 중학생 무렵이었다. 처음 컴퓨터를 접한 아이는 밤새 컴퓨터만 다루며 공부를 소홀히 하기도 했다. 이때 빌 게이츠의 아빠는 혼내지 않았다. 강압적으로 공부하라고 다그치는 대신 주간 복습 계획표, 주간 시간 계획표 등을 같이 짜 계획적인 생활을 하도록 했다. 또 하루에 일정 시간 독서를 하도록 했다. 뭔가 몰입하면 시간 가는 줄 모르는 아이의 단점을 아빠가 보완해 준 것이다. 빌 게이츠의 아빠는 아이가 미국의 명문 대학인 하버드 대학교를 중퇴하고 회사를 설립했을 때도 아이의 결정을 존중했다. 아빠의 꿈과 아이의 꿈이 같았기 때문이다.

우뇌형 리더인 스티브 잡스는 머리는 좋지만 산만하고 까다로운 기질을 가진, 학교생활에 적합하지 않은 인물이었다. 초등학교 내내 공부는 바닥이었으며, 그의 양부모는 그의 돌발행동으로 학교에 불려 다녀야 했다. 그런 그가 놀라운 성공을 이룬 것은, 바로 어린 시절부터 자기가 하고 싶은 것을 분명히 알고 있었고, 부모에게 그것에 대한 인정을 받았으며, 그 방향을 향해서 열심히 달려갔기 때문이다. 스티브 잡스의 아빠는 아이가 어릴 때 전자회로에 많은 관심을 보이자 함께 중고 부품상을 돌아다니며 아이가 필요로 하는 부품을 구해 주었다. 그러고는 엔지니어인 이웃사람에게 아들을 데려가 마이크와 스피커가 작동하는 원리를 아이한테 설명해 달라고 부탁했다.

제4장

자기조절력·판단력·실행력을 높이는
전두엽 키우기

전두엽은 합리적, 이성적 사고와 문제 해결에 관여하는 영역이다. 전두엽에서 목표를 위한 사고력, 일의 결과 예측, 자기 행동에 대한 파악이 이루어지는데 이것이 실행력에 영향을 준다. 실행력에는 주의를 집중하는 능력, 추론 및 계획 능력, 상황에 필요한 정보를 획득하고, 언어적인 정보를 통해 행동을 조율하는 능력, 정서를 조절하는 능력 등이 모두 포함된다.

전두엽은 25~36개월에 급속하게 발달하는데, 전두엽 발달의 결정석인 도약은 만 6세 전후에 일어난다. 만 6세가 되면 전두엽의 성숙 덕분에 산만한 행동을 억제하는 능력도 생기고 목적 지향적인 태도를 가지게 된다. 10대 아이들이 이따금씩 판단을 제대로 하지 못하고 제멋대로 행동을 하는 것은 전두엽의 과부하 때문이다.

주의 깊게 자세히 보고 생각을 해야 정보가 전두엽으로 넘어가고 사고력이나 문제해결력이 높아지는데, 스마트폰에 몰입하는 아이는 전두엽이 거의 활성화되지 않는다. 반면 그림책에서 얻은 모든 정보는 종합적인 판단, 추리, 이성 등을 담당하는 전두엽으로 간다. 전두엽의 기능이 떨어지는 아이들은 주의집중력, 언어 발달, 집중 지속 시간, 충동 억제, 논리적이고 순차적인 추리력 등이 모두 떨어진다.

도파민은 자극을 전두엽으로 넘겨 장기기억으로 저장하고, 반복해서 그 자극을 준 행동을 하려고 하기 때문에 학습에서 아주 중요한 역할을 한다. 이런 도파민을 활성화시키려면 새로운 것들을 보여 주고 재미있게 가르쳐 주는 게 중요하다. 또 도전할 만한 과제를 주고 격려를 하면 전두엽이 활성화되어 실행력이 높아진다.

01
먼저 공감하고 대화하면서 자기조절력을 키운다

성장기 자녀를 둔 부모의 주관심사인 훈육, 판단력, 자존감, 문제해결력, 창의성, 사회성, 학습, 동기부여 등 거의 모든 과제에서 뇌는 핵심적인 역할을 수행한다. 뇌는 아이가 자신의 정체성을 인식하고, 행동을 결정하며, 자기주도적으로 인생을 살아가는 데 큰 영향력을 발휘한다. 다양한 경험은 자녀의 뇌를 형성하고 변화시킬 뿐 아니라 자녀를 더욱 강인하고 회복탄력성이 강한 아이로 길러 낸다.

아이는 시행착오를 하면서 생각하게 되고 그 과정에서 문제해결력이 키워지고 역경지수 역시 상승하게 된다. 부모는 자녀의 발전에 도움이 될 만한 경험을 제공할 수 있다. 자녀가 버릇없게 굴고 말대꾸할 때, 식당에서 자녀가 바닥에 누워 떼를 쓸 때, 이런 순간을 부모는 어떻게든 견뎌내려고 하지 말고 자녀의 양육을 성공으로 이끄는 기회로 삼아야 한다. 상황을 잘 활용한다면, 아이의 두뇌뿐만 아니라 인간관계의 기술을 배우고 인격을 성숙시키는 경험을 이끌 수 있다. 이러한 경험이 반복되면 아이는 시간이 지남에 따라 부모의 지도 없이도 갈등을 다루는 데 점차 능숙해질 것이다.

최근에 전 세계적으로 완전한 뇌 발달을 이루기 위해서는 좌뇌뿐만 아니라 우뇌도 발달시켜야 한다는, 곧 전뇌 발달이 이루어져야 21세기를 이끌고 갈 만한 글로벌 리더를 양성할 수 있다는 논의가 한창이다. 그러기 위해서는 좌뇌와 우뇌의 통합뿐만 아니라 대뇌피질인 상위뇌와, 변연계·뇌줄기로 구성된 하위뇌의 통합까지 필요하다. 또한 전뇌적 통합으로 문제 행동을 개선시키고 뇌 발달까지 이룩할 수 있는 구체적인 지침이 필요하다.

인간에게는 논리적으로 생각하고 생각을 문장으로 조직하게 하는 좌뇌가 있고, 감정을 경험하고 비언어적 단서를 읽게 하는 우뇌가 있다. 또한 본능적으로 행동하게 하고 생존과 관계된 결정을 순간적으로 내리게 하는 '파충류의 뇌'가 있고, 인간관계와 교제로 이끄는 '포유류의 뇌'도 있다. 뇌의 각 부위를 조정하고 그 사이의 균형을 잡아 하나로 묶어 주는 일, 이것이 바로 부모의 역할이다.

뇌가 통합되지 않은 상태라면 아이는 감정에 압도되고 혼란스러워져서 필요한 상황에 차분하게 반응할 수 없다. 짜증, 감정 폭발, 공격성 등 부모들이 문제 행동이라고 생각하는 대부분의 어려움은 뇌가 통합되지 않음으로써 발생한다. 뇌에 기반한 자기조절력을 통하여 아이가 논리적 자아와 정서적 자아를 연결할 수 있도록 좌뇌와 우뇌를 함께 쓰게끔 도와주어야 한다.

아이가 좌뇌에 지나치게 의존하는 경우에는 자기감정을 부정하고, 상황을 있는 그대로 받아들여 전체적인 그림을 못 볼 수 있다. 그렇게 되면 부모가 자녀에게 별 뜻 없이 농담을 할 때에도 아이가 방어적이 되어 화를 낼 수 있다. 특히 피곤하거나 우울한 상태라면 아이는 부모의 말 자체에만 초점을 맞추고 장난스러운 억양이나 제스처를 보지 못할 수도 있다.

뇌기반 훈육은 먼저 아이부터 진정시키고 그 다음에 나쁜 행동과 그 결과에 대해 이야기하는 것이다. 감정이 폭발하는 순간은 무언가를 배우기 좋은 상황이 아니기 때문이다. 좌뇌가 다시 활동하기 시작하면 아이가 수용적인 상태가 되기도 하므로 훈육이 훨씬 효과적일 수 있다. 현실적이고 합리적인 좌뇌적 태도와 감정적으로 교감하는 우뇌적 태도를 모두 취하려면 좌·우뇌가 통합되어야 한다.

본능에 가까운 하위뇌와 더욱 깊은 사고를 담당하는 상위뇌의 연결도 중요하다. 상위뇌란 의사 결정, 개인적 통찰, 공감, 도덕성 등을 담당하는 대뇌피질을 말한다. 하위뇌에는 편도체가 있는데 감정을 재빨리 처리하고 표현하는 역할을 하며, 특히 분노와 공포를 다룬다. 편도체는 항상 위협 상황에 대비하고 있으며, 위험을 느끼면 상위뇌를 완전히 지배한다. 생각하기 전에 행동이 불쑥 튀어나오는 것은 바로 이 때문이다. 편도체가 상위뇌를 지배할 때 아이는 감정에 휘둘리기 쉽기 때문에 부모는 평소에 아이의 상위뇌로 하여금 편도체를 조절하는 훈련을 시켜야 한다. 심호흡을 하거나 숫자를 10까지 세라고 하는 것도 하나의 방법이다. 상위뇌는 근육과 같다. 쓰면 쓸수록 발달하고 강해지며 임무를 더 잘 수행한다. 쓰지 않고 놔두면 최선의 상태로 발달하지 않고 힘과 능력이 떨어진다.

아이에게는 과거의 고통스러운 순간들에 대처하도록 도와주기, 자신의 마음 상태를 깊이 생각하기, 자신의 고유한 정체성을 지키면서도 타인과 관계하기 등 뇌기반 훈육이 필요하다. 일상적인 순간들을 이용해서 아이들이 잠재력을 발휘하도록 도와주어야 한다. 이제 부모는 성취와 완벽함만을 과도하게 강조하는 좌뇌적인 양육 방식에서 벗어나야 한다. 자기조절력을 통하여 아이들이 좀 더 자기답고 편안하게 살며 강인함과 회복탄력성을 갖추도록 도와주도록 하여야 한다.

자기조절력의 발달

전전두엽에 장애가 있는 아이는 자신과 타인의 세계에 관심이 없어지고 어떤 일에도 감동하지 않는다. 미래에 대한 관심도 없다. 갑자기 화를 내거나 충동적으로 변하는 경향도 있다. 무엇보다 감정 조절이 되지 않는다. 자기조절력은 목표 달성 및 과업을 완수하기 위해 감정을 조절하고, 자신의 행동을 조절하며 지시하는 능력을 말한다. 자기조절력에는 단순히 자신의 감정을 조절하는 능력에 국한하지 않고 걱정이나 좌절, 실망 등과 같이 유쾌하지 않은 감정들에 대한 대처 능력도 포함된다.

자기조절력이 있는 아이는 긍정적인 감정을 잘 이끌어 내어 어려운 상황에서도 잘 견디고 장애를 극복해 낼 수도 있다. 그리고 자라면서 겪게 되는 일상의 좌절에도 의연히 대처할 수 있을 뿐 아니라 초등학교 시기에 감정이 격해질 수 있는 상황에서도 열 받지 않고 굳건하게 대처해 낸다. 초등학교 시기와 그 이후를 성공적으로 보내는 데는 자기조절력이 무척 중요하다.

아이는 어떤 상황에서는 감정을 잘 조절하다가도 어떤 상황에서는 그렇지 못할 때가 많다. 학교에서는 그럭저럭 잘하더라도 집에 오면 완전히 풀어지는 경우이다. 이처럼 장소에 따라 태도를 바꾸는 일은 흔한데 때로는 이것이 문제가 될 수도 있다. 만일 아이가 감정을 다스리는 일이 너무나 힘들어서 일단 가정이라는 안전한 공간에 들어왔을 때 감정을 다스리는 노력을 하지 않는다면, 가족에게 작은 일에도 쉽게 화를 내거나 참아 왔던 긴장감을 마구 풀어 버릴 수 있다. 바깥에서는 자기 조절을 잘하는 아이라도 집에서는 과제가 잘 풀리지 않거나 어려움에 부딪칠 때마다 자기 조절을 하지 못하고 감정을 폭발시키고 마구 짜증을 부린다면 이는 큰 문젯거리가 될 수 있다.

자기조절력은 어릴 때부터 몸에 밸 수 있도록 훈련해야 한다. 영아기 초반 아기들은 자기감정 발달이 진행됨에 따라 부모가 자신의 신체적 욕구에 반응해 주기를 기대한다. 이러한 욕구가 일관성이 있고 예상대로 채워진다면 아기들은 일정한 범위 내에서 점차 참을 수 있다. 물론 이때 어른들이 즉각적인 안정을 제공해 주지 못할 수도 있기 때문에 아기들은 혼자서 스스로 달래는 법까지 익혀 나가게 된다. 이런 전형적인 발달 과정에서 예외를 보이는 경우도 있는데 가령, 영아산통을 겪는 아이는 자신의 반응을 조절하는 능력이 약하다. 하지만 대부분의 아기는 이러한 시기를 잘 겪어 내고, 다른 아기들과 마찬가지로 스스로를 안정시키는 방법들을 배워 간다.

걸음마기와 취학전 시기가 되면 자기조절력은 아이에 따라 상당한 차이를 보인다. 어떤 아이들은 조금 징징대는 수준으로 미운 3세 시기를 넘기는 반면, 어떤 아이들은 굳건하고 흔들림 없는 부모들조차도 인내에 한계를 느낄 정도로 자주, 매우 격심하게 감정을 폭발하곤 한다. 36개월쯤 되면 대부분의 아이는 매일 밤 잠들기 전에 기대하는 취침 의식을 갖게 된다. 그런데 아이가 기대하는 취침 의식 절차에 변화가 생기면 어떤 아이들은 변화된 상황에 맞춰 별 문제 없이 적응하는 반면, 어떤 아이들은 자신이 기대했던 절차가 조금만 틀려져도 매우 동요하고 불안해한다. 이때 자기조절력이 약한 아이들은 매우 경직된 모습을 보이는 경우가 많다.

초등학교 시기는 다른 많은 실행 기능과 마찬가지로 자기조절력이 중요하다. 슬픔이나 불안과 같은 부정적인 감정을 또래들에게 거의 표현하지 않는 아이들은 인정받기 쉬운 편이며, 괴롭힘을 당할 가능성이 적다. 늘 충동적으로 행동하는 아이는 과제 시작하기, 주의 집중하기, 계획하기, 정리 및 조직화하기, 문제 해결하기 등의 실행 기능을 제대로 발달시키기 어렵다. 반면 자기조절력이 발달한 아이는 학교생활을 잘해 나가며 친구를 잘 사귀고 궁극적으로는 목표를 세우고 성취하는 능력도 뛰어나다.

사춘기 아이들은 대부분 스트레스에 대한 대처 능력이 매우 떨어지며, 매우 민감하게 반응하는 경향이 있다. 10대 아이들은 전두엽에 대대적인 공사가 이루어진다. 전두엽은 충동을 억제하고, 워킹메모리를 끌어다 쓰며, 동시에 감정 조절까지 한다. 10대 아이들이 이따금씩 판단력이 느려지거나 빗나간 행동을 하고, 심지어는 나쁜 결정을 아주 쉽게 내려 버리곤 하는데, 이는 전두엽의 과부하 때문이다. 자기조절력이 뒤떨어진 10대들은 그렇지 않은 아이들보다 훨씬 더 손해를 볼 뿐만 아니라, 감정적 부침을 겪으며 성장하게 되는 이 시기에 더 많은 감정적 혼란을 경험하게 된다.

아이의 스트레스 대처 능력

뇌 과학의 발달로 아이 뇌의 중요한 감정 시스템이 부모의 육아 방식에 의해 결정된다는 사실이 밝혀졌다. 뇌 과학자들은 어린 시절에 부모와 주고받는 상호 작용이, 성인이 된 후 행복하고 풍요로운 삶을 살도록 하는 뇌의 시스템과 신경전달물질을 결정한다고 주장한다. 게다가 이성의 뇌는 본능이나 감정의 뇌에 쉽사리 제압을 당한다. 아이가 신체적·정신적으로 위협을 느끼거나 스트레스를 받으면 파충류의 뇌와 포유류의 뇌로 이루어진 하위뇌의 충동이 상위뇌인 이성의 뇌를 무력화시킨다. 그러면 아이는 겁먹은 동물처럼 행동하게 된다. 충동적인 '싸우기 아니면 도망치기' 반응을 일으켜 화를 내고 떼를 쓰거나 반대로 잔뜩 움츠러드는 것이다. 특히 부모가 폭력적이면 아이 뇌의 시스템과 신경전달물질은 폭력적인 세상에 적응하는 쪽으로 변화하기 시작한다. 하위뇌가 과잉경계, 과잉공격이나 두려움, 또는 과잉방어를 하는 방식으로 굳어질 수 있다.

하위뇌는 분노, 두려움, 분리불안, 탐색, 보호를 담당한다. 하위뇌에서 가장 중요한 경보 시스템은 편도체이다. 편도체의 주요 기능은 아이가 경험하는 모든 감정의 의미를 해석하는 것인데, 편도체에서 뭔가를 위협적으로 인식하면 그 정보가 뇌의 시상하부로 전달되고 시상하부에서는 스트레스 호르몬을 분비해서 아이의 몸은 싸우거나 도망칠 준비를 한다. 하위뇌는 태어날 때부터 잘 발달된 상태인 반면, 상위뇌는 20대 중반이 될 때까지도 완전히 발달하지 않는다.

상위뇌 중에서 전두엽은 타인에게 관심을 가지게 하고, 상대뇌피질은 자신의 감정과 거리를 두도록 한다. 아이의 전두엽과 대뇌피질은 아직 발달 중에 있으므로 아이의 변연계는 다른 뇌의 개입 없이 독자적으로 두려움, 웃음, 울음 등의 감정을 조절한다. 아이는 감정을 조절할 수 있는 뇌가 아직 준비되지 않았기 때문에 가설을 세우거나 논리적인 추론을 하거나 자기의 관점을 객관적으로 바라보거나 앞으로의 일을 예상할 줄 모른다.

아이에게는 '지금, 여기'만 존재한다. 아이의 사고는 나름의 논리를 따르지만 자기중심적이다. 어린아이는 상위뇌가 하위뇌와 통합되지 못한 상태이므로 상황을 상대적으로 파악하거나 무엇이 더 중요한지 우선순위를 매기는 등의 사고가 어렵기 때문에 즉각적인 감정 반응에 사로잡힌다. 그 결과 자제력을 잃고 갑자기 화를 내거나 올바른 결정을 내리지 못하거나 전반적으로 공감력과 자기이해력이 부족한 모습을 보인다. 따라서 부모는 아이

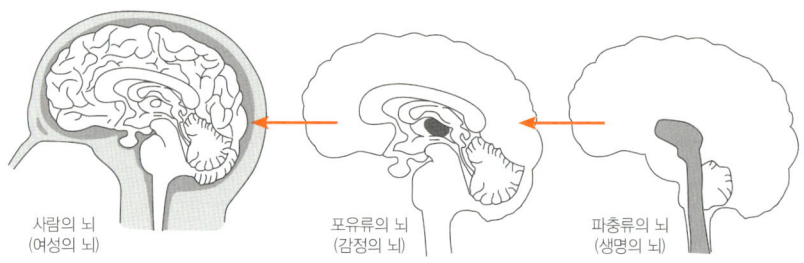

사람의 뇌
(여성의 뇌)

포유류의 뇌
(감정의 뇌)

파충류의 뇌
(생명의 뇌)

뇌의 3층 구조 뇌는 3층으로 구성되어 있다. 이성의 뇌인 대뇌피질이 제대로 기능을 하려면 먼저 본능의 뇌에서 생리적 욕구와 안전의 욕구를 충족시켜야 하며, 다음 단계로 감정의 뇌에서 긍정성을 가져야 하고 감정을 조절할 수 있어야 한다.

가 감정의 미로에서 빠져나올 수 있도록 아이와 함께 하고, 아이에게 부족한 정보를 제공하며, 다른 각도에서 상황을 바라보게 하여야 한다.

육아 방식에 따라 아이의 뇌와 스트레스 반응 시스템은 긍정적으로 바뀔 수 있다. 부모가 아이에게 감정을 조절하고 이성적으로 분노와 불안을 다스리고 스스로 자제할 수 있는 신경회로를 갖추게 할 수도 있다. 아이가 하위뇌의 격한 감정과 원시적인 충동을 다스릴 수 있도록 충분히 도움을 받지 못하면, 스트레스 상황을 효과적으로 처리할 수 있는 신경회로가 발달하지 않는다. 그렇게 되면 남을 배려하거나 자신의 감정을 돌아보는 능력이 자라지 않는다.

부모와 아이 관계에 중요한 호르몬 중 옥시토신은 출생 시에 분비되어 산모와 아기의 유대감을 높여 주고, 오피오이드는 부모나 양육자가 아이를 사랑스럽게 어루만지거나 품에 안아줄 때 생성된다. 아이를 따뜻하고 세심하게 보살피면 이들 호르몬이 분비되면서 유대감이 강화된다. 하지만 아이의 애착욕구를 이해하지 못해 아이를 방치하거나 학대하면 오피오이드와 옥시토신 분비가 차단된다. 그 결과, 아이는 지속적으로 분비되는 스트레스 호르몬에 시달리면서 뇌 안에 영구적인 변화가 일어난다.

문제 해결, 자각, 스트레스 대처 능력, 감정 이입, 친절과 같은 고차원적인 상위뇌의 기능은 선천적인 것이 아니다. 부모의 양육 방식이 큰 영향을 미친다. 따라서 아이가 떼를 쓸 때는 무슨 말을 하는지 귀를 기울이고 안아 주고 달래 주는 것이 매우 중요하다. 부모가 자상한 반응을 보여 주면 나이의 뇌 안에서는 스트레스를 이기고 분노를 조절하고, 친절과 동정심을 유발하는 연결이 만들어진다. 그러면 자라서 원만한 대인관계를 유지하고 자신의 꿈을 실현하고자 하는 의지와 동기를 갖게 된다. 또한 마음의 평화를 경험하며 사람들과 사랑하고 화합하면서 함께 어울려 살 수 있다. 부모는 상위뇌가 하위뇌를 효과적으로 다스릴 수 있는 능력을 갖추도록 도와주어야 한다. 다음은 그 방법들이다.

일단 달래 준다.

아이가 격한 감정을 조절하도록 달래 주면 상위뇌와 하위뇌를 연결하는 상하회로가 만들어진다. 시간이 지나면서 이 회로는 자연스럽게 하위뇌의 분노, 두려움, 불안 같은 원시적인 충동을 제어해서 물거나 때리거나 도망치는 원시적인 행동이 아니라 생각을 하게 한다.

주의를 다른 곳으로 돌린다.

아이의 감정이 폭발했을 때 아이를 진정시켜 이 위기를 넘기는 가장 좋은 방법은 아이를 달래고 주의를 다른 곳으로 돌리는 것이다. 아이를 안고 다른 방에 가서 흥밋거리를 보여 주거나, 우스꽝스럽거나 엉뚱한 행동을 해서 상황을 바꿀 수도 있다.

말로 설명해 준다.

아이가 느끼는 감정을 정확하게 이해하고 있다는 것을 아이가 알아들을 수 있는 말로 설명해 준다. 예를 들어, "장난감 가게에서 본 빨간 자동차를 사 주지 않아서 화가 났구나."라고 표현하는 것이다. 감정적으로 아이와 경쟁하기보다는 아이가 적절한 말을 할 수 있도록 도와준다. 아이들은 아직 감정을 조절하지 못하기 때문에 부모보다는 아이의 감정을 먼저 존중해 주는 것이 중요하다.

감정을 억압하지 않는다.

아이들은 부모에게 금세 자기가 맞춘다. 생존하고, 받아들여지고, 사랑받아야 하니까 부모가 달려오지 않는다면 금세 울음을 그치는 법을 배우고, 젖을 세게 빨아서 엄마가 걱정하는 것 같으면 천천히 빠는 법을 배운다. 아기도 자기의 욕구와 애정을 억압하고 얌전한 아기가 되어 부모님을 기쁘게 해 주는 것이다. 하지만 그런 과정에서 아기는 자기의 진짜 감정을 억압하고, 신뢰감을 상실하며, 외부 세계는 무조건 적대적이라고 믿게 된다.

전뇌적 양육 방법

좌뇌는 질서를 좋아하고 규칙을 추구한다. 논리적이고, 정확하며, 순서를 지키려고 하며 언어적이다. 반면에 우뇌는 통합적이고 경험의 의미나 느낌에 신경을 쓰며 이미지, 감정, 개인적인 기억에 의존한다. 의사소통을 해도 좌뇌는 말의 내용이나 논리에 주의를 집중하는 반면 우뇌는 표정이나 시선, 억양, 자세, 몸짓과 같은 신호를 주고받는다. 여러 인지 기능과 마찬가지로 감정 역시 좌뇌와 우뇌에서 동일하게 처리되지 않는다.

감정은 우뇌에서 더 많이 관장한다. 말을 할 때도 감정은 우뇌에서 처리되며, 우뇌가 관장하는 왼쪽 얼굴에 표정이 나타난다. 뇌에서는 모든 것이 대각선으로 연결되므로 왼쪽 귀가 오른쪽 귀보다 감정적인 뉘앙스를 잘 감지할 수 있다. 그래서 감동적인 이야기는 왼쪽 귀에 들려주는 것이 효과적이다. 좌뇌도 감정에 참여한다. 우뇌가 두려움, 걱정, 공포와 같은 부정적인 감정을 관장하는 반면, 좌뇌는 긍정적인 감정들을 관장한다.

좌뇌와 우뇌가 서로 다른 속도로 성장하고 발달하는 동안 한 번은 좌뇌가, 한 번은 우뇌가 우세하기도 한다. 이것은 왜 떼쟁이가 갑자기 귀염둥이로 변신하고 귀염둥이가 떼쟁이로 변하는지를 뇌과학적으로 설명한다. 긍정적인 감정을 처리하는 좌뇌가 우세한가, 부정적인 감정을 처리하는 우뇌가 우세한가에 따라 아이도 변하는 것이다. 주저하는 반응이 심한 아이들은 종종 우측전두엽의 활동이 강한 아이들이다. 반면 거리낌 없는 태도를 보이는 아이들은 좌측전두엽의 활동이 강한 아이들이다. 이러한 기질적 성향이 이미 생후 10개월 유아의 뇌파 검사에서도 나타나는 것으로 보아 기질은 유전된다고 볼 수 있다.

성격은 기질보다는 환경에 많은 영향을 받는다. 기질이 주로 변연계 하부, 무엇보다 편도체의 특성인 반면, 성격은 환경의 영향을 많이 받고 점진적으로 성숙하는 전두엽에 의해 조절된다. 남녀 차이도 있는데 남자아이가 더 공격적인 까닭은 공격적인 행동을 유발하는 편도체가 여자아이보다 더 크기 때문이다. 남자아이의 편도체는 전전두엽으로 통제하기가 쉽지 않다. 반면 여자아이는 전두엽의 안와전두피질이 안정과 고요를 활성화시켜 편도체의 충동을 조절할 수 있다. 이런 이유로 남자아이는 여자아이에 비해 충동적이고 공격성을 보이는 일이 잦다. 남자아이는 또한 변연계의 활동이 불균형한데 부정적인 감정을 담당하는 우뇌가 우세한 경향이 있다.

아이가 인생을 살아가는 데 감정은 절대적으로 중요하지만 부모는 감정이 아이의 삶을 완전히 지배하길 바라지는 않을 것이다. 우뇌가 뇌 기능을 지배하고 좌뇌의 논리를 무시한다면 아이는 이미지나 몸의 감각, 감정의 홍수에 빠져 허우적댈 것이다. 하지만 마찬가지로 아이가 좌뇌만 사용해서 논리와 언어를 감정과 개인적 경험에서 분리하게 해서도 안 된다. 이런 경우 아이는 마치 감정이 메마른 사막에 있는 기분으로 살게 될 것이다.

훈육의 목표는 감정의 호수나 감정의 사막을 피하는 것이다. 부모는 비합리적인 인상이나 자전적 기억, 필수적인 감정들이 나름의 중요한 역할을 수행하도록 놔두고 싶어 하지만, 그런 면들을 자아와 통합하여 삶에 질서와 시스템을 부여하고 싶어 하기도 한다. 따라서 전뇌적 양육이란 아이에게 휘둘린다거나 나쁜 행동을 부추긴다는 뜻이 아니라, 오히려 그 반대로, 아이의 뇌가 어떻게 작용하는지 이해함으로써 큰 소동 없이 아이의 협조를 빨리 이끌어 내자는 것이다. 전뇌적 양육의 방법은 다음과 같다.

아이를 달래듯 다정하게 대응한다.

아이의 주장이 부모에게는 어이없고 비논리적으로 생각되겠지만, 아이는 자기가 부당한 대우를 받고 있고 자기의 불만이 정당하다고 진심으로 믿는다. 아이가 속상해하고 있다면, 우뇌의 정서적 욕구를 반영해 줄 때까지 좌뇌의 논리는 도움이 되지 않는다. 우선 부모는 우뇌 대 우뇌로 아이의 감정을 알아주어야 한다. 그러기 위해서는 정서적 교감이 필요하다. 부모와 아이는 서로의 마음을 알아줌으로써 연결되었다는 느낌을 경험한다. 부모는 신체 접촉, 공감하는 표정, 달래는 억양, 비판 없는 경청 등으로 아이의 우뇌를 달래 주어야 한다.

대화를 통해 좌뇌의 방향을 잡아 준다.

아이와 정서적 교감이 이루어졌다면 부모는 자신이 아이를 공평하게 대하려고 얼마나 노력하는지 논리적으로 설명한다. 아이는 감정이 안정되면 부모의 말을 들을 준비를 한다. 아이가 원하는 것 중 부모가 해 줄 수 있는 것이 있다면 구체적으로 약속을 하고, 앞으로 무엇을 할지, 그것을 재미있게 하기 위해서 같이 계획함으로써 좌뇌를 사용할 기회를 준다.

무조건 다 받아주거나 정해진 한계를 허물지 않는다.

아이의 좌뇌가 기능을 하지 못한 상태라고 해서 존중과 행동의 원칙을 버려서는 안 된다. 예를 들어, 무례하게 굴거나 다른 사람을 다치게 하거나 물건을 던지는 등 절대로 해서는 안 되는 행동은 아이의 감정이 아무리 격할 때라도 금지해야 한다. 부모는 아이와 교감하거나 방향을 잡아 주기 전에 아이의 나쁜 행동을 제지하거나 아이가 그 상황에서 벗어나도록 해야 한다.

일관성을 지킨다.

아이에게 올바른 생활습관을 갖게 하려면 부모가 양육에 일관성을 갖는 것이 중요하다. 똑같은 잘못을 저질러도 부모의 기분에 따라 어떤 때는 혼내고, 어떤 때는 그냥 넘어가면 아이는 혼란스럽고 불안해한다. 무엇이 바람직한 행동이고, 부적절한 행동인지 헷갈리기 때문이다. 아이에게 바른 생활습관을 갖도록 원칙을 정하기에 앞서 부모부터 일관성을 지켜야 한다.

부모의 생활습관을 점검한다.

부모는 아이가 만나는 최초의 타인이다. 이런 사회관계에서 부모의 행동을 아이들은 보고 배우게 된다. 부모의 말투나 표정은 물론 행동, 식습관, 좋아하는 음식까지 닮는다. 이를테면 정리 정돈하지 않는 부모 밑에서 자란 아이에게 정리 정돈 잘하는 습관을 기대할 수는 없다. 또 부모가 불규칙하게 생활하면 아이 역시 불규칙한 행동을 하기 쉽다. 뿐만 아니라 부모가 짜증을 자주 부리면 아이 역시 사소한 일에도 짜증을 잘 낸다. 아이는 부모의 모습을 보면서 자란다.

역할놀이로 정서 지능을 키운다

감정을 조절하는 변연계 상부가 발달하는 데는 시간이 많이 걸린다. 감정을 통제하고 평가하는 일은 5~6세가 되어야 비로소 가능해진다. 감정 조절에는 전전두엽도 중요한데 사춘기가 지난 후에야 전전두엽과 편도체를 연결해 주는 신경섬유가 수초화되기 때문에 신경회로의 속도가 증가하게 되고, 비로소 전전두엽이 효율적으로 감정을 조절할 수 있다. 전두엽이 성숙해 가면서 감정은 변연계에서 만들어지지만 전두엽에서 지각할 수 있다.

5~6세가 되면 아이는 비로소 자신의 감정을 주변의 사건과 일치시킬 수 있고 피곤하거나 배가 고프거나 실망한 것을 부모에게 알리기 위해 스스로에게 관심을 집중한다. 그러면서 공감력도 생겨 자신이 좋아하는 과자를 타인에게도 주기 시작한다. 자아통합이 이루어지는 것이다. 따라서 커 가는 아이들이 다양한 시각에서 감정을 바라보도록 가르쳐야 한다. 역할놀이를 통해, 또 이런저런 상황에서 사람들이 어떻게 느끼는지, 또는 그런 상황에서 형제나 친구는 어떤 기분인지를 계속 알려 주어야 한다. 이런 연습은 특히

공감력이 떨어지는 남아들에게 중요하다.

자아통합을 이루기 위해서는 감정뿐 아니라 하위뇌의 탐색 시스템도 필요하다. 아이는 이 시스템이 활성화되면 호기심을 갖고 주변을 탐험하고 조사한다. 삶에 대한 의욕, 새로운 것을 추구하는 에너지, 그리고 목표를 이루려는 열정이 생긴다. 탐색 시스템은 마치 근육과 같아서, 사용하면 사용할수록 호기심이 왕성해지고 창의적이 되며 더욱 분발하게 된다. 탐색 시스템을 튼튼하게 하려면 부모가 아이의 집중력과 호기심, 모험심을 자극한 뒤에는 한 발 물러서서 아이가 아이디어와 창의성을 발휘할 수 있도록 지켜봐 줄 필요가 있다.

자아통합에는 신체 감각도 중요하다. 신체 놀이는 항스트레스 효과가 있으며, 뇌에서 오피오이드를 다량 분비하게 함으로써 강력하고 긍정적인 감정을 유도한다. 특히 상호 작용 놀이는 전두엽의 감정 조절 기능을 향상시킨다. 상호 작용 놀이 프로그램에 참여한 아이들은 감정 조절 면에서 현저한 발달을 보이는데, 상호적인 신체 놀이를 하면 상위뇌 발달을 촉진하는 두뇌신경촉진인자(BDNF)가 분비된다. 아이와 신체 놀이 시간을 많이 갖는다면 아이가 감정과 스트레스를 좀 더 잘 관리하고 자아를 통합하는 데 도움이 된다.

자아는 결국 이렇게 감정, 탐색 시스템, 감각, 생각 등이 통합되어야 기능을 할 수 있다. 자아는 자신의 감정을 듣고 인정하고 표현하는 경험, 자신의 호기심이나 열정을 발휘하는 체험, 신체 놀이를 통한 회복탄력성, 그리고 스스로 문제를 인식하고 해결하려는 문제해결력이 쌓이면서 만들어진다. 그러나 부모가 아이의 감정이나 생각을 늘 무시한다면 아이는 자기가 느끼고 생각하고 행하는 모든 것이 부모의 기대에 어긋난다고 믿게 된다.

아이에게 자아가 생기면 추리, 계획, 반성, 행동하기 전에 생각하는 능력, 연결하는 능력, 협상력, 문제해결력이 생긴다. 다음은 아이의 자아통합에 도움을 주는 방법들이다.

생각, 감정 등을 분명히 표현하게 한다.

평소 자신의 생각과 느낌, 의견 등을 말로 충분히 표현할 수 있다면 부당한 대우를 받았을 때 적절한 대처가 가능하다. 상황에 맞는 말은 자신을 방어할 수 있는 일종의 수단이다. 부모가 든든한 지원자가 되어 "너는 할 수 있어!", "네 뒤에는 엄마 아빠가 있다." 등의 격려를 한다면 아이의 자존감과 긍지가 높아진다.

부모가 적절한 행동으로 아이에게 거울 역할을 한다.

자아통합을 이루는 가장 좋은 방법은 부모가 모델이 되는 것이다. 부모가 다른 사람을 배려하고 친절한 행동을 보여 주거나 자녀들을 공정하게 대하면 아이는 생활 속에서 자연스럽게 자아를 통합해 간다.

기질적 차이를 인정한다.

아이마다 갖고 태어나는 기질을 바탕으로 자아가 발달한다. 아이들마다 순하거나 까다롭거나 느린 기질이 있기 때문에 어떤 행동은 아이의 기질상 지극히 당연한 행동이 문제 행동으로 여겨지는 경우가 종종 있다. 부모가 특정 나이에 흔히 나타나는 행동과 기질로 인한 행동을 미리 파악하여 떼를 쓰거나 마음대로 하는 것과 같은 문제 행동과는 다르게 접근해야 한다.

부모와의 관계부터 점검한다.

아이를 너무 허용적으로 키우거나, 아이의 감정을 거부하는 부모의 태도는 바람직하지 않다. 이렇게 하면 자기 통제나 행동 조절에 어려움을 느끼는 공격적인 아이가 되기 쉽다. 부모는 아이가 자유롭게 생각하고 그 생각대로 행동할 수 있도록 내버려 두되 정도를 벗어나는 것에 대해서는 제한하는 분별력을 가지고 있어야 한다.

아이의 이야기에 귀 기울이면서 공감해 준다.

아이는 정답만으로 대처하는 부모에게는 거리감을 느끼고 말을 잘 듣지 않는다. 아이는 자신의 감정을 이해하지 못하는 부모와 대화를 꺼리게 된다. 먼저 아이의 감정을 공감해 주고 기다려 준다. 마음을 헤아려 주는 부모에게 아이는 자신의 문제를 의논하고 그 의견을 귀담아 듣는다.

문제 해결 방법을 아이가 스스로 찾게 한다.

아이의 잘못된 행동에 대해 부모가 바로 지적하기보다는 질문을 통해 아이 스스로 생각해 볼 수 있는 기회를 만든다. 아이 스스로 문제를 해결할 수 있도록 유도하는 것이 중요하다. 이때 부모는 아이와의 대화를 이끌어 내는 도우미 역할을 한다. 만일 아이가 적절치 않은 결론을 내렸다면 대화를 통해 실제로 행동했을 때 어떤 결과가 나올 것인지 예측할 수 있게 도와준다.

02
상상놀이는 자기통제력을 키운다

    미국의 철도 노동자였던 피니어스 게이지(Phineas Gage)는 1948년 9월 13일에 버몬트 주 캐번디쉬 작업장에서 바위에 구멍을 뚫고 있었다. 폭약과 그 밖의 재료를 넣고 모래를 뿌리고 있을 때 조수에게 신경을 쓰다가 화약이 폭발해서 의식을 잃었다. 그때 그가 가지고 있던 끝이 뾰족한 철봉이 얼굴의 왼쪽 아래에서 들어가 오른쪽 위로 머리뼈를 관통했다. 그는 왼쪽 전전두엽의 안쪽 부분에 큰 손상을 입었지만 기적적으로 목숨을 건졌다.

    게이지는 다치기 전에는 유능한 현장 주임이었는데 사고 후 행동과 성격이 변했다. 가장 눈에 띄는 변화는 작업을 할 때 주의를 집중할 수 없게 된 것이다. 미리 목표를 정하고 계획을 세워서 일을 하지도 못하게 되었다. 눈앞의 일만 쫓고 결단력도 흐려졌다. 적극적으로 일을 하지도 않았다. 변덕스러워지고 감정이 불안정해서 화를 참지 못했다. 주변 사람들에게 함부로 행동하고 농담도 쉽게 했다. 일을 망쳐도 걱정하지 않았다. 이런 상태를 주치

의는 "지적 능력은 아이 수준인데 힘과 충동은 동물 수준"이라고 했다.

전전두엽 장애 중 가장 잘 드러나는 것은 주의력 장애인데 하나에 집중해서 생각하거나 사물에 주의를 돌리는 일을 할 수 없게 된다. 그래서 간단한 덧셈뿐 아니라 복잡한 논리적 사고도 할 수 없게 된다. 주의력 장애의 정도와 비례해서, 관계가 없는 자극에 민감하게 반응하는 경향도 동시에 나타난다. 이를테면 생각을 하고 있을 때 하늘을 나는 제트기 소리가 들리면 그것에 정신이 팔려 생각을 멈추어 버린다.

주의력 장애의 결과 생각이 짧아지고 행동이나 감각이 현재의 일에만 한정된다. 감각 중에서는 시각 장애가 가장 현저하고, 눈앞에 있는 물체에는 주의를 기울이지만 눈앞에 없는 것에는 전혀 주의를 기울이지 않는다. 또한 목표를 정해서 기획하고 그것을 순서대로 시행할 수 없게 된다. 가벼운 장애의 경우, 일상생활은 가능하지만 새로운 일이 발생하면 그것을 인식하고 해결할 의욕을 보이지 않는다.

인간의 머리를 옆에서 보면 이마가 앞을 향해서 크게 볼록 나와 있으며 얼굴은 평평하고 수직이다. 원숭이와 유인원은 그렇지 않다. 이마가 볼록 나와 있지 않고 얼굴의 아래쪽이 튀어나와 있다. 이 차이는 이마의 뒤에 있는 전전두엽의 크기가 다르기 때문이다. 인간의 전전두엽은 대단히 크다. 뇌 표면적의 3분의 1을 차지한다. 좌우 각각 약 $800cm^2$로 양쪽을 합하면 $1,600cm^2$나 된다. 이것은 신문지를 반으로 접었을 때의 넓이이다. 최근에 카테리나 세멘더페리가 대뇌피질 용적에 대한 전두피질 용적의 비율을 조사하였는데, 사람이 38%, 침팬지 35%, 고릴라가 35%, 꼬리말이원숭이가 29%였다. 즉 사람에 이어 대형 유인원일수록 전두피질이 커졌다.

주의집중력이란 방해 요소들이나 피로, 또는 지루함에도 불구하고 상황이나 과제에 집중할 수 있는 능력을 뜻한다. 주의집중력이 강한 아이는 언제든지 주변의 방해 요소를 차단하고 자신의 과제에 집중할 뿐 아니라 방해 요소를 피할 수 없는 상황에서도 가능한 한 빨리 원래 하던 과제로 돌아갈 수 있다. 반면 주의집중력이 약한 아이는 이 과제를 하다 저 과제를 하기도 하고, 첫 번째 과제를 제대로 마치지 않은 채 다른 과제를 시작하는 경우가 허다하다.

머리는 좋은데 공부를 못하는 이유

똑똑하지만 산만하고 충동적인 아이가 많아졌다. 똑똑하다는 것은 일반적으로 지능이 높다는 것을 의미한다. 지능이 높다는 것은 아이의 신경 시스템이 얼마나 빠르고 효율적으로 작동하는지 보여 주는 것이지 집중력이 좋다거나 끈기가 있다는 것은 아니다. 똑똑하다거나 지능이 높다는 것은 기본적인 반사신경에서부터 운동, 언어, 기억력, 사고력과 추론력에 이르기까지 뇌가 효율적으로 작동한다는 뜻이다. 그렇지만 이것이 그 아이가 가지고 있는 감정 조절, 동기, 끈기, 사회성에 대해 말해 주는 것은 아무것도 없다. 따라서 지능으로 집중력이나 끈기를 판단할 수는 없다.

똑똑하지만 산만하고 충동적인 이유는 지능이 높은 아이는 어떤 학습적인 혹은 문제 해결이 필요한 과제에 부딪치더라도 신속하게 문제를 해결할 수 있어 미리 대비하거나 과도하게 시간을 쓰지 않아도 되기 때문이다. 반대로 신속하게 문제를 해결하지 못하는 아이는 지능이 높은 아이라면 가볍게 처리할 일들을 체계적으로 준비하고 성실하게 행동해야만 처리할 수 있다. 지능이 높은 아이들이 집중력이 떨어지는 것은 그 때문이다.

지능이 학업 성적에 미치는 영향은 심리학자들에 따르면 15~25%라고 한다. 학업 성적은 지능보다는 공부 습관과 더 관련이 있다는 뜻이다. 누가 더 학습에 투자하는 시간이 많느냐가 아이의 지능보다 더 중요하다는 것이다. 집중력이나 끈기가 있는 아이들은 학습에 투자하는 시간이 많다. 따라서 학습 성과는 지능이 높은 아이보다는 집중력이 좋은 아이에게서 더 높게 나타난다.

집중력이 떨어지는 아이들은 주의 집중과 언어 발달, 집중 지속 시간, 충동 억제, 논리적이고 순차적인 추리를 담당하는 전두엽 부분의 뇌 활동이 비정상적으로 낮은 것이 밝혀졌다. 반면에 시각과 가장 밀접하게 관련된 영역인 후두엽 부분에서는 활발한 뇌 활동이 이루어졌다. 이것은 집중력이 부족한 아이들은 시각적인 파악은 우수하지만 자기통제력이 부족하다는 것을 반증한다.

한때 우리 사회는 말하기와 글쓰기 전통이 지배한 사회였다. 사람들은 사랑방에 모여 이야기를 나누거나 책 읽기와 쓰기, 강연을 통해서 더 나은 인간으로 성장했다. 그러나 오늘날의 아이들은 거의 태어날 때부터 눈으로 보면서 배운다. 부모는 침대에 누워 있는 아기들에게 스마트폰의 동영상을 보여 주면서 달랜다. 때때로 아이들은 TV 앞에서 몇 시간을 보낸다. 광고도 대사는 점점 더 줄어드는 반면 시각적으로는 더욱 화려해지고 있다. 사람들도 인쇄물보다는 TV나 스마트폰에서 정보를 얻는다. 이에 질세라 신문들도 더욱 시각적으로 바뀌고 있다.

현대문화가 '단기집중'하는 아이들을 만들어 내는 원인이 되고 있다. TV, 스마트폰, 멀티미디어 컴퓨터 프로그램, 컴퓨터 게임 등 오늘날의 디지털미디어는 아이들을 초고속 이미지와 정보의 홍수에 빠트리고 있다. 그 결과 아이들은 빠른 속도로 제공되는 다량의 정보를 이해하려는 단기집중 전략을 발달시킨다. 아이들은 지나치게 많은 자극에 노출되어 있기 때문에 하나에만 너무 오래 집중하면 다른 것을 놓치게 될까 봐 두려워한다.

목표집중력

목표집중력이란 목표를 설정하고 다른 관심사에 한눈팔지 않고 목표를 향해 꾸준히 나아가는 능력을 말한다. 자기 목표를 이루기 위해 노력할 때마다 목표집중력을 발휘하는 셈이다. 초등학교 아이가 피아노를 잘 치고 싶어 1년 동안 꾸준히 연습했다면 그 아이는 목표집중력이 뛰어나다고 할 수 있다. 또 수학 100점을 맞기 위하여 스스로 수학 공부 시간을 늘리는 아이가 있다면 그 역시 목표집중력이 좋다고 할 수 있다.

아이가 목표집중력을 제대로 발휘하는 데 가장 중요한 요소는 일에 대한 흥미와 성취동기이다. 숙제를 잘 챙기지 못하는 아이일지라도 친구와 함께 듣기로 한 CD는 빠뜨리지 않고 잘 챙긴다. 그리고 방과 후에 시험에 대비해

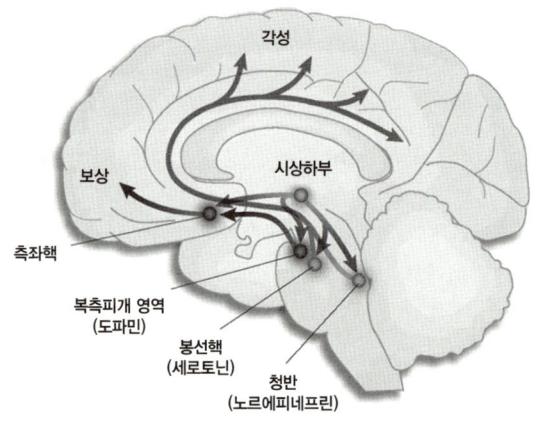

집중력의 뇌 집중력은 도파민, 세로토닌, 노르에피네프린 등의 신경전달물질이 생성되어야 이루어진다. 도파민은 새롭고 재미있고 도전할 만한 과제를 할 때, 세로토닌은 햇볕을 쬐고 잠을 충분히 잘 때, 노르에피네프린은 긴장할 때 생성된다.

선생님에게 수학 교습을 받기로 한 일을 깜박하고 잊어버린 아이라도 방과 후에 마트에서 뭔가를 사기로 한 약속은 잘 기억한다. 기억력이 그다지 좋지 못한 아이라고 해도 특별한 활동에 집중하게 만드는 동기가 부여될 때는 그러한 문제를 극복할 수 있다. 충분한 동기가 주어질 때 아이들이 목표집중력을 더 잘 발휘할 수 있다. 따라서 부모는 아이가 평소에 잘하지 못하는 과제를 할 때, 과제를 성취하기 위해 자녀가 더 많은 노력을 기울일 수 있는 동기가 될 만한 요소를 찾아 주어야 한다.

목표집중력이 약한 아이를 도와주는 방식은 2가지가 있다. 아이가 목표집중력을 갖도록 직접 가르치거나, 혹은 아이가 갖고는 있지만 제대로 쓸 줄 모르는 목표집중력을 활용할 수 있도록 동기부여를 하는 것이다. 부모는 아이가 걸음마를 시작하는 시기부터 점점 성장해 가는 동안 아이의 행동에 대응하는 방식이나 말하는 방식 등을 통해 자연스럽게 아이의 목표집중력을 키울 수 있다. 또한 놀이를 통하여 목표집중력을 높일 수도 있다. 연구에 따르면 3세부터 부모가 언어적 도우미 역할을 해 준 아이는 6살이 되었을 때 그렇지 못한 아이들에 비해 문제해결력과 목표집중력에서 더 좋은 결과를 보인다고 한다.

다음은 아이가 목표집중력을 가질 수 있게 도와주는 방법들이다.

말로 도와준다.

아이를 말로 도와주는 방식은 간단하지만 매우 즉각적인 효과를 나타난다. 24개월 아이와 함께 책을 읽을 때, 부모가 동물 이름을 말해 주면 아이가 해당 동물을 정확하게 짚으며 자랑스러운 표정을 짓는 것을 볼 때, 아이에게 나이를 물었을 때 정확하게 나이에 해당하는 수만큼 손가락을 펴는 모습을 볼 때, 부모는 언어적 도우미 역할이 효과적이라는 것을 알게 될 것이다. 식사 준비나 다른 집안일, 심부름 등을 게임 형식으로 말로 도와주면 아이들은 자연스럽게 목표집중력을 키울 수 있다.

보상을 해 준다.

보상은 아이에게 동기부여가 될 만큼 강력해야 하며 자주, 그리고 다양하게 주어져야 한다. 예를 들어, 과제를 마칠 때마다 혹은 특정 시간 내에 일을 마칠 때마다 포인트를 줄 수 있다. 아이가 일에 집중하고 있을 때 칭찬해 주는 것도 좋은 방법이다. 특히 아이들은 하기 싫은 일을 마치고 나서 기대하던 것을 얻을 때 부정적인 생각이나 감정들을 이겨 낼 수 있다. 아주 자그마한 보상일지라도 자극과 동기를 줄 수 있다.

보상에 대한 계획을 세우기 위해서는 먼저 순서를 정해야 하는데, 순서를 정할 때는 반드시 좋아하지 않는 일을 좋아하는 일 앞에 두어야 한다. 가장 좋은 방법은 목표 행동을 했을 때 포인트를 주고, 일정 포인트가 쌓이면 아이가 갖고 싶어 하는 것을 상으로 주는 것이다. 보상은 아이가 좋아하는 음식이나 그다지 비싸지 않은 장난감처럼 물질적 보상일 수도 있고, 부모나 선생님·친구들과 게임을 할 수 있는 기회와 같은 활동적 보상일 수도 있다.

비교하지 말고 칭찬한다.

아이는 비교 대상이 되면 문제를 해결하는 것보다 다른 아이의 수준과 부모의 반응에 더욱 신경을 쓰게 된다. 조급하게 다그치기보다 아이가 좋아하고 잘하는 일을 찾아 몰두할 수 있게 해 주는 것이 중요하다. 칭찬을 많이 해 주는 것도 집중력 향상에 도움이 된다. 칭찬을 하면 아이의 성취감과 기대감이 커지고 어떤 일에 더욱 몰두할 수 있게 된다. 포괄적인 칭찬보다 아이가 어떤 점을 잘했는지 구체적으로 칭찬해 주는 것이 좋다.

과도한 스트레스를 받지 않도록 한다.

기억을 담당하는 해마는 3세 이후에 급속하게 발달한다. 수십 억의 신경세포는 반복과 학습을 통해 연결되며 시냅스를 형성한다. 그런데 이때 스트레스를 받으면 시냅스 형성에 치명적인 작용을 한다. 스트레스를 받지 않고 무엇이든 즐기듯 학습하는 게 매우 중요하다. 놀이를 하든, 공부를 하던 지루하고 힘들어선 안 된다.

기초체력을 키워 준다.

집중력을 키우기 위해 기초체력을 다지는 것도 매우 중요하다. 특히 균형 잡힌 아침 식사는 집중력과 기억력, 사고력을 향상시킨다. 평소에 인스턴트 식품은 멀리하고 비타민이 풍부한 녹황색 채소와 잡곡밥, 단백질과 비타민 C가 고루 함유된 영양 높은 식단을 짠다. 당이 과하게 들어간 음식, 맵고 짠 자극적인 음식도 행동을 산만하게 만들므로 피한다. 아이의 두뇌는 환경과 접촉하면서 발달하는데, 요즘 아이들은 운동장에서 뛰어놀 시간이 절대적으로 부족해서 놀이나 운동을 통해 얻는 자극도 없어지고, 그 결과 두뇌도 정상적으로 발달하지 않는다. 운동을 하는 동안 두뇌는 새로운 신경들을 연결 지으면서 행동을 조절하고, 긍정적인 기분을 느끼게 하는 엔도르핀의 생성을 촉진한다. 그러나 학교와 학원만 오가거나 게임이나 TV 보는 데에만 시간을 쏟아 붓는 생활습관은 우뇌와 좌뇌의 불균형한 발달을 불러오는 등 두뇌 발달을 지연시킨다.

일단 시작하게 한다.

큰 과제를 작은 과제들로 나누어 줌으로써 각각의 과제를 하는 데 걸리는 시간이 5분을 넘지 않도록 한다. 각각의 과제를 끝낼 때마다 아이에게 자그마한 보상을 해 준다. 그리고 집중 시간을 서서히 늘린다. 아이가 집안일이나 숙제 및 다른 과제들을 할 때 일에 집중할 수 있는 기준 시간을 잰다. 기준 시간을 잰 후에 타이머를 기준 시간보다 2~3분 더 길게 맞추어 놓고 아이가 타이머가 울릴 때까지 일에 집중할 수 있는지 시험해 본다.

피드백해 준다.

아이 옆에서 지시를 내리고 감독한다. 아이들은 누군가가 격려를 해 주거나 일에 집중하라고 일깨워 줄 때 더 오래 몰두할 수 있다. 아이가 숙제를 하는 동안 부모도 옆에서 책을 읽거나 문서 작업을 한다면 아이가 숙제에 집중하도록 돕는 동시에 부모도 그 시간을 보다 효율적으로 보낼 수 있다.

과제를 흥미롭게 만들어 준다.

과제를 시합이나 게임, 경쟁 형태로 바꾸어 준다. 아이가 과제를 마치는 즉시 아이가 원하는 활동을 하게 해 준다. 아이가 좋아하는 일과 좋아하지 않는 활동을 서로 번갈아가며 하게 한다. 이때 경과 시간을 눈으로 확인할 수 있는 장치, 즉 타이머나 탁상시계, 손목시계 형태 등을 활용하면 좋다.

자기통제력을 키우려면 상상놀이를 하자

특정한 사람이나 특정한 사건에 반응하거나 반응하지 않는 능력은 행동 조절의 핵심이 된다. 만일 아이가 생각하기 전에 행동부터 한다면 앞으로도 문제를 일으킬 소지가 다분하다. 반대로 어린아이가 탐나는 물건을 앞에 두고도 그 물건에 즉시 손을 대거나 집어 들지 않는 모습을 볼 때 아이의 자기통제력에 감탄하기도 한다. 아기들은 생후 6개월경에 반응억제력을 싹틔우기 시작한다.

비록 초기에는 뚜렷한 변화를 감지하긴 힘들지만 6~12개월에 아기의 반응억제력은 놀라울 정도로 발달한다. 9개월 된 아기가 옆방에 있는 엄마를 향해 기어가는 걸 본 적이 있을 것이다. 불과 한두 달 전까지만 해도 엄마를 향해 기어가다가도 도중에 좋아하는 장난감을 발견하면 정신이 팔려 가는 것을 멈추던 아기가 이제는 장난감을 지나쳐 곧바로 엄마에게 기어가는 것이다. 또한 이 시기의 아기들은 상황에 따라 특정한 감정적 표현을 자제할 줄도 알게 된다.

아이들은 반응억제력을 통해서 부모의 행동과 언어를 모방하고 이것을 내면화하기 시작한다. 부모들은 나름대로의 판단에 따라 때로는 아이로부터 조금 떨어져서 지켜보며 감독하거나, 제한 범위를 조금 더 넓히거나, 지시를 더 내린다거나, 아니면 다른 전문기관에 아이를 보내 이러한 능력을 기를 수 있도록 도와주기도 한다.

반응억제력이 취약한 아이들은 감정 조절도 서툰 경향이 있다. 이런 아이들은 생각 없이 행동하거나, 생각하기 전에 감정이 먼저 격해져서 입에서 나오는 대로 심한 말을 한다거나, 화낼 이유가 없는데도 벌컥 화를 내곤 한다. 융통성이 없고 고집스런 아이들 역시 감정 조절에 취약한 경향이 있다. 이런 아이들은 예기치 않게 계획이 바뀌었을 때 어찌할 바를 모르고 안절부절못하는 모습을 보인다. 반응 억제, 감정 조절, 융통성의 3가지 실행 기능이 모두 취약한 아이들도 있는데, 그런 아이를 둔 부모들은 매일매일 고난과 시련 속에서 위태롭게 서 있는 자녀를 지켜보며 함께 힘들어한다.

미취학 아이의 만족지연력은 10년 뒤 이 아이들의 SAT점수와 강한 상관관계를 보였다는 연구가 있다. 또한 청소년기의 스트레스와 좌절감에 대처하는 능력뿐 아니라 집중력과도 상관관계가 있다. 초등학교 수학 및 읽기 과목의 성적도 행동을 억제해 만족감을 유보하는 능력과 상관관계가 높다. 이들 과목을 학습하려면 집중력과 끈기가 필요하기 때문이다.

자기통제력은 나이가 많아질수록 향상되기 때문에 계속해서 학업 성과를 예측할 수 있다. 중학교 2학년을 대상으로 한 연구에서는 학년 초의 자기절제로 학년 말의 성적과 출석, 표준화 학력평가 점수를 예측하기도 한다. 자기통제력이 강한 학생들이 그렇지 않은 학생들보다 점수가 높았다.

자신의 행동을 규제하는 능력은 학업 성적뿐 아니라 원만한 대인관계에도 중요하다. 행동을 스스로 절제하는 데 능숙한 아이들은 분노와 공포, 불편함을 덜 드러내고, 같은 나이의 또래들보다 공감력도 뛰어나다. 어떤 연구자는 심지어 몇 년이 지나도 이러한 아이들이 사회적으로 좀 더 유능하고 인기가 많을 거라고 예측하기도 한다. 아마도 이 아이들은 자기감정을 잘 절제할 뿐 아니라 다른 사람의 감정을 잘 고려할 수 있기 때문이다.

의식적으로 행동을 억제하고, 충동을 제어하고 행동을 계획하는 등의 의도적인 통제는 생후 27~30개월에 처음으로 나타난다. 그러면 아이들은 과자통 안에 손을 넣지 않아야 할 때 마음속 목소리에 따를 줄 알게 된다. 아이들은 24~36개월에 지시에 따라 행동을 억제하는 능력을 발전시킨다. 그러고 나서 만 4세까지 의도적 통제 능력이 급격하게 발달하고, 만 7세 무렵에는 조금 더디게 개선된다. 주의집중력은 초등학교 시기 전반에 걸쳐 지속적으로 좋아지며, 10대 후반이 되면 성인 수준에 이른다.

자기통제력의 발달은 감수성기에 국한되지 않는다. 성인의 경우에도 제한적이기는 하지만, 훈련을 하면 자기통제력이 향상될 수 있다. 심리학자 로이 바우마이스터의 연구에 따르면 장기통제력은 다이어트에서 돈 관리, 왼손 양치질에 이르기까지 규칙적으로 연습하기만 하면 유형과 관계없이 향상될 수 있다. 실제로 몇 주간 이러한 훈련을 했던 대학생들은 규칙적으로 운동하기, 돈 관리하기, 집안일 하기 등 자기 통제가 필요한 다양한 작업을 완수하는 능력이 향상되었다.

어린아이라도 자기 행동의 방향을 잡는 데 시간을 들이는 것이 필요하다. 특히 아이들이 혼자 또는 다른 아이들과 상상놀이를 하는 것이 좋다. 부모들이 도울 수 있는 부분은 아이들이 흥미를 느끼고 좋아하는 것을 추구하도록 격려하는 것이다. 어떤 아이들은 음악을 만드는 것에 마음을 빼앗기는 반면, 어떤 아이들은 성을 쌓는 것을 좋아한다. 아이들이 정확하게 무엇에 흥미를 느끼는지는 중요하지 않다. 아이들은 어떤 활동에 강하게 이끌리면 자기통제력을 높일 수 있다.

평균 만 4세 된 아이에게 움직이지 말고 가만히 서 있으라고 하면 1분도 못 가서 자세가 흐트러지고 만다. 하지만 아이에게 성을 지키는 보초병 역할을 하라고 하면, 아이는 가만히 서 있으라고 할 때보다 4배 정도 더 오래 자세를 유지할 수 있다. 상상놀이가 재미있기 때문에 가능한 일이다. 그런 점에서 부모는 아이들이 자신이 흥미를 느끼는 놀이를 선택해 성취동기를 부여할 수 있으며, 이런 성취동기는 자기 통제를 가르쳐 준다.

상상놀이에서 가장 중요한 것은 아이들에게 놀이의 규칙을 따르도록 하는 것이다. 예를 들어, 학교놀이를 하려면 선생님이나 학생처럼 행동해야 한다. 제멋대로 아이처럼 행동하려는 충동을 억제해야 한다. 그러면 아이들은 어린 시절의 놀이 경험을 통해 성인이 돼서도 원하는 목표를 달성하기 위해 행동을 통제할 수 있다. 가정에서도 상상놀이를 통해 3~4세 아이들이 자신의 행동을 조절하는 법을 가르칠 수 있다.

행동을 변화시키려고 할 때 초기 단계에는 아이의 문제 행동이 점점 좋아지기보다는 오히려 뒷걸음질 치는 경우가 흔하다. 예를 들어, 아이가 잠들 때까지 부모가 옆에 있어 주지 않는다면 혼자 자길 거부하며 계속 운다고 생각해 보자. 부모가 아이의 이런 행동을 고치기로 마음먹고 이를 실행에 옮긴다면 아마도 처음에는 아이가 이전보다 더 크게, 더 심하게 울 것이다. 감정 조절이나 반응 억제 같은 문제들을 해결하기 위해 부모가 행동을 취할 때, 특히 부모가 더 나은 행동 방식을 가르칠 목적으로 아이의 문제 행동을 무시하는 전략을 취한다면 아이는 분명 처음에는 발전보다는 퇴행하는 모습을 보일 것이다.

부모가 아이의 행동을 원하는 방향으로 이끌어 내거나 변화시키기 위해 취할 수 있는 3가지 전략이 있다. 첫째는 외부 요소나 환경 등 이전의 상황을 변화시키는 것이고, 둘째는 가르침을 통해 행동 그 자체를 직접 바꾸는 것이며, 셋째는 보상이나 벌 등을 사용하는 것이다. 부모는 막 걸음마를 시작한 아이가 계단에게 굴러 떨어지는 것을 막기 위해 보호막을 세우고, 깨지기 쉬운 물건들은 아이 손에 닿지 않는 곳에 올려 두며, 아이가 좀 더 자라면 충분한 수면을 취할 수 있도록 일정을 짜고, 건강한 음식을 만들어 먹이고, 식사 시간이나 간식 시간 외에는 다른 음식을 못 먹도록 하거나, TV 시청 시간을 제한하는 등 여러 방식으로 아이의 환경을 바꿔 줄 수 있다.

다음은 아이의 자기통제력을 개선시킬 수 있는 방법들이다.

아이의 환경을 바꾸는 것부터 시작한다.

반응 억제에 문제가 있는 아이를 바꾸려 하기보다는 마당에 울타리를 세우거나 계단에 문을 달고, 깨지기 쉬운 물건들은 아예 손이 닿지 않는 곳에 두고, 공구 창고 같은 위험한 장소는 항상 잠가 둔다거나 마음대로 비디오 게임을 못하게 하는 등의 조치를 취한다.

상황을 미리 연습해 보고 아이가 잘 대처할 수 있게 도와준다.

사전에 미리 상황에 대해 이해하고 연습하는 일은 언제나 유용하다. 특히 융통성과 감정 조절, 반응 억제에 취약한 아이들에게 매우 효과적이다. 아이가 잊지 않도록 말로 상기시킨다. "놀이터에서 놀 때 어떤 규칙을 지켜야 한다고 했지?", "미진이에게 전화해서 놀러 오라고 말하기 전에 뭐부터 해야 하지?", "집에 돌아오자마자 가장 먼저 해야 할 일은 뭐지?" 등과 같이 확인하는 말들이 자기통제력을 기르는 데 도움이 된다.

행동하기 전에 다시 한 번 생각하도록 한다.

아이들은 무엇을, 왜 하는가에 대해 생각하고 특정한 행동을 하는 게 어떻게 위험한 것인지를 생각하게 되면 문제해결력을 기를 수 있게 된다. 아이가 원인과 결과의 관계를 이해하게 될수록 아이들은 일련의 행동 방침을 더 잘 계획할 수 있게 된다.

사춘기를 이해해 준다.

사춘기에는 오히려 반응 억제력이 떨어지게 된다. 그래서 방해 요소들에 좀 더 민감한 반응을 보이는 경향이 있다. 10대들은 감정과 충동을 관장하는 뇌의 하부와 이성적 결정을 내리는 전두엽 사이에 '단절'이 있다. 따라서 10대들은 전두엽을 통해 합리적인 판단을 하기보다는 직감에 의존하여 다급한 결정을 내리는 경향을 보인다. 부모가 적극적으로 나서서 아이들에게 한계를 정해 주고 충동을 조절하는 법을 가르쳐 준다면 사춘기를 무사히 넘길 수 있다.

주의력결핍과잉행동장애(ADHD)

최근에 집중력이 부족하고 산만한 모습을 보이는 ADHD 아이들이 많아졌다. 이것은 분명 시각적 자극에 지나치게 노출된 환경과 관련이 있다. 따라서 영·유아기부터 ADHD가 의심되는 아이를 조기에 발견하여 시각적 자극에 너무 노출되지 않도록 관리할 필요가 있다.

12개월이 지나 걷기 시작하고 24개월이 되어 뛰는 것도 가능해지면 아이들은 부지런해진다. 듣고 보는 것이 모두 신기하기 때문에 온 세상을 돌아다니고 싶어 한다. 아이는 이렇게 천방지축으로 다니면서 점점 재미있는 것, 신기한 것을 찾아내고 거기에 열중하게 된다. 장난감, 그림책, TV가 호기심의 대상이 되고 그 밖의 일상 도구도 흥미를 끈다.

5~6세가 되면 아이는 제법 오랫동안 앉아 한 가지 일에 몰두하게 되는데 이때 웬만한 일이 주위에서 발생해도 금방 자리에서 일어나지 않는다. 그런데 아이들 중에는 5~6세가 되어도 한 가지 일에 몰두하지 못하고 돌아다니는 아이가 있다. 아무리 흥미 있는 그림책도 1, 2분 이상 들여다보지 못하고 옆방에서 들려오는 소리에 일어나 쫓아간다. TV를 재미있게 보다가도 문소리에 쫓아나간다. 관심이 있어서 시작한 대부분의 일을 끝내지 못하고, 자기가 하는 일에 주의를 집중하지 못한다. 오히려 사소한 외부의 소리와 자극

에 더 민감하다.

이렇게 지나치게 많이 움직이고 소란하여 주의 집중을 하지 못하는 아이가 지속적인 주의력결핍이나 과잉행동으로 인하여 학교생활이나 가정생활에 지장을 줄 때 ADHD를 의심한다. 그런데 ADHD라는 이름은 잘못 붙여진 것이다. 이런 장애가 있는 아이들은 주의를 기울일 수 있는 능력을 갖고 있지만, 주의가 가는 방향을 통제하는 능력이 부족하기 때문이다. 이 장애를 가진 많은 아이는 실행 기능에 문제가 있는데 이 기능은 장래 계획 세우기, 달갑지 않은 반응 억제하기, 워킹메모리에 정보 보유하기 등의 능력을 모아놓은 집합체이다. ADHD 아이들이 갖고 있는 가장 큰 문제는 1분 이상의 시간 간격을 추정하는 데 서툴러서 빼먹는 일이 잦다는 것이다. 그 다음 문제는 나중에 얻게 될 더 큰 보상을 위해 즉각적인 사소한 보상을 멀리하지 못한다는 것이다.

대체로 ADHD 아이들은 다른 아이들과 뇌 구조에서 미묘한 차이가 있다. 만 6~19세인 ADHD 아이들의 뇌는 정상적으로 발달하는 아이들보다 평균적으로 3% 정도 작다. 이 차이는 뇌의 전 부분에 걸쳐서 균등하게 분포돼 있지는 않다. 가장 큰 감소는 백질에서 나타나는데, 백질은 모두 축색돌기로 구성돼 있다. 백질은 5~9% 정도 감소하며, 그로 말미암아 ADHD 아이들의 장거리 축색돌기들은 거리가 더 좁아지거나 개수가 줄어든다. 또한 전전두피질과 측두피질뿐 아니라 소뇌의 충부 또는 중심부의 회백질이 조금 얇아진다. 미상핵의 크기도 지속적으로 감소되는 것으로 나타났다.

미상핵은 기저핵의 배측선조체를 구성하는 요소 중 하나로 신피질의 많은 부분과 교신한다. 기저핵은 주의 집중과 행동을 지시할 때, 예를 들어, 하나의 주제나 작업에서 다른 주제나 작업으로 전환할 때 관여한다. 전환의 또 다른 면은 특정 자극이나 사건의 중요성을 상향 조정하는 것이다. 게다가 기저핵은 바라던 행동을 선택하고, 장래의 상황에서 있을 법한 행동을 강화한다. 이러한 능력이 결핍되어 ADHD가 있는 사람들이 무의식적 반응을 보이거나 즉각적으로 호소하는 반응을 보이는 것, 예를 들어, 소란스러운 소리나 마음을 끄는 사건이 있는 방향으로 쳐다보는 것을 억제하는 데 어려움을 겪는 것이다.

ADHD의 대표적인 증상

과잉행동
ADHD 아이들은 움직임이 많다. 대부분은 안절부절못한다. 움직임으로 알 수 있는데 언제나 손, 연필, 발 등을 계속 움직인다. 의자에 앉아 있는 모습이 어설프고 차분히 앉아 있지 못한다.

주의력결핍
아이는 주위환경에서 오는 불필요한 정보를 제거하는 데 어려움을 느낀다. 모든 소리에 관심을 기울인다. 방에서의 목소리나 전화벨 소리 등의 적절치 못한 소리에 반응한다. 책이나 그림과 같은 적절한 것에 관심을 기울이기보다는 모든 것에 주의를 기울인다.

충동성
아이는 행동하거나 말하기 전에 생각하지 않으며 자신의 행동으로 인하여 초래될 다른 사람의 충격을 고려하지 않는다. 따라서 판단 부정확하고 충동적이고 즉흥적으로 행동한다.

ADHD 진단 설문지

여러분의 자녀나 학생이 다음 10가지 행동에서 어느 정도 단계인지 해당 점수에 표시하세요. (전혀 없음 0, 약간 있음 1, 상당히 있음 2, 아주 심함 3)

1. 차분하지 못하고 지나치게 활동적이다.
2. 쉽게 흥분하고 충동적이다.
3. 다른 아이들에게 방해가 된다.
4. 한 번 시작한 일을 끝내지 못하고, 주의 집중 시간이 짧다.
5. 늘 안절부절못한다.
6. 주의력이 없고 쉽게 주의가 분산된다.
7. 요구하는 것은 금방 들어주어야 한다.
8. 자주 또 쉽게 울어 버린다.
9. 금방 기분이 확 변한다.
10. 화를 터뜨리거나 감정이 격하기 쉽고, 행동을 예측하기 어렵다.

*10개 문항의 점수를 모두 더해 16점을 넘으면 ADHD일 가능성이 있습니다.

03
워킹메모리를 늘리면 실행력이 커진다

초인지와 사고력

  초인지란 아기가 경험을 분류하고 구분하여 인과관계를 인식하기 시작함으로써 자신의 경험을 체계적으로 정리할 수 있게 해 주는 복잡한 능력을 말하는데, 생후 첫 12개월 동안 발달하기 시작한다. 초인지는 유아기 동안 더욱 발달하며, 아이는 자신의 경험을 통제할 수 있는 방법인 순서·절차·일련의 의식을 매우 중요하게 생각하기 시작한다.

  취학 전 시기가 되면 초인지는 탐색 단계를 거쳐 거의 완성 단계에 이르며, 아이들은 사람들마다 각자의 주관적인 경험을 갖고 있다는 사실을 인식하는 동시에 다른 사람들의 감정을 점차 이해하기 시작하고 역할 놀이를 할 수 있게 된다. 5~7세 아이들은 다른 사람들이 저마다 생각과 기분이 다르다는 사실을 깨닫기 시작하고, 미숙하게나마 다른 사람들의 의도를 이해할 수 있게 된다. 예를 들면, 다른 사람이 자기를 고의로 때렸는지 아니면 실수로 그랬는지 판단할 수 있다.

중학생쯤 되면 초인지는 눈부시게 발달하는데, 이 시기 아이들은 자기 자신의 생각·감정·의도를 깊이 있게 이해할 수 있을 뿐 아니라 다른 사람들이 자신의 생각이나 감정 및 의도에 관심을 갖는다는 것도 이해할 수 있게 된다. 그렇기 때문에 중학생 시기에는 자기 행동에 대한 자의식이 발달하고, 다른 아이들과 최대한 비슷하게 행동하는 것을 매우 중요하게 여기게 된다. 이들은 자신이 다른 아이들과 조금 다르게 생각하거나 행동함으로써 친구들을 거슬리게 만들까 봐 극도로 신경 쓴다. 이들은 다른 사람들이 자신을 다소 못마땅하게 생각한다고 해서 자신에게 큰 문제가 있는 것은 아니라는 사실을 깨닫지 못한다. 고등학생쯤 되면 아이들은 한 발자국 뒤로 물러나 상황을 보다 객관적으로 바라보며 정리할 수 있게 된다.

이러한 초인지의 변화 과정에서 사고력이 발달한다. 사고 과정의 제1단계는 해결해야 한다는 동기가 작용해서 과제를 발견하는 과정이다. 제2단계에서는 과제가 성립하는 조건을 생각하고 상호 관계 등을 파악한다. 제3단계는 과제를 실행할 수 있는 방법 중 하나를 선택하고 전략을 세우는 과정이다. 제4단계는 과제 해결의 계획 중 하나를 선택해서 실행하는 전술의 과정이다. 제5단계에서는 실행의 결과, 과제를 해결하고 답을 얻게 된다.

사고 과정은 전전두엽이 주도한다. 언어는 사고의 모든 단계에서 중요한 기능을 하는데, 사실 언어를 사용하지 않아도 사고는 가능하다. 피니어스 게이지와 전전두엽을 제거한 원숭이에게서는 동기부여가 거의 일어나지 않았기 때문에 과제가 떠오르지 않았다. 설사 과제가 있다고 해도 과제를 선택하는 능력이 떨어져서 바르게 실행할 수 없고, 해결할 수도 없었다.

워킹메모리의 발달

아이들의 사고력이 발달하려면 2가지 능력이 필요하다. 하나는 인지적 유연성이다. 이는 첫 번째 시도가 실패했을 때 목표를 달성하기 위해 대안을 찾거나 상황에 맞게 행동을 조정하는 능력을 말한다. 다른 하나는 워킹메모리로 단기간에 작업 관련 정보를 기억하는 능력이다. 예를 들어, 이미 시도한 적이 있는 퍼즐을 맞출 때 그 해결책을 떠올리는 것이다.

사고 과정에서 가장 큰 역할을 하는 것이 생후 5~6개월경에 발달하기 시작하는 워킹메모리이다. 워킹메모리가 없었을 때 아기들은 오로지 그때그때 보고, 듣고, 만지고, 맛보는 것에만 반응했다. 하지만 일단 아기가 단기적이나마 사람, 사건, 물건들을 기억하기 시작하면 아기의 세계는 훨씬 더 커지고, 아기는 깨어 있는 동안 늘 워킹메모리 능력을 갖게 된다. 아기 스스로 선택하고 결정을 내릴 수 있게 되는 것이다.

워킹메모리가 발달하면, 손수건으로 아기가 좋아하는 장난감을 숨겨 놓았을 때 워킹메모리를 활용하여 손수건을 치우고 장난감을 찾을 수 있다. 이는 아이가 장난감의 이미지뿐만 아니라 장난감을 숨기는 행동 역시 기억할 수 있기 때문이다. 워킹메모리는 언어 능력이 생성되기 전에 형성되기 때문에 아이들은 언어적 워킹메모리보다 비언어적 워킹메모리가 먼저 발달한다. 하지만 일단 언어 능력을 갖게 되면 아이들의 워킹메모리는 훨씬 확장되는데, 그 이유는 아이들이 정보를 되살릴 때 시각적 이미지와 언어를 동시에 끌어올 수 있기 때문이다.

어린아이들과 10대들은 워킹메모리가 요구되는 일을 할 때 성인들처럼 두뇌를 넓게 쓰기보다는 전두엽에만 의존하는 경향이 있다. 따라서 아이들과 10대들이 워킹메모리를 보다 활성화시키기 위해서는 성인들보다 더 많은 노력이 필요하다. 이는 어린아이들과 10대들이 과제를 할 때 워킹메모리를 제대로 발휘하지 못한다는 의미이기도 하다. 따라서 어린아이들과 과제를 할 때는 아이들이 집중할 수 있도록 내용을 짧게 구성하여야 하며 하나의 활동에는 1~2가지의 지시 사항만 주문하여야 한다. 그 이유는 워킹메모리가 부족하여 복잡한 지시 사항을 잘 이해하지 못할 뿐 아니라 3가지 이상의 과정을 기억하지 못하기 때문이다.

초등학교 시기 아이들은 미취학 아이들에 비해 훨씬 더 많은 양의 워킹메모리를 수행해야 한다. 선생님들은 아이들에게 거의 매일 숙제를 내고, 가정통신문을 주면서 부모의 사인을 받아 오라거나 급식비를 가져오라고 통지를 한다. 물론 이 과정에서 부모들의 도움이 필요하다. 아이가 학교에서 돌아오면 선생님이 무엇을 지시했는지 꼼꼼하게 물어보기도 하고, 학교 가기 전에 가방을 잘 챙겼는지 확인한다. 워킹메모리는 그림책을 읽을 때 주인공이 조금 전에 무엇을 했는지를 기억하는 것처럼 단순한 과제도 수행하지만, 다단계 과정이 제대로 돌아가는지를 평가하는 동시에 그 과정을 밟아 나가는 것처럼 복잡한 과제도 수행한다.

워킹메모리는 정보로 무언가를 하는 동안 그 정보를 머릿속에 일시적으로 보유하게 한다. 워킹메모리가 뛰어난 아이들은 정보를 좀 더 효율적으로 처리하여 자극에 더 빨리 반응하고, 문제를 해결할 때도 뇌 활동을 덜 요구한다. 워킹메모리가 뛰어나면 집중에 방해되는 것이 있어도 굴하지 않는다. 일시적으로 주의를 다른 데 돌리고 나서 다시 작업으로 되돌아올 때도 자기자리를 찾을 수 있다. 워킹메모리는 초등학교 시기 중반까지 빠르게 성장하고, 청소년기 중반 안정기에 접어들 때까지는 서서히 성장한다. 이후 성인기 내내 매우 천천히 줄어들며, 노년기에는 조금 빨리 줄어든다.

워킹메모리의 뇌

워킹메모리는 대부분 전두엽에서 통제하는데 전두엽은 집중력을 유지하는 곳이기도 하다. 해마는 워킹메모리에 있는 정보를 장기 저장소로 보내고 학습을 강화하는 데 중요한 역할을 한다. 이러한 기억 과정은 수일에서 수개월이 걸리기도 한다. 해마는 워킹메모리에 새로 전달되는 정보를 기존의 저장된 경험과 비교하는데, 사고 과정에 필수적인 단계이다. 워킹메모리가 잘 수행되려면 전전두피질과 전대상피질이 활성화되어야 한다.

전전두피질은 다른 뇌 영역들을 활성화하거나 억제함으로써 목적을 위해 행동을 이끌어 낸다. 전대상피질은 인지적 통제가 요구되는 작업에서 실행상의 실수를 감시하거나 찾아내는 역할을 하며, 충돌하는 정보 중에서 결정을 내릴 때 활성화된다. 전대상피질은 안와전두피질, 해마, 편도체와 연결되

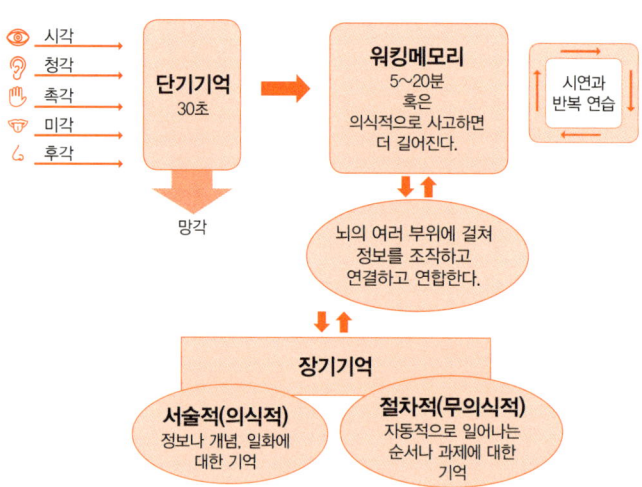

기억의 과정 기억은 오감에서 오는 자극을 잠깐 머물게 하는 단기기억, 뇌의 여러 영역에 있는 정보를 조작·연결·연합하는 워킹메모리, 정보가 뇌에 새겨지는 장기기억이 있다. 장기기억에는 반복해서 익혀야 하는 의식적 기억과, 자전거 타기 같은 한 번 익히면 수십 년간 기억되는 무의식적 기억이 있다. 자료:한국뇌기반교육연구소

어 감정을 제어한다. 그 밖에도 두정엽은 시공간 워킹메모리와 관련이 있으며 측두엽은 언어 워킹메모리와 관련이 있다.

리더십이 뛰어난 아이는 아이디어를 기억 속에 저장할 수 있고, 놀이에 참가하는 동안 어떤 식으로 친구를 도울지 결정할 수 있다. 토르켈 클링베르그(Torkel Klingberg)의 연구에 의하면 워킹메모리에 관여하는 뇌가 어린 시절 리더십을 향상시키는 데 영향을 준다고 한다. 워킹메모리가 아이의 조직화 능력과 관련되어 있으므로 리더십을 키우는 능력도 바로 거기에 달려 있다는 것이다.

워킹메모리 키우기

단순하고 기계적으로 이루어지는 암기 학습은 뇌의 유연성을 떨어뜨린다. 따라서 구구단 외우기는 뇌 발달에 그리 효과적이라 볼 수 없다. 그러나 구구단을 거꾸로 소리 내어 외우면 똑똑한 뇌를 만드는 데 도움이 된다. 왜냐하면 거꾸로 구구단을 소리 내어 외우려면 이를 수행하기 위해 순서대로 기억하고 있는 구구단을 조작해서 거꾸로 말해야 하기 때문이다.

정보를 조작하는 것은 워킹메모리의 몫이다. 단, 구구단 거꾸로 외우기를 반복하면 뇌가 이 작업에 익숙해져 전전두엽을 활성화시키는 데 별 효과가 없으므로 어느 정도 익숙해졌다고 판단되면 중단하고, 대신 간판이나 신문의 헤드라인을 거꾸로 소리 내어 외운다. 간판이나 신문의 헤드라인은 내용이 계속 변하기 때문에 지속적으로 뇌에 새로운 자극을 줄 수 있다.

- 아이가 꼭 기억해야 할 일에 대해 일러 줄 때는 아이의 눈을 마주 보며 말한다.
- 아이가 최대한 집중할 수 있도록 TV 소리 등 외부의 방해 요소를 최소

화한다.
- 부모가 아이에게 말한 후에, 아이에게 부모가 한 말을 따라 해 보게 함으로써 아이가 부모 말을 제대로 들었는지 확인한다.
- 말 대신 글로 지시를 내린다. 아이의 나이에 따라 그림 일과표, 목록, 시간표 등을 활용한다. 아이가 각 단계를 시행할 때마다 "시간표를 확인하렴." 혹은 "목록을 살펴보렴."이라고 지시한다.
- 아이가 어떤 상황에서 기억해야 할 내용들을 미리 연습시킨다.
- 아이가 중요한 일들을 효과적으로 기억할 수 있는 방법을 떠올리도록 도와준다.
- 휴대전화 문자나 메모지 등을 활용하여 해야 할 중요한 일들을 알려 준다.
- 중요한 정보를 기억했을 때 보상을 하거나 잊었을 때 벌칙을 부여한다. 보상이나 벌칙은 아이의 워킹메모리 상태가 비교적 심각하지 않을 때 효과가 있다.
- 암산으로 워킹메모리를 자극하고 훈련한다.
- '사이먼 가라사대'라는 놀이도 워킹메모리를 자극하는 데 효과적이다.
- 책을 읽으면서 밑줄을 긋거나 표시를 해 둔 다음 다시 돌아가서 녹음기를 앞에 놓고 말로 요약을 한다.

인지 발달의 지연을 의심할 수 있는 한계 월령

한계 월령	행동
1.5개월	쳐다보다가 웃는다.
3.3개월	먼저 웃는다.
6.2개월	낯선 사람을 보고 표정이나 행동이 변한다.
9.1개월	"까꿍" 하고 종이 뒤에 숨으면 종이 뒤의 사람을 찾는다.
10.9개월	작은 물체 위에 손수건을 덮으면 들춘다.
10.9개월	짝짜꿍이나 빠이빠이를 한다.
13.9개월	원하는 것을 손짓으로 표현한다.
14.8개월	성인 행동을 흉내 낸다.
20.6개월	"인형에게 맘마 주세요." 하면 먹이는 시늉을 한다.
25.1개월	술래잡기를 한다.
45.9개월	엄마와 쉽게 떨어진다.

04
의식하지 않고 학습하면 기억력이 좋아진다

기억의 종류

기억은 서술기억과 비서술기억으로 나눌 수 있다. 말로 설명할 수 있는 기억을 서술기억이라고 하고, 자전거 타기, 피아노 치기, 영어처럼 말만으로는 도저히 그 방법을 설명할 수 없는 종류의 기억을 비서술기억인 절차기억이라고 한다. 서술기억은 과거로부터 사실이나 사건을 끌어내는 것이다.

기억의 신경구조를 연구한 래리 스콰이어(Larry Squire)의 분류에 따르면, 다양한 기억 유형이 있으며 이들은 각각 서로 다른 뇌 영역에서 담당한다. 서술기억은 초등학교 시기에 줄곧 향상되는데 공간 탐색을 담당하는 해마와 대뇌피질의 내측 측두 영역에서 담당한다. 절차기억은 선조체, 그리고 조건화와 관련된 비서술기억은 인간의 감정과 직결된 편도체가 담당한다.

해마는 인간 대뇌 깊숙이 자리 잡은 구조물로서, 고차원 판단과 집행 기능을 담당하는 전전두엽의 명령을 받아, 배우고 감각한 정보를 대뇌피질의 각 부위에 저장하도록 기억을 가공한다. 처리한 곳에 저장한다는 핵심 원리에 따라 서술기억은 대뇌 각 부위에 저장된다.

예를 들어, 따끈한 차 한 잔을 떠올려 보자. 차는 그저 '차'라는 정보만 머릿속에 저장되는 것이 아니라 차의 색깔 등 눈으로 본 정보는 시각피질, 차가 보글보글 끓는 소리는 청각피질, 찻잔을 만질 때의 따스한 느낌은 체성감각피질, 차를 목으로 넘길 때의 기억은 운동피질에 저장된다. 그 밖에도 그윽한 차향은 전두엽과 측두엽이 만나는 곳 안쪽에 위치한 후각피질에, 차의 효능과 종류를 암기한 지식은 주로 측두엽에 자리 잡는다. 서술기억의 경우 사과로 치면 주로 껍질에 해당 정보가 처리되고 저장되는 반면, 절차기억은 사과의 씨앗이 있는 중심처럼 대뇌 깊숙한 곳에 처리된다.

선조체는 두뇌 심부에 위치한 미상핵과 피각을 합해 부르는 명칭이다. 이 부위들은 앞에서 언급한 수초화 과정을 통해 쓰면 쓸수록 빠르고 정확하게 관련 정보를 처리할 수 있도록 회로가 효율화된다. 이러한 절차기억 형성 부위들이 더해져야 비로소 언어 처리에 관여하는 두뇌 회로가 완성된다.

아이는 엄마가 외투를 입으면 집을 막 나가려는 참이라는 것을 예상한다. 연상 학습은 매우 어릴 때부터 행해지는데 아이들은 비교적 빨리 연상을 잊어버리기도 한다. 연상 학습에는 감정적 반응을 담당하는 편도체나 다른 형태의 감각 학습을 담당하는 소뇌가 관여한다. 또 다른 유형의 비서술기억은 절차 학습으로, 신발 끈을 묶는 법과 같은 습관이나 기술의 습득이다. 첫돌 직후에 아이들은 순서에 따라 절차를 수행할 수 있다. 예를 들어, 달그락거리는 소리를 내려면, 용기 안에 공 모양 물체를 넣고 뚜껑을 닫은 다음 흔들면 된다. 이러한 절차 학습은 선조체가 관여한다. 절차기억은 해마가 관여하는 서술기억보다 좀 더 철저하게 학습된다. 그래서 자전거 타는 법을 절대

잊어버리지 않는 것이다.

어른들은 파리가 프랑스의 수도라는 것은 알고 있지만 처음 그 내용을 배울 때 어디에 있었는지를 기억해 낸다는 것은 최근에 배우지 않은 이상 거의 불가능하다. 반면 아이들은 그 내용을 들었던 장소를 기억해 낼 수도 있다. 단기기억에서 장기기억으로의 전환에는 뇌의 한 영역에서 다른 영역으로의 물리적인 이동이 수반된다. 어떤 사실을 초기에 저장할 때는 해마와 그 근처에 있는, 즉 신피질이 내측전두엽에 있는 다른 뇌 구조가 필요하다.

해마가 접합을 신피질로 보내고, 머지않아 사실에 기반을 둔 정보가 재처리되어 일반적 지식의 저장고에 합쳐진다. 해마에서는 시냅스 접합이 비교적 늦게 발달하기 때문에 아이들의 서술기억은 미숙할 수도 있다. 다른 유형의 기억이라면 저장된 정보가 뇌 영역 안에서 유사한 방식으로 옮겨질 수도 있다.

시냅스는 새로운 정보를 대할 때뿐 아니라 나중에 기억이 재처리될 때도 수정된다. 놀랍게도 기억은 다시 고쳐서 기록되는 일이 빈번하다. 컴퓨터의 기억장치와 달리 생물학적 기억장치는 회상으로 강화된다. 심지어 정보에 대해 능동적으로 생각하지 않을 때도 변화가 일어날 수 있으며, 기억은 수면 중에 강화되기도 한다.

자전적 기억과 사실의 기억에는 대뇌의 두 부분인 측두엽 끝과 전두엽이 함께 한다. 왼쪽 전전두엽피질은 사실의 기억을 담당하고, 오른쪽 전전두피질은 자전적 기억을 저장하고 불러오는 일을 담당한다. 그러나 외현기억에는 전두엽 기저부처럼 두뇌 안쪽에 있는 구조들이 중요하다. 여기에는 아세틸콜린이라는 전달물질을 활용하여 광범위하게 대뇌피질과 연결되는 뉴런들이 있다. 그 구조들은 두뇌의 앞부분, 시상 앞의 대뇌피질 아래에 놓여 있

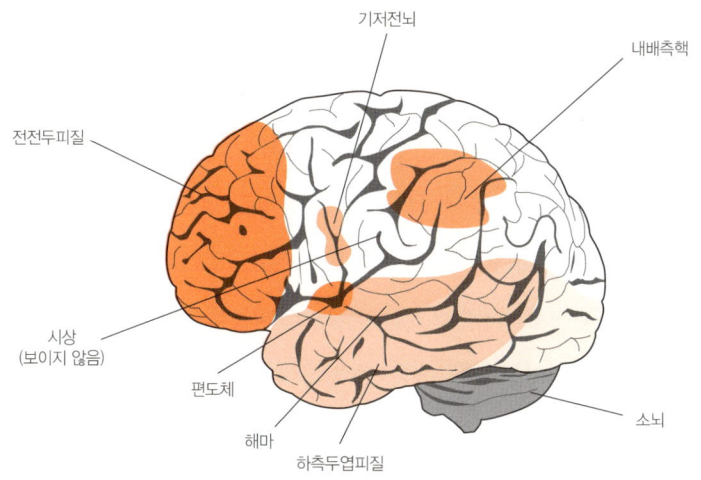

기억력의 뇌 기억력의 뇌에는 자전적 기억과 사실의 기억을 담당하는 전두엽과 측두엽, 절차학습을 담당하는 기저핵과 소뇌, 부정적 감정을 기억하는 편도체, 단기기억을 장기기억으로 넘기는 해마 등이 있다.

고 긍정적인 연상이 학습을 용이하게 하는 데 관여한다. 기저핵은 뇌의 보상 시스템뿐만 아니라 기억에도 중요한 영역이다. 알츠하이머 환자들의 경우 대부분 처음에 기저핵이 손상된다.

해마

자신이 좋아하는 일에 도전할 때 뇌가 활성화되는 또 다른 이유는 기억을 만드는 해마와 깊은 관련이 있다. 해마는 인간의 뇌 구조 가운데 피부의 자극에 가장 많은 변화를 보이는 부위로, 몇 개월만 지나면 모든 뉴런이 새 것으로 교체된다. 이것은 뉴런이 모두 교체되었을 때 완전히 다른 사람이 되는 것을 방지하기 위해 일정한 구조를 유지하는 다른 뇌 부위와 확연히 다른 점이라고 할 수 있다. 어쨌든 해마의 이러한 특성 때문에 우리는 많은 것을 망각하기도 하지만 지속적으로 어마어마한 양의 기억을 머릿속에 저장할 수도 있다.

해마가 일을 할 때 깊게 관여하는 부위가 있는데, 그곳은 다름 아닌 해마의 끝부분에 자리한 편도체이다. 편도체는 인간이 느끼는 다양한 감정을 유발시키는 부위로, 해마는 편도체에서 만드는 감정을 참고하면서 기억할 정보를 취사 선택한다. 쉽게 말해 좋고, 싫고, 슬프고, 기쁘고, 두렵고 하는 감정이 개입되면 머릿속에 저장이 더 잘 된다. 이 때문에 기억을 만드는 해마의 힘을 강화하기 위해서는 좋고 싫은 감정의 자극을 풍부하게 제공해야 하고, 이런 점에서 볼 때 자신이 좋아하는 일에 도전하는 것인 뇌의 기능을 높이는 아주 효과적인 방법이다.

소뇌

소뇌의 전체 표면적은 대뇌의 반구 하나와 맞먹는다. 즉 골프채를 멋지게 휘두르고, 춤출 때 스텝을 부드럽게 밟고, 손에 든 컵의 내용물을 흘리지 않고 입으로 가져오게 하는 일 등을 섬세하게 조정한다. 키보드를 보지 않고 글자를 입력하거나 신발 끈을 매는 등 자동화된 움직임에 대한 기억도 저장한다. 연구자들은 소뇌가 사고나 감정, 감각, 기억 처리 과정에 관여하여 인지적 처리를 돕는다고 한다. 감각 정보를 처리하거나 고등 사고 능력을 조절하는 뇌 영역이 소뇌와 연결되어 있기 때문에 이런 과제를 몇 번 반복하면 이후에는 의식적으로 주의를 기울이지 않고도 자동적으로 수행할 수 있게 된다는 것이다.

이처럼 소뇌는 신체 움직임뿐만 아니라 일부 인지 과정을 자동적으로 처리하도록 돕기 때문에 다양한 인지 활동을 하는 데 의식을 할애할 수 있게 됨으로써 두뇌의 인지 활동 범위가 확대된다. 인간의 인지적 역량이 계속 발전하는 것은 많은 사고 과정을 자동화하는 소뇌 덕분이다.

무의식적 기억

　태아도 기억을 한다는 것은 잘 알려진 사실이다. 그럼에도 불구하고 아이들은 36개월 이전의 일을 거의 기억하지 못한다. 아기의 기억력과 성인의 기억력에 차이가 있기 때문이다. 즉 성인의 기억은 체계적이고 논리적인 데 비해 아기의 기억은 감각적이고 비논리적이다. 경험도 체계적이고 언어적으로 이해돼야 오래 기억된다. 36개월 이전의 기억은 날아가 버린 것이 아니라 불안정한 저장 방법으로 인하여 의식되지 않은 채 뇌 속에 남아 있다. 하지만 어느 순간 의식하지 못한 어릴 적 경험이 떠오르기도 한다. 성인이 되어 처음 가 본 곳인데 언젠가 한 번 와 본 장소처럼 느껴질 때가 있다. 의식하지 않고 이루어지는 기억은 우리가 막연히 친숙하다고 느낄 때 주로 나타난다. 이렇듯 아이는 낯익은 것을 이유 없이 선호하게 되는데 여기에 의식하지 않은 기억이 작동을 한다.

　기억에는 이렇게 의식하지 않은 채 기억되는 것이 있다. 대표적인 것이 일화기억과 절차기억이다. 일화기억은 언제 어디서 무엇을 어떻게 했다는 내용에 대한 기억이고, 절차기억은 자전거 타기와 같이 말로 설명하기는 어렵지만 뇌가 어떻게 하는지를 기억하는 것을 말한다.

　"어린이날에 뭐 했어?", "네 생일날 있었던 일 알지?"라고 물어보면 누구나 일화기억을 이용하여 쉽게 대답할 수 있다. 일화기억은 생활에서 경험한 내용을 기억하는 것이기 때문에 의식적으로 노력하지 않아도 쉽게 기억한다. 심지어는 자질구레한 내용까지 다 기억한다. 일화기억은 이름이나 숫자, 날짜, 팩트에 대한 의미기억과 다른 뇌 영역에서 처리된다. 이를 볼 때 아이는 자기가 학습하고 있다는 것을 의식하지 못하기도 하고, 때로는 의식하기도 한다는 것을 알 수 있다.

의식하지 못하고 학습하는 것에는 운동 기술과 움직임에 대한 기억인 절차기억도 있다. 절차기억은 뇌의 깊숙한 곳에 존재하는데 출생 시에는 미숙하지만 생후 3개월만 돼도 기능을 한다. 아기들은 의식하지 않고도 장난감을 어떻게 잡아야 마음대로 움직일 수 있는지 알게 되며 기기, 서기, 걷기도 이 절차기억을 통해 학습하게 된다. 로봇 조립하기, 문서작성기로 글쓰기, 자전거 타는 법은 절차기억을 통해 익힌다. 초등학생들에게도 수학, 음악, 미술, 과학 등 모든 과목에서 절차기억이 중요하다. 절차기억은 복잡한 과정을 거치기 때문에 이런 운동 기술을 배우는 데 사용되는 뇌의 영역은 상당히 넓다. 아이들은 어떤 규칙에 의해 만들어진 체계적인 구조에 노출되면 의식적으로 학습한 규칙을 떠올리지 않아도 복잡한 규칙을 학습할 수 있다.

기억력을 좋게 하려면 다음 방법들을 사용해 본다.

휴식이 중요하다.

아이들은 흔히 최후의 순간까지 버티다가 마라톤처럼 쉬지 않고 긴 시간을 공부함으로써 잃어버린 시간을 벌충한다. 이는 학습에 관한 연구에서 가장 믿을 만한 결과와 동떨어져 있는데, 바로 간격 학습의 영향력이다. 뇌는 훈련 과정 중간에 학습된 정보를 처리할 수 있는 시간이 있으면 수많은 종류의 정보를 더 오래 보유한다. 시간 간격을 둔 2개의 학습 과정은 총 시간이 같은 단일 학습 과정보다 학습량이 2배 정도 많다. 간격 학습은 연령과 능력 수준을 불문하고 다양한 주체와 교육 과정 전반에 걸쳐 모든 아이에게 효과가 있다. 일반적으로 학습 과정 중간에 시간적 공백이 길면 길수록 사람들은 내용을 더 오래 기억한다.

이러한 접근법이 효과적인 이유는 휴식기간 덕분에 새로 습득한 정보가 응고될 수 있는 시간이 확보되기 때문이다. 기억은 단 한 번에 기록되는 것이 아니라 회상하는 동안에, 심지어 잠을 잘 때처럼 작동하지 않는 동안에 강화된다. 서술기억과 절차기억은 잠을 자는 동안에 응고된다. 그러므로 반드시 아이를 충분히 쉬게 하는 것이 중요하다.

기억할 때 연상을 한다.

뇌는 패턴을 잘 인식한다. 인간의 기억 회상은 하나의 생각이 장기기억에 있는 다른 생각을 촉발시키는 연상으로 이루어진다. 누가 엄마라고 말하면, 측두엽에 있는 연상 영역이 우리의 마음속에 이미지를 만들어 낸다. 장기저장소가 활성화되면서 엄마랑 처음으로 동물원에 갔던 날이 떠오른다. 뇌의 변연계는 우리의 기억에 감정을 실어 준다. 코끼리가 그렇게나 덩치가 크고 기린이 그렇게나 키가 크다는 사실을 처음 알고서 잔뜩 신이 났던 그때의 감정이 떠오른다. 또 다른 연결고리에 의해, 아이를 데리고 동물원에 처음 갔을 때 느꼈던 기대와 설렘도 떠오른다. 패턴을 감지하고 연상하는 능력은 뇌가 지닌 가장 큰 강점 중 하나인데, 이것을 흔히 연상기억이라고 부른다. 실제로 인간은 얼굴을 보지 않고서도 다른 사람을 인식할 수 있다. 연상기억 덕분에 멀리 떨어져 있는 사람을 보고도 걸음걸이나 자세, 목소리, 체형만을 활용하여 기억할 수 있고, 한 상황에서 습득한 지식을 새로운 환경에 적용할 수도 있다.

서로 다른 예를 보여 준다.

아이의 학습을 향상시키는 또 다른 방법은 혼합하는 것이다. 예를 들어, 10개의 비슷한 예시를 연속적으로 보는 아이들이 10개의 서로 다른 예시를 보는 아이들보다 현저하게 학습 능력이 떨어진다. 이러한 전략은 전 영역에 걸쳐 효과가 있어서 스포츠, 예술사, 수학 등을 배우는 방식에도 영향을 미친다. 또한 학습 과정의 시기와 장소에 변화를 주어도 기억해 내는 능력이 향상된다. 아마도 학습이 전후 사정과 관련이 있어서 다양한 배경에서 학습하게 되면 아이의 뇌가 자료와 더 깊이 연관을 맺기 때문일 것이다.

서술기억은 반복한다.

오랫동안 기억해야 할 것은 처음 20분 동안 여러 번 반복하게 한다. 수업 시간 중간에 선생님이 한 번 요약을 해 주고, 그 시간에 배운 것을 쉬는 시간에 제목을 읽거나 사진을 보거나 요약을 읽는 것만으로도 반복이 가능하다. 그날 한 것을 반복하고 주 단위, 월 단위, 연 단위로 반복한다면 아이는 서술기억을 100%까지 도달할 수 있다. 복습은 얼마나 시간을 투여했느냐가 중요한 것이 아니라 얼마나 반복했느냐가 중요하다.

시각, 청각, 후각 같은 감각 등과 연관 지어 기억한다.

아이는 감각 자극을 보다 잘 기억한다. 특히 2가지 이상의 감각 자극이 동시에 주어질 때 아이는 더 정확하게 기억한다. 예를 들어, 춤을 추면서 노래를 부르면 노래만 부르는 것보다 더 자세하고 오랜 기간 기억할 수 있다. 냄새도 마찬가지이다. 공부를 할 때 주위에서 나는 냄새를 함께 기억하면 그 냄새가 기억을 떠올리는 중요한 단서가 되어 어렵지 않게 학습한 내용을 찾아서 꺼내 쓸 수 있다.

실험과 체험을 통하여 공부한다.

이것도 역시 일화기억이 역할을 하는 것이다. 특히 수업 중에 질문을 하는 것이 좋은데 질문을 했다는 경험, 즉 일화기억이 기능을 하기 때문이다. 친구에서 설명하는 것도 경험이고 인형에게 가르치는 것도 경험이다.

추억을 되살린다.

아이가 더 어렸을 때의 사진이나 동영상이 있을 것이다. 추억이 되는 기록들을 자주 보여 주고 내용도 설명하고 대화도 하면 의식하지 않고 저장되었던 기억이 떠올라 기억을 더욱 완전하게 해 준다.

일상적인 경험을 규칙적으로 하여 예측한다.

일상적인 경험도 규칙적으로 하면 기억력을 향상시킨다. '매일 아침 8시에 일어나서 양치질을 하고, 오전 10시에는 뽀로로를 보고, 오후 4시에는 산책을 나가고, 오후 9시에는 잠자리에서 책을 읽는다.'라는 일상의 순서는 아이가 다음에 어떤 일이 일어날지를 예상할 수 있게 한다. 심부름도 정기적으로 시켜서 몇 번 반복하면 의식하지 않고 기억하게 된다.

주변 환경을 새롭게 바꾼다.

아이는 주변 환경과 일상생활에 대한 기억을 갖고 있기 때문에 주변 환경을 새롭게 바꾸어 주면 그에 따른 새로운 기억을 갖게 된다. 단, 너무 급작스러운 변화는 아이에게 스트레스를 줄 수 있으므로 장난감, 모빌 등 단순한 것부터 조금씩 바꾸어 본다. 또 매일 다니던 길이나 장소도 바꾸어 보면 기억력 향상에 도움이 된다.

강의를 듣고 공부한다.

혼자 공부하는 것도 좋지만 선생님의 설명을 들으면 기억에 도움이 된다. 선생님의 설명을 들은 것이 일화기억을 작동시켜 의미기억에 힘을 보태기 때문이다.

충분히 연습한다.

아이는 자랄수록 학교나 가정에서 장기기억에 저장된 정보에 더욱 빠르고 쉽게 접근할 수 있어야 한다. 아이가 장기기억에서 꺼내야 하는 많은 정보는 필요할 때 바로 꺼낼 수 있어야 하며, 시간과 힘이 들어서는 안 된다. 가령 기본적인 수학 공식을 기억해 내기 위해 한참을 생각해야 한다면 수학 문제 풀기가 어려울 것이다. 자동화가 되어 있어야 한다. 철자법이든, 자판 두드리기든 매일 규칙적으로 연습을 해야 한다.

이해하고 외운다.

뇌는 주변 환경을 분석하고 이해하면서 작용하도록 설계되어 있다. 그래서 뇌는 단순하게 암기한 정보보다 이해한 정보를 훨씬 잘 기억한다. 의미를 파악하지 않은 채 무턱대고 암기만 하면 뇌는 단기간에 쓰고 버릴 정보로 인식하여 오래 저장하지 않는다. 공부한 내용을 오랫동안 기억하여 학습 효과를 높이려면 학습한 내용을 무작정 머릿속에 집어넣을 것이 아니라, 전체적인 흐름을 파악하고 그 내용을 충분히 이해하면서 기억하는 것이 좋다.

시각 자료를 이용한다.

　학습한 내용을 암기할 때 구조도나 도표 등을 활용하면 더 잘 외울 수 있다. 예를 들어, 조선시대의 왕을 순서대로 외워야 한다면 왕의 이름을 주먹구구식으로 그냥 외우는 것이 아니라 집에서 학교까지 가는 길을 그리고 그 위에 하나씩 왕의 이름을 올려놓는 것이다. 예를 들어, 집에서 학교까지의 경로가 '집→치킨집→세탁소→빵집→꽃집→옷가게→미용실→경찰서→문구점→서점→학교'라고 한다면 집은 태조, 치킨집은 정종, 세탁소는 태종, 빵집은 세종, 꽃집은 문종, 옷가게는 단종, 미용실은 세조…. 이런 식으로 순서대로 올려놓고 외우면 그냥 외울 때보다 훨씬 많은 왕의 이름을 빠른 시간 안에 암기할 수 있다.

05
좋은 습관은
의지력과 인내심을 키운다

    미국의 심리학자 윌리엄 제임스(Willian James)는 우리의 삶은 습관 덩어리라고 말한다. 매일 반복하는 선택들이 신중하게 생각하고 내린 결정의 결과물로 여겨지겠지만, 실제로는 그렇지 않다. 대부분의 선택은 습관이다. 하나하나의 습관이 그 자체로는 상대적으로 큰 의미가 없지만, 매일 어떤 음식을 먹는지, 얼마나 자주 운동하는지, 집안을 어떻게 정리하는지, 아이들에게 무슨 말을 하는지, TV를 보는 데 얼마나 시간을 소비하는지, 언제 잠자리에 드는지 등이 결국에는 건강과 생산성, 아이의 공부 습관과 행복에 엄청난 영향을 미친다.

    듀크 대학교의 연구에 의하면 우리가 매일 행하는 행동의 40%가 의사 결정의 결과가 아니라 습관 때문이었다. 우리는 보통 성공한 사람들은 의지력과 인내심이 있어서 자신의 꿈을 실현하였다고 생각한다. 그러나 의지력과 인내심을 가능케 했던 근본적인 요인을 추적해 보면 그 근원에는 좋은 습관이 있다는 것을 알 수 있다.

성공한 사람들의 자발성도 습관에 기인한다. 하루하루 자연스레 반복하다 보면 자기도 모르게 그 행동을 당연한 것으로 받아들여 자발적이 되는 것이다. 공부를 잘하는 아이들은 좋은 공부 습관을 가지고 있기 때문에 책상에 앉는 것에 대해 아무런 불편함이 없고, 마음껏 즐기듯 공부할 수 있는 것이다. 습관은 아주 어린 시절부터 형성된 규칙성과 자율성의 집합이다. 평생을 공부해야 하는 요즘 시대에 그만큼 습관의 중요성은 강조될 수밖에 없다. 아이들의 몸 안에 자리 잡은 습관이 학업성취도, 나아가 인생 전체와 연결된다는 사실을 파악하고 일찌감치 규칙적이고 자율적인 생활을 몸에 익히게 해야 한다.

어린 시절에 만들어진 생활 패턴은 청소년기, 성인기까지 이어진다. 처음 습관을 실행에 옮긴 지 3주가 지나면 머릿속에 새로운 습관이 기억되고 66일이 지나면 몸이 자동으로 반응한다. 오래된 나쁜 습관을 고치려면 100일 정도 더 오랜 시간이 필요하다. 1년 정도 지나면 새로운 습관대로 행동하지 않았을 때 오히려 몸이 불편해진다. 부모가 아이들의 성공적인 미래를 위하여 심어 주어야 할 교육적 가치는 학습이 아니다. 아이에게 소중한 가치관과 좋은 습관을 갖게 하면 부모가 생각하는 것 이상으로 아이를 성장시킬 수 있다.

습관의 뇌

뇌 안쪽을 들여다보면, 뇌가 척수와 만나는 뇌줄기 가까운 쪽에 진화적으로 오래되고 원시적인 구조물이 있다. 여기서 호흡하거나 삼키는 행위, 혹은 누군가 숨어 있다가 갑자기 튀어나올 때 깜짝 놀라는 반응 등 무의식적인

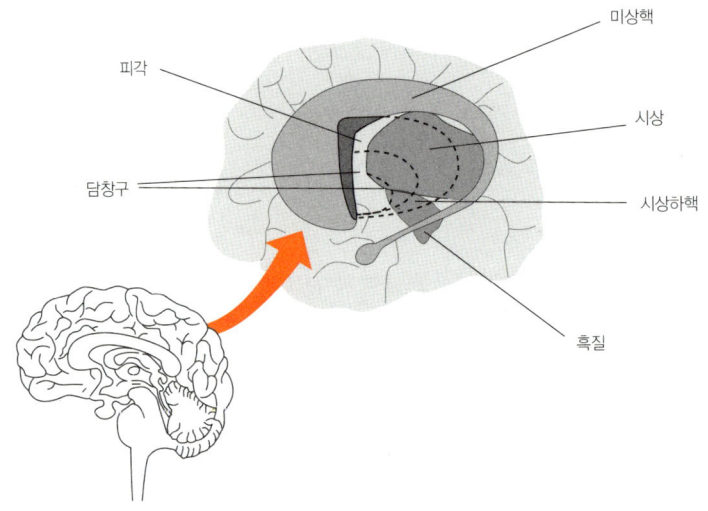

기저핵 기저핵은 무의식적 행동을 통제하는 뇌 영역으로 패턴을 기억해서 패턴대로 행동하도록 만드는 조절 장치이다. 자료:BALANCE BRAIN

행동들을 통제한다.

　두개골의 가운데에는 골프공 크기의 조직 덩어리가 있다. 이것이 기저핵이다. 기저핵은 세포들로 이루어진 타원형 조직으로, 파킨슨병이나 그와 유사한 운동장애와 관계가 있다. 연구에 의하면 쥐들이 미로 속을 헤맬 때 뇌가 활발하게 움직이는 부위가 바로 기저핵이다. 쥐가 냄새를 맡으려고 킁킁거리거나 벽을 긁을 때마다, 보고 듣고 냄새 맡는 모든 것을 분석이라도 하는 듯 뇌의 활성도가 급격하게 증가했다. 쥐는 미로 속을 걷는 동안 내내 정보를 처리했던 것이다.

　연구자들은 이에 더하여 쥐들이 똑같은 길을 수백 번씩 다니면 뇌 활성도가 어떻게 변하는지 관찰했다. 쥐들은 구석에서 냄새를 맡느라 킁킁대지도 않았고 엉뚱하게 오른쪽으로 회전하는 경우도 없었다. 또한 미로를 통과하는 속도가 점점 빨라졌다. 그와 더불어 뇌에도 변화가 일어났다. 미로를 통과하는 법을 터득한 쥐들은 어김없이 뇌 활성도가 떨어졌다. 다니는 길이 습관화되면서 쥐들이 생각을 덜 하기 시작한 것이다. 쥐가 점점 빨리 달릴 수 있게 되고 뇌 활동은 줄어들면서 기저핵이 모든 일을 떠맡았다. 기저핵은 패턴을 기억해서 패턴대로 행동하도록 만드는 조절 장치이다. 기저핵이 활성화되면 아이는 습관대로 움직일 수 있다.

아이의 뇌에서 이런 과정은 3단계로 이루어진다. 첫 단계는 신호이다. 신호는 뇌에 자동 모드로 들어가 어떤 습관을 사용하라고 명령하는 자극이다. 일종의 방아쇠이다. 다음 단계는 반복행동이다. 반복행동은 몸의 행동으로 나타나기도 하고, 심리 상태나 감정의 변화로도 나타날 수 있다. 마지막 단계는 보상이다. 보상은 뇌가 이 특정한 고리를 앞으로도 계속 기억할 가치가 있는지 판단하는 기준이 된다.

시간이 지나면서 '신호→반복행동→보상'이 반복되면 고리는 점점 기계적으로 변해 간다. 신호와 보상이 서로 얽히면서 강렬한 기대감과 욕망까지 나타난다. 그리하여 마침내 습관이 나타난다. 습관은 잊힐 수도 있고 변할 수도 있으며 대체될 수도 있다. 그러나 습관의 고리를 찾아내는 게 중요한 이유는 어떤 습관이 형성되면 뇌가 의사 결정에 참여하는 걸 멈추거나 다른 일로 관심을 돌린다. 그게 아이에게는 큰 도움이 된다. 1년 전에 배운 줄넘기를 수행평가를 위하여 다시 배워야 한다면 얼마나 힘들겠는가?

좋은 습관을 갖게 하려면 클로드 홉킨스(Claude Hopkins)의 2가지 기본 법칙을 명심하여야 한다. 첫째는 단순하지만 확실한 신호를 찾아내는 것이고, 둘째는 보상을 분명하게 제시하는 것이다. 적절한 신호와 보상을 찾아내면 아이에게 습관을 들일 수가 있다.

보상은 특히 습관을 길러 주는 데 중요하다. 부모는 아이가 열망하는 보상이 무엇인지 찾아내야 한다. 예를 들어, 아이가 30분 동안 공부를 한 후 부모가 칭찬이라는 보상을 해 주었다. 그런데 이후에 아이가 칭찬을 받지 않으면 공부를 하지 않는다면 이 아이가 열망하는 보상은 내적 보상인 공부 재미가 아니라 외적 보상인 칭찬인 것이다. 그러나 아이가 공부를 한 후 칭찬을 하지 않아도 만족해한다면 아이의 공부 습관을 부추기는 것은 공부 재미라고 하는 내적 보상이다.

아이가 공부 습관을 들일 때에 보상은 확실히 필요하지만 꼭 외적 보상일 필요는 없다. 학자들은 처음 자기 힘으로 걷는 아이들이 예외 없이 환희에 가득 찬 표정을 짓고 있다는 사실을 밝혀냈다. 습관을 만드는 가장 큰 보상은 향상이다. 아이는 과거의 자신과 현재의 자신을 끊임없이 비교하고 대조한다. 이 과정에서 어제보다 오늘의 나 자신이 성장했다고 느끼면 아이는 아주 만족하게 된다.

일단 시작한다

걷기나 젓가락질 등 인간의 생존에 필요한 신경회로일 경우에는 매일 그 자극이 자연스럽게 유지되므로 의식적으로 노력하거나 따로 훈련을 할 필요가 없다. 그러나 생존과 관련이 없는 바이올린 연주나 피겨스케이팅 같은 고급 운동 기술을 익혀야 하는 경우에는 꾸준하고도 의식적인 노력이나 훈련 없이는 그것과 관련된 신경회로는 유지되지 못하고 사라진다. 공부도 의식적인 노력이나 훈련이 있어야 한다. 따라서 아이가 부담감 때문에 공부를 차일피일 미루며 질질 끌게 되면, 어디서부터든 일단 시작하는 것이 중요하다. 일단 시작하면 시작한 공부를 끝내겠다는 의욕이 생기기 때문이다. 쉬운 것부터 시작한다. 처음부터 어려운 규칙을 정하면 미루기 쉬울 뿐 아니라 그만두는 일이 많다.

　새로운 습관을 들일 땐 아이가 쉽게 실천할 수 있는 것부터 시작한다. 쉬운 계획이라도 수행을 하면 성취감을 느끼고 이것은 자신감으로 이어져 더 큰 습관을 반복할 수 있다. '일단 책상에 앉기→책상에 똑바로 앉기→책상에 똑바로 앉아 공부하기'처럼 처음에는 아이가 쉽게 할 수 있는 것부터 하고 습관이 생기면 어려운 습관으로 넘어간다.

　따라서 공부를 좋아하려면 일단 책상에 앉는 것부터 시작한다. 책상이 불편하거나 익숙하지 않아 공부를 게을리하는 아이도 있다. 우선 책상과 의자가 아이 체격에 맞는지 살펴본다. 아이가 책상에 앉아 다리와 팔을 90도로 굽혔을 때 발은 바닥에 닿고 어깨는 너무 올라가지 않는 자연스러운 자세여야 한다. 처음부터 책상에서 공부하는 것이 어렵다면 공상을 하든 만화책을 읽든 책상 앞에 20분간 앉아 있는 습관부터 들인다. 책이나 조립, 과학상자 등 아이가 좋아하는 것을 책상에 올려놓아 책상에서도 즐거운 경험을 할 수 있게 한다.

　그러나 일단 공부하려고 책상에 앉았다가도 어떤 과목을 시작할까 결정하는 데 시간이 많이 걸리면 공부 의욕이 떨어진다. 그때는 결정 시간을 줄이는 의미에서 매일 같은 과목으로 공부를 시작하면 좋다. 예를 들어, 매번 책상에 앉자마자 연산수련장을 1~2쪽 푸는 것으로 시작한다면 그것이 습관이 되어 책상에 앉아 있는 시간이 늘어난다. 매일매일 하는 것이므로 문제를 풀 때 스톱워치로 시간을 재면서 기록을 측정하거나 틀리지 않고 문제풀기에 도전하면 습관은 더욱 즐거운 것이 된다. 따라서 시작하는 과목은 사고력이나 추론력이 필요한 어려운 과제보다는 습관적으로 반복할 수 있고, 속도 측정이 가능하고, 향상 여부도 눈으로 확인할 수 있는 과제가 좋다.

특히 습관을 들이기 가장 좋은 것은 학교 숙제이다. 학교 숙제를 스스로 매일 한다면 습관이 시작되고, 이것이 반복되면 예습과 복습으로 습관이 확장될 수 있다.

공부 계획을 세울 때도 주의가 필요하다. 일반적으로 계획을 세우는 것은 효율적인 공부법 중 하나이다. 그러나 때로는 이 계획 자체가 장벽이 될 위험이 있다. '계획을 세우지 않으면 공부를 할 수 없다.'는 생각에 계획만 세우다가 결국 공부에는 손을 대지도 못한 채 시간만 흘러가는 경우가 있다. 일단 책상 앞에 앉아 차분하게 주위 환경을 정리한 뒤에야 공부하는 아이도 있다. 실제로 공부를 시작하기까지의 준비 과정이 길거나 절차가 복잡한 아이가 의외로 많다. 이것 역시 심리적 장벽 중 하나이다.

이러한 심리적 장벽에 대처하려면 마음먹은 즉시 공부를 시작하여야 한다. 그리고 공부를 시작하면 순간적으로 집중하게 한다. 이 순간 집중법이야말로 아이들에게 효과적인 공부법이다. 누구나 처음에는 서툴게 마련이다. 하지만 시작부터 막히면 왠지 모든 것이 제대로 굴러 가지 않는 것처럼 느껴진다. 그러다가 실제로 어떤 문제가 생기면 패배감이나 불안감에 사로잡히게 된다. 중요한 것은 서툴더라도, 제대로 굴러가지 않아도 일단 강제적으로 시작해 보는 것이다.

순간집중력을 습관화시키는 데 도움이 되는 것은 정해진 틀 속에 자신을 넣는 것이다. 예를 들어, 새로운 일에 착수했을 때는 언제나 정해진 수순을 밟는다. 일단 인터넷에서 키워드를 검색해 보고 도서관에 가서 관련서적을 찾은 다음, 조사한 내용을 컴퓨터에 정리한다. 사실 어떤 것이든 상관없다. 스포츠 선수들처럼 신발 끈은 마지막에 묶거나 오른발부터 필드에 들어가야 한다는 습관 같은 것도 괜찮다. 중요한 것은 정해진 틀에 따라 행동하거나 적당한 환경을 만드는 등의 모든 수단과 방법을 동원해서 '순간적으로 집중하는 습관'을 들이는 것이다. 일단 뇌 속에 회로가 만들어지기만 하면 된다. 그 다음은 몸이 알아서 움직여 줄 것이다.

헤더턴은 이런 이유에서 아이들에게 피아노나 운동을 가르치는 게 무척 중요하다고 말한다. 그 교육 자체가 아이를 훌륭한 음악가나 5세 축구 스타로 만들지는 않는다. 하지만 피아노를 1시간 동안 연습하거나 운동장을 15바퀴 뛰는 방법을 어떻게든 습득하면 자신을 관리하는 힘을 키워 가기 시작한다. 5세에 축구공을 10분 동안 쫓아다닐 수 있는 아이는 6학년이 되면 숙제를 제때 해낼 수 있게 된다는 것이다.

부모들은 가장 우선적으로 아이들에게 아침 일과나 잠자리 일과처럼 규칙적인 절차를 따르는 일을 스스로 하도록 시켜야 한다. 즉 아이가 특정한 일을 매일 정해진 시간에, 정해진 절차에 따라 해내는 법을 가르치는 것이 가장 첫 번째 단계이다. 그런 후에는 일정 기간 동안 아이에게 그 일을 하라고 지시하고 일러 주면 아이는 이러한 절차들을 내면화하게 되고, 스스로 그 과정을 시작하거나 혹은 '이제 시작해야지.'라고 짧은 지시를 내려주는 것만으로도 그 일을 할 수 있게 된다.

의지력을 실험하지 않는다

좋은 습관을 들이고자 한다면 처음에 시작할 때는 의지력이 필요하다. 따라서 습관을 들여야 한다고 결심했다면 반복해서 생각해야 한다. 아이의 뇌는 어떤 생각을 하면 그 생각과 관련된 신경회로가 활발해지면서 정보가 머릿속에 저장된다. '내일 아침 일찍 일어나야지.'라고 생각하고 잠들면 다음날 정말 일찍 일어난다. 잠들기 전에 '내일 학교에서 할 일이 무엇이지?',

'내일 꼭 마쳐야 하는 공부는 무엇이지?'라고 질문하면 계획이 생각나고 생각을 많이 하면 구체적 실천 방안까지 찾을 수 있다. 수학 공부를 계획한다면 '어떤 참고서로 공부할까?', '모르면 누구에게 물어볼까?'처럼 방법과 절차까지 생각하게 된다.

그러나 의지력을 너무 많이 사용하면 작심삼일이 되기 쉽다. 의지력은 단순한 스킬이 아니라 팔이나 다리의 근육과 비슷하기 때문에 많이 쓰면 피로해진다. 그래서 일단 한 곳에 의지력을 사용하면 다른 일에는 그만큼의 의지력을 발휘할 수 없다. 따라서 의지력을 많이 사용하지 않고 좋은 습관을 갖게 하는 것이 중요하다.

그러기 위해서는 어려운 상황에 부딪쳤을 때 활용할 수 있는 반복행동을 익히는 등 교육과 훈련이 필요하다. 아침에 일찍 일어나는 것이나 책상에 바로 앉는 방법을 가르치고 시간이 되거나 특정한 신호가 나타나면 자동적으로 행동하도록 훈련하여야 한다. 아이들에게 습관 고리를 심어 주어 의지력을 사용하지 않고도 해낼 수 있는 법을 가르쳐야 한다. 이런 시스템은 알람이 울리거나 일어날 시간에 바로 일어나게 하고 공부시간에는 자동으로 책상에 앉는 습관을 만들어 내는 것이다. 습관 때문에 아이는 TV의 유혹이나 게임을 하고 싶은 욕구를 지나칠 수 있다.

슬럼프에 빠질 때 습관이 필요하다

습관적인 반복행동은 불확실성을 줄여 줄 뿐 아니라 아이가 의욕이 떨어지고 슬럼프에 빠졌을 때 아이를 구해 준다. 미국 하버드 대학교 의과대학의 베일런트 교수는 1939~44년에 하버드 대학교를 졸업한 사람들과 대학교 인근의 도시 빈민을 대상으로 젊은 시절부터 죽을 때까지의 삶을 추적하는 대규모 조사를 벌였다. 그는 이 연구에서 유아기에 집안일을 돕는 습관으로 성인기의 성공과 정신건강을 정확히 예측할 수 있다고 했다.

올바른 생활습관을 갖춘 아이라 해도 가끔씩은 컨디션이 좋지 않을 때가 있다. 성적이 떨어질 수도 있고 늦잠을 자서 지각하는 경우가 생기기도 한다. 그러나 바로 그럴 때 좋은 습관은 강력한 힘을 발휘한다. 그래프가 하향세에 접어들어도 좋은 습관을 가진 아이들은 자신이 정상에서 이탈했다는 위기감을 더욱 확실하게 느껴 회복을 빨리 하는 경향이 있기 때문이다. 이러한 회복탄력성은 오랫동안 좋은 생활습관을 반복한 아이만 갖출 수 있는 것이다. 문제는 좋은 습관을 만드는 데는 시간이 걸린다는 사실이다. 눈앞의 결과에만 주목해서는 아무런 결과도 얻을 수 없다.

습관의 고리가 없다면 뇌는 매 순간 일상의 깨알 같은 일들에 짓눌려 제대로 작동하지 못할 것이다. 상해나 질병으로 기저핵에 손상을 입은 환자들은 정상적인 활동을 하지 못하는 경우가 많다. 그들은 문을 열거나 무엇을 먹을지 결정하는 아주 기본적인 행위를 하는 것조차도 힘들다. 또한 대수롭지 않은 일들을 무시하는 능력도 부족하다.

연구에 의하면 기저핵이 손상된 환자들은 상대의 얼굴에서 어떤 부분에 눈길을 두어야 하는지 끊임없이 망설이기 때문에 얼굴 표정에서 두려움과 혐오감 등을 읽어 내지 못한다고 한다. 기저핵이 없다면 우리가 매일 의존하는 수백 가지의 습관을 활용하지 못한다. 아이는 학교에 가려고 운동화를 신을 때 왼쪽부터 신어야 할지 오른쪽부터 신어야 할지 몰라 망설여야 할 것이고, 세수부터 할지 이를 먼저 닦을지를 두고 고민할 것이다. 그런 결정들은 습관에 의해 기계적으로 이루어진다.

기저핵에 문제가 없고 특정한 신호가 주어진다면, 그에 따른 행동들은 특별히 의식하지 않아도 저절로 나타난다. 학습이나 의사 결정에 대해 전혀 기억하지 못해도 무엇인가를 무의식적으로 터득하고 선택할 수 있다. 그 덕분에 기억과 이성적 판단만이 아니라 습관도 인간 행동의 근원이라는 사실을 알 수 있다. 습관이 아이의 뇌에 자리를 잡는 순간부터 아이의 행동에 영향을 미치지만 아이는 그런 사실을 의식조차 못한다.

나쁜 습관을 고치는 방법

아이들에게 습관적 행동을 유발하는 것을 묘사해 보라고 요구하는 방법을 자각훈련이라 일컫는다. 자각훈련은 습관을 바꾸기 위한 첫 단계이다. 따라서 수시로 손톱을 물어뜯는 아이가 있다면 아이의 경우에는 손톱에서 느끼는 긴장감이 손톱을 물어뜯는 습관의 신호이다. 다음 단계로 아이에게 손톱을 물어뜯는 이유가 뭐냐고 물어볼 필요가 있다. 처음에 아이는 마땅한 이유를 생각해 내지 못할 것이다. 하지만 아이들은 지루함을 느낄 때나 TV를 시청하거나 숙제를 할 때 손톱을 물어뜯는 경우가 많다. 아이는 손톱을 물어뜯는 과정에서 잠시나마 성취감을 느낀다. 그것이 습관의 보상인 것이다. 요컨대 아이가 열망하는 것은 신체적 자극인 것이다.

어떻게 하면 습관을 바꿀 수 있을까? 안타깝게도 모든 아이에게 효과가 있는 특별한 방법은 없다. 습관을 거절할 수는 없지만 습관을 바꿀 수는 있다. 또 동일한 신호와 동일한 보상을 유지하면서 새로운 반복행동을 더하라는 습관 변화의 황금률을 사용하면 습관을 쉽게 바꿀 수 있다는 것도 사실이다. 그러나 그것만으로는 충분하지 않다. 습관을 영구적으로 바꾸기 위해서는 변할 수 있다는 믿음이 필요하다. 여기에 필요한 믿음은 같은 목적을 가진 친구들의 도움을 받을 때 쉽게 얻을 수 있다. 인터넷을 끊고 싶다면, 인터넷에서 얻는 열망을 대신 채워 줄 새로운 반복행동을 생각해 낸다. 그런 다음에는 인터넷을 끊은 아이들과 같이 지내거나, 인터넷 없이도 지낼 수 있다는 믿음을 아이에게 심어 줄 멘토를 찾아내서, 결심이 흔들릴 때마다 그들의 도움을 받는다.

부모는 아이에게 자율성을 주어야 한다. 그렇게 되면 부모와 아이의 관계는 적절한 힘의 균형을 유지하고 서로 존중하게 된다. 마음이나 일시적인 행동만으로는 부족하고 이러한 균형이 지속적으로 유지될 수 있는 습관이 필요하다. 슬럼프에 빠졌을 때야말로 아이에게 자율성을 부여하고 아이의 습관을 바꿀 수 있는 적기이다. 위기에 직면하면 부모나 아이의 습관이 유연해지기 때문이다. 때로는 어렴풋이 나타나기 시작한 슬럼프를 똑바로 인식하는 것이 덮어 두는 것보다 백번 낫다. 이런 점에서 슬럼프는 무척 유익하다. 이제 아이 성장의 책임은 부모의 몫이 아니라 아이의 몫이다. 부모가 아이들을 인도하기보다는 아이 스스로 필요한 습관들을 만들어 가야 한다. 그 습관들이 아이에게는 새로운 자기 정체성이 된다. 부모는 아이들을 지원할 뿐 간섭하지 않아야 한다.

다음은 나쁜 습관을 고치는 데 도움이 되는 방법들이다.

아침에 일찍 일어난다.

아침 일찍 기분 좋게 잠에서 깨면 건강에 좋고 하루 종일 활력에 넘치지만, 대부분 아이는 알람 소리를 듣고 한 번에 깨지 못한다. 선천적으로 아침잠에서 깨기 어려운 아이도 있고, 전날 과제를 하거나 게임을 하다가 늦게 잠들어 늦잠을 잘 수도 있다. 이때는 알람을 꺼도 일정 시간 후 다시 울리는 스누즈 기능을 이용해 잠에서 단계적으로 깨는 습관을 들인다. 햇빛을 이용하는 것도 좋다. 인간의 생체시계는 하루를 25시간 정도로 인식하기 때문에 강제로 재설정하지 않으면 밤에 잠드는 시간이 점점 늦어지고 그만큼 다음 날 늦잠을 잘 가능성이 커진다. 이때 재설정을 도와주는 것이 햇빛이다.

좋은 자세로 공부한다.

아이의 자세는 척추 건강이나 시력과 연관이 있을뿐더러 집중력을 좌우한다. 의자에 바르게 앉아 책 읽기 5분, 바르게 걷기 5분, 차려 자세로 몸 쭉 펴고 바르게 서 있기 5분 등을 꾸준히 연습한다. 거실에서 테이프를 직선으로 붙이고 그 선을 따라 다리를 모아 가지런히 걷는 연습을 하면 팔자걸음 등이 교정되면서 바르게 걸을 수 있다. 걸을 때는 허리를 반듯하게 펴고 가슴을 약간 내민 다음 걸어갈 방향을 보고 걷는 습관을 들인다.

주변 환경을 관리한다.

사람들은 깨끗한 환경보다 이미 지저분한 환경에 쓰레기를 더 많이 버리고, 이미 지저분한 환경에 누군가가 쓰레기를 버리는 모습을 볼 때 쓰레기를 더 많이 버리며, 깨끗한 환경에 누군가가 쓰레기를 버리는 모습을 볼 때 쓰레기를 덜 버린다. 아이가 자기 방을 깨끗하게 하기를 원한다면 평소 집 안을 깨끗하게 해놓아 그것을 많이 경험하게 해야 한다.

부모가 역할 모델이 된다.

뇌과학자들은 아이의 수면 습관은 부모의 수면 습관과 거의 100% 일치한다고 말한다. 부모들은 아이들에게 일찍 자고 일찍 일어날 것을 요구하지만 부모가 그런 습관을 가지고 있지 않다면 아이를 일찍 재우고 일찍 일어나게 하는 것은 어려운 일이다. 부모의 역할이란 그만큼 중요하다. 아이들의 생각, 아이들의 식생활, 아이들의 수면 습관은 부모가 역할 모델이 된다.

가족이 함께 식사한다.

보통 가족들이 공유하는 식사 시간은 대략 20분 이내이다. 20분은 어린아이가 한 가지 일을 집중할 수 있는 최대한의 시간이다. 아이들은 밥을 먹으면서 아빠의 새롭고 신기한 이야기에 귀를 기울이며 집중한다. 그러면서 엄마에게 듣지 못했던 생경한 어휘와 기발한 표현들을 배우고 익힌다.

06

수학을 잘하는 뇌와 언어를 잘하는 뇌의 영역은 같다

　미국 룻거 대학교 캐롤린 로비콜리어 교수는 생후 3개월 된 아기가 인과관계를 인식할 수 있는 능력을 가지고 있는지를 알아보기 위하여 조건 모빌 실험을 했다. 아기가 누워 있는 천장에 모빌을 단 후 끈으로 아기의 발과 모빌을 연결하여 아기가 발을 움직이면 모빌이 움직이도록 했다. 그런 다음 아기를 관찰했는데, 아기는 끈을 푼 뒤에도 모빌을 움직이기 위해 계속 발차기를 했다. 아기가 인과관계를 알고 난 후의 발차기 횟수가 인과관계를 알기 전보다 훨씬 많았다. 아기가 단시간에 자신이 발을 차면 모빌이 따라 움직인다는 연관성을 파악한 것이다.

　생후 4개월 된 아기는 더하기와 빼기를 할 수 있다. 캐런 윈 교수는 우선 스크린이 부착된 실험 세트를 만들고 아기를 세트와 마주 보게 앉혔다. 그런 다음 아기가 지켜보는 가운데 인형 1개를 세트 뒤에 올렸다. 그리고 세트를 스크린으로 가린 뒤, 아기에게 스크린 뒤로 1개의 인형이 들어가는 모습을 보여 주었다. 결국 스크린 뒤에는 1+1=2가 되어 2개의 인형이 놓여 있는 것이다. 그 상태에서 스크린을 치운 뒤 아기의 반응을 살펴본 결과, 아기는 5초 정도 세트 위에 놓인 2개의 인형을 바라보았다.

이번에는 같은 방법으로 인형 1개가 놓인 상태에서 스크린을 가리킨 뒤 또 1개의 인형이 들어가는 모습을 보여 준 후 세트 뒤에 뚫어 놓은 구멍을 통해 인형 1개를 빼냈다. 그러니까 세트 위에는 1+1-1=1이 되어 인형 1개가 놓여 있는 것이다. 그 상태에서 스크린을 치우고 아이의 반응을 지켜본 결과, 가려진 스크린 때문에 인형이 빠져나간 것을 보지 못한 아기는 신기한 듯 세트 위에 놓여 있는 인형 1개를 12초 동안이나 빤히 쳐다보았다. 아기들은 친숙하고 예측 가능한 현상보다 새롭고 예측 불가능한 현상을 더 오래 쳐다본다. 아기들이 불가능한 상황을 더 길게 본 것과 놀라워하는 표정을 통해 아이들도 더하기와 빼기를 할 수 있다는 것을 알 수 있었다.

생후 5개월 된 아기들은 양에 대한 기초적인 감각을 가지고 있다. 더 있거나 덜 있는 것에 대한 인식이 있다는 것이다. 그렇다고 2개나 4개 등 정확한 양을 이해한다는 뜻은 아니다. 아기에게 다음과 같은 실험을 했다.

아기에게 통 모양의 네모난 도형 2개를 보여 주었다. 도형들은 판자 위에 올려놓았다가 몇 번의 움직임을 통해 판자 위의 다른 부분으로 옮겼다. 처음에 아기는 오랫동안 바라보다가 서서히 움직이는 도형들을 탐구하는 시간이 줄었다. 이어서 다음 2가지의 다른 장면을 보여 주었다. 더 커다란 네모 도형 2개를(숫자는 같지만 양이 다른) 보여 주고, 작은 네모 도형 3개를(숫자는 다르지만 총량은 같은) 보여 준 것이다. 만약 아기가 물건 숫자의 변화를 인식한다면 3개의 도형이 있는 장면을 더 오래 볼 것이며, 물건 양의 변화를 인식한다면 커다란 도형 2개를 더 오래 볼 것이라 생각했다. 결과는 아기는 2개의 커다란 네모 도형이 나타난 장면을 오랜 시간 보았지만, 총량이 기존의 것과 같은 3개의 더 작은 도형이 나타난 장면에는 흥미가 없어 보였다. 아기는 숫자 자체가 아닌 양에 기반을 두고 과제를 풀었던 것이다.

숫자에 대한 인식

생후 30개월이 되면 대부분의 아이는 "하나, 둘, 셋, 넷" 같은 일련의 숫자들을 말할 수 있다. 3개의 공을 보여 주면, 그에 맞는 숫자를 엇비슷하게 셀 수 있다. 36개월 아이들은 어느 정도 개수의 물건들을 셀 수 있지만 물건의 수를 셀 때 한 가지 숫자를 한 번 이상 말할 수도 있다. 이를테면, "하나, 둘, 둘, 셋, 둘"이라고 셀 수도 있다. 48개월 아이들은 자신의 숫자 능력들을 조합하기 시작한다. 물건들의 숫자를 세고, 다른 사람이 숫자를 잘못 세었을 때 지적할 수 있다. 또한 4개의 과자가 5개의 과자보다 적다는 것을 안다.

만 5세 무렵에는 숫자 세기와 물건의 양을 비교하는 능력이 발달한다. 이 시기 아이들은 연속된 숫자 속에서 특정 숫자를 다른 숫자들과 관련지어 적합한 위치에 놓을 수 있다. 두 꾸러미의 물건을 더해야 할 때 '이어서 숫자 세기'를 하기 시작하고, 한 가지 물건에 오직 한 가지 이름을 붙이는 1대1 대응법을 할 수 있다.

게르만 교수는 아이들이 30개월이 되면 한 가지 물건에 오직 하나의 이름을 붙인다는 것을 알게 되었다. 아직 숫자를 잘 셀 수 없다고 해도 말이다. 아이들은 '하나, 둘, 넷, 여섯'과 같은 식으로 잘못된 숫자일지라도 각 물건에 한 가지씩 숫자를 붙일 줄 안다. 아이들은 어떻게든 각 물건이 한 번씩만 세어져야 한다는 사실을 안 것이다. 36개월이 되면 거의 모든 아이가 항상 숫자 세기의 5가지 원칙에 의해 움직이는 것으로 보인다.

숫자 세기의 원칙

원칙	개념
1대1 대응의 원칙	한 가지 물건에 오직 한 가지 이름을 붙인다.
순서 불변의 원칙	숫자는 정해진 순서로 존재한다.
계량의 원칙	진열된 물건들의 수는 마지막 이름표의 숫자와 동일하다.
추상화의 법칙	무엇이든 셀 수 있다.
순서와 무관한 셈의 원칙	어디서부터 세기 시작해도 상관없다.

엄마는 아이에게 몇 가지 물건을 줌으로써 아이가 숫자 세기의 원칙을 사용하는지를 확인할 수 있다. 예를 들어, 아이에게 "강아지랑 새랑 사과가 몇 개 있니?" 하고 물었을 때, 아이가 자신이 그 물건을 세었을 때 나온 마지막 숫자로 답한다면 계량의 원칙을 사용하는 것이다. 아이에게 물건들 중에 몇 가지를 세어 보라고 한 후, 하늘에 구름이 몇 개 떠 있는지, TV에 나오는 사람의 숫자를 세어 보라고 한다. 무엇이든지 적극적으로 세려고 한다면 추상화의 원칙을 사용하는 것이다. 한 집합으로 모아 둔 5개의 물건 중 하나를 가리키며 그 집합 안에 몇 개가 있는지 물어본다. 그러고는 그 집합된 물건들 속의 다른 물건을 가리키며 다시 세어 보게 한다. 아이가 두 번 모두 같은 답을 한다면 아이는 순서와 무관한 셈의 원칙을 사용하는 것이다.

덧셈과 뺄셈

생후 6개월 된 아기는 일련의 그림을 볼 때, 각 그림에 많은 사물이 포함돼 있을 경우, 개수가 2배로 증가하는지 아니면 줄어드는지를 알아챌 수 있다. 24개월 아이들은 건포도로 줄을 세우든, 사탕으로 줄을 세우든 간에 무엇이 많은가 하는 다수성을 확실하게 지각한다. 그러나 그 뒤 약 1년 동안은 다수성을 추상적으로 지각하는 능력은 오히려 떨어진다. 만 3~4세 아이들은 다수성을 추상적으로 지각하기보다는 수를 세어 알게 된다. 아이들은 만 5세쯤 되면 건포도의 개수를 잘 계산하게 된다.

아이가 덧셈과 뺄셈을 완전하게 익히려면, 다섯이 넷보다 한 단위 차이로 크며 셋보다는 한 단위보다 더 많은 두 단위 차이로 크다는 사실을 이해해야만 한다. 나아가 다섯은 넷보다 한 단위 큰 숫자이지만, 동시에 여섯보다는 한 단위 작은 숫자라는 것도 이해해야 한다. 연구에 의하면 이깃이 익히기 더 어려운 개념이며 아이들이 30~36개월에 처음으로 배운다.

덧셈과 뺄셈을 확실히 배우려면 아이는 연속된 수에 대한 지식을 동반한 셈의 원칙을 이용할 수 있어야 한다. 이것은 아이가 한 집합에 공 3개가 있는 것을 셀 수 있는 것뿐 아니라, 공 3개는 2개의 공보다는 많으나 4개의 공보다는 적다는 것을 이해해야 한다는 뜻이다. 유치원에서의 이 마지막 산수 단계는 5~6세 아이들에게서 나타난다.

수학의 뇌

원숭이의 경우 좌측 두정엽내구와 우측 두정엽내구의 일부 뉴런은 원숭이가 특정 개수 또는 대략적으로 유사한 양의 사물과 마주칠 때 활성화된다. 이 뇌 영역들은 몇 개가 거기에 있는지 또 어디로 가고 있는지 등 사물의 위치를 확인하는 데 필요하다. 두정피질의 '장소' 확인 능력은 다양한 기능이 포함한다. 후두정엽피질은 눈 운동과 연계돼 활성화된다. 후두정엽피질은 갑작스러운 눈 운동, 주의 집중, 시각 패턴의 이동 방향 감지 등 시각 기능에 밀접하게 관여한다. 후두정엽피질의 활성 패턴을 보고 아이가 덧셈을 하는지 아니면 뺄셈을 하는지 어느 정도 정확하게 예측할 수 있다. 또한 심상화가 가능하여 아이들이 눈을 움직이지 않고 마음속으로 덧셈과 뺄셈

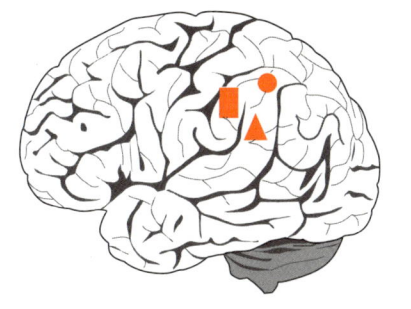
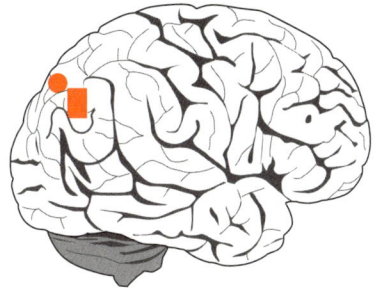

수학의 뇌 이야기 수학 문제는 좌측 전전두엽이 담당하며, 방정식 문제는 두정엽과 기저핵이 담당하고, 삼각법이나 미적분과 같은 고등수학은 상징과 공간 조작을 위한 전두엽과 두정엽이 담당한다.

을 할 때도 후두정엽피질이 활성화된다.

다양한 수학 문제를 해결할 때는 다른 영역이 활성화된다. 이야기 문제와 비슷한 방정식 문제를 풀면 우선적으로 워킹메모리의 양을 처리하는 좌측 전전두피질이 활성화된다. 방정식 문제는 설전부와 같은 두정피질과 기저핵이 활성화된다. 직선, 개수, 기호 표현 같은 기본적인 수 감각이 뒷받침돼야 음수, 분수, 실수와 같은 더 복잡한 개념을 구축할 수 있다. 삼각법이나 미적분과 같은 고등수학은 아직 밝혀지지 않았지만 상징과 공간 조작을 위한 뇌 시스템 위에 구축된다.

초등 수학의 발달

아이들은 적은 수량을 세는 법을 자연스럽게 익힌다. 자발적이든 또래를 따라 하든, 간단한 수를 세어 가며 연산을 익히기 시작한다. 손가락을 동원해서 더하기를 하다가 차츰 손가락을 쓰지 않고 더하는 법을 배우고, 만 6세가 되면 덧셈과 교환법칙(a+b=b+a)을 이해한다. 하지만 계산이 복잡해질수록 실수가 늘어난다. 인간의 뇌가 아무리 진화를 거듭해 왔어도 수십 가지 곱셈 연산을 외우거나 2자릿수 뺄셈에 필요한 다단계 연산을 실행할 능력을 갖추고 태어나지는 못한다. 수량을 근사치로 계산하는 능력은 유전자에 내장하고 있을지 모르지만, 정밀한 기호 계산 능력은 내장되지 않았기 때문에 실수를 저지르기 쉽다.

아이에게 '9-3'을 풀어 보라고 한다. 아마도 아이는 "9 다음 8인데, 그럼 1이 빠지는 것이고, 그 다음은 숫자는 7, 그럼 2가 빠지는 것이고, 그 다음은 6, 3이 빠지는구나.…정답은 6이요!"라고 말할 것이다. 이 경우 아이는 큰 수에서 시작해서 거꾸로 센 것이다. 이번에는 아이에게 9-6을 물어본다. 아이는 이번에는 더 효율적인 방식으로 작은 수에서 큰 수로 숫자를 셀 것이다. "6 다음은 7, 그럼 1만큼 차이가 나고…8이 되려면 2만큼 차이가 나고…9라면 3만큼 차이가 나는구나.…정답은 3이요." 아이는 연습을 통해서 빼기 부호 앞의 수가 뒤의 수와 아주 가깝지 않으면 더 큰 수에서 거꾸로 세는 것이 효율적임을 안다. 반대로 빼지는 수가 빼는 수와 가까우면 작은 수에서 세어 올라가는 것이 더 빠르다. 이러한 전략을 자연스럽게 알고 적용하면서 아이는 '9-3'과 '9-6'을 계산한다.

아이들은 만 5세만 돼도 손가락을 꼽아 세거나 순간적으로 파악하는 방식으로 개념 구조를 형성한다. 우선 아이들은 포괄 수량의 개념 구조를 가지고 있다. 아이들은 나무토막을 쌓아놓은 두 더미에서 어느 쪽이 더 많은지 구별할 수 있다. 또한 2개의 시간 단위 중에 더 긴 쪽과 짧은 쪽을 구별하고, 2가지 화폐 단위 중에서 어느 쪽이 더 큰지 구별한다. 천칭을 이용하여 어느 쪽 물체가 더 무겁거나 가벼운지, 저울이 어느 쪽으로 기울어지게 될지도 구별할 줄 안다.

만 7세 아이들은 포괄수량 모델과 처음부터 세기 모델을 통합하여 더 큰 구조로 발전시킨다. 마음속 수직선을 이용하여 아이들은 계수열에서 더 높이 올라갈수록 더 큰 수라는 사실을 인식한다. 더 나아가 수 자체가 규모를 지닌다는 사실을 파악하여 7이 5보다 더 크다는 사실을 깨닫는다. 아이들은 수직선을 활용해서 앞으로 세거나 뒤로 셈으로써 실제로 물체를 보지 않고도 더하기나 빼기를 할 수 있다. 이 발달 단계를 기점으로 아이들은 수학이 실제 환경에 일어나는 데 그치지 않고 머릿속에서도 일어날 수 있다는 점을 이해한다. 아이들은 수를 셀 줄 알게 되면서 시계를 읽고, 지폐 크기가 같아도 어떤 것이 액수가 더 큰지 결정할 수 있다. 5세와 달리 7세 아이들은 물체의 수를 결정할 때 포괄수량 모델보다 숫자 세기에 더 의존한다.

만 9세 아이들은 십진법의 자릿값을 이해하고 2자릿수 덧셈 문제를 암산할 수 있으며, 2자릿수 숫자 2개 중 어느 것이 더 큰지도 안다. 시계에서 시침과 분침을 읽을 수 있고, 지폐와 동전이 포함된 액수도 계산할 수 있으며, 추의 개수뿐만 아니라 받침점에서 거리를 따져야 하는 저울대 문제도 풀 수 있다.

만 11세가 되면 아이들은 이제 정수 시스템을 더 깊이 이해한다. 올림수나 내림수를 포함하는 2자릿수 계산을 암산할 수 있고, 3자릿수가 포함된 문제도 풀 수 있다. 하나의 변수를 다른 변수에 따라 조정하여 비교할 수도 있다. 시간을 분으로 바꿔 3시간과 150분 중 어느 것이 더 긴 시간인지 비교할 수 있다. 500원짜리 동전을 100원이나 10원짜리 동전으로 바꿔 계산하여 누가 돈을 더 많이 가졌는지도 쉽게 알아낸다.

연산에도 모국어가 중요하다

아이가 계산 문제를 풀 때 구구단을 외운다면 워킹메모리를 비워 둘 수 있다. 셈할 때 워킹메모리를 비워 둔다는 것은 다음과 같은 이유에서 아주 중요하다. 첫째, 수의 크기가 커지면 수를 인식하는 심적 표상의 정확성이 눈에 띄게 떨어져 워킹메모리에 부담을 준다. 둘째, 아이는 제일 처음 나온 것을 가장 잘 기억하는 경향이 있기 때문에 작은 수로 이루어진 간단한 문제부터 시작했던 아이에게 큰 자릿수로 이루어진 어려운 문제는 워킹메모리를 많이 사용하게 한다. 셋째, 작은 숫자가 큰 숫자보다 문제에 더 자주 등장하기 때문에 큰 수가 포함된 곱셈 문제는 연습할 기회가 적어 워킹메모리를 많이 필요로 한다.

우리 뇌는 언어를 사용할 뿐 아니라 손가락 조작으로 1대1 대응을 나타낼 수 있기 때문에 아주 기초적인 계산은 쉽게 처리한다. 하지만 곱셈과 같이 정확한 계산이 필요한 연산을 조작하는 기능을 갖추진 못했다. 이러한 연산 작업은 인간이 생존하는 데 반드시 필요하지는 않기 때문이다. 뇌파를 활용한 뇌 연구에 의하면, 숫자 비교 같은 간단한 연산 작업은 뇌의 다양한 영역에서 국소적으로 이루어짐을 알 수 있다. 하지만 곱셈 작업은 넓게 분포된 여러 신경 영역이 연합해서 수행해야 한다. 이는 곱셈 과정에 많은 인지적 작업이 요구된다는 사실을 보여 준다. 결론적으로 말해서 곱셈 계산을 정확하게 하려면 제각기 기능이 다른 여러 개의 심상회로가 필요하다.

밀러(Miller)는 한 연구에서 곱셈 학습이 덧셈을 간섭한다는 사실을 알아냈다. 3학년 학생들은 곱셈을 배우고 나서 덧셈을 하는 데 걸리는 시간이 더 길어졌고, '2+3=6' 같은 실수가 나타나기 시작했다. 후속 연구에서도 대부분 아이들이 덧셈과 곱셈 연산을 장기기억 속에 올바로 정립하는 데 어려움을 겪는다는 사실을 확인했다.

선생님들은 오래전부터 언어와 언어 기억의 힘을 알아차렸다. 그래서 학생들에게 운율에 맞춰 내용을 외우거나 구구단을 암송하라고 권한다. 계산은 결국 그 계산을 학습하는 언어와 연결된다. 이 연결이 대단히 강력하기 때문에 제2언어를 배운 사람도 계산만큼은 모국어로 하게 된다. 제2언어를 아무리 유창하게 말하더라도 제2언어로 처음부터 다시 연산을 익히는 것보다는 계산할 때마다 모국어로 돌아가는 것이 훨씬 더 쉽기 때문이다.

정확한 답을 요하는 질문은 언어 처리가 일어나는 좌측전두엽 영역을 주로 활성화시켰다. 근사치를 묻는 질문에 답할 때는 두정엽의 숫자 감각 영역과 공간 추론 영역이 가장 활성화되었다. 뇌가 정확한 연산을 수행하기 위해 언어 영역을 총동원하여야 하는 것이다. 언어와 정확한 연산 간의 상관관계를 직접 확인하고 싶다면, 알파벳을 큰 소리로 외우면서 2자릿수 곱셈을 시도해 본다. 말하기가 암산과 추론을 담당하는 언어 영역의 집중력을 요하기 때문에 쉽지 않을 것이다.

구체물을 이용하여 교육한다

아이에게 수학을 가르치려면 부모는 다음과 같은 지침을 따르도록 한다.

구체물을 이용하여 수학을 가르친다.

갓난아기를 위한 동영상들과 유치원생들을 대화식으로 산수 게임에 끌어들이면서 컴퓨터에 대해 가르쳐 주는 컴퓨터 게임들이 있다. 그렇지만 수많은 연구에 따르면, 숫자를 배우는 최고의 방법은 사물을 만지고 느끼며 배우는 것이라고 한다. 쌓아올린 블록들 위로 또 하나의 블록을 얹으며 무너지기 전까지 몇 개를 더 쌓아올릴 수 있는지 관찰하는 것이 바로 수학이다.

카드 게임도 좋은 수학 학습 도구이다.

카드 게임을 하는 것도 좋은 수학교육 방법이다. 반드시 교육적이어야 한다는 생각을 버린다. 수학에 관한 흥미는 매우 중요한 요인이며, 이를 따라가다 보면 놀이는 아이들의 수학 학습에 호기심을 불러일으킬 것이다.

노는 것만으로도 수학을 하는 것이다.

콜롬비아 대학교 사범대학 허버트 진스버그 교수는 아이들이 수학 능력을 자연적으로 활용하며 노는지를 확인하기 위해 80명의 아이를 연구했다. 그는 아이들이 자유롭게 노는 시간의 40%를 물건들을 군별로 분류하거나, 물건들을 세거나, 무늬와 모형들을 탐구하며 보냈다는 사실을 발견했다.

수학도 상호 작용이 중요하다.

만약 부모와 아이 간에 산수적인 상호 작용이 있고, 이것이 사실이라면, 아이들의 질문들에 응답해 줄 시간이 있는 부모 또는 세심한 보육자와 함께 집에서 자연적인 방법으로 의사소통하는 것만으로도 아이들이 학교에서 달성하게 될 기초적인 산수의 이해를 성취하는 데 도움이 된다.

쇼핑은 수학교육의 금광이다.

어느 정도 자란 아이들을 데리고 쇼핑을 하러 가는 것은 숫자와 양의 비교법과 대조법을 배울 수 있는 금광을 제시해 주는 것과 다를 바가 없다. 어느 상자가 더 클까? 작을까? 어느 것이 더 비쌀까? 더 쌀까? 만 5세 정도가 되면, 아이들은 가게에서 작은 무언가를 사고 거스름돈을 받을 수도 있다. 이것이 바로 덧셈과 뺄셈이다.

실제 상황을 통하여 배우게 한다.

분수를 어려워하는 초등학생이라도 가장 좋아하는 야구선수의 타율을 복잡한 소수점까지 포함해서 계산하는 것은 전혀 어려워하지 않는다. 브라질의 노숙하는 아이들은 학교 수학은 낙제 점수를 받으면서도 밖에서 거래하면서 돈을 계산할 때는 천재성을 발휘한다. 카드놀이를 하면서 전략을 세우는 것은 산수를 배우는 최고의 방법이다. 돈은 셈뿐만 아니라 집합을 만들기에 신나는 도구이다.

연산도 중요하다.

아이들은 집에서 연산과 관련된 활동에 많이 노출될수록 좋다. 그 과정에서 새로운 알고리즘을 익힐 수 있고, 다양한 규칙 중에서 가장 좋은 전략을 선택하는 연습을 할 수 있기 때문이다. 대부분의 아이는 유치원에 가기 전에 기초적인 연산에 필요한 알고리즘을 열심히 고민하고 다듬고 선택한다.

수학의 영역을 고루 잘해야 한다.

현 교육 과정에서 수학은 '수와 연산', '도형', '측정', '확률과 통계', '규칙성과 문제 해결'이라는 5개 영역으로 나뉘어 있는데 이 영역을 고루 잘해야 높은 점수를 받을 수 있다. 수학에서 수와 연산은 상당히 중요하지만 그게 전부는 아니다. 물론 초등학교 1학년 과정에서는 연산 비중이 높지만 그렇다고 연산만 많이 공부시키면 수학은 곧 계산이라고 생각해 수학 자체에 흥미를 읽을 수 있다. 따라서 기계적인 연산 문제 풀이는 지양해야 한다.

제5장

융합인재로 키우려면
우뇌와 좌뇌를 통합하라

21세기를 이끌고 갈 글로벌 리더가 되려면 전뇌 발달이 이루어져야 한다. 그러기 위해서는 좌뇌와 우뇌의 통합뿐만 아니라 대뇌피질인 상위뇌와 변연계와 뇌줄기로 구성된 하위뇌까지도 통합이 필요하다. 레오나르도 다빈치는 회화·조각 등 상상력과 창의력을 담당하는 우뇌와, 수학·과학·의학·건축 등 분석력과 논리력을 담당하는 좌뇌가 모두 발달한 예술가이다.

24개월 이전에는 뇌량이 발달하지 않아 좌뇌와 우뇌가 따로 기능하지만, 25~48개월이 되면 뇌량이 발달함으로써 좌뇌와 우뇌가 통합된다. 따라서 사물을 볼 때 좌뇌에서 본 것과 우뇌에서 본 것이 통합되므로 더욱 완벽하게 볼 수 있다. 따라서 좌·우뇌가 통합되면 스스로 체험하는 체험놀이와, 자기가 직접 만들고 부수는 조작놀이와 조합놀이가 중요하다. 아이의 뇌가 통합되지 않은 상태라면 아이는 감정에 압도되고 혼란스러워져서 이성이 필요한 상황에서 차분하게 반응할 수 없다. 현실적이고 합리적인 좌뇌적 태도와 감정적으로 교감하는 우뇌적 태도를 모두 취하려면 좌·우뇌가 통합되어야 한다.

아이의 뇌는 뇌량으로 서로 소통하기 때문에 양뇌가 서로 보완적인 역할을 한다. 좌뇌는 정보를 쪼개어서 분석하고, 우뇌는 그것을 통합하여 직관적으로 인식하도록 도와줌으로써 학습 효율성을 높여 나갈 수 있다. 편도체가 상위뇌를 지배할 때는 감정에 휘둘리기 쉬우므로 부모는 평소에 아이가 상위뇌로 하여금 편도체를 조절할 수 있도록 훈련시켜야 한다. 또한 아이들이 고통스러운 순간에 대처할 수 있도록, 자신의 마음 상태를 깊이 생각하고 고유 정체성을 지키면서도 타인과 관계할 수 있도록 도와주어야 한다. 부모는 성취와 완벽함만을 과도하게 강조하는 좌뇌적인 양육 방식보다는 자기조절력을 통하여 아이들이 자기답고 평온한 삶을 살며 강인함과 회복탄력성을 갖출 수 있도록 하여야 한다.

01
장난감은 상상력과
꿈을 키우는 중요한 도구이다

　미국 일리노이 대학교 연구팀은 경험이 뇌 발달에 어떤 영향을 미치는지 살펴보기 위해 쥐를 대상으로 흥미로운 실험을 했다. 쥐들을 두 군으로 나눈 뒤 한 군은 함께 놀 수 있는 쥐들은 물론이고 돌릴 수 있는 바퀴, 타고 오를 수 있는 사다리 등 장난감이 풍부한 환경에서 자라게 하고, 또 다른 군은 아무것도 없는 환경에서 홀로 키웠다. 그런 후에 뇌를 관찰했는데, 놀랍게도 친구와 장난감이 풍부한 환경에서 다양한 경험을 하며 자란 쥐가 그렇지 않은 쥐보다 뉴런당 25%나 더 많은 시냅스를 가지고 있음은 물론이고 뇌로 가는 혈액의 흐름도 좋았다. 그뿐 아니라 친구와 장난감이 풍부한 환경에서 자란 쥐가 척박한 환경에서 자란 쥐보다 미로를 쉽게 찾는 등 문제해결력도 뛰어났다.

　장난감은 아이의 뇌를 키운다. 예를 들어, 아이가 블록 놀이를 한다고 생각해 보자. 손놀림은 단순한 소근육만의 문제가 아니라 안구의 고정, 눈과

블록 놀이 블록을 쌓는 것은 소뇌, 대뇌피질, 시각중추, 전정기관 등이 복합적으로 연결되는 고도의 기능으로 섬세하게 손놀림을 하여야 하므로 대뇌의 신경회로를 만들기에 최고의 자극이다.

손의 협응 등이 이루어져야 하고, 청각·시각·촉각 등의 감각과도 상호 작용을 하여야 이루어진다. 즉 외부를 탐색하며 그것에 적응하고 문제를 해결하는 수단이 되기 때문에 손놀림은 지능과 관련이 깊은 동작이 된다. 소근육 운동을 이용하는 블록 놀이는 공감각을 향상시킬 수 있고 수학적 문제해결력을 높일 수 있을 뿐 아니라, 자신을 자유롭게 표현하는 기회가 되기 때문에 창의력을 키울 수 있다. 블록을 쌓는 것은 소뇌, 대뇌피질, 시각중추, 전정기관 등이 복합적으로 연결되는 고도의 기능으로 섬세하게 손놀림을 하지 않으면 불가능하다. 기울기를 눈으로 체크하고, 이것을 다시 손가락 감각으로 확인하면서 바로 세워야 한다. 이것은 대뇌의 신경회로를 만들기에 최고의 자극이다.

남아의 뇌, 여아의 뇌

만 3세 아이들은 성 역할을 진지하게 받아들인다. 만약 부모가 아이들이

전통적인 성 역할의 기대에서 벗어나게 하려고 아들에게는 인형을 사 주고, 딸에게는 트럭을 사 준다면 아들은 인형으로 못을 박고, 딸은 트럭끼리 서로 대화를 나누게 할 것이다.

나이를 불문하고 가장 많이 알려진 행동 차이는 36개월 정도에 나타나는 장난감 선호도이다. 아들에게 장난감 총을 갖지 못하게 하는 부모의 경우 어떤 막대기든 아들의 상상 속에서는 무기로 바뀔 수 있다는 것을 자주 볼 수 있다. 자동차와 같은 남자아이의 대표적인 장난감과 부엌놀이와 같은 여자아이의 대표적인 장난감 사이에서 선택하게 하면, 36개월 남자아이 가운데 97%가 남자아이의 대표적인 장난감을 가지고 놀 가능성이 높다.

장난감은 아이들이 다양한 기술을 배우고 연습하는 데 도움이 된다. 아이들의 놀이에서 드러나는 성 차이는 그들이 평생 어떤 능력을 보유하는지에 영향을 미칠 수 있다.

성별에 따른 장난감의 선호도는 12개월부터 시작되며, 전 문화권에 걸쳐서 나타난다. 24개월 된 아이들은 소수가 자신이 남자인지 여자인지 정확하게 언급할 수 있다. 대부분의 아이는 30개월 무렵에 이러한 단계에 도달하고, 36개월쯤 되면 거의 모든 아이가 이 단계에 도달한다. 이러한 단계에 도달한 아이들은 그렇지 못한 아이들보다 자기와 다른 성의 아이들이 좋아하는 장난감을 선택할 가능성이 낮다.

여자아이들은 자라면서 자신들의 장난감 선호도에 유연해지는 경향이 있다. 만 5세경의 여자아이에게 장난감을 선택하라고 하면 거의 절반 정도가 남자아이 취향의 장난감을 고른다. 반면에 남자아이들은 여자아이 취향의 장난감을 계속 거부한다. 아마도 여자아이 같은 행동을 할 때 뒤따르는 사회적 불이익이 매우 크기 때문일 것이다. 또래의 부모, 특히 아빠들은 남자

아이들이 여자아이의 장난감을 갖고 놀지 못하게 적극적으로 말린다.

남자아이들의 놀이에서 중요한 요소는 물리적 객체와 그것들과의 상호작용을 탐색하는 것이다. 남자아이들은 블록으로 탑을 쌓고 쓰러뜨리고, 친구들과 맞붙어 싸우거나, 공을 던지고 받는 연습을 하고, 자전거를 타고 마을을 돌아다니면서 물리적 세계의 법칙을 배운다. 여자아이들은 인형과 인형집을 갖고 놀면서 양육과 소근육 운동 조절 기술을 연습하고, 놀이를 할 때 남자아이들보다 이야기를 더 많이 나눈다. 이는 여자아이들이 학교를 다닐 무렵쯤 되면 좀 더 말이 유창해지고, 어휘가 풍부해지는 데 도움이 된다.

장난감 활용의 지침

장난감이 두뇌 발달에 도움이 되려면 다음의 지침을 따라야 한다.

감각 장난감을 통하여 오감을 자극한다.

어린아이들은 무척이나 감각 지향적이다. 마리아 몬테소리는 아이들이 나무나 병, 털, 금속 등의 천연 물질을 만질 때 편안함과 기쁨을 느낀다는 사실을 깨달았다. 그래서 기본 색깔로 염색한 털실로 아이들의 시각을 자극했다. 촉감은 무척 강력한 감각적 경험이다. 심리학자 해리 할로(Harry Harlow)는 실험을 통해 새끼 원숭이가 젖을 주는 딱딱한 철사 엄마보다 젖을 주지 않는 부드러운 헝겊 엄마를 더 좋아한다는 사실을 발견했다. 또 다른 연구에서는 꼭 끌어안아 주기와 예뻐해 주기가 유아의 건강한 발달에 결정적 역할을 한다는 점을 규명했다.

장난감의 작동 원리를 알게 한다.

아이가 장난감을 가지고 노는 데는 장난감에 대한 이해가 중요하다. 오뚝이나 태엽장치 장난감이 어떻게 작동하는 건지 궁금한 아이는 그 원리를 이해할 수 있다. 그러나 마이크로칩 제어장치를 내장한 장난감은 마치 마법이라도 부리는 것처럼 작동한다. 어린아이가 전자장치를 이해할 방법이 없다. 사물이 어떤 식으로 작동하는지 그 궁금증을 채워 줄 수 있는 장난감을 먼저 접하게 해서 아이들의 호기심을 충족시켜 주고 용기를 북돋워 줄 필요가 있다.

장난감을 통하여 아이의 정체성을 키워 준다.

어느 사회에서나 여자아이들은 아기 인형을 가지고 놀면서 자신만의 상상력과 환상을 펼친다. 아이들은 이러한 놀이를 통하여 미래의 어른 역할을 보여 준다. 남자아이들도 역시 자기가 속한 사회의 남자어른들이 사용하는 공구나 무기를 그대로 본뜬 장난감으로 논다. 이처럼 아이들은 어른들을 흉내 내면서 성숙해지고 기술을 습득하는 능력도 기르게 된다. 부모는 장난감으로 예의범절, 도덕, 사회적 의무를 깨우쳐 주어야 한다.

도구 장난감으로 수공 기술을 익히게 한다.

도구 장난감은 아이들의 기술 습득을 위한 장난감을 말한다. 가장 보편적인 장난감으로 규정된 성 역할에 맞게 아이를 사회화시키려는 목적이 있어서 남자아이용과 여자아이용으로 따로 나누어져 있다. 그러나 컴퓨터, 인터넷, 스마트폰 등과 같은 디지털미디어는 성별을 가리지 않는 기술이 되었고, 아이들이 일상생활에서 요구하는 세속적이고 실용적인 기술을 갖추는 데는 별로 도움이 주지 못한다. 기계로 만든 상품이 풍부하면 풍부할수록 수공품이 갖는 가치와 의미 또한 상대적으로 높아진다. 수공 기술을 통해 아이는 현실 세계와 다시 만날 수 있으며, 그 과정에서 놀이·사람·일이 통합될 수도 있다.

캐릭터 장난감으로 긍정적인 태도와 가치관을 심어 준다.

캐릭터 장난감은 역할 모델을 통해 자아의식을 형성하고자 하는 아이들의 욕구를 충족시킨다. 과거의 캐릭터 장난감은 광범위한 어른 사회의 태도와 가치관을 반영했다. 아이들은 인형들을 가지고 놀면서 인형이 나타내는 인물과 관련 있는 긍정적인 가치관과 특징을 배웠다. 그런데 최근에는 캐릭터 장난감이 긍정적인 태도와 가치관을 심어 주고자 탄생한 게 아니라 단지 브랜드 이름을 각인시키기 위해 만들어지는 실정이다. 아이들에게 유익한 캐릭터 장난감을 선택하는 것이 중요하다.

교육 장난감으로 인성과 도덕적 가치관을 가르친다.

놀이를 시간 낭비로 여기는 생각과 놀이는 건전하다는 믿음 사이의 모순을 해결해 줄 수 있는 게 바로 교육 장난감이다. 교육 장난감은 제2차 세계대전 이전까지는 인성과 도덕적 가치관을 가르칠 목적으로 고안되었는데, 오늘날에는 학습 기술을 가르치겠다는 제한된 목적으로 만들어진다. 부모들은 자녀가 교육적으로 우위를 차지하기를 바라기 때문에 아이에게 교육 장난감을 사 주는데, 아이의 인성과 도덕적 가치관을 높일 수 있는 교육 장난감을 활용해야 한다.

블록 놀이로 문제해결력과 창의력을 키운다.

블록은 창의적인 장난감으로 자신이 생각하고 있는 것을 쉽게 표현해 내기 때문에 아이의 현재 상태를 잘 투영한다. 블록을 쌓아 올리고 무너뜨리며 조형물 만들기를 반복하며 아이는 자신의 세계를 무한 확장해 나간다. 창의력은 정보를 새롭게 배열하거나 통합하는 능력과 관계가 있다. 창의력은 일상의 다양한 활동 속에 나타나는 참신하고 유익한 문제해결력이나 무언가 새롭고 즐거운 것을 만들어 내는 능력이다. 또한 블록은 아이의 다양한 감정을 경험하여 변연계를 자극한다. '무형의 생각'이 실제 조형물로 완성되었을 때의 성취감, 부수었을 때의 통쾌함과 허무함, 블록을 이용하여 역할놀이를 할 때의 즐거움 등 다양한 감정을 자유롭게 표현할 수 있다.

월령에 맞는 장난감

아이들은 성장 과정에서 장난감을 통해 자연스럽게 생활 리듬을 몸에 익힌다. 스스로 새로운 세계에 적응하고 새로운 학습 경험을 하게 된다. 즉 장난감은 아이들의 사고와 지식을 더욱 풍부하고 의미 있게 만들어 준다. 장난감은 언어와 인지 발달, 자존감 강화, 운동 능력 향상, 사회성 증진, 상상력과 창의력 발달에 도움이 된다. 장난감으로 오감을 자극하면 신체적·지적·사회적·감성적 발달을 유도하는 동력이 된다. 이때 중요한 것은 장난감이 아이의 성장과 발달에 맞춘 것이라야 한다는 점이다.

월령별 두뇌 발달 장난감

시기	특징과 장난감
0~3 개월	시각이 조금씩 발달하지만, 색상의 구별이 불완전한 시기 ─모빌 : 색의 대비와 형태가 확실하고 소리가 나는 흑백 모빌이 좋다. 눈의 초점을 맞추고 시각을 발달시킨다. ─멜로디 장난감, 딸랑이 : 주의력과 집중력을 향상시키고 청각과 시각을 자극시킨다. ─봉제 장난감, 목욕용 장난감 : 촉각이 예민해지도록 돕고, 주의력과 집중력을 향상시킨다.
4~6 개월	청각·시각·촉각 등이 발달하는 시기. 오감을 자극하는 장난감이 좋다. ─천 블록, 유모차에 달린 장난감, 말랑 말랑한 공 : 촉각을 자극하고, 소근육의 협응력을 키운다. ─거울 : 촉각을 자극하며 눈의 초점 맞추기, 자기 모습 자각에 도움을 준다. ─치아발육기 : 촉각, 미각, 시각, 청각을 자극한다. ─북·실로폰·탬버린 등 악기, 오뚝이 : 시각과 청각을 자극하고, 소근육의 협응력을 키운다.
7~12 개월	소근육과 대근육 발달이 이루어지는 시기. 물고 빨아도 안전한 제품을 고른다. ─다양한 주방용품, 밀고 당기는 장난감, 공 : 시각·촉각·청각과 함께 소근육·대근육 운동에 좋다. ─부드러운 인형 : 시각·촉각·청각뿐 아니라 언어와 감정 발달에 도움을 준다. ─커다란 퍼즐, 모양 찾기 상자 : 시각과 촉각을 자극하고 공간과 형태, 모양과 형상 지각 발달에 도움을 준다.
13~18 개월	손과 발의 움직임이 원활해지는 탐구의 시기. 말하기, 만지기, 놀기와 같은 사회적인 자극이 중요하다. ─목공 및 도형 장난감, 공 : 나무와 도형을 끼우고 두드리는 과정, 공을 굴리고 쫓아가는 과정에서 소근육이 발달하고, 협응력·집중력·성취감을 얻는다. ─놀람 장난감 : 손가락으로 눌렀을 때 예상치 않은 갑작스런 결과가 나타나는 장난감은 원인과 결과의 개념을 알려 준다. ─자동으로 움직이는 장난감 : 태엽이나 건전지를 넣으면 저절로 움직이는 장난감은 집중력을 높인다.
19~24 개월	사회성 획득을 준비하는 시기. 똑같은 장난감 두 벌을 마련해 또래친구들과 어울리게 하면 사회성 발달에 좋다. ─블록 : 2.5~3cm 크기의 나무재질이 적당하다. 집중력과 창의력, 읽기와 수학에 필요한 기술, 조화와 선택, 결정을 배운다. ─모양 분류 상자나 도형 : 같은 모양 맞추기 등을 통해 도형과 색깔을 구별한다. 눈과 손의 협응력을 길러 준다. ─밀고 당기는 장난감 : 아이가 원하는 대로 끌고 다닐 수 있는 자동차 등은 소근육 발달에 좋다. ─장난감 변기 : 대소변 가리기 훈련이 시작될 때 유용하다. ─인형, 전화기, 거울, 간단한 소꿉도구, 침대 등 역할놀이 장난감 : 협응력을 키운다. ─음악 장난감, 미술 놀이 도구, 사물 그림책 등 인지 발달 장난감 : 창의력과 집중력 등을 길러 준다.
25~36 개월	언어가 급격히 발달하고 주변 환경과 사물에 대한 호기심이 왕성해지는 시기. 두뇌 발달과 인격 형성을 위해 신체 활동을 돕는 장난감이 좋다. ─그림책, 게임놀이 장난감 : 바른 생활습관 형성과 언어 발달, 규칙 개념을 익히는 데 도움을 준다. ─조각판, 블록, 그림카드 : 숫자, 도형과 색깔 개념, 언어를 익히는 데 도움을 준다. 창의력과 집중력을 키워 준다. ─건반악기나 녹음기 : 다양한 청각, 촉각 자극을 통해 언어 발달을 돕는다. ─색깔찰흙 : 아이가 자신의 생각을 표현하는 과정에서 상상력과 창의력을 키운다.

시기	특징과 장난감
	−크레파스 : 낙서를 하고 그리면서 창의력이 커지며, 자신을 표현하는 법을 배운다. −소꿉놀이, 병원놀이, 인형과 인형 소품 등 역할놀이 장난감 : 협응력을 키운다.
37~48 개월	책이 아이한테 가장 좋은 친구가 되는 시기. 체험 교육도 중요하다.
	−블록, 레고, 가베 등 : 사회성과 협응력, 창의력을 기른다. 쌓거나 부수면서 공간 지각을 배운다. −역할놀이나 일상생활을 모방하는 장난감 : 인형, 인형과 관련된 집·옷·소품, 전화, 기차, 트럭, 비행기, 장난감 돈, 병원놀이, 동물인형, 소꿉놀이, 목공놀이 연장 등을 통해 자신감과 창의성, 사회성을 개발한다. −미술재료 : 크레파스, 색연필, 물감, 분필, 칠판, 찰흙, 포스터물감 등으로 그림을 그리거나 색칠하면서 자기 표현 능력과 창의력을 기른다. −음악도구 : 오디오 세트, 드럼, 탬버린, 심벌즈, 트라이앵글, 종, 실로폰 등은 오감 발달과 정서 안정에 도움을 준다. −수를 가르치는 장난감 : 주사위, 숫자판, 도미노 놀이, 측정도구, 숫자막대 등은 수학에 대한 호기심과 연산, 지각, 공간 능력을 키운다. −신체 놀이 장난감 : 그네, 바퀴가 달린 손수레, 사륜마차, 세발자전거, 공, 미끄럼틀 등은 신체 발달에 도움을 준다.
49~60 개월	또래친구들과 어울리며 사회성을 익히는 시기. 타인에 대한 배려와 양보, 규칙에 대한 이해를 돕는 장난감이 좋다.
	−미술용품 : 미술 활동을 통해 자아 표현 능력과 창의력을 키운다. −공과 공기, 세발자전거 : 신체 발달을 돕는다. −구슬 : 색깔과 모양, 협동 작용, 소근육 운동 능력을 익히게 해 줄 뿐 아니라 계산 능력도 향상시킨다. −블록과 퍼즐 : 창의력과 수 개념 향상을 돕는다. 눈과 손의 협응력과 숙련도, 공간 관계, 논리적 사고를 향상시킨다. −책, 건축완구 : 언어 발달에 도움을 주고, 상상력과 창의력을 기른다. −인형, 미니어처 장난감, 동물인형, 살림살이 장난감, 교통완구 등 : 감정 발달과 정서 함양을 돕는다. 모방 체험을 통해 상상력과 창의력, 의사소통 능력과 사회성을 키운다. −음악과 악기 : 언어 발달, 기억력, 창의력, 집중력, 인내심 등을 기른다. −모래놀이통, 야외 장난감 : 논리적 사고와 눈과 손의 협응력, 의사소통과 사회성 발달에 좋다.
61개월 ~ 취학 전	읽기, 쓰기, 계산 등을 자유자재로 할 수 있도록 해야 하는 시기. 막대기, 블록, 구슬, 책 등을 통해 놀이와 교육을 병행하면 좋다.
	−미술용품 : 창의력과 집중력을 키운다. −자전거, 줄넘기 : 근력, 리듬감 등 아이들의 운동신경을 키운다. −책, 건축완구 : 언어 발달과 정서 함양, 상상력과 창의력에 도움을 준다. −인형 등 역할놀이 : 감정 발달과 정서 함양, 호기심, 상상력 등을 키운다. −악기 : 아이의 음악적 재능을 표현할 수 있게 해 주고, 다른 아이들과 교감을 나눌 수 있도록 도와준다. −보드 게임 : 아이에게 전략, 논리, 계획 개념을 깨닫게 해 주며 아이의 발달과 집중력 향상에 도움을 준다. −퍼즐 : 소근육 운동의 숙련도와 형태 조작 인식, 공감각 등을 강화시키고, 성취감과 완성의 기쁨을 깨닫게 한다. −컴퓨터 : 소프트웨어로 언어·음향학·지리·역사·수학을 배울 수 있고, 예술적 경험도 가능하게 해 준다. −연장 등 목공놀이 : 협응력, 집중력, 창의력뿐 아니라 성취감을 도와준다.

02
스마트폰은 아이의 뇌를 부정적으로 바꾼다

디지털미디어와 전두엽

　아이의 뇌는 새로운 정보를 찾아 집중하도록 연결돼 있다. 인간은 수렵시대부터 환경의 변화를 감지해야 생존할 수 있기 때문이다. 크게는 사자의 출현에서부터 작게는 친구 얼굴의 표정 변화까지 새로운 정보에 집중했다. 일상에서 주어진 순간에 어떤 정보에 주의를 기울여야 하는지를 결정하는 것은 간단한 일이 아니다. 뇌는 중요한 변화가 일어나면 즉시 스스로 대처해야 하며 그 문제에 깊이 집중하여야 한다. 그것이 가능하려면 전두엽에 의한 하향적 주의와 감각에서 올라오는 상향적 주의가 균형을 이루어야 한다. 그러나 어느 한쪽이 다른 한쪽을 지배하여 불균형이 이루어지는 경우가 많다. 뭔가에 깊이 집중하다가 아이의 울음소리를 듣지 못했거나, 자주 방해를 받아서 해야 하는 작업이 진행되지 못하는 경우이다.
　상향적 주의는 하향적 주의보다는 앞서 발달하여 태어날 때부터 기능한다. 아이는 생후 12개월이 되면 자신을 잠깐 통제할 수 있고 청소년기까지 지속적으로 성장을 한다. 따라서 어릴수록 좀 더 쉽게 산만해진다. 주의집중력을 포함한 실행 기능은 자기통제력이 중요한데 연습을 통해 향상된다.

그렇다면 디지털미디어를 통한 다중작업은 이 상향적 주의와 하향적 주의에 어떤 영향을 미칠까? 뇌는 한 번에 한 가지 이상에 제대로 집중할 수 없다. 이런 혼선이 생기는 것은 전전두피질의 실행력이 저하되기 때문이다. 첫 번째 작업은 또한 기억 속에 있는 두 번째 작업에 방해가 될 수 있다. 따라서 작업들 사이를 오가는 것은 하나씩 차례대로 작업을 완료하는 것보다 시간이 더 오래 걸린다. 뇌과학자들은 이 때문에 발생하는 시간의 낭비를 전환비용이라고 말한다. 주의 집중이 필요한 다수의 작업을 개별적으로 하는 것이 한꺼번에 하는 것보다 더 효율적이다. 한 마디로 디지털미디어를 통한 다중작업은 비효율적이다. 더구나 아이들은 디지털미디어를 경험하는 데 필요한 시간을 내느라 다른 중요한 활동을 등한시해 문제가 된다.

디지털 시대, 변하는 아이들의 뇌

아이를 키우는 부모에게 스마트폰은 참 유용하다. 잠시 쉬고 싶을 때, 육아 외에 집안일을 해야 할 때, 부모들 모임에서 아이가 시끄럽게 굴 때, 아이가 돌아다니면서 밥을 먹을 때 스마트폰 하나면 큰 소리 내지 않고 아이를 고분고분하게 만들 수 있다. 한 방송사에서 '유아의 스마트폰 중독'에 관한 뉴스를 다루면서, 5세 미만의 아이 16명을 대상으로 인형, 장난감, 스마트폰 중 하나를 고르도록 했다. 16명 중 10명은 모두 주저 없이 스마트폰으로 달려갔다. 이중에는 성인처럼 능숙하게 다루는 아이들도 있었다. 아이들이 스마트폰이나 디지털 기기를 여타의 다른 자극물보다 좋아하는 이유는 자극이 강렬하기 때문이다. 아이의 눈과 귀는 빠른 화면, 현란한 색에 완전히 매료되어 다른 어떠한 자극도 시시하게 느껴진다.

그러나 무엇보다 스마트폰의 자극은 일방적이라 두뇌 발달을 저해한다. 두뇌 발달을 위해서는 예측할 수 없는 대상과 오감을 통한 상호 작용을 해야 한다. 때로는 심심해져서 혼자서 중얼중얼하면서 놀기도 하고, 스스로 놀거리를 연구하는 시간도 필요하며, 그 속에서 다양한 호기심도 생긴다. 하지만 스마트폰은 한 가지 자극만 즐기고 강렬하게 원하게 하여, 그 밖에는 어떤 자극도 받아들이지 않게 만든다. 우리의 뇌는 유전적으로 프로그램되어 있어서 아주 넉넉하게 많은 신경회로를 만들어져 있다. 외부의 자극을 받으면 그중 필요한 회로를 남겨서 굵고 튼튼하게 만들고, 필요 없는 회로는 정리해 버리는 특성이 있다. 하지만 스마트폰은 다양한 자극 자체를 차단하여 아이의 정상적인 뇌 발달을 저해한다.

그렇다면 스마트폰 등의 디지털미디어로 강력한 일방적 자극만 받는 아이는 그렇지 않은 아이에 비해 어떤 변화가 생길까?

뇌 모양이 변한다.

2011년 6월 CNN 방송이 디지털미디어의 멀티태스킹에만 익숙해지면 우리의 뇌가 현실 세계에 적응하지 못하는 방향으로 바뀐다고 보도하면서 '팝콘브레인'이라는 단어를 사용했다. 실제 장시간 디지털미디어를 이용한 사람의 뇌는 전두엽 회백질의 크기가 줄어드는 것으로 조사되었다. 아이의 경우 빠르고 강한 정보에만 반응하고 느리고 약한 자극에는 반응을 하지 않는 뇌를 가지게 된다. 당연히 진득하게 앉아서 아주 약한 자극에 곰곰이 생각해야 하는 활동, 즉 독서나 공부는 싫어하게 된다.

'충동'을 조절하는 뇌 기능에 문제가 생긴다.

어린 시절에 과도하게 디지털미디어에 노출되면 전전두엽의 발달이 저하되어 자기조절력에 문제가 생긴다. 전전두엽의 실행 기능은 주의를 집중하는 능력, 추론 및 계획 능력, 상황에 필요한 정보를 획득하고, 언어적인 정보를 통해 행동을 조율하는 능력, 정서를 조절하는 능력 등이 모두 포함된다. 때문에 주의력결핍과잉행동장애인 ADHD가 생길 수 있다.

우뇌 발달이 저하된다.

우뇌는 집중력·구성력·통찰력·지각속도·창의력·직관력 등을 가지고 있고, 시각적이고 감성적이며, 동시에 여러 가지를 사고하는 것이 가능하다. 이에 반해 좌뇌는 언어사고력·수리력·추리력·분석력·논리력 등을 가지고 있고, 규칙적이며, 계획대로 일을 처리하는 것이 가능하다. 그런데 좌뇌와 우뇌가 폭발적으로 발달하는 시기가 각각 다르다.

취학 전은 이미지의 뇌라고도 하는 우뇌가 주로 발달한다. 취학 후 1학년부터 6학년까지는 언어의 뇌라고도 할 수 있는 좌뇌가 주로 발달한다. 물론 좌뇌와 우뇌는 20~25세까지 계속 발달하고는 있지만 주로 발달하는 시기가 그렇다는 것이다. 때문에 학교에서는 '좌뇌' 발달에 훨씬 효과적인 교육을 하고 있다.

아이의 우뇌 발달은 유아기에 폭발적으로 일어난다. 우뇌는 스킨십, 부모와의 상호 작용, 놀이, 체험, 경험, 상상 등에 의해서 발달한다. 유아기 아이들이 그림책을 볼 때, 놀이를 할 때, 스킨십을 할 때, 관찰을 할 때 가장 많이 활성화되는 뇌 부위는 우뇌이다. 하지만 스마트폰에 집중하는 아이의 뇌를 찍어 보면 우뇌가 별로 활성화되지 않는다. 우뇌는 상황을 넓게 파악하는 기능도 한다. 우뇌의 기능이 지나치게 떨어지면, 또래 사이의 분위기를 제대로 파악하지 못해 왕따가 되는 일도 발생할 수 있다.

정서 지능이 낮아진다.

정서 지능은 자신의 감정을 정확하게 알고, 이 감정을 존중하고 본인이 진심으로 받아들일 수 있는 결단을 내리는 능력이다. 즉 충동을 자제하고 불안이나 분노와 같은 자기감정을 조절하는 능력이다. 정서 지능이 높은 아이는 실패해도 좌절하지 않고 자신을 격려하고, 타인의 감정을 공감하고, 다른 사람과 조화롭게 협력할 수 있다. 정서 지능은 자신의 감정을 알고 그것을 이해하는 것에서 출발하기 때문에, 아이가 '나'를 알아 가는 발달과 연령별로 발달되는 정서 발달을 순탄히 밟아야 높일 수 있다. 여기에 절대적인 것은 부모와의 상호 작용이다.

3세 이상의 아이는 주변 사람들에게 자신의 감정을 전달하고 공유하는 연습이 필요하다. 자신의 감정을 솔직히 표현해 보기도 하고 그것이 받아들여지는 경험도 해보고, 다른 사람의 감정을 인정하고 존중하며 공감하는 연습을 해야 한다. 디지털미디어는 이렇게 사람과 부대끼며 감정을 표현하고 조절하며 교환하는 기회를 빼앗아 간다.

디지털미디어와 집중력

디지털미디어의 전형적 특징인 빠른 화면 전환과 밝은 색깔도 아이의 정상적인 주의 집중 발달에 방해가 될 수 있다. 생후 10개월 이전에 아기는 자기 의지대로 주의를 돌릴 수 없다. 그런데 빠른 속도의 오락물과 같은 자극에 노출되면 자발적인 주의 집중으로 전환하는 데 어려움을 겪을 수 있다.

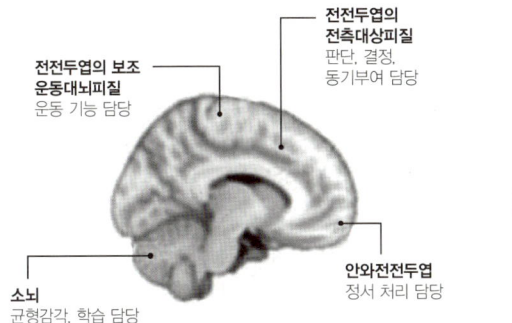 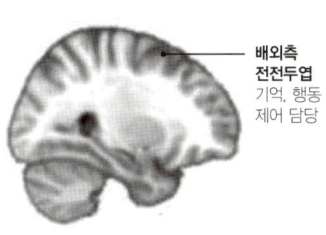

인터넷 중독자의 뇌 인터넷에 중독되면 운동 기능을 담당하는 보조 운동 대뇌피질, 동기를 담당하는 전측대상피질, 균형을 담당하는 소뇌, 정서를 담당하는 안와전전두엽, 행동 제어를 담당하는 배외측전전두엽 등이 줄어든다. 자료: 2011년 〈플로스원〉 논문

장기적인 변화를 연구한 결과에 따르면 36개월 이전에 과도하게 TV를 시청했던 아이들이 만 5~8세에 ADHD에 걸릴 가능성이 2배 이상 높았다. 실제로 미국 시애틀아동병원 드미트리 크리스타키스 박사가 12~36개월 아이 2,600명을 추적 조사한 결과, 12~36개월 아이들의 TV 시청 시간이 1시간씩 늘어날 때마다 이들이 7세가 되었을 때 주의력에 문제가 생길 위험이 10%나 높아지는 것으로 나타났다.

디지털미디어는 아이의 뇌가 아주 높은 수준의 자극을 기대하도록 만든다. 아기는 점차 디지털미디어의 자극을 정상적인 것으로 생각하게 되고, 그로 인해 상대적으로 현실은 지루하게 느끼게 된다. 이는 ADHD 아이들이나 집중력이 부족한 아이들에게 전형적으로 나타나는 현상이다.

즉 현란하고 자극이 강한 정보들이 넘쳐나는 디지털미디어는 아이의 뇌를 웬만한 자극에는 무덤덤하게 만들어서 일상생활 속에서의 자극을 억눌러 버린다는 것이다. 또한 지나친 TV와 스마트폰 시청은 뇌가 정보를 수동적으로 받아들이고 대충 처리하게 만들어 학습 곤란을 가져올 수도 있다. 왜냐하면 TV나 스마트폰은 한꺼번에 방대한 양의 정보를 공급해 뇌에서 그 정보를 처리할 시간적 여유를 주지 않는다. 그뿐만 아니라, 화면이 빨리빨리 바뀌기 때문에 고차원적인 사고를 담당하는 전두엽에서 영상 정보를 제대로 처리하지 못하고 생략해 버린다. 즉 이전 화면에서 본 정보의 의미 등을 파악하려다 보면 다음 화면을 자꾸 놓치게 되니까 뇌가 TV를 보는 동안에는 정보의 의미 등을 파악하는 과정을 아예 생략해 버리는 것이다. 이런 일이 반복되면 아이의 뇌는 점점 새로운 정보를 능동적으로 받아들이지 않고, 설렁설렁 처리하게 되어 훗날 학습장애를 일으킬 수 있다.

물론 디지털미디어가 도움이 되는 경우도 있다. 컴퓨터게임을 하는 아이들은 표적을 빨리 발견하고, 표적과 비표적 방해자극을 식별하는 능력이 좋아진다. 아이들이 컴퓨터게임을 하는 데 몇 백 혹은 몇 천 시간을 투자하면 아이들의 뇌 반응속도와 시각주의력이 높아진다. 연구에 의하면 만 7세부터 22세까지 전 연령대에서 게임을 하면 신호가 주어진 위치에 주의를 더 잘 집중시킬 수 있다. 게임을 하면 좀 더 폭넓은 시야에 주목하고 방해자극이 있는 배경에서 표적을 탐지하거나, 시각적 유입의 흐름을 신속하게 처리하거나, 다수의 표적을 동시에 추적하는 일은 잘한다.

디지털미디어와 언어 발달

아이가 언어를 발달시키는 것은 대체로 3가지로 나눌 수 있다. 첫째는 엄마가 말을 거는 것이다. 아이의 이야기에 엄마가 반응해 주고 엄마의 반응에 아이가 말로 응함으로써 언어 발달에 가장 효과적인 의사소통이 이루어진다. 둘째는 TV나 스마트폰 같은 디지털미디어이다. 이것은 수동적인 것으로 엄마의 이야기나 말 걸기만큼 효과적이지는 못하다. 아이의 언어는 상호 작용을 통하여 발달하는데 디지털미디어는 상호 작용이 거의 없어서 언어 발달에 도움이 되지 않는다. 셋째는 엄마가 읽어 주는 그림책이다. 요즈음은 TV와 스마트폰 때문에 그림책을 읽어 주는 일이 많이 줄어들었다. 그러나 엄마가 읽어 주는 그림책은 아이에게는 어느 자극보다도 기억과 마음에 강하게 남는 언어교육 방법이다. 엄마가 책을 읽으면서 들려주는 언어는 아이에게 심리적으로도 상당한 도움을 준다. 언어 발달이란 쌍방향의 의사소통이 효과적인데 TV에 의존하다 보면 언어 발달도 비효율적이고 의사소통하는 방식도 서툴게 된다.

많은 연구에서 아이들의 디지털미디어 시청이 언어 발달 부진과 상관관계가 있다고 밝혀졌다. 생후 7~16개월 아이는 TV나 스마트폰 앞에서 시간을 더 오래 보낼수록 그렇지 않은 아이보다 아는 어휘가 더 적다. 태국 아이들의 경우 12개월이 되기 전에 하루에 2시간 이상 화면을 보게 되면 언어지체의 위험이 6배 증가했다. 아이들의 「세서미 스트리트」 시청조차 언어 지체와 상관관계가 있다. 비록 이 프로그램이 만 3~5세 아이에게는 지속적으로 유익한 영향을 미친다고 하더라도 말이다. 아이의 TV나 스마트폰에 대한 노출은 36개월 아이의 인지 능력 감소와도 관련이 있다.

아이들의 뇌는 사회적 소통을 통해 학습하도록 최적화돼 있다. 예를 들어, 아이들은 DVD를 통해 영어에 노출되면 부실한 학습을 하게 된다. 디지털미디어는 아이들이 다른 사람들과 소통하는 시간을 줄인다. 이는 아이들의 수많은 발달 측면에 악영향을 미친다. 아이와 함께 디지털미디어를 본다고 하더라도 디지털미디어의 존재는 아이의 놀이를 방해하고, 부모와의 사회적

소통의 양을 감소시킨다.

24개월 이하 아이에게는 디지털미디어를 보여 주지 마라

아이가 TV나 스마트폰을 좋아하는 것은 당연하다. 아이가 TV나 스마트폰에 흥미를 갖게 되는 때는 대개 4~5개월 무렵부터이다. TV나 스마트폰이 주는 자극은 아이의 호기심을 자극시킬 뿐 아니라 빠르게 돌아가는 디지털미디어 장면은 아이에게는 흥미로운 신세계이다. 24개월 이상 된 아이는 30분 정도 프로그램도 집중해서 시청하며, 줄거리도 이해할 수 있다. 미국소아과학회에서는 24개월 이하의 아이에게 TV나 스마트폰을 보여 주지 말도록 권고하고 있다. 아이의 두뇌가 발달하는 데는 사람들과의 상호관계나 의사소통이 필요한 것이지 디지털미디어의 화면이 필요한 것은 아니라는 주장이다.

사실 이것은 부모로서는 받아들이기 어려운 제안이다. 실제로 TV나 스마트폰은 대리양육자나 좋은 행동에 대한 보상으로 사용되고 있을 뿐 아니라 아이교육의 중요한 수단으로 인식되고 있기 때문이다. 그럼에도 불구하고 많은 발달전문가들은 미국소아과학회의 새로운 지침에 동의하고 있다. 24개월 이하의 아이는 놀이를 해야 하며, 여기저기 탐구하며 돌아다니고, 상호 의사소통을 해야 한다. 부모도 아이에게 좋은 자극을 주기 위하여 아이와 상호관계를 가져야 한다.

그런데 TV나 스마트폰은 아이를 돌보는 도구로 많이 오용되고 있어 아이의 언어 발달이나 정서 및 사회성 발달에 오히려 나쁜 영향을 끼치고 있다. 생후 4~5개월이 되면 아기의 눈 기능이 발달하게 되어 TV나 스마트폰에 흥미를 갖는데, 이 시기에는 아기가 TV나 스마트폰을 본다는 것보다는 앞에서 반짝거리는 빛이나 움직이는 물체에 대한 호기심에 불과하다. 12개월 정도 되면 아기의 인식 능력이 더 발달하게 되어 TV나 스마트폰을 보여 주면 언어 발달이나 인지 능력 발달 등에 도움이 될 것 같지만 TV나 스마트폰에서 나오는 내용은 일방적이고 아기는 그 내용을 수동적으로만 받아들이기 때문에 크게 기대하기는 어렵다.

엄마가 아이를 돌보며 하루 종일 TV나 스마트폰을 켜 놓게 되면 아이에게 도움이 안 될 뿐 아니라 엄마가 TV나 스마트폰에 열중하게 되어 아이와의 접촉이 소홀해져서 엄마와 아이와의 긴밀한 관계나 아이의 언어 발달에 오히려 지장을 주게 된다.

디지털미디어 이용에 대한 부모 지침

소아기 전체에 걸쳐 디지털미디어를 금지하는 것은 불필요하며, 분명 비현실적이다. 금지령을 성공적으로 실시할 수 있다 해도 또래들이 좋아하는 의사소통 방법을 차단하게 되면 아이는 사회적으로 매우 불리한 처지에 놓이게 된다. 또 디지털미디어를 다뤄 본 경험이 부족하면 나중에 직업적으로도 어려움을 겪을 수 있다.

디지털미디어의 노출시간을 제한한다.

문제는 디지털미디어를 보는 것이 아니라 디지털미디어를 주로 보는 환경이다. 디지털미디어를 주로 보는 환경이 되면 아이는 장난감을 가지고 노는 것도, 엄마와 함께 그림책을 읽는 것도, 운동 발달을 위한 신체 놀이도 덜 하게 된다. 그렇게 되면 디지털미디어는 아이에게 이로운 것이 아니라 지능 발달이나 운동 발달에 좋지 않은 영향을 주게 된다. 따라서 우선 엄마가 TV

나 스마트폰을 많이 보는 환경을 만들지 않도록 하고 디지털미디어를 보는 시간도 1시간 이내로 해야 한다. TV나 스마트폰 시청을 제한하고 그 대신에 다른 흥미로운 상황을 만들어서 다른 것에 열중하게 하는 것이 좋다. 디지털미디어의 노출을 피하기 위해서는 큰 아이와 부모도 TV와 스마트폰을 보지 말아야 한다.

상호 작용을 늘린다.

자녀와 함께 교육 방송을 시청하고, 그들이 무엇을 좋아하는지 관찰한다. 조사에 따르면 부모가 아이들과 나란히 TV를 볼 때 아이들은 더 많은 것을 얻는다고 한다. 아이는 그 방송에서 무엇을 흥미진진하다고 느꼈을까? 그것을 아이의 호기심을 구축시키는 데 이용한다. 가능하다면 그 주제에 맞는 어린이용 도서관 책들을 대여한다. 이 관심사는 아이에게 이야깃거리의 소재를 만들어 줄 수도 있다.

능동적인 활동을 늘린다.

너무 디지털미디어에 장시간 몰두하는 것으로 생각되면 아이에게 장난감이나 교구를 손에 쥐어 주거나 그림책을 같이 읽도록 하거나 바깥에서 놀도록 유도한다. 아이를 도서관, 서점, 어린이박물관, 동물원 등 여러 장소에 데려가서 디지털미디어에서 본 것을 확인하게 하면 교육 효과가 크다. 아이들이라면 운동을 해야 하고, 1대1 상호 작용을 해야 하며, 야외에서 시간을 보내야 한다. 아이들은 자주 햇볕을 쬐어야 한다.

폭력적이거나 잔인한 내용을 피한다.

아이들은 본 것을 모두 흉내 낸다. 이것이 그들의 학습 방법이다. 디지털미디어의 폭력적인 장면이나 잔인한 장면도 문제가 된다. 아이는 현실과 환상을 혼동하는 경우가 있어서 한동안 디지털미디어 자체를 무서워하는 현상으로 나타나는 경우도 있다. 아이가 두려워하는 것이 얼토당토 않은 것이라고 하더라도 아이가 창조한 환상은 아이에게는 현실적인 것이다. 이때 아이에게 생긴 두려움은 상당 기간 가게 되어 부정적이고 지속적인 인상을 갖게 할 수도 있다. 무서운 장면은 최소한으로 노출하게 하는 것이 무엇보다 중요하다.

계획을 가지고 디지털미디어를 시청한다.

아이에게 보여 줄 TV나 스마트폰 프로그램은 부모가 미리 계획을 세워서 고르도록 한다. 이를 위해 신문의 TV 평이나 시청자 단체의 모니터 평을 참조하는 것도 좋다. 아이가 즐겨보는 장르가 무엇인지 얼마 동안이나 집중을 하는지, 시청 태도는 어떤지 수시로 점검할 필요가 있다. 아이가 TV를 볼 때 같이 보며 TV 내용을 설명해 주고, TV 내용이 부모의 생각과 다르다면 부모의 의견을 말해 주어야 한다. 이렇게 하면 언어 발달이나 인지 발달에 상당한 도움을 줄 수 있다.

실행 기능을 길러 주는 컴퓨터 게임도 있다.

뇌과학적으로 이야기하자면 컴퓨터 게임이 뇌를 나쁘게 한다고만은 할 수 없다. 이를테면 아이들은 화면에 나타난 물체의 움직임을 순간적으로 계산하고 게임 플레이어나 컨트롤러를 손가락으로 조작해서 게임을 진행한다. 즉 시각, 청각 정보를 통해 판단하고 손가락을 움직인다. 화면상의 정보를 순식간에 판단하고, 동시에 손가락도 움직이는 최적의 명령을 뇌가 보내는 것이다. 이런 일련의 행동은 바깥에서 야구나 축구를 할 때의 뇌 움직임과 공통되는 부분이 있다. 게임이 아이들의 실행 기능을 자연스럽게 길러 주는 것이다. 서양장기나 바둑, 체스 등과 같은 고전적 게임은 계획하기, 주의 집중, 반응 억제, 워킹메모리, 초인지를 길러 준다. 컴퓨터 보드게임은 주의 집중, 반응 억제, 목표집중력을 필요로 한다. 전략게임은 주의 집중, 계획하기, 정리 및 조직화, 반응 억제, 초인지 등을 기르는 데 도움을 줄 수 있다.

03
놀이를 하면
뇌가 저절로 통합된다

조기교육의 폐해

　조기교육에 대한 객관적인 평가가 필요하다. 오감교육과 체험교육이 강조되어야 할 영·유아기에 문자교육과 학습이 중심이 된 조기교육의 열풍이 불고 있기 때문이다. 그러면 조기교육은 정말 효과가 있는 것일까?

　오늘날 유치원이나 보육시설에서는 유아의 지적 능력의 향상을 위해 다양한 교육 프로그램을 행하고 있다. 그러나 이런 방법이 장래에 얼마나 효과적인가에 대해서는 미지수이다. 미카미는 유아에 대한 문자교육이 초등학생 때의 국어 성적에 얼마나 영향을 미치는지 조사했다. 이 연구는 문장이해력·말하기·쓰기·읽기 등 다양한 국어 실력을 평가하였는데, 그 결과가 충격적이었다. 유치원이나 보육시설에서 문자교육을 받지 않았던 유아가 문자교육을 받은 유아보다 성적이 오히려 우수한 것으로 나타났기 때문이다.

　기요하라는 교육의 흥미도 면에서 연구를 진행하였는데 보육현장에서 이루어지는 문자, 수, 영어, 체조, 악기 등의 교육이 초등학교에서의 유사 과목에 대한 흥미유발에 별로 도움을 주지 않는다는 결론을 내렸다. 유아기에 초등학교에서 다루는 내용까지 미리 가르치는 것은 아이의 학습의욕이나 학습력을 높이기보다는 장기적으로 볼 때 부정적으로 작용하는 경우가 많다.

조기에 이루어지는 규격화된 도구와 학습 프로그램은 오히려 아이들의 창의성을 가로막고 과도한 스트레스를 줄 수 있다. 두뇌 발달에 맞추어 적기교육을 시킨다면 아이의 두뇌가 잘 받아들일 수 있지만 뇌가 준비되지 않은 상태에서 조기교육을 받으면 코르티솔이라는 스트레스 호르몬이 나와 오히려 신경전달물질을 떨어뜨리고 뉴런을 죽이게 된다.

영·유아들은 놀이와 신체 활동을 통해 아이가 새로운 아이디어를 얻고 성공적으로 사회성을 기를 수 있는 환경을 제공해 주어야 한다. 또한 언어능력을 습득하고 배움을 장려할 만한 그림책이나 소도구, 아이디어 등을 통해 아이가 매일매일 놀이에 흠뻑 빠져들 수 있게 해 주어야 한다. 아이가 또래와 어울리고 다른 사람의 말에 귀 기울이며 협력하는 법을 배우려면 충분한 시간과 부모 또는 선생님의 도움이 필요하다.

미국소아과학회는 놀이가 아이의 인지적, 육체적, 사회적, 정서적 발달에 기여하기 때문에 중요하다고 주장한다. 아이는 놀이를 하면서 상상력, 손재주, 그리고 육체적, 인지적, 감성적 능력을 키우고 개발할 뿐 아니라 창의력도 개발할 수 있다. 취학 전 아이에게는 적어도 하루에 2~3시간 정도의 놀이시간이 필요하다.

문화에 따라 아이들 놀이의 양상은 달라진다. 미국의 중산층 엄마들은 아이들이 사물에 집중하도록 격려하고, 블록과 같은 장난감을 갖고 놀게 유도한다. 일본의 엄마들은 아이들이 놀이를 하는 동안 사회적 상호 작용에 참여하도록 격려한다. 예를 들어, 인형에게 우유를 먹이거나 인사를 하게 유도한다. 독립적인 발달을 강조하는 공동체에서는 사물놀이를 좀 더 중요하게 여기는 반면, 상호의존적인 공동체에서는 사회적 놀이를 더 장려하는 것이다. 현대에는 운동놀이가 다칠 위험부담 때문에 축소되는 경향이 있다. 운동놀이에서의 위험 부담은 한계를 시험하고 무엇이 안전하고 무엇이 위험한지를 알게 해 준다. 오늘날 놀이터의 기구들은 매우 안전하게 만들어진다. 하지만 이것이 오히려 아이들에게 극단에 대한 경험을 부족하게 해서 문제를 일으킨다.

놀이의 기본 형태

놀이	형태
사물놀이	손놀림은 단순한 소근육만의 문제가 아니라 안구의 고정, 눈과 손의 협응 등이 이루어져야 하고 청각, 시각, 촉각 등의 감각과도 상호 작용을 하여야 이루어진다. 소근육 운동을 이용하는 미술놀이는 아이 자신을 자유롭게 표현하는 기회가 되기 때문에 문제해결력의 기본이 되는 창의력을 키울 수 있다. 블록 놀이도 소근육을 이용하는 대표적인 놀이인데 공감각을 향상시킬 수 있고 수학적 문제해결력을 높일 수 있다.
운동놀이	아이들은 보행이 가능해지면 신체 위치를 신속하게 바꾸는 기민성이나 불안정한 상태에서 신체 균형을 유지하는 평행성, 그리고 2가지 이상의 신체 부위를 동시적으로 움직여 통합하는 전신적 협응성이 현저하게 발달한다. 그래서 걷기는 물론 달리기, 던지기, 받기, 세발자전거 타기 등 복잡한 활동이 가능하다. 아이가 어릴 때 경험하는 전신을 이용한 다양한 신체 놀이는 향후 운동신경의 발달에서 중요한 디딤돌이 된다. 또한 신체 놀이는 아이가 자신의 유능감을 확인시키는 것이기 때문에 주도적으로 놀게 되는데 이 주도성은 아이가 문제해결력을 키우는 심리적 기초가 된다. 아이는 운동놀이를 통하여 극단적인 감각에 흥분을 느끼고, 감정을 통제하는 방법을 배운다.
사회적 놀이	요즘 아이들은 집 안에서 주로 놀게 되는데 놀이 상대는 맨날 어울리는 친한 친구이거나 형제가 전부이다. 같이 모인다고 하더라도 각자 게임을 하고 대화도 거의 하지 않는다. 그러나 같이 하는 놀이는 아이가 사회성이나 대인관계를 배울 수 있는 좋은 경험이 된다. 다른 아이들과 어떻게 사귀고 어떻게 타협하면서 즐겁게 놀 수 있을지를 궁리하고 노는 경험을 통해 아이의 뇌가 발달한다. 아이의 자존감을 높이기 위해서는 자율성, 유능감, 유대감의 욕구가 충족되어야 하는데 놀이는 이들 욕구를 모두 충족시켜 자존감의 토대가 된다.

놀이의 뇌

뇌에서 즐거움의 핵심 요소는 보상이다. 보상은 뇌가 즐거움을 좀 더 구하기 위해 다시 되돌아오게 만든다. 뇌 안에 이런 보상을 전달해 주는 물질이 도파민이다. 도파민은 뇌의 중심부인 흑질과 복측피개 영역에 있는 세포들에서 생성되어 놀이 행동을 증가시킨다.

놀이는 흉내내기 뇌를 발달시킨다.

아이의 뇌에서 중요한 신경회로가 만들어지는 것은 바로 흉내 내기를 통해서이다. 거울 뉴런은 다른 사람의 행동을 바라보기만 해도 행동을 일으킨다. 아기들은 혀를 내미는 모습을 처음 보고서도 그 행동을 따라 할 수 있다. 아기가 부모를 보는 동안 거울 뉴런이 작동을 하여 행동을 따라 하며 소통하는 것이다. 자폐아들이 왜 다른 사람의 얼굴에서 감정을 읽어 내는 데 그토록 어려움을 겪는지도 거울 뉴런의 부족으로 설명할 수 있다.

아이는 성인의 행동을 그대로 따라 하는 단순 모방의 과정을 거친 후, 자신이 따라 할 모델의 행동을 관찰하고 생각한 후 자신에게 어울리는 방법으로 응용한다. 흉내 내기를 통해 아이는 관찰과 반복 학습을 하게 되고 학습 능력이 향상된다. 흉내 내기 놀이를 하기 위해서는 그때의 상황을 재현해야 하기 때문에 많은 어휘를 사용하게 된다. 말도 많이 하게 되고 평소 사용하지 않던 단어도 사용하게 된다. 흉내 낼 인물이 하는 말들을 잘 기억해 두었다가 그대로 따라 하면서 워킹메모리도 늘어난다.

놀이는 두뇌신경촉진인자(BDNF)를 활성화시킨다.

아이들의 뇌는 매우 유연하다. 그래서 변화의 가능성이 많다. 특히 놀이를 할 때 아이가 어떤 자극을 받느냐에 따라 뇌의 구조와 기능은 크게 바뀐다. BDNF는 유연한 뇌의 구조와 기능을 바꾸는 데 중요한 역할을 한다. 특히 아빠와의 운동놀이는 평소 사용하지 않는 근육을 사용하고 극단적인 감각까지 경험하기 때문에 BDNF가 많이 분비된다. BDNF는 운동에 관여하는 뇌뿐 아니라 전두엽, 두정엽, 측두엽, 후두엽, 변연계에서도 활성화되기 때문에 전뇌를 성장시킨다.

놀이는 도파민 시스템을 견고하게 한다.

아이가 특정 과제에 몰입할 때마다 도파민이 풍부하게 분비된다. 특히 전두엽에서 중요하다고 판단되는 과정에 몰입할 때 도파민이 크게 활성화된다. 도파민은 의욕을 일으키며, 목표를 정하고 이를 위해 지속적으로 노력하게 한다. 도파민은 불필요한 자극들을 걸러 내고 원하는 목표와 관련된 자극에만 몰입할 수 있게 도와주기 때문에 집중력을 기르는 데 도움이 된다. 몰입을 한 후에 느끼는 쾌감도 도파민에 의해 만들어진다. 놀이를 통하여 도파민이 생성되고 도파민 신경회로가 튼튼해지면 전전두엽의 실행력도 높아진다. 실행력이란 사고하고 판단하는 것뿐만 아니라 공부하는 데도 중요한 기능이다.

놀이는 창의력의 뇌를 키운다.

아이는 사회적 놀이를 하는 과정에서 새로운 역할에 대한 정보를 습득한다. 직접 경험했거나 그림책이나 TV를 통해 접했던 다양한 경험과 인물에 대한 기억을 되살리는 과정에서 그 당시의 감정을 되살리면서 창의력도 높이고 워킹메모리도 키울 수 있다. 예를 들면, 아이가 병원에서 보았던 의사나 간호사의 역할을 떠올리면서 워킹메모리가 발달하고 자신이 기억해 낸 역할을 현재 자신의 상황에 맞게 흉내 내며 창의력도 커진다. 전두연합 영역의 A-10신경이란 도파민 신경회로는 뇌줄기에서 시작하여 시상하부를 거쳐 대뇌 신피질의 측두엽, 전두엽과 연결된다. 창의력은 이 A-10신경을 지나 흐르는 도파민이 전두연합 영역에서 과잉 방출될 때 나타난다. 놀이는 재미가 중요하다. 놀이의 쾌감이 자극이 되어 전두엽에서 도파민과 같은 신경전달물질이 대량으로 분비되고, 전두연합 영역이 활성화되면서 창의력이 높아진다.

놀이는 변연계의 자기조절력을 키운다.

일본의 초등학교에서는 체육 시간마다 5분씩 씨름을 하게 한 결과, 수업 시간에 집중력이 향상되었다. 말뚝박기나 줄다리기로도 같은 효과를 얻었다. 즉 심신의 흥분이 정점에 달하는 동적인 시간을 갖게 함으로써 그 뒤의 정적인 시간에 아이들의 집중력을 높인 것이다. 하지만 요즘 아이들은 신체 운동을 할 기회가 점점 줄어들고 있다. 친구들끼리 몸을 쓰는 장난만 쳐도 다칠까 봐 걱정을 하고, 웬만한 바깥놀이는 위험하다고 하지 못하는 것이 현실이다. 그러니 동적인 흥분과 정적인 이완의 순환고리가 만들어지지 않는 것이다. 온몸의 근육을 총동원해서 역동적으로 움직이는 경험이 뇌를 자극하고, 그렇게 흥분을 유발함으로써 억제도 발달하게 되는 순환고리를 통해 뇌는 차츰 균형을 잡아가게 된다.

놀이에는 약간의 두려움이나 불안을 동반한 신체 활동과 성취감이 뒤섞여 있다. 아이는 안전할 거라는 사실을 믿으면서도 무슨 일이 벌어질지 정확히 알지 못한다. 이런 스릴을 통하여 아이는 통제할 수 있는 한도 내에서 흥분을 유지하는 기술을 배우고 감정 처리 능력도 기르게 된다. 또한 놀이를 통하여 다른 사람의 감정을 읽고, 자신의 감정을 다른 사람에게 전하는 방법을 배운다.

놀이는 사회성의 뇌를 강화시킨다.

아이들이 놀이를 통하여 얼굴을 마주하면 안와전두피질이 상대방의 감정 신호와 사회적 단서를 처리하고 적절한 상호 작용을 할 수 있도록 정보를 편도체에 넘긴다. 안와전두피질이 관여하지 않으면 적절한 반응이 힘들고 상호 작용도 이루어지기 어려울 뿐 아니라 이 정보를 바탕으로 하는 감정 조절이나 행동 통제도 불가능하기 때문에 사회성이 발달하지 못한다.

아이들은 놀이를 통해 사회적 기술들을 연습하고 다양한 시도를 하게 된다. 타협하는 법, 집단 활동하는 법, 유연하게 적응하는 법 등을 놀면서 배운다. 이 적응력과 융통성은 청소년기와 성년기 동안 사회적·학문적 성취에 많은 도움이 된다. 브라운은 연구를 통해 공정함, 정의감, 공감력 등의 자질을 키우는 핵심이 놀이라는 결론에 도달했다. 아이는 놀이를 통하여 다른 아이들과 조화롭게 어울리는 법, 순서를 지키는 법, 서로의 기대에 맞게 행동하는 법을 배우고 서로 의견을 조정하는 법도 익힌다. 뿐만 아니라 다른 사람의 역할을 직접 경험해 보면서 타인의 입장에서 생각을 하게 돼 배려심도 키울 수 있다.

놀이는 감각의 뇌를 발달시킨다.

아이들은 움직임이 자유로워지면 아플 게 뻔해도 울타리나 좁은 철길, 건물의 턱 같은 곳을 걷고 싶어 한다. 처음에는 부모의 손을 잡지 않으면 균형을 잡지 못하지만 시간이 지나 근육이 단단해지고, 두뇌가 발달하여 몸과 팔·다리로 보내는 신호와 전정 기능이 통합되면 더 좁고 울퉁불퉁한 바닥도 잘 다닐 수 있다. 이렇게 아이는 점점 더 난이도가 높은 놀이를 하는 과정에서 감각과 운동 발달이 고도화된다.

실행 기능을 높여 준다.

아이가 커 가면서 조직화된 운동 경기, 연극, 동아리 등 다양한 특별 활동뿐만 아니라 보드게임이나 비디오게임 또한 매우 유익하다. 이것들은 기억력, 방향 감각, 계획성, 문제해결력을 향상시켜 준다. 오프라인이든 온라인이든, 전략적인 게임들은 아이의 뇌가 미리 예상하여 대처 방법을 생각하고 각각의 위험 보상비율을 계산해 보게 한다. 게임의 과제나 도전을 성취하는 것은 아이의 유능감을 향상시킨다. 게임의 거래와 타협 또한 사회성을 기르는 데 많은 도움이 된다. 보드게임, 체스, 카드 게임과 같은 고전적인 게임들도 좋다.

어떤 놀이가 좋을까?

그러한 점을 고려한다면 아이의 놀이는 어떤 것이 좋을까? 부모는 다음의 지침을 명심하여야 한다.

놀이는 자발적이어야 한다.

놀이의 본질은 외부로부터 제시된 과제나 활동이 아니라 어디까지나 아이의 자발적 활동이라는 데 있다. 아이에게 놀이는 타인에 의해 제지를 당해도 하고 싶은 것이다. 그래서 놀이에는 자기주도성이 가득 차 있다.

놀이는 재미있어야 한다.

놀이는 어디까지나 그 자체가 목적인 활동이기 때문에 순간의 즐거움이나 기쁨, 그리고 만족에 의해 성립된다. 따라서 놀이는 자기나 타인에게 무언가 도움을 주거나 가치 있는 결과를 만들어 내고자 하는 목적이 없다. 순간적일지라도 놀이 활동을 통해 성취감, 자기실현 등 인간 성장에 필요한 긍정적 요소를 많이 체험하기는 하지만 어디까지나 놀이의 결과로서 얻어지는 것일 뿐 목적으로서 전제된 것은 아니다. 아이들이 아빠와의 놀이를 손꼽아 기다리는 것은 재미있기 때문이다.

놀이는 상호적이어야 한다.

혼자 방에 앉아서 컴퓨터 게임을 하거나 TV를 시청하는 것은 수동적 몰입은 가능하나 진정한 의미의 놀이라고 할 수는 없다. 반복되는 TV 시청을 통해 자기도 모르게 CM송을 따라 부르고 개그맨 흉내를 내는 아이들은 노는 것이 아니다. 상호 관계가 빠진 놀이는 중독이 될 가능성이 높다. 아이가 혼자서 꽃이나 곤충을 관찰하는 것이 좋아서 하기도 하지만 친구들과 놀 줄 몰라서 혼자 노는 아이도 있다. 요즘은 아이들 속에서 서로 부딪히면서 노는 환경을 접하기가 쉽지 않기 때문에 일부러라도 그런 환경을 만들어 사회성을 길러 주어야 한다. 어려서부터 또래와의 놀이를 통하여 주장해야 할 것과 참아야 할 것을 판단하며 사회의 규칙을 몸으로 익히게 해야 한다. 아이를 반 발자국 뒤에 따라가며 아이의 말과 행동을 집중하고, 눈으로 쫓으며, 입으로 상황을 읽듯이 표현한다. 공감적 경청의 형식은 "-구나"이다. 부모의 반응을 최소화하고 아이의 마음을 반영한다.

놀이는 육체를 동반하는 것이다.

가만히 앉아서 인지적 교육만을 하는 것은 놀이와 거리가 멀다. 가만히 앉아서 정신은 수만 리를 다녀올 수 있다. 그러나 육체를 동반할 때 정신은 따로 놀 수 없다. 현재에 집중하지 아니하면 육체는 곤경에 처하게 된다. 신체 놀이가 중요한 이유가 여기에 있다. 아이는 신체 놀이를 통하여 현재의 감각에 집중할 수 있다.

놀이는 예측 불가능하여야 한다.

결과가 뻔히 보이는 과정은 흥미를 유발시키지 못한다. 결과가 오리무중이고 무슨 일이 어떻게 벌어질지 모를 때, 아이는 집중하고 다음 과정을 흥미롭게 주목하고 탐구하고 싶어 한다. 아이가 자신의 이야기를 펼치며 역할놀이, 상상놀이를 제안할 때 부모는 아이가 쓴 대본에 따라 충실하게, 열정적으로 연기하며 아이의 놀이를 따라 준다. 부모의 이야기가 아이의 이야기를 흐트리지 않도록 조심한다. 아이가 만든 이야기에는 아이 마음의 주제가 들어 있으므로 놀이를 통해 아이의 속마음을 엿볼 수 있는 좋은 기회이다.

놀이는 일상생활에서 격리된 활동이어야 한다.

놀이는 언제, 어디서 해야 한다는 시간과 공간의 제약을 받는 활동이 아닌 일상생활의 제약에서 벗어난 활동이어야 한다. 놀이의 본질은 현실 생활과는 동떨어진 공상과 허구의 세계이며, 아이들은 그 세계를 현실 세계처럼 느껴서 즐긴다. 부모는 아이와의 놀이를 통해 아이의 상상력을 확장하고 시공을 넘나들어야 한다. 놀이에서만큼은 현실적인 제약에 얽매이지 말아야 한다. 일정한 장소에서 일정 시간 동안 '특별 놀이 시간'을 가진다. 특별

놀이 시간을 시작할 때는 항상 시계 앞에 서서 끝날 시간을 미리 알려 준다. 끝나기 5분 전에 놀 시간이 5분 남았음을 알려 주면 갑자기 놀이가 중단되어 느끼는 서운함이 줄어든다.

최소한의 제한 설정이 필요하다.

아무리 아이가 주도하는 놀이 시간이라고 해도, 절대 허용해서는 안 되는 행동들이 있다. 바로 자해, 타해, 기물 파손이다. 아이로 인해 고통이나 공포심, 불편감을 느낄 때에는 무조건 참아 주는 것이 아니라 최소한의 제한 설정이 필요하다.

연령별 놀이의 발달

두뇌 발달에 맞는 연령별 놀이를 제안하면 다음과 같다.

0~24개월 : 탐구의 시기

이 시기의 아이들은 주변에 대한 호기심이 많다. 사물을 보면 빨고 만지고 흔들고 냄새를 맡으며 무엇인지 파악한다. 뇌의 시냅스가 증가하는 시기로 오감놀이를 하면 두뇌 발달에 좋다.

미술놀이는 창의력을 키운다.

아이 스스로 보고 만지는 과정을 통해 색채 감각을 온몸으로 인지하게 되며 그 과정에서 미술에 흥미를 가지게 된다. 펜이나 연필 외에 색연필, 물감, 종이찰흙 등 다양한 도구를 이용해 표현하게 하고, 그 차이점을 느낄 수 있도록 한다. 한 가지 색깔의 물감을 칠하고 다른 색깔의 물감을 덧칠하여 새로운 색깔을 만드는 과정에서 창의력이 생긴다. 종이찰흙을 이용하여 주변의 사물을 만들어 보고 아이가 생각하는 특별한 모양들을 만들면서 창의력이 키워지고 문제해결력이 향상된다. 부모는 미술놀이를 의사소통의 기회로 삼아 그림을 그리거나 만들기를 할 때 아이와 충분한 대화시간을 가진다.

적절한 신체 놀이는 뇌 발달을 도와준다.

뉴런은 신체 움직임을 통제할 수 있는 체제를 형성하고 있으므로 신체 운동은 뇌 발달을 도와주고 인지 발달을 가능하게 한다. 특히 걷기나 뛰기, 몸 비틀기, 뛰어오르기, 공이나 팥주머니 던지기 등과 같은 유산소 운동은 뇌 안의 모세혈관 수를 증가시켜 영양분의 흡수를 촉진하고 노폐물 제거를 원활하게 한다. 신체 운동을 통해 뇌에 산소와 포도당을 최대로 공급할 수 있을 때 뇌 활동도 최상의 상태에 이르게 된다. 아이와 놀 때에는 놀이의 주도권은 아이에게 주고 부모는 아이의 놀이에 동참하여 보조적인 역할을 하는 것이 좋다.

25~48개월 : 조합의 시기

24개월 이전에는 뇌량이 발달되지 않아서 좌뇌와 우뇌가 따로 논다고 할 수 있지만, 25~48개월이 되면 좌뇌와 우뇌는 통합이 된다. 따라서 어떤 사물을 볼 때에도 좌뇌에서 본 것과 우뇌에서 본 것이 통합되므로 더욱 완벽하게 사물을 볼 수 있다. 이 시기에는 스스로 체험하는 체험놀이와 자기가 만들고 부수는 조작놀이, 조합놀이가 좋다.

자연을 경험하게 한다.

다양하고 풍부한 자극과 경험은 두뇌 발달에 중요하다. 자연이 있는 곳이면 어디든 가 보는 것이 좋다. 자연을 통한 경험은 살아 있는 교육이다. 마음을 평온히 유지하는 것은 자신의 상태를 정확히 인식하는 데 유용한 습관이다. 집중이 안 될 때, 자신의 현재 상태를 인식하고자 할 때, 현재 상태에서 무언가 변화를 주고자 할 때 산책같이 심신을 바르게 하는 습관은 자신의 뇌 상태를 평안하게 하는 지름길이다.

블록은 촉각을 자극하고 소근육의 협응을 키운다.

블록을 쌓는 것은 소뇌, 대뇌피질, 시각중추, 전정기관 등이 복합적으로 연결되는 고도의 기능으로 섬세하게 손놀림을 하지 않으면 불가능하다. 기울기를 눈으로 체크하고, 손가락 감각으로 확인하면서 바로 세워야 한다. 이것은 대뇌의 신경망을 만드는 데 최고의 자극이다. 아이는 블록을 갖고 놀면서 구조물을 짓고 나서 바로 무너뜨려 버린다. 그러고는 다시 쌓는다. 특정한 모양의 그림을 제시하여 만들어 보게 하는 것도 좋고 아이가 좋아하는 사물이나 도구를 만들게 한다. 부모가 레고나 블록으로 원하는 모양의 일부를 만들어 놓고 아이가 나머지를 완성하게 하는 것도 좋다. 3차원으로 만들어지는 것이기 때문에 공간 지능과 문제해결력이 자연스레 높아진다.

유아기 아이는 풍부한 감각적 활동을 경험해야 한다.

땅을 파서 물이 흘러나오는 것을 경험해 본다거나 모래놀이나 진흙놀이 등을 하는 것도 좋다. 야외활동 시간은 아이가 상상놀이를 즐기고 또래와 원활한 의사소통을 하는 데 도움을 준다. 또한 자신이 자연의 일부가 되었을 때 그것을 확실히 인식할 만한 특별한 기회도 제공한다. 아이에게는 에너지를 발산할 시간이 필요하다. 정기적으로 야외활동의 기회가 주어지면 과제를 할 때 더욱 집중하게 될 것이다.

49~72개월 : 역할놀이의 시기

5~6세가 되면 아이의 말에서 어휘 수가 늘어나고 문장도 점점 더 길어지

고 대화도 더욱 잘하게 된다. 이제 아이는 자기와 관련된 여러 가지 관계를 평가할 줄 안다. 아이는 문장에 나오는 지식 정보를 하나의 전체로서 동화시킬 수 있으므로 대상물과 대상물 사이의 관계, 말하는 사람과 듣는 사람과의 관계, 한 사건과 다른 사건과의 관계, 현재 대화와 과거 대화와의 관계를 하나의 전체로 합하는 말하기 경험을 늘린다. 역할놀이를 통하여 창의력이 발달한다.

역할놀이는 지적인 탐구, 창의성, 학구적 성공, 호기심, 일반 학습 능력을 기르는 기초가 된다. 그것을 통해 아이는 문제해결력, 토론, 읽고 쓰는 능력, 그리고 협동과 나눔 같은 사회성을 훈련할 수 있다. 역할놀이는 아이들이 분장실에서 연기를 하기 위한 의상을 갈아입거나, 상상놀이를 하는 것에만 제한되어서는 안 된다. 아이들은 온갖 종류의 어른 역할을 경험해 보고 싶어 하기 때문이다. 아이들이 매장 계산대 앞에서의 상황을 연출하면, 선생님은 아이가 물건 값으로 얼마를 내야 하는지 알려 주면서 수학을 가르칠 수 있고, 어떤 물건은 구입하고 어떤 물건은 그냥 지나쳐야 하는지, 그 밖에도 이런저런 상황에 대해 알려 줄 수 있다. 아이들은 연극놀이를 통해 또래와 함께 자신이 관심을 갖는 분야에 대한 풍부한 사회적 경험을 쌓을 수 있다.

04
생각하는 뇌를 만들어라

생각하는 뇌

아이는 끊임없이 주위의 대상물을 자극해서 외부 세계를 이해하려고 노력한다. 이런 아이의 능동적인 행동이 사고력의 한계를 극복하는 데 도움을 준다. 아이의 뇌는 유연하기 때문에 대상을 조작하는 활동은 아이의 사고력에 많은 영향을 미친다. 아이는 자신이 알려고 하는 대상에 대해 적극적으로 반응하고 행동하면서 대상을 보다 정확하게 이해할 수 있고 이를 통해 사고력이 강화된다. 아이의 사고력은 일상생활의 구체적인 경험과 동떨어진 상황에서는 자신의 기능을 충분히 발휘할 수 없다. 아이의 사고력은 한계가 있지만, 그것은 결코 고정적인 것이 아니며 상황과 경험에 따라 놀라울 정도로 유연성과 역동성을 지닐 수 있다.

아이는 24개월이 되면 언어나 이미지 능력의 발달로 표상적 사고가 가능하기 때문에 비록 눈앞에 보이지 않는 대상이라도 그 대상을 머릿속에 생각해 내거나 관련짓는 등의 정신적 작용이 가능하다. 이 시기에는 특정 사물을 다른 사물로 바꾸어 표현하는 상징 기능이 발달함에 따라 소꿉놀이나 의사놀이 등의 상징놀이가 나타나기 시작한다. 아이들은 엄마흉내를 내기도 하고 장난감 청진기로 진찰을 하기도 한다.

직관적 사고도 생긴다. 어떤 시각 자극이 제시되면 그 자극의 한 부분만을 주목하여 그것을 그 자극의 본질인 것으로 착각하는 현상을 보이기도 하고, 모든 것을 자신의 관점에서 인지하는 자기중심적 사고를 보이기도 한다. 이러한 직관적인 사고는 자기만의 엉뚱한 생각으로 이어지기 쉽고 현실의 경계를 뛰어넘을 수도 있다. 이것이 상상이 이루어지는 출발점이다.

따라서 생각하는 뇌를 만들려면 특정한 뇌의 영역을 발달시키는 학습과 훈련에 치중할 것이 아니라, 다양한 환경 자극을 통해 뇌를 골고루 개발하는 것이 더 바람직하다. 그림책을 읽거나, 음악을 듣거나, 노래를 부르거나, 악기를 연주하거나, 운동을 하거나, 요리를 하거나, 평소 다니지 않던 길로 가거나, 낯선 곳으로 여행을 떠나거나, 새로운 과제에 도전하거나, 다른 아이들을 만나는 것 등이다. 이렇게 일상생활에서 뇌에 끊임없이 환경 자극을 주면 굳이 의도하지 않아도 시냅스가 증가하고 모든 뇌 부위의 기능을 관장하는 전두엽이 활성화되어 생각하는 뇌가 된다.

관찰의 힘

생각하는 뇌의 첫걸음은 관찰에서 시작된다. 아이가 호기심을 갖고 그림책을 보기 시작할 때 시간을 충분히 준다. 다른 그림 찾기 등을 통해 그림이 어떻게 달라졌는지 아이 스스로 발견할 수 있도록 기다려 준다. 빨리 정답을 찾지 못하는 것처럼 보일 수 있지만 아이는 이미 많은 것을 생각하고 느끼고 있다. 이리저리 찾아보는 과정을 통해 관찰과 몰입이 무엇인지 경험하게 된다. 아이가 퍼즐 맞추기를 아주 좋아하면 퍼즐을 맞출 때 집중한다. 아이는 그림을 찾고 퍼즐을 맞추는 과정에서 관찰력이 늘어나고 그에 따른 사고력이 생긴다. 이때 부모는 아이들이 스스로 발견할 수 있게 기다려 주고, 작은 발견에도 '잘했다.'라고 호응해 주는 것이 필요하다.

모든 물체는 각기 다른 도형으로 이루어져 있다. 그래서 도형을 구별할 수 있는 능력은 사고력을 길러 주는 가장 기초적인 요소이다. 갖가지 모양의 도형 그림을 그리고, 그 도형을 통해 또 다른 도형을 만들어 낼 수 있다는 것을 아는 것 자체가 사고력을 넓힐 수 있는 방법이다.

동그라미로 만들어진 냄비, 화장품, 물컵, 훌라후프 등을 함께 모아서 아이로 하여금 공통점을 느끼게 하고 도형의 개념을 익히게 할 수 있다. 아이에게 다양한 도형판을 주면 아이는 다양한 도형을 이리저리 연결하고 배치하면서 '생각하는 힘'을 기르게 된다. 가령, 아이가 다양한 모양의 도형판으로 자동차를 만든다고 하자. 아이는 우선 자동차를 만들기 위해 어떤 모양의 도형판을 골라야 하는지 고민한다. 네모 모양, 세모 모양 도형판을 골라 놓고, 어떻게 연결하고 배치해야 하는지 생각하며 '문제를 해결'한다.

여행을 떠나는 것도 관찰력을 키우는 좋은 방법이다. 공간에 대한 정보는 기억을 담당하는 해마를 강렬하게 자극한다. 한 연구 결과에 의하면, 사진이나 영상·그림 등을 보고 그 속에 등장하는 장소를 다녀오는 상상을 하는 것만으로도 해마가 활성화된다고 한다. 뇌는 눈으로 보고 생각하는 것만으로도 자극을 받는데, 여행을 떠나 직접 보고, 듣고, 맛보고, 맡고, 만지고, 느끼면서 흥분한다.

어휘력의 힘

그림책 읽기와 물어보기를 통해 상상력을 키운다. 아이의 언어가 하나씩 늘어갈수록 그만큼 아이의 사고의 폭이 넓어지고 깊어진다. 즉 아이가 새로운 단어를 배워 가는 것은 단순히 언어가 발달하는 것 이상의 의미를 지닌다. 단어는 아이에게 새로운 세계를 열어 주기 때문이다. 아이가 어떤 단어 하나를 새로 알게 되면 사고의 범위가 그만큼 넓어지고 상상력도 커진다.

아이의 어휘력을 키워 주는 가장 좋은 방법은 아이와 함께하는 대화 시간을 많이 갖는 것이다. 물론 이때 아이와 무작정 대화하기보다는 아이의 눈높이에 맞춰 풍부하고도 정확한 어휘를 구사하여 아이의 호기심을 자극하고 생각거리를 줄 수 있도록 대화하여야 한다. "호돌이는 앞으로 어떻게 될까?"처럼 앞으로 예측되는 상황을 물어도 좋고 "아기곰은 무슨 생각을 하고 있을까?"처럼 주인공의 마음을 상상해 보는 질문을 해도 좋다.

아이가 24~36개월이 되면 언어가 급속하게 발달하고 질문을 함으로써 자신의 환경에 대해 더 많은 것을 발견하고자 끊임없이 노력한다. 부모는 아이에게 그림책을 읽어 주고 아이가 질문을 잘할 수 있도록 아이를 존중하여야 한다.

긍정성의 힘

아이가 생각하는 뇌를 갖게 하려면 부모는 아이의 자신감을 높여 주고, 아이가 하는 '탐탁지 않은' 행동이라도 관대하게 보아야 한다. 아이가 자신과 다르다는 것을 알고, 아이가 독립심과 호기심을 표출하는 것에 대해 비판적이지 않아야 한다.

브레인스토밍은 창의적인 사고를 하고, 주어진 정보를 신중하게 조사하며, 문제를 해결하는 데 가장 중요한 기법으로 알려져 있다. 브레인스토밍에서 중요한 것은 비판 없이 아이디어가 나온다는 점이다. 이는 아이의 생각을 긍정적으로 수용하는 것이 중요하다는 뜻이다. 아이가 생각하는 과정에서 초기부터 너무 자기 통제를 많이 하고 경험을 성급하게 판단해 버리면 창의적인 관찰을 하지 못하게 된다.

부모는 잘 적응하라고 동조하며 복종을 요구하기보다는 아이의 용기, 독립적인 판단, 비판적 사고를 중요시하여야 한다. 과도한 성 역할 차이를 강조하는 것도 바람직하지 않다. 과도하게 성 역할을 강조하면 남자아이들은 감정적 민감성을 억누를 수 있고, 여자아이들은 자기주장, 자신감, 충동성을 억누를 수 있다. 부모는 수정과 비판을 최소화하고, 의사소통을 늘리고, 자기주도성을 키워 주어야 한다.

융통성의 힘

융통성은 일에 차질이 생기거나, 새로운 정보를 접하거나, 실수가 있는 등의 상황과 맞닥뜨릴 때 계획을 변경할 수 있는 능력을 말한다. 융통성이 뛰어난 아이들은 문제나 변화에 별다른 무리 없이 '물 흐르듯' 대처할 수 있다. 통제할 수 없는 변수 때문에 마지막 순간에 계획을 바꾸어야 할 때조차도 재빨리 상황에 적응하고 새로운 상황을 잘 풀어 나갈 수 있으며, 실망이나 좌절감을 쉽게 극복하는 등 감정 조절도 거뜬히 해낼 수 있다.

반면 융통성이 부족한 아이들은 예기치 못한 상황이나 변화가 닥쳤을 때 놀라고 겁에 질려 어찌할 바를 모른 채 우왕좌왕한다. 융통성이 있으려면 선택권이 있어야 한다. 아이들은 누군가가 자신들을 조종한다고 느끼면 경직된다. 상황에 어떻게 대처할 것인지 아이에게 선택권을 준다면 아이들은 자신이 통제력을 가지고 있다고 느낄 것이다.

자연의 힘

조기교육의 아버지라고 불리는 칼 비테는 미숙아로 태어난 아들이 대학생이 되었을 때 다른 아이와의 경쟁에서 뒤지지 않게 하기 위하여 일찍부터 자연을 접하게 했다. 활동하기 편하도록 헐렁한 옷을 입히고, 햇볕이 따뜻하고 바람이 가볍게 부는 날에는 신선한 공기를 마음껏 마시도록 일부러 마당에서 재우기도 했다.

자연의 소리는 귀를 피로하지 않게 하며 스트레스를 줄여 준다. 풀벌레 소리, 새소리, 계곡물 소리는 청각주의력을 높여 줄 뿐 아니라 마음을 안정시킨다. 아기가 12개월이 되면 시각이 발달하여 자연의 빛깔을 제대로 완벽하게 볼 수 있으므로 야외에 나가 숲을 보여 주고 벌판을 보여 준다. 그렇게 하면 시각주의력이 높아질 뿐 아니라 코르티솔도 줄어든다.

디지털 음악이나 모니터의 색들은 전자기기에 저장하는 과정에서 왜곡되기 때문에 정기적으로 자연의 소리와 색을 들려주고 보여 주어야 한다. 그리고 집 안에 있는 금붕어, 거북이, 새, 강아지, 고양이 등 애완동물들에게 먹이를 주게 한다. 아이는 자연스럽게 만지기도 할 것이다. 꿈틀하는 생명체의 느낌은 아기에게는 아주 새로운 감각이고 창의력의 원천이다. 마당에 있는 작은 꽃과 벌레를 보여 주고 조심스럽게 만져 보게 한다. 아이는 이러한 생명체를 만져 보면서 생체 리듬을 느낄 것이다.

휴식의 힘

우리 뇌는 무언가를 발견하기 위해 강제로 쥐어짜기보다는 아무 목적도 없이 놀도록 내버려 둘 때 훨씬 자유롭게 활동을 한다. 강제로 쥐어짜는 과정에서는 그 과제에 필요한 활동 이외의 다른 활동은 억제된다. 그러나 긴장이 없는 편안한 환경에서는 뇌가 특정한 일이나 작업을 위해 다른 모드를 억제하지 않아도 되기 때문에 창의력이 더 잘 발휘될 수 있다.

부모는 육아책에 나오는 발달 수준에 맞추려고 노력하고, 아이가 뭔가 새롭고 다른 일을 하지 못하도록 억제하기 쉽다. 창의성은 도전하고 실수하고, 실패도 해 보면서, 다시 추슬러 도전하는 것이다. 그런데 부모는 아이가 실수하는 것을 겁낸다. 아이들이 창의성에서 차이를 보이는 것은 선천적인 뇌 기능에 차이가 있다기보다는 창의적인 활동에 대한 호기심이나 자발성의 차이에 기인한다. 이런 차이는 부모의 양육 태도와도 관련이 있으므로 아이의 강점을 살리는 양육이 필요하다.

뇌의 발달 패턴은 아이마다 차이가 있다. 그 속도와 패턴을 무시하면 자존감, 유능감 그리고 자기주도성에 악영향을 미친다. 너무 빨리, 너무 많이 성공해도 이후의 실패가 너무 커서 회복탄력성이 문제가 된다. 느리게 성공할 아이를 일찍 다그치면 느리게 성공할 자기주도성과 기회를 잃어버려 의존적인 아이가 된다. 따라서 아이의 행동이 느리다면 늘 신중하게 생각하는 습관을 가진 것은 아닌지 좀 더 세심하게 살펴본다.

창의력 키우기

창의력은 문제해결력이다. 아이가 자신에게 주어진 과제를 해결하기 위해서는 문제의식을 갖고 해결해야 할 문제를 발견하여야 해결의 실마리를 얻게 된다. 아이는 자신의 호기심을 채우고 문제를 극복하려고 여러 가지를 시도한다. 문제의식은 아이로 하여금 통찰하고 해결하게 하는 좋은 자극이

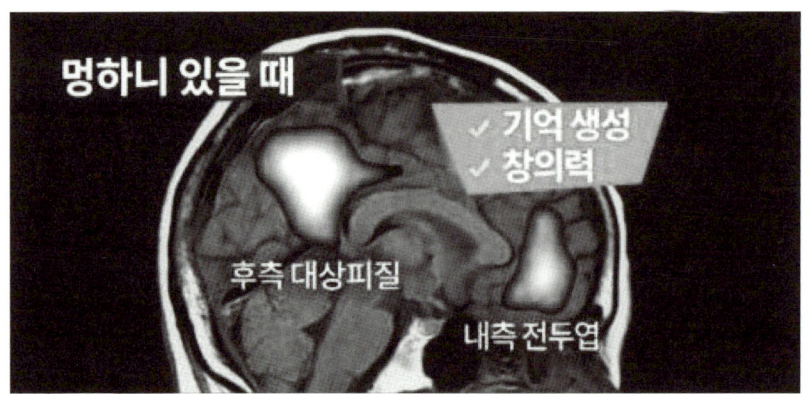

멍하니 있을 때의 뇌 멍하니 있을 때는 후측대상피질과 내측전두엽이 활성화되는데, 이 영역은 기억을 향상시키고 창의력을 높여 준다.

며 기회를 제공한다. 주어진 과제를 해결하기 위해서는 확고한 의지와 충분한 주의집중력이 필요하다. 그래야만 깊이 있게 생각하고 고민하게 되며 창의적인 해결 방법을 찾을 수 있다. 확고한 의지와 충분한 주의집중력은 아이 스스로 좋아서 해야만 진정한 힘을 갖는다. 자발적 동기를 갖기 위해서는 아이가 진실로 원해야 한다. 진실로 원하면 보이지 않던 것들이 보이고, 새롭게 바라보게 되며, 해결의 실마리를 찾아내게 된다.

다음은 창의력을 개발하는 데 도움이 되는 방법들이다.

옆집 아이와 비교하지 않는다.

"옆집 아이는 벌써 숫자를 세는데 얘는 왜 이러지?" 하는 식의 비교는 비록 아이를 사랑하고 격려한다고 하더라도 부정적인 영향을 준다. 부모가 비교하면, 아이는 놀랄 만큼 민감하게 부모의 마음을 알아채 불안해하고 더 잘하려고 노력한다. 아이 자신의 고유 일정에 따라 발달하는 것이 아니라 부모의 기대를 충족하기 위해 다른 부분의 발달에 더 집중할 경우, 아이의 뇌 발달에 불균형을 초래할 수 있다.

자기주도적인 감각 체험을 많이 하게 한다.

자기주도적이고 감각적인 놀이를 많이 한 아이는 그 감각으로 의미의 맥락을 만들기 때문에 창의력이 좋아진다. 몸의 감각과 함께 한 체험은 무의식과 연동되기 때문에 진취적이 된다. 그런데 이러한 자율적 활동을 부모가 위험하다는 염려와 뭔가 가르쳐야 한다는 조급증 때문에 막는 경우가 많다.

아이가 자기의견을 내세우는 것을 기뻐하고 칭찬해 준다.

아이의 기억력, 인지력이 발달하고 달리기, 계단 오르내리기, 말 따라 하기, 노래 부르기 등 좀 더 어려운 기능이 발달하면, 아이도 자기만의 기억을 토대로 세상을 바라보는 것이 가능해지고 미약하나마 논리라는 것을 갖추게 된다. 무조건 부모의 말을 듣고 따르기보다는 그 이유를 알고 싶어 하고 자기의 의견을 내세우는 것이다. 아이가 갑자기 "아니야!" 또는 "싫어!"라고 반응하기 시작하면, 부모는 조급해하지 말고 먼저 아이가 드디어 자기 생각을 갖고 세상을 바라볼 수 있게 되었다는 걸 기뻐하고 축하해 주어야 한다.

간섭을 최대한으로 줄인다.

부모가 역할 모델에 자신이 없다면 간섭하기보다는 지켜봐 주고 기다려 주는 것이 좋다. 아이에게 스스로 할 수 있도록 자율성을 주면 창의력을 더 발휘할 수 있다. 과잉보호는 아이의 창의력을 파괴시킨다. 어설프게 창의력 교육을 하려고 덤비면 오히려 혼란을 초래할 수 있다.

재촉하지 않는다.

아이가 자신의 길을 갈 수 있게 뒤나 옆에서 그냥 보조만 하는 부모가 되어야 창의적이고 행복한 아이로 자랄 수 있다. 부모가 자신의 목소리를 내세워 아이를 재촉하는 것은 결국 아이의 삶을 갉아먹는 일이 되고 만다. 여기서부터 부모와 아이 간의 갈등이 시작되고 관계가 악화되며 불행이 시작된다.

몰두할 수 있는 시간과 공간을 확보한다.

아이가 그림책을 읽고 있거나 블록을 갖고 놀 때 그 일에 열중하고 있다면 그대로 두는 것이 창의력 강화에 도움이 된다. 아이가 혼자서 몰두하는 일에 푹 빠질 수 있도록 시간과 공간을 확보해 주는 것이 좋다. 부모가 놀이에 참여하여야만 아이의 두뇌 발달에 도움이 될 것이라는 생각은 버린다. 정기적으로 아이 혼자 생각하고 몰두할 수 있는 시간과 공간이 필요하다.

너무 빨리 해결해 주지 않는다.

아이에게 닥치는 문제들을 너무 빨리 해결해 주면 엔도르핀이 주도하는 오피오이드 시스템은 안정되지만 도파민 시스템은 발달하지 못한다. 도파민 시스템의 발달에는 자기효능감이 필요한데, 이는 불편한 것을 열심히 표현했을 때 부모가 그 불편함을 천천히 해소해 줄 때 형성된다. 아이는 불편한 상태에서 생각할 시간이 있어야 한다. 아이가 운다는 것은 뭔가를 생각하고 있다는 뜻이다. 그런데 너무 서둘러서 그 울음을 멈추도록 조치하면 충분히 생각할 기회를 잃고 인내력도 자라지 않는다. 24개월 이전에는 아이의 불편을 빨리 해결해 주어 부모와의 신뢰감이 만드는 오피오이드 시스템이 중요하지만 25개월 이후에는 도파민 시스템을 발달시켜 자기효능감의 돌파구를 형성하여야 한다.

아이와 마주앉아 문제에 대해 이야기를 나눈다.

아이와의 대화는 대개 다음 3가지 과정으로 이루어진다. 첫째, 아이에게 공감하거나 아이의 감정을 부모가 이해하고 있다는 사실을 알려 준다. 둘째, 문제를 보다 일반화시킨다. 셋째, 문제의 범위를 좁히고 해결 방안을 찾기 위해 브레인스토밍 준비를 한다. 문제를 해결하기 위해 가능하면 다양한 해결책을 떠올린다. 이때 2분 안에 해결책을 떠올리는 식으로 시간을 제한하는 것이 좋다. 시간이 제한되어 있으면 진행이 빨라지고, 자칫 자유 과제처럼 느껴지는 부담감을 줄일 수도 있다. 가능한 한 모든 해결책을 적고 이 시점에서는 의견에 대해 어떤 비판도 하지 않는 것이 좋다. 비판은 창의적 생각을 짓누를 수 있기 때문이다.

제6장

적기두뇌 개발로
아이의 영재성을 키워라

조기교육이란 어릴수록 두뇌의 가소성이 크므로 가급적 일찍 학습을 시작하라는 것이고, 적기교육이란 두뇌의 예민성이 연령에 따라, 과제에 따라 달라지므로 이를 고려해서 학습을 시켜야 한다는 주장이다. 조기교육보다는 학습 과제와의 적합성을 고려한 적기교육이 필요하다. 예를 들면, 인성교육은 전두엽의 예민성과 가소성이 가장 큰 10세 이전에 하는 것이 가장 효과가 크다. 적기에 교육이 이루어지면 뉴런을 연결하는 시냅스뿐만 아니라 뉴런의 수도 변화한다. 어려운 동작도 일정 기간 반복하면 그와 관련된 대뇌피질이 두꺼워지는데, 중단하고 일정 기간이 지나면 다시 얇아진다. 두뇌 발달에는 자극적인 환경보다 자연적인 환경이 더 효과적이다.

　태아기부터 만 3세까지의 두뇌 발달이 평생의 인성과 지능을 결정한다. 두뇌 발달에는 2가지 방식이 있는데 유전적으로 프로그램되는 경험기대적 발달과 환경에서의 경험에 의해 결정되는 경험의존적 발달이다. 시각과 청각 그리고 모국어의 발달은 경험기대적 발달로 감수성기를 놓치지 않는 것이 중요하다. 하지만 많이 자극을 받았다고 해도 남보다 2배 이상 발달하지는 않는다. 얼마나 자극을 받느냐가 중요한 것이 아니라 제때 노출되었느냐가 중요하다. 반면에 읽기나 영어 그리고 피겨스케이팅은 경험의존적 발달로 일생 내내 훈련과 학습을 통하여 시냅스가 증가하고 신경망이 정교해진다. 즉 언제부터 자극하였느냐가 중요한 것이 아니라 얼마나 자극하였느냐가 중요하다. 경험의존적 발달은 5,000시간 노출되면 영재가 되고 1만 시간 노출되면 세계적인 사람이 될 수 있다.

01
뇌를 알면 아이의 영재성을 키울 수 있다

부모는 재능을 꽃피울 수 있게 하는 지지자이다

　부모는 아이의 지성과 소질을 잘 반죽하여 조각할 책임이 있는 두뇌 조각가이다. 그렇다고 몇 백만 년의 진화에 의해 프로그램된 아이의 두뇌가 단지 한 세대 안에 부모가 마련해 주는 특정 교육으로 바뀔 수는 없다. 아이의 뇌는 부모가 쉽게 반죽할 수 있는 찰흙덩어리가 아니라 자연과 신에 의해 창조된 총체적인 계획을 따르는 하나의 기관이다. 따라서 부모의 역할은 아이의 재능을 발견하고 아이 스스로 그 재능을 꽃피울 수 있도록 지지해 주는 것에 불과하다.

　하워드 가드너에 따르면 하나의 재능은 뇌에 분리된 고유의 영역이 있으며 한 가지 재능이 손상되었더라도 다른 재능들은 온전하다. 두정엽이 손상되면 공간 상상력은 소실되지만 다른 능력은 침해받지 않는다. 아울러 한 가지 분야에서 특출하지만 다른 분야에서는 보통이거나 심지어는 뒤떨어질 수 있다. 미술적 재능을 가진 아이가 수학적 재능은 없을 수 있다. 부모가 아이의 재능을 발견하고 아이가 주도적으로 그 재능을 숙련할 때 재능과 관련된 신경회로는 효율적으로 활동하고 단단해진다. 하지만 사용하지 않는 불필요한 뇌 기능은 가지치기를 당하여 어린아이에게 있는 대뇌피질 시냅스의 약 40%가 성인이 되면서 없어진다.

지지자로서의 부모는 결과보다는 과정을 칭찬하면서 자녀가 실패를 건설적으로 받아들이도록 격려해 준다. 아이에게 똑똑하다거나, 예술적 감각이 있다거나, 운동신경이 발달했다고 말해 주는 것은 아이가 스스로 호감을 느끼게 하는 좋은 방법일 수는 있지만, 이런 방법으로 격려를 받으면 아이는 그러한 특징을 고정된 자질이라고 인식하게 된다. 반면에 아이의 노력이나 발전, 또는 문제 대응 방식의 탁월한 선택에 대해 칭찬해 주면 아이는 자신의 행동과 선택이 부모에게 중요한 의미를 지닌다고 받아들인다. 아이는 자신의 행동은 통제할 수 있지만 자신의 특성을 통제할 수는 없기 때문에 부모가 건네는 격려의 말은 아이에게 좀 더 힘을 불어넣어 준다.

뇌를 발달시키는 방법

인지 발달의 결정적인 도약은 만 6세 전후에 일어난다. 만 6세가 되면 전두엽의 성숙 덕분에 산만한 행동을 억제하는 능력도 생기고 목표 지향적인 태도를 가지게 된다. 주의력, 자기조절력, 감정 통제, 자의식 등이 발달하여 자기주도적 성취가 가능하며 그리기 능력, 기억력, 언어이해력이 극적으로 발달하여 인지 능력과 운동 능력이 조화롭게 통합되어 목표 지향적인 숙련이 가능하다. 자기주도성과 목표 지향적인 숙련이야 말로 영재두뇌를 만드는 2가지 축이다. 따라서 부모는 뇌과학적으로 접근할 필요가 있다. 정보를 전달하는 축색돌기의 속도를 높이고, 재능의 신경회로를 효율적으로 만들고, 지휘관인 워킹메모리의 용량을 키우고, 새로운 정보를 안정하게 저장할 수 있는 유연한 시냅스를 만들어야 한다. 그러려면 부모는 다음과 같은 지침을 따라야 한다.

도전할 만한 과제를 주어 축색돌기의 전달속도를 높인다.

해결해야 하는 과제가 도전적일수록 대상회가 활성화된다. 대뇌피질의 안쪽 면 가장자리에 위치한 영역인 대상회이다. 변연계에 속한 대상회는 감정을 지각할 때, 비슷한 목표 사이에서 갈등할 때, 장시간 주의 집중을 할 때 활성화된다. 대상회는 목표를 지향하는 데 중요한 역할을 한다.

목표 지향적인 숙련을 하여 두뇌 회로를 효율적으로 만든다.

파스쿠알 레온(Alvaro Pascual-Leone)의 연구에 의하면 손가락을 굽히고 펴는 데 사용되는 근육에 명령을 내리는 대뇌에 있는 운동피질은 피아노 연습을 한 지 불과 20분 만에 확연히 신경회로가 바뀐다고 한다. 3일째보다는 5일째 연습을 한 신경회로가 더욱 넓고 선명하다. 뇌는 입력되는 자극에 따라 몇 분 단위로 변화할 뿐 아니라 연습이 반복될수록 변화의 정도가 강해지고 오래 지속된다.

배경지식을 넓혀서 가용할 수 있는 워킹메모리의 용량을 키운다.

인간의 장기기억 용량은 CD 200만 장에 해당한다고 한다. 따라서 학습이 아이의 기억 용량에 무리를 가져오지 않을까 하는 우려는 쓸데없다. 반대로 아이들의 배경지식이 많으면 새로운 지식을 습득할 때 연상하기가 쉽다. 그럼으로써 지식을 확실하게 저장하고 쉽게 불러올 수 있다. 이때 워킹메모리가 작동을 한다. 많은 것을 알고 있는 사람은 새로운 것을 쉽고 빠르게 배운다.

자연 환경은 정보를 저장하는 시냅스를 유연하게 만든다.

두뇌 발달에는 자극적인 환경보다 자연적인 환경이 더 효과적이다. 자연 환경을 접하게 하면 시냅스가 유연해져서 새로운 정보를 안전하게 저장할 수 있다. 로제위그 교수의 연구에 의하면 인공 구조물에 남겨진 생쥐보다 자연에 남겨진 생쥐의 두뇌가 더 좋았다고 한다. 생쥐들은 자신들을 둘러싼 세계의 풍경과 소리, 냄새들로부터 자극받았던 것이다.

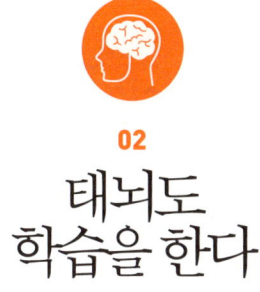

02
태뇌도 학습을 한다

태뇌의 발달

성인의 뇌 무게는 자기 체중의 2~3%에 불과하지만 태아의 뇌 무게는 자기 몸무게의 10%가 넘는다. 성인은 이미 뉴런의 대부분이 세포분열을 끝낸 상태이지만 태뇌는 세포분열이 왕성히 이루어지고 있다. 태뇌는 임신 개월 수가 늘어나면서 모양과 기능이 급격히 변화한다. 미국의 신경해부학자 갈렌(Gallen) 박사는 태뇌의 구조를 관찰해 임신 24주 정도가 되면 평평하던 뇌 표면에 주름살이 생기기 시작한다는 사실을 알아내고, 임신 20주부터 출생 시까지 약 2주 간격으로 변화하는 뇌의 겉모양으로 임신 주수를 추정할 수 있다고 했다.

난자와 정자가 수정해서 출생하는 순간까지 태아는 약 10개월 동안 지구에서 생명체가 처음 출현한 이후 약 36억 년 동안 일어난 모든 진화의 과정을 온전히 겪어 낸다. 그 기간 동안 태뇌는 원시적인 뇌에서 인간의 뇌로 진

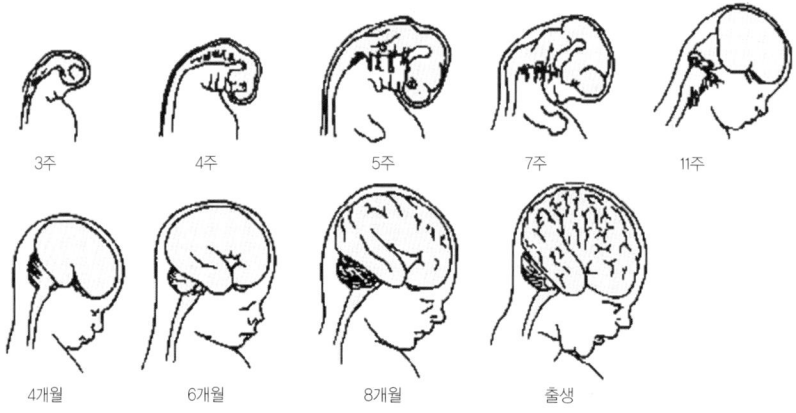

태아의 두뇌 발달 임신 24주 정도가 되면 평평하던 뇌 표면에 주름살이 생기기 시작한다. 임신 20주부터 출생 시까지 약 2주 간격으로 변화하는 뇌 모양으로 임신 주수를 추정할 수 있다.

화하며, 출생 후부터 36개월까지 5천 년 인류 역사의 발전 과정을 습득한다. 아이는 이 시기에 언어가 없던 원시 문화에서부터 현대 문화까지 습득하며, 걷는 것은 물론 말하기와 읽기까지 익히는 것이다.

태뇌는 그저 발달만 하는 것이 아니라 스스로 작동을 한다. 임신 초기 뉴런의 생성은 신경관이 만들어진 직후부터 이루어지는데, 1분에 50만 개, 하루에 7억 2천만 개의 새로운 뉴런이 만들어진다. 태뇌는 임신 2개월부터 본격적으로 분화하기 시작한다. 임신 3개월에 척수의 뉴런은 손과 발의 말단까지 이어지고 근육과도 결합한다. 임신 4개월이 되면 간뇌, 중뇌, 연수 등의 뉴런이 완성되고 대뇌에서도 부지런히 뉴런이 만들어진다. 임신 5개월에 인간이 평생 가지고 살아가게 되는 1,000억 개의 뉴런이 대부분 만들어지는 것이다. 이때 본격적으로 뇌의 뉴런을 연결하는 가지가 나오기 시작하는데, 이것이 바로 정보 전달의 핵심적인 역할을 하는 시냅스이다. 완성된 뉴런의 연결 가지는 1,000조 개에 육박한다. 태뇌는 임시 6개월 무렵 무게가 400g

정도에 이르는데 이때 뇌를 제외한 몸무게는 350g에 불과하다. 머리가 몸집보다 더 큰 셈이다.

태아도 학습할 수 있다

태아가 기억을 한다는 것은 엄마의 자궁 안에서 뇌가 상당 부분 발달한다는 것을 의미한다. 태아는 수정 후 4주가 지나면 뇌의 기본 구조가 만들어진다. 임신 3개월이 되면 엄마를 통해서 외부의 자극에 반응하기 시작한다. 임신 5개월에는 이미 정신 활동을 하는 하나의 인격체가 된다. 임신 6개월에는 귀 모양이 형성되면서 바깥에서 나는 소리를 들을 수 있는데, 이는 뇌가 기능하고 기억할 수 있다는 뜻이다.

연구에 의하면 임신 7개월 이후 태아의 기억력이 크게 발달한다. 프랑스에서 자폐증에 걸린 아이를 치료하는 과정에서 의사가 우연히 영어로 이야기를 했는데 아이가 알아들었다는 사례가 있다. 프랑스어로 말을 했을 때는 반응이 없던 아이가 영어로 말하니 대답을 했다는 것이다. 물론 이 아이는 영어를 배운 적이 없었다. 조사한 결과 아이의 엄마가 임신 중에 무역회사를 다니면서 영어만 사용한 것으로 밝혀졌다. 비슷한 사례는 이외에도 많다. 태어나서 한 번도 들어보지 못한 바이올린 연주곡을 아이가 정확하게 흥얼거리는 것을 보고 놀랐다는 예도 있다. 이것 역시 출산 전에 엄마가 그 음악을 자주 들은 경우였다.

태아의 학습은 렘수면과 관련이 있다. 렘수면은 연습하는 수면으로 단기기억을 장기기억으로 조직화하고 시스템화하기 때문에 렘수면을 방해하면 암기, 기억 등의 학습 효과가 떨어진다. 뇌과학자들은 태뇌도 내용이 쉽고 단순한 학습 후에는 렘수면에 별다른 변화가 없으나 내용이 복잡하고 생소하며 중요한 학습을 한 후에는 크게 증가한다는 사실을 밝혀냈다. 태뇌도 학습을 하는 것이다.

태아의 오감 발달

태아는 오감을 느낄뿐더러 불완전하지만 기쁨 · 불안 등의 감정도 생기고, 엄마 목소리와 타인의 목소리를 구별할 수 있으며, 엄마의 목소리가 더 좋다고 표현하기도 한다. 엄마 뱃속에서 느끼던 미각에 따라 맛의 선호가 달라지며 IQ도 뱃속 환경에 의해 좌우될 수 있다. 뇌의 기본적인 발달이 이루어지는 이때에 인성의 기본 바탕도 이루어진다. 중요한 것은 태아기부터 만 3세까지의 뇌 발달이 평생의 건강과 인성, 지능을 결정한다는 사실이다. 뇌 발달의 밑그림을 그리는 중요한 시기가 바로 태아기이다.

태아에게 가장 중요한 감각은 청각이다. 태아는 임신 3개월이면 외이, 중이, 내이가 생기고 소리자극을 느낄 수 있다. 임신 6개월에는 청각 기관이 거의 완성되어 엄마 몸 밖에서 발생하는 대부분의 소리를 들을 수 있고 큰 소리에 반응을 보이기도 한다. 임신 8개월에는 소리를 구분하고 소리의 강약 · 고저 등을 알 수 있으며, 임신 10개월에는 특정 소리를 듣고 좋고 싫은 감정을 나타내기도 한다. 태아가 엄마의 목소리를 구별한다는 것은 지극히 당연한 것으로 엄마의 목소리를 기억할 뿐만 아니라 시끄러운 소리, 불쾌한 소리, 짜증나는 소음을 모두 구별한다.

청각보다는 늦게 발달하지만 시각의 발달도 태아 때 이루어진다. 임신 7개월 이후에는 눈을 감거나 뜰 수 있고 안구 운동도 활발해진다. 이 시기에는 외부의 빛에 반응하며 꿈틀거리기도 하는데, 엄마가 산책을 나가 일광욕을 하면 태아도 느낄 수 있다.

미각과 후각도 일찍부터 발달한다. 임신 7주에 태아는 벌써 혀에 맛을 느끼는 꽃봉오리 모양의 미각기관인 미뢰가 약 1만 개 나타나고, 임신 7개월에는 단맛이나 쓴맛을 느낄 수 있다. 실제 초음파를 통해 엄마가 단 것을 먹으면 태아도 양수를 계속 삼키는 것을 볼 수 있다. 태아는 임신 7주가 되면 코 안에 후각 상피세포가 자리를 잡고 임신 4~5개월이면 냄새를 맡는 후모와 그 신호를 받을 뇌의 부분이 만들어진다. 이에 따라 임신 6개월이면 양수를 통해 냄새를 맡고 뇌로 인지하는 것이 가능해지며, 임신 8개월에는 엄마 냄새도 기억할 수 있다.

미국의 피터 해퍼(Peter Happer) 박사는 갓 태어난 신생아의 후각 실험을 통해 태뇌가 활발히 활동하고 냄새를 기억하는 것을 증명했다. 마늘을 즐겨 먹던 산모의 아기를 대상으로 아기의 양쪽에 각각 마늘 향과 다른 향을 묻힌 거즈를 놓고 반응을 살폈더니 아기가 마늘 향이 나는 쪽으로 고개를 돌렸다. 아기가 기억한다는 것은 자궁 안에서부터 학습을 한다는 증거이고, 이는 자궁 속에서의 경험에 의해 아기에게도 좋고 싫음, 즉 선호가 생겼음을 의미한다.

태아의 감각 발달에서 촉각은 중요한 역할을 한다. 임신 10주에 태아의 피부에 촉각 전달 신경이 나타나기 시작한다. 임신 4개월에는 손가락과 입술 감각이 발달하고 임신 5개월이면 손가락을 입으로 빤다. 서서히 촉각을 담당하는 뇌가 기능을 개시해 임신 6개월에는 양수의 움직임을 피부로 느낄 수 있으며, 임신 9개월이면 외부 자극에 반응을 보이기도 한다. 엄마가 움직이거나 가벼운 운동을 하면 양수의 파동으로 인해 태아도 촉감의 자극을 받을 수 있다.

태아도 통증을 느낀다. 태아는 임신 26~34주에 통증을 느끼는 신경회로가 형성되는데, 태아에게 바늘이 닿을 때의 탯줄 혈액검사를 해 보았더니, 베타엔도르핀이라는 호르몬이 증가되었다. 베타엔도르핀은 진통 효과를 내는 호르몬으로 인체가 통증을 느낄 때 저절로 분비된다.

태교의 핵심은 태담이다

태뇌는 출생 시까지는 유전자 프로그램에 따라 자동적으로 구성되는데, 이 프로그램은 탄력적이고 융통성이 있어서 외부와의 상호 작용에 따라 어떤 환경에서도 자라날 수 있다. 이때 엄마 아빠가 할 수 있는 가장 중요한 일이 바로 태아와의 상호 작용, 즉 교감이다. 이 교감을 위해서는 태아에 대해 제대로 알아야 한다. 기본적인 지식을 알아야 이해할 수 있고, 이해해야 공감하고 실천할 수 있다.

태아는 임신 23주 무렵에 소리를 감지한다. 1988년에 프랑스의 케르뢰(Querles) 교수는 자궁 내 태아가 외부의 대화 내용을 감지한다는 사실을 발표했다. 이러한 사실은 2001년 이스라엘의 소머(Schmer) 박사에 의해 증명되었는데, 외부에서 나는 소리가 양수에 파동을 만들고 이 파동이 태아 두개골의 내이를 자극함으로써 태아가 소리를 듣게 된다는 것이다. 최근 연구에 의하면 태아는 외부 음향 중 음성의 약 30% 정도를 인식하며 특히 억양을 거의 모두 구별한다고 한다. 또한 엄마의 목소리는 물론, 목소리를 다르게 내도 모두 알아낸다고 한다. 이는 태아가 임신 말기에 자궁 내부는 물론 자궁 외부의 소리를 기억한다는 뜻이다.

10명의 건강한 산모에게 출산하기 1개월 전부터 2가지 소리를 준비하여 매일 일정한 시간에 자궁 속 태아에게 들려주었다. 하나는 아름다운 차임벨 소리였으며, 또 다른 하나는 약간 시끄러운 자명종 소리였다. 소리를 들려줄 때마다 자궁 속 태아의 심박동 변화를 측정하였더니 소리에 따라 약간 다른 반응을 보였다. 아기가 태어난 다음에 같은 소리를 들려주고 반응을 살폈더니 신생아들은 모두 자궁 속에서 보였던 것과 동일한 심박동 변화를 보였다. 이는 동물 실험에서도 같은 결과를 얻었다. 즉 신생아들은 자궁 속 태아 시절에 들었던 소리를 태어난 후에도 기억한다는 것이다.

태아에게 가장 익숙하고 편안한 영향을 주는 청각 자극은 엄마와 관련된 소리들이다. 목소리는 물론이고, 특히 엄마의 심장박동은 태아가 가장 좋아하는 소리이다. 조산아들을 대상으로 한 실험에서 인큐베이터 속의 아기에게 엄마의 심장박동을 녹음해서 들려준 후 24개월이 되었을 때 IQ를 검사하니 심장박동 소리를 듣지 못한 아기에 비해 IQ가 높았다는 연구 결과도 있다. 엄마의 편안한 몸과 마음의 상태야말로 태아에게 가장 좋은 자극과 환경이 된다.

태담은 태아와의 상호 작용과 의사소통에 중요한 의미를 갖는다. 태아는 소리를 들려주면 태아의 움직임이 증가하거나 눈 깜박이기, 심장박동의 증가 등이 관찰됐다. 부모는 '아기가 더 똑똑해진다.', '상상력이 풍부해진다.', '음악성이 발달한다.' 등의 이유로 태교를 한다. 하지만 태아는 아주 중요하고 힘든 과정을 겪고 있는 데다 아직 외부의 자극 등을 받아들일 수 있는 시스템도 완전하지 않다. 따라서 태아에게 직접적인 영향을 미칠 수 있는 교육 프로그램은 제한적이다. 그러나 태담에 대해서는 태뇌의 발달에 미치는 효과가 입증되었다.

태뇌의 가능성

챔벌레인(Chamberlain) 박사에 따르면 뇌가 자궁 내에서 제대로 발달하지 못하면 손상을 입게 된다. 그 예가 바로 범죄자의 뇌이다. 범죄자의 뇌는 정상인의 뇌와 다르게 기능한다. 이들의 뇌는 판단력이 부족하여 이성적이어야 할 때 충동적이고 감정적이다. 또 올바르게 결정을 내리지 못하고 잘못된 결정을 하게 한다.

챔벌레인 박사는 범죄자의 뇌가 엄마 뱃속에서 제대로 발달하지 못했기 때문이라고 주장한다. 실제로 미국 캘리포니아 대학교의 아드리안 레인(Adrian Raine) 박사는 41명의 살인자들을 대상으로 한 연구에서 좌뇌와 우뇌의 연결 부분의 활성도가 정상인에 비해 낮은 것을 발견했다. 결국 이들의 뇌에서 감정적인 충동을 억제하거나 조절하는 능력에 문제가 있는 것으로 확인됐다.

ADHD의 원인은 선천적 요인과 후천적 요인으로 나누어진다. 선천적 요인으로는 출산 중 또는 출산 후에 산모의 건강 상태가 안 좋거나 어린 나이의 임신, 임신중독증, 난산으로 태아에게 생긴 뇌손상에 의한 질환이 지목되고 있다. 후천적 요인으로는 태아기의 휴대폰 전자파 노출, 영·유아기의 과다한 TV 영상 노출, 인터넷 중독, 게임 중독 등이 주목받고 있다.

연구에 의하면 정신지체아와 정상아 부모의 태교실천도를 비교, 분석한 결과 정상아의 부모가 태교에 대한 인식도와 실천도 2가지 모두 높았다. 흥미로운 사실은 태교의 실천 기간이었는데, 정상아의 부모는 태교를 임신 초기부터 시작하였으며 정신지체아의 부모는 임신 중기 또는 말기에 시작한 경우가 많았다. 태교는 정신지체아를 줄이는 데도 역할을 한다는 뜻이다.

뉴런의 수는 임신 8개월에 최고치에 이르러 이 시기의 태아는 엄마 아빠보다 훨씬 많은 뉴런과 시냅스를 갖고 있다고 한다. 그러나 이 시기에 아무 자극이 없으면 태아는 스스로 이 정보는 필요 없다고 판단해 없애 버리게 된다. 그리고 뉴런과 시냅스는 출산 시까지 급격하게 감소한다. 반대로 이 시기에 적절한 자극을 주면 뉴런과 시냅스의 감소율이 줄어든다. 그러므로 이 과정에서 태아에게 적절한 자극을 줌으로써 뇌 발달을 돕는 것이 일종의 태교라고도 볼 수 있는 셈이다.

바람직한 자궁 내 환경

그렇다면 바람직한 자궁 내 환경은 무엇일까? 미국 피츠버그 대학교 의과대학의 버니 데블린 교수는 출산 전 태내 발달 시기의 조건이 IQ에 크게 영향을 미친다고 주장했다. 그에 따르면 임신 중의 음주나 흡연, 유해물질에 노출되는 정도, 엄마의 스트레스로 인한 육체적·정신적 변화, 영양 공급 등이 자궁 환경을 저해하는 주요한 요인이 된다는 것이다. 데블린 교수는 IQ에 관한 기존의 212개의 연구보고서를 분석한 결과, IQ를 결정하는 데 유전자는 48%밖에 역할을 하지 않는다고 결론을 내렸다. 여기에 부모의 유전자가 조합되는 데 따른 시너지 효과까지 감안하면 실제 유전적 요인이 지능을 결정하는 역할은 34% 정도에 불과하다고 한다. 오히려 인간의 지능을 결정하는 요인으로는 환경, 즉 자궁 내 환경이 더 중요하다는 이야기였다.

영양소나 산소가 부족하다든지, 알코올이나 각종 독성물질이 모체에서 작용하는 경우 태아의 뉴런 이동에 심각한 문제가 생길 수 있다. 임신 6~12주의 결정적 시기에 세포의 여행길이 중단되면 이 세포들은 올바른 자기 자리를 찾지 못하게 된다. 그러면 태아의 뇌 발달에 이상이 생겨 학습 능력 장애나 신체 장애, 정신 지체와 같은 문제가 생기는 것이다.

천재를 만드는 태교는 있는가?

베네수엘라의 비트리즈 말리케(Beatriz Manrique) 박사는 1989~95년 7년 동안 임신부 684명을 대상으로 태아 뇌 자극 프로그램을 진행하고 관찰했다. 카라카스 빈민가에 사는 주민 중 태교를 실시한 군과 태교를 하지 않은 군으로 나누어 생후 6년까지 추적 관찰한 것이다. 태교는 임신 기간 중 주당 2시간씩 모두 13주 동안 태아에게 노래를 불러 주고, 이야기하고, 음악을 들려주는 내용이었다. 그리고 출생 직후, 한 달 후, 18개월 후, 3년 후, 4년 후, 5년 후, 6년 후 시점에 여러 측면에서 아기의 발달을 측정했다. 그 결과, 태교를 받은 군의 아기들에게서 태교를 받지 않은 대조군에 비해 청력, 시력, 언어력, 운동력, 기억력 등이 크게 향상된 것으로 나타났다. 특히 IQ는 대조군의 아이보다 태교를 받은 그룹의 아이가 14점이 높았고, 정서적으로도 온순하고 잘 웃고 활동적이고 긍정적이며 협동적인 것으로 평가되었다.

『태아는 천재다』의 스세딕 부부는 임신 5개월부터 태아에게 말을 많이 해 주고, 그림이나 글자가 들어 있는 카드를 산모의 배 앞에 보여 주면서 카드 내용에 대해 설명해 주는 식으로 태어나기 전부터 태아에게 교육을 했다. 이 결과, 네 딸 모두 IQ 160이 넘는 천재 아이로 길러 낼 수 있었다고 한다. 특히 아기는 태중에서부터 생후 9개월까지 자신에게 들려오는 반복적인 소리를 뇌에 코딩함으로써 모국어 시스템을 학습하기 때문에 뇌에 각인된 모국어는 나중에 그 언어를 습득할 때 효과를 발휘할 수 있다.

서울대학교 인간공학연구소 이면우 교수는 엄마와 아기의 심장박동을 동시에 측정하면서 먼저 임신부에게 기분이 좋았던 일을 상상해 보라고 주문했다. 기분 좋은 일을 회상하자 엄마의 심장이 고조되기 시작했다. 그랬더니 30초쯤 후에 아기의 심장이 같이 고조되기 시작했다. 얼마간 시간이 지난 후 차분해지는데, 이는 흥분되는 것보다 조금 시간을 두고 천천히 진행됐다.

실제 한 방송에서 임신부에게 음악을 들려준 후 모체반응검사를 한 적이 있다. 엄마에게 편안한 음악을 들려주자 엄마와 아기 모두 편안한 상태를 나타냈다. 그러나 엄마는 음악을 듣지 못하게 한 상태에서 아기에게만 음악을 들려주자 아기는 별다른 반응을 보이지 않았다. 이는 엄마의 기분이 태아에게 얼마나 많은 영향을 미치는지 단적으로 보여 준 예이다. 엄마가 기분이 좋아지면 아기도 똑같이 좋아진다. 엄마가 슬프면 아기도 엄마의 우울함을 눈치 챈다. 엄마의 기분이 아기에게 그대로 전달되기 때문에 임신 기간에 엄마는 될 수 있으면 편안한 마음으로 평온하게 지내는 것이 좋다.

아이의 두뇌와 인성 발달에 도움이 되는 태교 방법은 다음과 같다.

행복감이 먼저이다.

엄마의 행복감은 아기의 두뇌 발달에 영향을 미친다. 일본 도쿄 대학교의 오오시마 키요시 교수는 태아의 기억력을 높이는 방법으로 엄마가 느끼는 행복감을 첫째로 꼽았다. 임신부가 행복하면 무엇보다 뇌에 나쁜 영향을 주는 스트레스 호르몬의 분비가 줄어든다는 것이다.

규칙적인 생활을 한다.

태아는 명암 구분을 할 수 있어서 밤과 낮을 구별하기 때문에 엄마가 규칙적인 생활을 하지 않으면 아기의 생활 리듬도 깨져 버린다. 반대로 엄마가 규칙적인 생활을 하면 태아도 정상적인 생활주기를 갖게 되고 두뇌 성장이 활발해진다.

배를 사랑스럽게 쓰다듬어 준다.

아기와의 스킨십은 뱃속에 있을 때부터 가능하다. 임신부가 배를 사랑스럽게 쓰다듬을 때 초음파로 태아를 보니 태아가 손가락을 빨았다. 외부에서 받는 자극에 영향을 받아 손가락을 빨아서 자신의 피부를 자극한 것이다.

애착 형성의 기회로 삼는다.

외국에서는 태교를 태아에 대한 'attachment', 즉 애착이라는 단어로 표현하기도 하는데, 이 말에는 애착뿐만 아니라 부착·사모·애정 등 여러 의미가 담겨 있다. 특히 '부착'이라는 의미는 의학적으로 임신 초기에 태반이 자궁 표면에 달라붙는 것을 뜻하기도 한다.

아빠의 육아 참여가 필요하다.

임신부의 정서에 가장 큰 영향을 주는 요인은 가족, 그중에서도 아빠와의 관계이다. 영국 글래스고 대학교 의과대학의 데니스 스토트(Denis Stott) 박사는 1,300여 명의 아기와 가족을 대상으로 한 연구에서 행복한 결혼 생활을 하는 부부에 비하여 자주 싸우고 불안정한 부부 사이에서 태어난 아기에게서 정신적, 신체적 장애가 있을 위험이 약 2.5배나 높았다고 한다. 또 자주 공포심에 빠지거나 신경질적인 아이가 될 확률도 5배 높았다.

좋아하는 것을 한다.

연구에 의하면 태교를 위한 음악 감상이 태아의 수면을 방해할 수도 있다고 한다. 따라서 천재 태교를 추구하기보다는 임신부가 좋아하는 음악을 듣고, 몸에 좋은 음식을 먹고, 스트레스를 받지 않도록 하여야 한다. 임신부가 편안하고 안정된 마음을 갖고 10개월을 지내면 아이의 두뇌와 인성은 자연히 좋아진다.

월령별 태뇌의 발달

시기	태뇌 발달 상태	기타 태아 발달 상태
임신 1개월 (1~4주)	신경관이 생기고 기본적인 뇌 구조가 형성된다.	마지막 월경이 시작된 첫날부터 28일간을 말한다. 정자와 난자가 만나 수정이 되어 자궁벽에 착상한다. 20일 정도가 되면 신경관이 생기고 심장, 혈관, 내장 근육 등의 조직이 만들어지기 시작한다.
임신 2개월 (5~8주)	뇌가 급속도로 발달하기 시작한다.	키 0.5~2.5cm, 체중 4g. 인간다운 특징이 명확해진다. 신경세포의 80% 정도가 만들어지고 심장, 간장, 위 등의 기관 분화가 시작된다. 8주를 기준으로 그 전은 배아, 그 후는 태아라고 부른다. 초음파 검사상 태아의 심장박동이 확인된다.
임신 3개월 (9~12주)	뇌 형태가 나타나고, 서서히 기억력이 생긴다.	키 약 4.5cm, 체중 20g. 얼굴의 모습이 확실해지고, 신장이 형성되며 피부에 감각이 생긴다. 이때 남녀 성 구별이 가능해진다.
임신 4개월 (13~16주)	시냅스가 1초에 1,800만 개 만들어진다.	키 약 12cm, 체중 110g. 남녀 구별이 뚜렷해진다. 태반이 완성되고, 뇌가 기억과 관련된 기관이 생기기 시작한다. 태아는 활발하게 움직이지만 엄마는 아직 태동을 느끼지 못한다.
임신 5개월 (17~20주)	뇌가 분화한다.	키 약 16cm, 체중 300g. 손발과 전신의 움직임이 활발해지고 머리카락이 자라기 시작한다. 청각이 발달해서 외부의 소리를 어느 정도 들을 수 있다. 이때 태아의 뇌는 80% 이상 발달한다.
임신 6개월 (21~24주)	외부와 교류한다.	키 약 20cm, 체중 630g. 손가락을 빨기 시작하고 뼈와 근육이 발달한다. 청각 기능이 많이 발달하여 음악 소리에 반응하기 시작한다.
임신 7개월 (25~28주)	많은 뉴런이 생성되며 대뇌 표면에 주름이 생긴다.	키 약 25cm, 체중 1kg. 입을 자주 벌려 양수를 마시고 뱉는다. 엄마가 말을 하면 태아의 심장박동수가 빨라진다.
임신 8개월 (29~32주)	단기 기억이 형성되기 시작하며 소리의 강약을 구분한다.	키 약 28cm, 체중 1.5~1.8kg. 이때부터 위치와 자세를 일정하게 잡는다. 청력과 시력이 거의 완성되어 엄마 몸 밖에서 나는 소리나 빛에 움찔 놀라기도 한다. 엄마의 기쁨과 슬픔을 알아차린다.
임신 9개월 (33~36주)	배냇짓을 하고 꿈을 꾼다.	키 약 32cm, 체중 2~2.5kg. 폐가 충분히 발달하고 피하지방이 늘어나며 주름이 없어져 신생아와 비슷한 모습이 된다. 이 시기에 조산된 아기는 생존할 수 있으나 많은 주의와 간호가 필요하다.
임신 10개월 (37~40주)	머리를 골반에 두고 나올 준비를 한다.	키 약 36cm, 체중 2.5~3kg. 몸은 4등신이 되고 내장과 신경 기능이 완성된다. 발길질이 줄어들고, 머리를 골반에 두고 세상에 나올 준비를 한다.

03
영아기 뇌는 감수성기의 적절한 자극이 중요하다

3층으로 구성된 뇌의 발달

뇌는 대뇌피질, 변연계, 뇌줄기의 3층으로 구성되어 있다. 1층이 안정돼야 2층이 기능하고, 2층이 안정돼야 3층이 제대로 기능할 수 있다. 즉 가장 아래에 해당되고 생리적 욕구를 담당하는 뇌줄기의 기능이 안정화되고, 정서를 담당하는 2층 변연계의 기능이 잘 이루어져야 이성과 판단력 등을 담당하는 3층 대뇌피질의 기능이 활성화된다.

1층 : 본능의 뇌

가장 원시적인 수준인 뇌줄기는 단순한 생명을 유지하는 기능을 한다. 호흡중추, 심장박동중추, 체온조절중추, 수면중추 등이 포함된다. 이는 의지의 지배를 받지 않고, 자율적으로 끊임없이 기능을 수행한다. 뇌의 깊숙한 곳에 있어 가장 잘 보호된다. 생명 보존이 최우선인 것이다. 따라서 위협적인 환경에서는 생명을 지키기 위하여 총력을 기울인다.

본능의 뇌를 만족시키려면 생리적인 욕구와 안전의 욕구를 충족시켜야 한다. 아이가 공부를 하다가 화장실에 가고 싶다거나, 방이 덥다거나, 배가 고프다거나, 목이 마르다고 방을 나오는 것은 생리적인 욕구의 중요성을 말해 준다. 또한 그림책을 잘 읽어 주는 낯선 동화구연가보다 서투르기는 하지만 사랑하는 엄마가 읽어 주는 그림책이 아이의 머리에 쏙쏙 들어가는 것도 안전의 욕구 때문이다. 아이가 안전의 욕구를 충족하려면 최소한 3개월의 기간이 필요하므로 유치원이나 교육 프로그램, 주양육자를 자주 바꾸는 것은 바람직하지 않다.

본능의 뇌 발달은 오감의 발달과 연결되어 있다. 신생아는 시각이나 청각이 미숙한 대신 후각이나 미각이 발달돼 있다. 냄새를 맡는 뇌는 변연계와 연결되어 정서적 안정을 줄 뿐 아니라 냄새와 관련된 연상에 관한 기억과 학습에 기여한다. 신생아는 뱃속에서 듣던 엄마의 목소리나 음악을 구별할 수 있으며, 생후 3개월에는 여러 가지 소리를 구분하고 엄마와 아빠의 목소리도 알아듣는다. 청각의 결정적 시기는 생후 12개월까지이다.

신생아는 사물을 분별할 정도로 충분히 시각이 발달하지 않고 세상은 초점이 안 맞는 흑백으로 보인다. 생후 6개월 된 아기들은 0.1 정도의 시력을 지니며, 시각 발달의 결정적 시기는 0~12개월이다. 신생아는 본능적으로 엄마의 냄새나 부모의 목소리를 알고, 사람의 얼굴, 특히 웃는 얼굴에 반응하는데 엄마의 체취를 맡고, 목소리를 듣고, 웃는 얼굴을 보는 경험은 아기의 후각·청각·시각을 자극하고 정서적인 안정감을 준다.

미각은 다른 감각보다 일찍부터 발달하는데, 자궁 속에서 어떤 맛을 경험했느냐에 따라 미각에 영향을 받는다. 아이가 음식을 먹을 때 미각은 시각,

청각, 후각, 촉각과 통합되어 포만감, 소화, 배변, 성장 등에 대한 만족감을 주고 뇌 발달을 촉진한다. 아이는 생후 4개월에는 뇌줄기의 발달로 고개를 가누고, 7개월에는 중뇌가 발달해 중력을 이길 수 있게 되면서 앉기, 기기가 가능해진다.

2층 : 정서의 뇌

2층은 정서의 뇌라 불리는데 변연계가 있는 층으로 감정을 다루는 편도체, 단기기억을 장기기억으로 바꿔 주는 해마, 의욕을 일으키는 측좌핵으로 구성된다. 진화론적으로 변연계는 오래된 구조로서 포유류부터 존재한다. 변연계는 먹는 즐거움, 경쟁에서 싸워 이기는 것, 사랑 등을 통하여 쾌감을 준다. 반대로 그것들을 방해받으면 분노, 우울, 공포 등 불쾌감이 나타난다. 변연계는 적군과 아군을 구분하여 긍정적인 정보는 이성의 뇌로 대부분 보내지만 부정적인 정보는 거의 보내지 않는다. 문지기 역할을 하는 것이다.

아이가 엄마가 아군이 아니라 적군으로 생각한다면 엄마의 말은 가능하면 듣지 말아야 할 감언이설에 불과할 것이다. 따라서 아이가 엄마를 아군으로 생각하도록 아이와 긍정적인 관계를 가지는 것이 필요하다. 또한 아이가 흥분해 있거나 감정에 휘둘리면 이성의 뇌가 기능을 하지 못한다. 아이가 흥분해 있을 때는 잔소리를 하기보다는 스킨십이나 유머로 아이의 감정을 가라앉혀야 이성의 뇌가 열린다.

3세부터는 자기 스스로 감정을 조절할 수 있는 자기조절력을 키워 줄 필요가 있다. 유아원에서 하는 1-3-10법칙이 대표적이다. 아이가 흥분했거나 격앙되었을 때 '잠깐'이라고 말해 관심을 돌리고 '3번의 복식호흡'을 시켜 감정을 누그러뜨리고, 숫자를 셀 줄 아는 아이는 '10까지 세기'를 하면 정서의 뇌를 안정화시키고 이성의 뇌를 활성화시킬 수 있다. 따라서 정서의 뇌를 만족시키려면 긍정성과 감정 조절이 중요하다.

정서의 뇌 발달은 주양육자와의 애착과 관련이 있다. 아이가 부모에게 느끼는 애착은 정서 발달의 토대이다. 아이는 애착을 통해 자존감, 자기 통제 및 사회적 기술을 키우며, 자신의 감정을 배우고 타인의 감정도 읽을 수 있게 된다. 돌보는 사람과의 안전한 관계 형성은 뇌, 특히 변연계의 정상적 발달에 꼭 필요하다. 24개월에는 자아가 생기고, 36개월이 넘어가면 차츰 또래 친구와 관계를 맺음으로써 사회성도 발달한다. 아이는 아직 말로는 잘 표현할 수 없지만 몸짓과 표정으로 자기를 주장하면서 독립된 인간이 되고자 한다. 정서 발달의 결정적 시기는 0~24개월이다. 애착 관계가 제대로 형성된 아이는 자신감과 독립심이 발달한다. 자기를 지지하고, 언제나 돌아갈 수 있는 부모라는 안전기지가 있기 때문에 가능한 것이다.

3층 : 이성의 뇌

가장 위층은 이성의 뇌라고 불리는데 뇌의 가장 상층부에 위치하는 대뇌피질로 이성, 지성뿐 아니라 문제해결력, 실행력, 창의력을 담당하고 갈등, 행복 등 고등 감정을 조절한다. 그중 가장 최근에 발달한 구조는 전두엽이다. 인간은 어떤 동물과도 비교할 수 없을 만큼 전두엽이 아주 잘 발달하여 '생각하는 동물', '사회적 동물'이 되었다. 이성의 뇌는 본능의 뇌와 정서의 뇌가 만족스러울 때 비로소 활발하게 기능한다.

이성의 뇌 발달은 모국어의 발달부터 시작한다. 생후 6개월 무렵부터 언어 습득의 결정적 시기가 시작돼 모국어에 대한 신경회로는 5~6세까지 지속적으로 성숙한다. 뇌 과학자들은 만약 언어 습득의 결정적 시기인 48개월까지 언어를 전혀 접할 수 없는 환경에 아이를 방치하면 언어 자체를 이해할 수 없게 될 가능성이 높다고 말한다. 늑대소년이 6세에 인간사회에 와서 8년 동안 인간의 언어를 배웠지만 제대로 인간의 언어를 구사하지 못했던 것도 그 때문이다. 논리·수학적 사고는 오감이나 언어 발달에 비해 결정적 시기가 다소 늦게 시작되는 편이지만 0~36개월이 결정적 시기이다. 아이가 24개월쯤 되면 여러 가지 끼워 맞추는 장난감, 목공놀이 도구, 미술재료를 가지고 자동차 만들기, 성 쌓기, 터널 만들기 등 구성놀이를 즐긴다. 구성놀이는 여러 사물을 가지고 탐색하고 탐구하며 능동적으로 지식을 구성할 수 있는 놀이로, 아이의 문제해결력과 창의력을 발달시킨다.

이성의 뇌인 대뇌피질은 위치에 따라 전두엽, 측두엽, 두정엽, 후두엽으로 나뉜다. 후두엽은 주로 시각을 인지하는 곳이고, 측두엽은 청각 및 언어적 자극을 모으고 처리하는 곳이다. 두정엽은 측두엽과 함께 눈·코·입·귀 등에서 오는 여러 자극을 모으는 역할을 하는데, 특히 공간 지각과 관련이 있으며 수학과 과학을 담당하는 뇌이기도 하다. 이렇게 모인 자극을 전두엽에서 받아 분석하고 판단하며 문제 해결을 한다. 이렇게 내려진 명령은 뇌의 전두엽과 두정엽의 경계 부분에 있는 운동신경 영역으로 전달되어 아이가 행동을 한다.

두뇌 개발의 감수성기

뇌의 무게는 전체 체중의 2%밖에 나가지 않지만, 몸 전체 에너지의 20%를 소비한다. 생각을 많이 할수록 칼로리가 많이 소비되므로 머리를 쓰면 저절로 다이어트가 된다. 뉴런을 따라 이동하는 전기신호는 180cm가 넘는 성인의 머리끝에서 발끝까지 0.2초 만에 전달된다. 또한 하나의 뉴런은 1초에 250~2,500개의 자극을 전달할 수 있다. 이때 물이 중요한 역할을 한다. 뇌는 수분이 부족하면 뉴런의 신호 전달 효율성이 떨어지므로 하루에 체중 11kg당 물 한 컵은 먹는 것이 좋다.

뉴런의 발달은 수정된 지 약 4주 된 배아에서 시작되고 놀라운 속도로 진행된다. 임신 4개월 이후에는 약 2,000억 개의 뉴런이 형성되지만, 그중 절반 정도는 성장하는 태뇌의 어떤 영역과도 연결되지 못해 5개월째에 소멸된다. 뇌의 구조는 임신 중에 만들어져 태어나는 순간 완전한 형태를 갖추지만, 그 기능은 출생 이후에 지속적으로 발달한다.

뇌가 발달한다고 해서 없던 부위에서 뉴런이 새로 생겨나지는 않는다. 신생아의 뇌 안에는 약 1,000억 개의 뉴런이 있는데 출생 이후 뇌 발달은 각 뉴런을 연결하는 '시냅스'의 수와 크기에 의하여 이루어진다. 뉴런은 아이가 성장하여도 숫자가 거의 늘어나지 않고 노화로 소멸될 경우 일부만 재생되는데, 시냅스는 일생 동안 자극과 교육에 의하여 새로 생기기도 하고 가지치기를 당하여 소멸되기도 한다.

시냅스는 처음에는 유전적으로 프로그램되어 발달의 시간표에 따라 36개월에 최고가 되도록 급격하게 증가한다. 뇌의 영역별로 다르기는 하지만 그 발달 과업에 해당하는 시냅스의 증가 시기를 놓치게 되면 그 발달 과업은 연습을 통해서 배울 수 없거나 혹은 있다 하더라도 아주 미미한 효과밖에 거둘 수 없다. 일례로 미국 캘리포니아 지역에서 침대에 묶인 채로 10대 중반까지 지내던 여자아이가 당국에 의해 구조된 사건이 있었는데, 이 아이는 말을 배우지 못한 상태였다. 구조 후 여러 교육기관에서 언어 교육을 시도하였지만, 이 아이는 유아 수준의 간단한 의사소통 이상의 언어를 습득하지 못했다. 뇌의 각 기능이 발달하는 데는 아주 중요한 감수성기가 존재하며, 그 시기를 놓치면 회복되기 어렵다.

경험기대적 발달은 적당한 자극이 중요하다

그리너(Greener)는 일부 시냅스의 변화는 유전자에 의해서 결정되는데, 이것을 '경험기대적 발달'이라고 했다. 경험기대적 발달은 정상적인 환경에서 모든 아이에게 기대되는 변화로서 유전적으로 일어나게 되어 있고, 시각과 청각 그리고 언어 영역의 발달 등이 속한다. 정상적인 뇌가 시각이나 청각 자극에 노출되면 조물주가 만든 과잉된 시냅스를 적절하게 연결된 네트워크로 정리해서 엄마의 모습이나 말을 인식하고 반응할 수 있게 된다. 그러나 아무리 완벽한 뇌라도 36개월까지 시각 자극을 받지 못하면 영원히 앞을 보지 못하고, 13세까지 아무 말도 듣지 못하면 언어를 배우지 못할 가능성이 크다. 기회의 시간이 지나면 그 과제를 수행하도록 할당된 뉴런은 잘려 나가거나 다른 과제를 수행하도록 새로 배당되기 때문이다.

따라서 영·유아기에 뇌 발달이 적절하게 이루어지기 위해서는 감수성기 동안 해당 자극에 노출되어야 하며, 만일 이 시기를 놓치면 뇌 발달이 지연되거나 왜곡될 수 있다. 감수성기란 발달 과정에서 매우 중요한 시기로서, 외부 환경에서 받아들이는 특정 자극에 민감하게 반응하여 신경회로를 만들고 강화할 수 있는 기회를 의미한다. 시각이나 청각, 감정, 운동 기능 등과 같이 진화론적으로 조물주가 만든 아이의 기본적 기능은 감수성기와 관련이 있다.

경험기대적 발달은 감수성기를 놓치지 않는 것이 중요하지만 많이 자극을 받았다고 해도 남보다 2배 이상 발달하지는 않는다. 몇몇 예를 들면 다음과 같다.

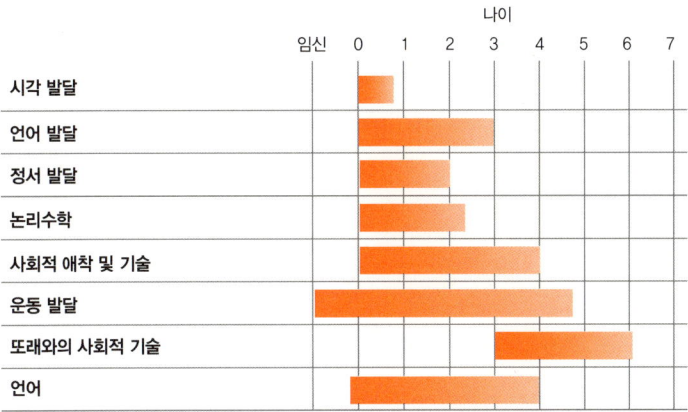

경험기대적 발달의 감수성기 시각이나 청각, 감정, 운동 기능 등과 같이 진화론적으로 조물주가 만든 아이의 기본적 기능은 감수성기와 관련이 있다. 경험기대적 발달은 시기를 놓치지 않고 여러 영역을 한꺼번에 발달시키는 것이 중요하다. 하지만 특정한 자극을 많이 받았다고 해도 남보다 2배 이상 발달하지는 않는다.

시각

시각의 발달은 12개월 이전에 이루어지는데 선천성 백내장을 앓는 아이를 24개월 이후에 수술할 경우 시각 장애가 올 확률이 높지만 12개월 이전에 수술하면 정상적으로 볼 수 있다. 한편 부모가 아이를 미술가를 만들고 싶어서 시각적인 자극을 10배 이상 준다고 하더라도 다른 아이들에 비하여 시각은 2배 이상 높아지지는 않는다. 얼마나 자극을 받느냐가 중요한 것이 아니라 제때 노출되었느냐가 중요하다.

운동신경

운동신경은 태아가 발육하는 동안 발달한다. 특히 운동신경이 연결되고 강화되는 임신 제3기에 태아의 움직임이 두드러지게 나타난다. 아이가 운동 기능을 배우는 능력은 태어나서부터 9세까지 가장 왕성하다. 기어 다니거나 걷기처럼 단순해 보이는 운동도 실제로는 내이의 균형 감각으로 받아들인 정보와 팔다리 근육으로 나가는 출력 신호를 통합하는 등 신경망 사이의 복잡한 연합을 필요로 한다. 영·유아기 신체 놀이의 중요성을 알 수 있다.

감정 조절

감정 조절은 생후 2~30개월에 발달한다. 연구에 의하면 감정의 뇌는 전두엽보다 빠르게 성장한다. 감정 조절은 환경의 영향도 크다. 낯을 많이 가리는 아기를 부모가 지나치게 보호하면 아이가 커서도 수줍음을 많이 탈 가능성이 높다. 반면에 아기 때부터 다른 아기들과 어울릴 기회가 많으면 소심한 성격이 극복되기도 한다. 따라서 지능, 사회성, 정신분열증, 공격성 같은 유전적 성향은 부모의 양육 방식에 따라 바뀔 수 있다.

언어력

신생아의 뇌는 백지 상태가 아니라 수용언어를 포함한 특정 자극을 처리하도록 특화되어 있다. 수용언어를 습득하는 능력은 타고나며 6세 무렵에 닫히기 시작해 11~13세경에 크게 줄어들어 그 나이를 넘기면 언어를 습득하기가 어려워진다. 아이는 언어를 배우려는 욕구가 강하다. 야생 환경에서 자라는 늑대소년도 자기만의 언어를 만들어 냈다. 문법을 습득하는 능력에서도 유년기에 특별한 시기가 있다는 증거가 있다. 인간의 뇌는 언어력을 본능적으로 타고나기 때문에 생후 2개월에 옹알이를 한다. 8개월이 되면 엄마나 아빠 같은 간단한 단어를 말한다. 뇌의 언어 영역은 18~20개월에 아주 활발하게 작동하여 하루에 10단어 이상 배울 수 있다. 4세에는 약 900개의 어휘를 구사하고, 6세 무렵에는 2,500~3,000개로 늘어난다.

수학적 사고

아이들이 언제부터, 어떻게 숫자를 이해하게 되는지는 아직 밝혀지지 않았지만 유아들은 기본적인 숫자감각을 타고난다. 수학의 뇌는 어떤 집합에 속한 대상의 개수를 가늠함으로써 대상을 구분하는 일을 처리하기 때문에 유아들도 2개와 3개의 차이를 분간할 수 있다. 예를 들어, 차를 타고 가다가 들판에서 풀을 뜯고 있는 말들을 보았을 때 우리는 일일이 세어 보지 않더라도 몇 마리인지 알아차리게 되는데 이는 타고난 수 감각 덕분이다. 연구에 따르면, 3세 아이도 5란 숫자를 말로 표현하지는 못하지만 개수의 차이는 구별할 줄 안다.

악기 연주

아기는 2~3개월만 되어도 음악에 반응한다. 음악을 만들어 내는 능력은 태어나면서 있다고 해도, 아기의 성대를 조절하는 운동 능력은 노래하거나 악기를 연주할 준비가 되어 있지 않다. 48개월은 되어야 피아노를 칠 수 있는 손재주가 생긴다. 여러 연구에 따르면 5~6세 때 피아노 레슨을 받은 아이가 악기 훈련을 받지 않은 아이보다 시공간적 과제에서 훨씬 더 높은 수행력을 보인다고 한다. 그렇게 향상된 능력은 장기간 지속된다. 또한 악기를 연주하면 좌측전두엽에서 수학 논리를 담당하는 영역을 자극하여 수리력도 좋아진다.

04
유아기 뇌의 놀라운 능력과 잠재력의 비밀

경험의존적 발달은 노출시간에 의해 결정된다

 피아노 연주나 미술 등의 예술 기능, 수영이나 피겨스케이팅 등의 운동 기능, 수학이나 독서 등의 인지 기능은 아이의 풍부한 경험이나 학습에 의해 새로운 시냅스를 만들거나 강화시킬 수 있다. 예를 들어, 독서는 조물주가 아이의 뇌에 이미 유전적으로 프로그램되어 만들어 놓은 시냅스가 없어 기존의 경험기대적 발달의 신경회로, 즉 시각·청각·언어·운동의 신경회로를 이용하여 시냅스를 새로 만드는 것이다. 이를 경험의존적 발달이라고 하는데 개인차가 많을 뿐 아니라 남보다 먼저, 더 많이 제공할 경우에 발달이 앞당겨지거나 강화된다.
 경험의존적 발달은 꼭 영·유아기 때만 발달하는 것은 아니다. 성인에게서도 훈련과 학습을 통하여 시냅스가 증가하고 신경망이 정교해진다. 즉 언제부터 자극하였느냐가 중요한 것이 아니라 얼마나 자극하였느냐가 중요하다. 독서의 경우 자극을 100배 이상 많이 받는다면 다른 아이에 비하여 100배 이상 발달할 수도 있다. 말콤 글래드웰은 『아웃라이어』에서 누구나 그 분야에 5,000시간 이상 노출하면 영재가 되고, 1만 시간 이상 노출되면 세계적인 사람이 될 수 있다고 했다.

1만 시간 노출의 개념은 심리학자인 에릭슨에 의하여 제안되었다. 에릭슨은 바이올리니스트들을 3개 군으로 나누었다. 제1군은 '엘리트'로 장래에 세계적인 수준의 솔로 주자가 될 수 있는 학생들, 제2군은 그냥 '잘한다'는 평가를 받는 학생들, 제3군은 프로급 연주를 해 본 적이 없고 공립학교 음악교사가 꿈인 학생들이었다. 3개 군에 속한 학생들은 대략 5세 전후에 연주를 시작한 것으로 나타났다. 초기 몇 년간은 대략 1주일에 2~3시간씩 비슷하게 연습을 했지만, 8세 무렵부터 변화가 나타났다. 자기 반에서 가장 잘하는 아이는 다른 아이보다 연습을 더 했던 것이다. 결과적으로 20세가 되면 엘리트 학생은 모두 1만 시간을 연습하게 된다. 반면 그냥 잘하는 학생은 모두 8,000시간, 미래의 음악교사는 4,000시간을 연습한다. 아마추어 피아니스트와 프로 피아니스트의 결과도 마찬가지였다. 아마추어는 어릴 때 1주일에 3시간 이상 연습하지 않았고, 그 결과 스무 살이 되면 모두 2,000시간 정도 연습한 것으로 나타났다. 반면 프로는 스무 살이 될 때까지 매년 연습시간을 꾸준히 늘려 바이올리니스트와 마찬가지로 결국 1만 시간에 도달했다.

신경과학자인 대니얼 레비틴에 의하면 1만 시간의 법칙은 작곡가, 수영선수, 소설가, 스케이트선수, 피아니스트, 바둑기사, 그 밖에 어떤 분야에서도 적용된다고 한다. 1만 시간은 대략 하루에 3시간, 일주일에 20시간씩 10년간 연습하는 것과 같다. 즉 어느 분야에서든 이보다 적은 시간을 연습해 세계 수준의 전문가가 탄생한 경우를 발견하지는 못했다. 뇌는 영재의 경지에 이르기까지 그 정도의 시간이 필요한 것이다.

1만 시간이란 엄청난 것이다. 아이들의 경우, 억지로 그 정도의 노출을 하기는 어렵다. 아이가 그 분야에 재능이 있어야 하고, 자기가 좋아해야 하며, 격려해 주고 지원해 주는 부모가 있어야 한다. 또 지속적으로 보상을 해 주어서 자기 스스로 의욕을 가지고 하지 않으면 도달할 수 없는 시간이다. 따라서 영·유아기 때부터 미술과 음악 같은 경험의존적 발달의 노출을 시작한 아이보다는 초등학교 때 시작한 아이들이 세계적인 미술가나 음악가가 많은 이유는 영·유아기에는 부모에 의하여 타율적으로 하는 반면 초등학교 때에는 자기주도성이 생겨서 자기가 좋아하고 잘해서 노출이 많아지기 때문에 5,000시간이나 1만 시간 노출될 확률이 더 많아서이다.

모국어, 1만 시간의 법칙

1만 시간의 법칙은 모국어나 영어를 배우는 데도 적용이 된다. 영어를 일찍 접할수록 쉽게 배울 수 있다는 것은 분명하다. 아이가 영어 능력을 빨리 잃어버리는 것은 사실이지만, 뇌의 유연성 덕분에 언어 발달의 감수성기에 다시 영어에 노출될 경우 이것을 새로이 받아들일 수 있기 때문이다. 반면에 12세 이후에 영어를 들으면 좌뇌의 활성이 거의 없다. 열심히 노력해서 영어를 들을 수 있게 된다 해도 아이처럼 자연스럽지는 못하다. 영어를 말하는 것도 마찬가지이다. 영어를 어색한 발음으로 말할 수밖에 없다.

따라서 가족 구성원 중에 영어를 잘하는 사람이 있어서 아기 때부터 지속적으로 영어를 할 수 있다면 영어를 가르치는 것이 바람직할 수 있다. 그런 경우가 아니라면 모국어에 먼저 익숙해진 다음 영어를 가르치는 것이 좋다. 모국어에 빨리 익숙해질수록 모국어 문법 구조에 따른 논리력이나 수리

영어의 감수성기

신경회로의 결정적 시기를 보여 주는 또 한 가지 대표적인 예는 언어와 관련이 있다. 새들 중에는 부화한 후 일정 기간 내에 같은 종의 짝짓기 울음소리를 듣지 못하면 그것을 배울 수가 없고 결국 짝짓기를 하지 못하게 된다.

인간에게도 같은 일이 일어날 수 있는데, 갓난아기들은 모든 언어의 소리를 구별할 수 있지만, 머지않아 모국어의 소리에 가장 쉽게 반응하도록 뇌가 연결된다고 한다. 'l'과 'r'이 구분되지 않는 우리나라에서 자란 사람이 나중에 영어를 배울 때 그 소리를 듣고 말하기가 어려운 것은 그 때문이다.

사춘기가 지나면 모국어의 억양을 완전히 없애고 외국어를 배우는 것이 점차 어려워지는데, 뇌의 언어 영역이 모국어를 듣고 말하도록 '단단히 연결'되었기 때문일 가능성이 높다. 이런 현상을 흔히 '키신저 효과'라고 하는데, 미국의 국무장관이었던 헨리 키신저는 12세에 미국으로 이민 와서 평생 강한 독일어 억양을 버리지 못했지만, 이민 왔을 때 10세였던 그의 동생에게서는 독일어 억양의 흔적을 찾아볼 수 없었다. 외국어 발음과 문법은 12세 전후가 감수성기인 것이다.

력도 함께 개발되기 때문이다. 모국어를 먼저 배우고 영어를 하면 모국어의 언어적 지식과 센스를 이용하여 영어의 의미, 문장 구성, 단어 형태에서는 유아기에 영어를 배우는 것보다 빨리 학습이 가능하다.

논리력·수리력·사회성·지능 등 여러 가지 인지 기능에 대한 폭넓은 개발을 위해서라면 모국어를 일찍 습득하고 잘하는 것이 더 중요하다. 특히 태어나자마자 영어에 노출되면 2,200시간 이상 노출되어야 의미 있는 영어 단어를 한 마디 할 수 있고, 5,000시간 이상 노출되어야 영어를 유창하게 말할 수 있다. 반면 모국어에 5,000시간 이상 노출되어 모국어에 능통한 경우에는 모국어의 언어력을 기반으로 영어를 배울 수 있기 때문에 2,400시간 만 노출되어도 유창한 의사소통이 가능하며, 4,300시간 노출되면 영어 전문 가가 될 수 있다. 그런 의미에서 영어는 모국어에 5,000시간 이상 노출된 후에 하는 것이 바람직하다. 뇌과학적으로도 문법의 뇌가 4세경에 발달되므로 5~6세 이후에 영어 문법을 잘 배울 수 있다.

연령별 뇌 발달과 적기교육

아이의 뇌는 크게 5단계로 나누어 발달하게 된다. 오감이 발달하고 뉴런을 연결하는 시냅스가 급격히 발달하는 24개월까지의 1단계, 종합적인 사고와 정서적 안정의 기초를 다지고 관계를 통한 학습이 중점적으로 이루어지고 전두엽과 변연계가 활발하게 발달하는 48개월까지의 2단계, 창의력과 정서 발달이 중요한 전두엽과 우뇌가 발달하는 학령 전까지의 3단계, 언어의 뇌가 발달하고 이어서 수학이나 추상적 개념의 뇌가 발달하는 초등학생의 4단계, 시각의 뇌가 발달해 시각적으로 추상적 개념을 이해할 수 있고 변연계가 활성화되어 감정에 의해 휘둘리기 쉬운 20세까지의 5단계로 나눌 수 있다.

사실 초등학교 교과서를 살펴보면 교과 과정이 뇌 발달에 맞게 짜여 있음을 알 수 있다. 초등학교 1학년 수학에서 수 세기와 개념을 배우고, 4학년에 가서는 도형과 평행선의 정의 같은 추상적 개념을 배운다. 이것을 무리하게 앞당기는 조기교육이나 선행교육은 결국 뇌 발달이 이루어지지 않은 아이에게 과부하로 인해 좌절감을 줄 수 있다.

소아신경과 전문의인 해리 추가니(Harry Chugani) 교수는 4세까지는 뇌 신경세포의 포도당 소모량이 성인의 2배 정도이며, 4~10세에는 이 상태를 유지하다가 10세 이후에 급속히 감소한다는 사실을 밝혀냈다. 그에 따르면 4~10세의 왕성한 뇌 활동 시기에 교육이 잘 이루어져야 한다. 하지만 이것이 5세 아이가 15세 아이보다 더 많이 더 쉽게 배운다는 의미는 아니다. 패트리샤 라키시(Patricia Goldman-Rakic) 박사는 시냅스의 안정화가 일어나는 10세 이후에 더 많은 학습이 이루어진다고 주장한다. 10세 이전의 뇌가 왕성하게 활동하는 것은 사실이지만 이를 학습으로 연결시킬 수 있는 능력은 10세부터 시작한다는 것이다. 따라서 10세 이전에는 추상적으로 생각하고 판단할 수 있는 두뇌를 준비하여야 하고 10세 이후부터 본격적으로 추상적 사고가 필요한 학습이 이루어져야 한다.

최근의 연구들은 가정 내의 위치도 아이의 지능 발달에 영향을 미친다는 통계 결과를 보여 준다. 결론적으로 동생들은 불리한 위치에 있다. 취학 연령 시점의 지능 검사를 기준으로 맏아이는 둘째보다 IQ가 3.5점 높았다. 이러한 결과의 원인은 부분적으로는 부모가 아이에게 할애하는 교육적 관심 때문이다. 부모의 관심은 무엇보다 생후 몇 년간의 인지 발달에 영향을 끼치고 이런 인지 발달은 이후의 발달에 기초가 된다. 아이가 많을수록 부모의 관심은 분산된다.

그러나 부모의 온전한 관심이 자녀의 IQ에 영향을 주는 유일한 요소는 아니다. 외동아이의 평균 IQ가 동생들을 가진 맏아이보다 떨어지기 때문이다. 그렇게 볼 때 맏아이의 IQ가 높은 것은 부모가 교육적 관심을 많이 쏟은 탓도 있지만, 동생들과 끊임없이 사회적이고 감정적인 상호 작용을 하고, 동생들에게 종종 뭔가 시범을 보이며, 자신이 알고 있는 것을 동생들과 공유하는 역할 특성 때문이다. 그로써 맏아이는 자신이 습득한 지식들을 공고히 하고 자신감도 얻을 수 있다. 그러므로 외동아이는 유치원에 보내는 것이 도움이 될 수 있다.

　인간의 뇌 크기는 유전에 의하여 결정되지만, 뉴런의 수나 뉴런을 연결하는 시냅스는 부모의 양육 방법에 의해서도 달라질 수 있다. 적절한 자극을 주고 적절한 교육을 시킨 아이의 뇌는 그러한 자극이 없거나 교육을 받지 않은 아이의 뇌와 확실히 다르다. 따라서 두뇌 발달을 알고 그에 따른 뇌기반 자극과 적기교육을 하여야 한다.

0~24개월 : 뉴런들을 연결하는 시냅스가 급격히 증가하는 시기

　이 시기의 아이들은 사물을 오감으로 확인하고자 한다. 이는 뇌의 시냅스를 정교하게 하는 방법이다. 보고, 듣고, 냄새 맡고, 빨고, 만지는 것이 아이의 두뇌를 더욱 효과적으로 자극한다. 정서적 안정도 중요한데 이 시기에 아이가 받은 스트레스는 기억을 담당하는 해마의 신경망을 위축시킬 수 있다. 부모와의 스킨십이 무엇보다 중요하다.

25~48개월 : 좌·우뇌가 통합되고 전두엽과 변연계가 발달하는 시기

　종합적인 사고와 정서적 안정의 기초를 다지고 관계를 통한 학습이 중점적으로 이루어지는 시기이다. 운동 발달을 위한 놀이, 아이의 사회성이나 자아존중감을 발달시키는 상징놀이, 사회적 놀이가 필요하다. 언어 발달도 급격히 이루어지므로 언어 능력을 증진시키는 놀이도 필요하다.

49~72개월 : 전두엽과 우뇌가 발달하는 시기

　창의력과 정서 발달이 중요한 시기이다. 자신의 감정을 조절하는 것도 배우고 적절한 말과 행동으로 자신의 감정을 표현하는 것도 익혀야 한다. 창의력이 급격하게 발달하므로 부모와의 대화를 늘려서 종합적으로 사고하고 문제를 해결할 수 있는 능력을 키워 준다. 음악, 미술, 체육 등 아이의 재능을 발견하고 키울 수 있는 본격적인 교육도 가능하다.

초등학교 : 전두엽 · 측두엽 · 두정엽 · 후두엽이 급속히 발달하는 시기
전두엽 : 사고력과 창의력을 담당하는 뇌

대뇌피질에서 가장 넓은 부분을 차지하는 전두엽은 뇌의 맨 앞부분에 있으며 사고와 판단, 기억과 집중력, 실행과 창의력 같은 고차원적 기능을 담당한다. 전두엽은 취학 전 5~6세부터 급격히 발달하여 사춘기에 이르기까지 지속적으로 발달하며, 20세 무렵이 되면 성장세가 안정기에 접어들지만 25세까지 지속된다. 자기주도적인 경험을 통하여 계획하기, 주의집중력, 의사결정, 문제해결력, 실행력, 창의력 등을 발달시키는 학습이 필요하다.

측두엽 : 청각 · 언어 · 통찰력을 담당하는 뇌

측두엽은 소리를 듣고, 언어를 이해하고 해석하며, 다양한 청각 자극과 오감 자극을 통합한다. 그 밖에도 직관력, 통찰력, 신비한 영적 체험 등과도 관련이 있다. 측두엽은 초등학교 시기 내내 지속적으로 발달한다. 배경지식을 쌓고 어휘력을 늘릴 수 있도록 독서교육과 토론교육 위주로 이루어져야 한다.

두정엽 : 공감각과 수학적 추상력의 뇌

두정엽은 몸의 감각을 감지하고, 공간에 대해 이해하며, 수학적 추상력을 담당한다. 두정엽의 앞부분은 체감각피질 영역인데, 이곳은 피부의 촉각과 통각, 압력, 온도, 몸의 위치 등에 대한 정보를 받아들인다. 초등학교 4학년 무렵에 수학적 추상력의 뇌가 발달하므로 본격적인 수학교육이 이루어질 수 있다.

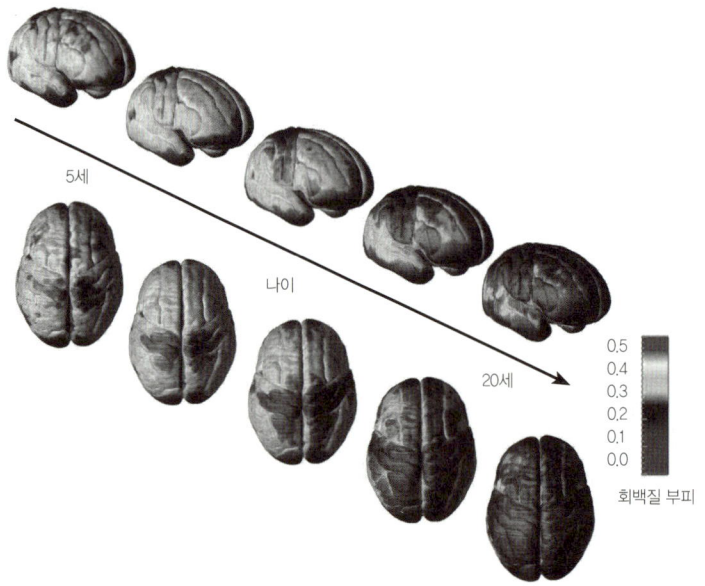

초등학교 시기의 뇌 발달 전두엽은 취학 전 5~6세부터 급격히 발달하고, 측두엽은 초등학교 무렵에 지속적으로 발달한다. 두정엽은 초등학교 4학년 무렵에 발달하여 수학적 추상력을 담당하고, 후두엽은 초등학교 6학년 무렵에 급격히 발달하여 글보다 도표나 그림을 통해 많은 것을 파악할 수 있게 된다.

후두엽 : 시각과 도형 · 공간기억력의 뇌

뇌의 뒷부분에 위치한 후두엽은 주로 시각 처리를 하며 공간기억력을 담당한다. 후두엽은 초등학교 6학년 시기에 급격히 발달하는데, 한 페이지로 된 글보다 도표 한 장이나 그림 한 장을 통해서 많은 것을 파악한다. 공부를 할 때 그림이나 그래프를 사용하거나 마인드맵을 이용하면 효과적이다.

신경전달물질

뉴런의 시냅스끼리의 정보 전달은 1,000분의 1초도 안 되는 순간에 이루어지는데 이 시냅스를 따라 빠르게 정보를 전달하는 물질을 신경전달물질이라고 한다. 약 50종류가 있는데 공부와 관련된 신경전달물질은 도파민, 세로토닌, 노르에피네프린이 대표적이다. 아이의 뇌를 바꾸는 것은 어렵지만 신경전달물질은 음식, 수면, 햇빛, 교육방식, 긴장 등에 의하여 수시로 바뀌기 때문에 부모는 이 신경전달물질을 잘 관리하여 아이가 최적의 상태에서 공부할 수 있도록 배려하여야 한다.

의욕과 열정을 일으키는 도파민

도파민은 새롭고 도전할 만하고 재미있는 자극이 주어지면 뇌의 복측피개 영역을 활성화시킨다. 그것은 측좌핵으로 전달되고, 측좌핵에서 만족하면 뇌의 전두엽 부위로 넘어간다. 전두엽으로 가면 장기기억으로 저장되고, 반복해서 그 자극을 준 행동을 하려고 한다. 이런 도파민의 활성화를 도우려면 새로운 것들을 보여 주고 재미있게 가르쳐 주는 게 중요하다. 또 도전할 만한 과제를 주면 도파민이 활성화돼 자꾸 그 일을 하려 한다. 한 단계 한 단계 올라가 뭔가 성취를 이루면 보상을 해 주는 것도 좋다. 칭찬과 격려가 중요하며, 아이가 자율적으로 그 일을 해서 성공·성취하는 경험이 있어야 도파민이 활성화된다.

어떤 엄마들은 아이에게 자신이 생각하는 학습의 핵심만 가르치고 싶어 한다. 예를 들어, 레고를 만들 때 어른이 생각하기에 제일 중요한 것이 성이라면 어떤 부모는 담을 쭉 만들어 놓고, 아이에게 성을 만들도록 한다. 또 그림에서 인물이 가장 중요하다고 생각한다면 인물 그림만 그리게 한다. 과연 학습의 핵심만 교육받은 그 아이가 성공할까? 결코 그렇지 않다. 아이들은 처음부터 끝까지 직접 해봐야 성취감을 느낄 수 있다. 작은 성공, 작은 성취감이 중요하다. 작은 성공 경험이 많은 아이가 큰 성공을 할 수 있다. 그들은 도파민 형성이 잘 된다. 따라서 아이에게 심부름을 시키고, 집안일을 돕도록 하고, 학습지도 본인이 고를 수 있도록 하는 것이 좋다. 더구나 도파민은 반대물질이 없기 때문에 아무리 많이 생성된다고 하더라도 도파민을 억제하려는 물질이 만들어지지 않는다. 그래서 아이는 끊임없이 학습할 수 있다.

정서를 안정시키는 세로토닌

세로토닌은 아이의 정서에 깊이 관여하는 신경전달물질로 수면이나 기억, 식욕 조절 등에 관여하며 아이에게 생기와 활력을 불어넣어 준다. 마음을 안정시키고 행복하게 하는 물질로 긍정심에 영향을 미친다. 마음을 연다는 것은 세로토닌과 관련이 깊다. 엄마가 컴퓨터 하지 말고 공부하라고 혼내면 어떤 아이는 하루 종일 기분 나빠하고, 어떤 아이는 금방 기분을 회복해 공부한다. 이것은 모두 세로토닌과 연관이 깊다. 의욕을 발휘하고 열정을 발휘할 때 이것을 지속적으로 하기는 힘들다. 장기적으로 의욕을 발휘하려면 긴장과 이완이 순환돼야 한다. 세로토닌은 이완을 담당한다.

세로토닌은 음식 섭취가 중요하다. 도파민이나 노르에피네프린과 같은 신경전달물질은 이미 뇌 안에 충분히 존재한다. 따라서 음식을 통해서 도파민과 노르에피네프린의 양을 증가시키기는 어렵다. 하지만 세로토닌은 뇌 안의 절대량이 필요한 양보다 늘 부족한 상태이며, 음식물로 부족한 양을 채울 수 있다. 바나나, 콩, 현미, 감자 같은 트립토판 아미노산이 들어 있는 음식들을 먹으면 세로토닌이 높아진다. 칼슘이 많은 치즈나 우유도 도움이 된다.

아이들에게 철 결핍성 빈혈이 생기면 산만해질 수 있는데, 철분이 세로토닌을 생성하는 데 보조효소로 작용하기 때문이다. 따라서 생후 6개월경 철분이 부족해지는 시기나 한창 성장하는 사춘기 때는 철 결핍성 빈혈이 없는지 살필 필요가 있다. 또 잠을 충분히 자고, 햇빛을 충분히 쬐면 세로토닌 형성에 도움이 된다. 공부를 50분 정도 하면 10분 정도 쉬는 시간이 필요한 이유도 긴장과 이완의 순환이 필요하기 때문이다.

세로토닌은 어느 정도 과잉으로 분비가 되면 반대물질이 나와서 항상성을 유지한다. 따라서 세로토닌을 높이기 위해 하루 종일 바깥에서 놀면서 햇빛을 받거나 필요한 수면 시간 이상으로 잠을 자거나 철분을 과잉으로 섭취하는 것은 소용이 없다.

집중력을 발휘하는 노르에피네프린

노르에피네프린은 긴장할 때 생기는 신경전달물질로 집중력과 연관이 있다. 긴장을 하면 노르에피네프린이 활성화돼 높은 성취를 해낼 수 있다. 부모가 자기주도학습을 시킨다고 아이를 방목하는 것은 바람직하지 않다. 아이가 학습을 하려면 긴장이 필요하고 학습에 대한 생각을 끊임없이 하여야 한다. 부모가 아이의 학습에 관심을 갖지 않고 방임하면 아이는 긴장을 하지 않아 집중력이나 기억력을 발휘하기가 어렵다.

많은 사람이 긴장감을 나쁜 것이라고 생각하는데, 결코 그렇지 않다. 적당한 스트레스와 긴장은 중요하다. 예를 들어, 좌뇌형 아이처럼 혼자 공부를 잘하는 아이라도 20분 정도 지나면 집중력이 떨어지기 시작하여 1시간이 되면 반 이상 떨어진다. 20분 정도 지났을 때 엄마가 방에 들어가 등을 한 번 두드려 주는 정도로 관심을 보이면 아이의 집중력은 다시 살아난다. 또 다시 20분 정도 지난 후에 엄마가 다시 관심을 보여 주면 집중력이 유지된다. 이렇듯 아이에게 부모가 관심을 가지고 있다는 걸 인식시켜 주는 것이 중요하다.

적기교육이 중요하다

인간은 경험의존적 발달이 없어도 생존할 수 있지만, 경험기대적 발달이 없으면 생존할 수 없다. 더구나 경험의존적 발달은 유아기의 조기교육에 의해서는 전혀 형성되지 않는다. 경험의존적 발달은 특유한 문화적 경험들에 의존한다. 경험의존적 발달은 인생을 사는 동안 계속되며, 새로운 두뇌 발달을 촉진하고, 이미 존재하는 모든 개인의 다양한 두뇌 구조를 다듬어 준다. 외국어나 악기 연주를 가르치는 것은 경험의존적 발달이다. 너무 과한 조기교육은 실제로 훗날의 지능에서 이익보다는 장애가 될 수 있다. 하튼 로서 교수는 조기교육으로 인한 두뇌의 초기 과밀 현상을 예방하기 위해, 아인슈타인이 어린 시절에는 오히려 평범한 학생이었다는 것은 우연이 아니었다고 주장한다. 많은 연구를 통해 다음과 같은 결론에 도달할 수 있다.

- 모국어나 시각과 같은 경험기대적 발달은 더 수용적이고 덜 수용적인 시기가 있으므로 시기를 놓치지 않는 것이 중요하다.
- 30세보다 3세 아이가 더 낫기는 하지만 어떤 경험기대적 발달도 어느 시점이 오면 별안간 끝나 버리는 결정적 시기는 없다. 언어 발달은 생후 3년이 지났다고 해서 완전히 멈추어 버리지는 않는다. 적어도 사춘기 전까지 영어를 배울 수 있다면 기회는 있다.
- 독서나 피겨스케이팅과 같은 경험의존적인 발달은 감수성기가 특별히 없으며 노출되는 시간이 더 중요하다.
- 아이와 하루 종일 같이 있는 것은 중요하지 않다. 부모는 끊임없이 아이와 의사소통을 하여야 하며 교육적인 자극을 제공하여야 한다. 하루 종

일 부모가 아닌 다른 사람의 보살핌 가운데 있어야 하는 미취학 아동의 경우 보육시설이 베이비시터와 단둘이 있는 것보다 더 나은 것으로 드러났다.

-아이가 도움을 요청했을 때 보살핌을 받는 아이는 규칙적으로 보살핌을 받지 못하거나 부모가 귀찮아하고 무관심했던 아이보다 더 잘 자란다.

-아이의 집중력 발달을 위해서는 부모가 가까이에서 반응을 보이는 것이 좋기는 하지만, 지나치게 간섭하면 아이가 자기주도적으로 놀지 못할 뿐 아니라 집중력도 발달하지 못한다.

-아이의 인지 능력은 아이가 흥미를 보이는 것에 대해 바로 그 순간 말을 해 줄 때 가장 잘 발달한다. 따라서 아이의 호기심에 적극적으로 대응해 주어야 한다.

-아이는 TV나 스마트폰을 시청하거나 성인들의 대화를 듣는 것보다 부모가 직접 자신에게 말을 걸어 줄 때 훨씬 효과적으로 언어, 사회성, 인지 발달을 보인다.

-신체적 자유는 중요하므로 아이를 침대나 작은 방에 오랜 시간 있게 하지 말아야 한다. 바깥놀이를 통해 자발성을 키우고 두뇌신경촉진인자(BDNF)의 활성을 일으켜 두뇌를 키워야 한다.

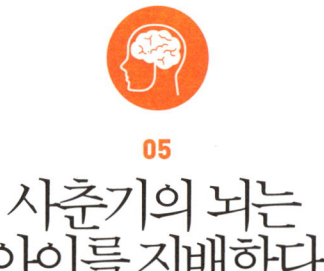

05
사춘기의 뇌는
아이를 지배한다

사춘기의 전두엽 변화

전두엽의 발달은 어릴 때부터 시작해서 평생에 걸쳐 이루어진다. 갓 태어난 아기는 뉴런의 수는 성인과 비슷하지만 뉴런의 연결은 17%밖에 되지 않는다. 아이는 자라면서 1,000억 개 뉴런 중 나머지 뉴런들의 연결이 이루어진다. 전두엽도 마찬가지여서 유아기인 3~4세부터 7~8세까지 가장 빨리 발달하는데, 이후 10대에 질적 변화가 이루어진다. 이러한 전두엽의 발달에서 가장 중요한 요소는 경험이다. 3세부터 시작하는 경험이 10대를 거쳐 청년기, 장년기로 이어지기 때문이다.

아이의 뇌가 성인의 뇌로 성장하기 위해서는 몇 가지 변화를 거쳐야 한다. 전두엽에서 '시냅스의 생성'과 '가지치기'가 이루어지며, '수초화'를 통해 연결 기능을 강화시킨다. 아이는 이러한 변화를 통해 논리적이고, 스스로 통제가 가능하며, 계획을 통해 미래를 예측하기 시작한다. 이러한 변화는 지속적이어서 전전두엽의 가지치기는 25세 이후까지도 진행된다. 전두엽에서 시냅스의 생성은 여아들의 경우 만 11세 무렵, 남아들의 경우 만 12.1세 무렵에 최고조에 달한다.

문제는 시냅스의 생성이 너무 과하면 좋지 않다는 것이다. 사춘기가 시작하면서 시냅스가 급진적으로 증가하여 시스템 전체에 혼란을 일으킨다. 그러다가 10대 후반에 이르면 과도한 시냅스를 가지치기한다. 다시 말해 어떤 시냅스는 유지하고 어떤 시냅스는 가지치기해 실행력이 개선되는 것이다. 또한 좌뇌와 우뇌의 연결이 더욱 견고해져서 성인을 위한 준비를 하게 된다. 수초화도 중요한데, 뇌 속 일부 영역에서의 수초화는 청소년기가 시작될 무렵부터 끝날 때까지 100% 증가하기도 한다. 정서 조절을 담당하는 일부 신경회로도 10대 동안 수초화 과정이 진행된다.

시냅스의 생성

전두엽의 시냅스는 출생 전에 급격히 증가하기 시작해서 출생과 동시에 성인 수준에 이르고 이후 계속 증가한다. 시냅스는 24개월에 성인의 2배에 도달한다. 그 후엔 몇 년 동안 높은 수준을 유지하다가 서서히 줄어들기 시작해서 시냅스의 거의 절반에 가까운 양이 없어지고 뇌는 다시 성인의 수준으로 되돌아간다. 해리 추가니 교수가 PET를 이용해서 뇌의 활성도를 나타내는 포도당을 측정한 결과, 출생 시에는 포도당 사용치가 성인의 약 70%이며, 2~3세 때에는 성인의 2배에 달한다는 사실을 확인했다. 그러다가 8세 전후가 되면 뇌의 포도당 사용이 감소하면서 안정되기 시작하고, 16~17세 무렵이 되면 다시 성인 수준에 근접한다.

이 결과를 보면 아이의 뇌는 필요한 양보다 많은 시냅스를 만들어서 위험을 방지하고 가장 뛰어나고 강한 시냅스만을 남기고 가지치기를 한다. 특히 사춘기를 전후하여 시냅스의 생성과 가지치기가 전두엽에서 급격히 일어난다. 따라서 10대들의 뇌를 촬영해 보면 전전두엽에서 눈에 띄는 변화를 확인할 수 있다. 시냅스의 생성과 가지치기로 인하여 전전두엽의 회백질이 극적으로 두꺼워졌다가 얇아지는 현상이 나타나는 것이다. 이 같은 변화는 두정엽과 측두엽에서도 일어난다.

뇌를 촬영해 보면, 뉴런의 신경세포체 부분은 회색을 띠고, 뉴런에서 뻗어 나온 축색돌기를 감싼 지방질로 된 수초는 흰색을 띤다. 회백질은 남자보다 여자가 1, 2년 정도 먼저 양적으로 최고치에 달한다. 10대 초반의 여아들이 또래 남아들을 철없고 바보 같다고 생각하는 이유가 바로 여기에 있다. 회백질은 뇌의 가장 바깥에 있는 약 0.63cm 두께의 부위로 뉴런과 거기서 뻗어 나온 수상돌기가 집중적으로 분포하는 영역이다. 회백질이 두꺼워지는 이유는 뉴런과 수상돌기가 급속하게 뻗어 나가 무성해지기 때문이다.

아이들의 뇌는 대뇌피질 중에서도 논리와 공간 지각에 관여하는 두정엽과 언어와 관련이 있는 측두엽이 두드러지게 두꺼워진다. 특히 사전에 계획을 세우고 충동을 억제하는 전두엽에서 복잡하면서도 지속적으로 회백질이 두꺼워져 여아의 경우 11세, 남아의 경우 12세 내외인 사춘기 때 정점을 이룬다. 아이들이 성인처럼 충동을 통제하지 못하는 것은 전전두엽 피질이 지속적으로 두꺼워지는 중이기 때문이다. 특히 배외측전전두엽피질이 두꺼워지는 과정이어서 아이들은 충동을 억제하지 못하고 워킹메모리도 잘 작동하지 않는다. 배외측전전두엽피질은, 예를 들어, 114에 전화번호를 문의한 뒤 듣고 전화를 걸기까지 숫자를 기억하는 데 필요한 워킹메모리를 담당한다. 이곳이 발달하면서 선의의 거짓말을 한다든지, 5~6가지를 머릿속에서 동시에 비교하면서 그 상관관계를 연관 짓는 일 등이 가능하게 된다.

가지치기

시냅스가 더 많다고 해서 그만큼 더 현명하다고 할 수는 없다. 사실 정신 지체와 학습장애를 일으키는 취약X염색체 증후군의 경우 뇌의 시냅스가 지나치게 많아 그것이 얽히고 꼬이면서 혼란을 일으킨다. 10대 이전의 아이나 성인은 뇌에서 1~2% 정도의 시냅스를 가지치기한다. 하지만 10대들의 뇌는 시냅스의 15% 정도를 가지치기로 잘라 낸다. 엄청난 양의 정보를 받아들이는 동시에 잃어버리기도 하는 것이다. 하루는 갑자기 어른스러운 말을 하다가도 다음날은 다시 어린아이가 되는 것은 뇌의 시냅스 변화가 극심하기 때문이다.

소웰(Sowell)과 톰슨(Thomson)에 의하면 뇌는 16세 이후에 특히 전두엽에서 회백질의 감소가 두드러진다고 한다. 12~20세에 회백질은 평균 7~10% 감소하고, 일부 영역에서는 50%까지 감소한다. 운동을 조절하는 미상핵의 경우, 8~11세의 청소년 전기에 20%에 달하는 회백질은 제거되고 다시 13세를 전후하여 막대한 양이 가지치기되어 성인의 수준에 이른다. 그렇기 때문에 13세 이전에 근육을 다양한 방식으로 사용하는 운동을 되도록 많이 경험하는 것이 좋다. 미상핵은 무의식적이고 기계적인 운동을 관장하는 곳으로 피아노나 자전거, 체조처럼 한 번 배우면 평생 잊어버리지 않는 무의식적인 기억을 담당한다.

수초화

뇌의 백질을 이루는 수초는 지방질 막으로서 뇌의 활동전위가 축색을 따라 빨리 전달될 수 있게 한다. 수초화는 뉴런보다 10배 많은 신경아교세포를 통해서 이루어지는데, 아인슈타인의 뇌는 논리와 공간추론에 해당되는 영역에서 정상치보다 신경아교세포가 많이 있다고 한다. 수초화된 축색은 그렇지 않은 것에 비해 전기신호를 100배나 빠르게 전달하는데 그 속도는 시속 320km에 달한다. 사춘기의 뇌가 수초화되면 모호한 상황을 이해하고 추상적인 생각을 하며 의미의 미묘한 차이를 알아차리는 능력을 갖추게 된다. 뇌에서 정보를 전달하는 속도가 빨라지기 때문에 정보를 기억하고 논리적으로 생각하는 능력이 향상되는 것이다.

백질은 활동전위 전달의 속도를 향상시킬 뿐만 아니라 활동전위의 타이밍을 조절해 주기도 한다. 그러므로 나이가 들어가면서 효율적으로 일할 수 있는 뇌가 되어 현명해지는 것이다. 언어 기능에 관여하는 베르니케 영역의 좌우를 연결하는 뇌량의 뉴런은 13~14세 무렵에 수초화가 대부분 진행된다. 그로 인하여 단문만 쓰던 10세 아이가 차츰 자신의 감정을 표현하고 구성도 풍부한 글을 쓸 수 있는 13세가 되는 것이다.

논리와 관련이 있는 두정엽피질과 연결된 뇌량 역시 7세가 되어야 비로소 수초화가 시작된다. 두정엽피질은 수학이나 논리적인 사고 또는 십자말풀이 등을 담당한다. 사춘기가 되어야 이 영역의 백질이 두꺼워지기 때문에 이전의 아이들에게 대수를 가르치는 것은 효율적이지 않다. 궁형속의 수초화도 이때 이루어지는데 브로카 영역과 베르니케 영역 사이의 고리를 형성하고, 자판을 보지 않고 치거나 신발 끈을 빠르게 묶는 것처럼 정교한 근육운동을 할 수 있다.

하지만 발달 중인 아이의 뇌에서 진행되는 수초화에는 장단점이 있다. 수초화가 진행되면 뉴런은 전에 비해 더 경직된다. 아이의 나이가 어릴수록 성인에 비해 외국어를 훨씬 쉽게 모국어 억양의 영향을 받지 않고 받아들이는 이유도 여기에 있다. 수초화가 완료되면 뇌의 언어 영역은 더 전문화되면서 자주 듣는 언어에 훨씬 더 민감해지고 외국어에는 덜 민감해진다. 대상회와 해마를 연결해 주는 상수질판은 순간적인 반응을 전후 맥락과 연결해 주는 회로의 핵심 부분이다. 이 부분이 수초화되면서 아이들은 좀 더 성숙한 행동을 하고, 충동을 잘 조절하고, 집중력이 향상된다. 여아의 뇌는 남아에 비해 수초화가 빨리 진행되는데 여아들이 종종 남아에 비해 감정적으로 성숙해 보이는 이유가 여기에 있다.

사춘기 뇌 발달의 특징

사춘기가 되면 아이들은 생물학적으로 가장 충동성이 왕성한 질풍노도의 시기를 겪는다. 생물학적으로 커다란 변화를 경험하며 충동 조절이 힘든 시

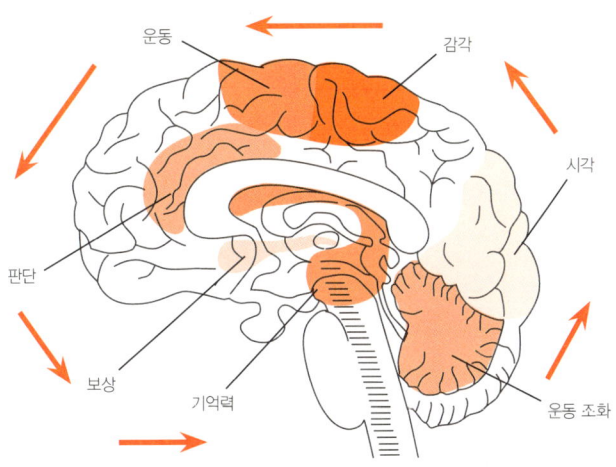

사춘기의 뇌 사춘기의 뇌는 뒤쪽에서 앞쪽으로 발달한다. 운동 조화와 감각 발달은 왕성한 반면, 사고하고 판단하는 전두엽은 늦게 발달한다. 전두엽의 미성숙에 비해 변연계는 활성화되기 때문에 감정 판단을 하기 쉽다. 보상의 뇌도 활성도가 떨어져 웬만해서는 감동하지 않는다.

기에 제도의 틀에 순응해야 하는 아이는 이중고의 어려움을 겪게 된다. 부모는 아이들의 발달적 특성을 이해하고 사춘기를 잘 보낼 수 있도록 도움을 주어야 한다. 사춘기 뇌 발달의 특징을 요약하면 다음과 같다.

후두엽이 발달한다.

사춘기의 뇌에서는 시각중추 기능을 하는 후두엽이 특히 발달한다. 그래서 10대 아이들은 외모나 유행 등 시각적인 것들에 민감하게 반응한다. 따라서 사춘기에는 시각적으로 예민해져 자기의 얼굴을 가꾸기 위하여 하루에 30분 이상 거울을 보는 일도 많다. 멋진 남자배우와 예쁜 여자배우를 열광적으로 좋아하는 것도 후두엽의 발달 때문이다. 이 시기에는 부모도 옷차림에 신경을 써야 한다. 아이와 같이 외출을 하는 경우 부모가 대충 옷을 입으면 부모와 같이 다니는 것을 꺼린다.

후두엽의 발달은 학습 면에서는 장점이 많다. 이 점을 활용해 학습 효과를 높이려면 그림이나 사진, 슬라이드 같은 시각적인 자극을 주어야 한다. 한 페이지 분량의 글을 한 장의 도표나 그림으로도 파악할 수 있을 만큼 시각적 이해력이 높아지기 때문에 이 시기의 수학 문제들에는 도표, 포물선, 원통 등 그림으로 설명하는 것이 많아진다.

전두엽의 시냅스가 갑자기 늘어난다.

사춘기 아이들의 충동적인 행동은 뇌의 전두엽 부분이 발달하지 못했기 때문이다. 어떤 문제가 생겼을 때 합리적으로 생각하는 기능을 하는 전두엽이 아직 정교하게 가지치기가 되지 않아 이성적으로 판단하지 못하고 충동적이고 우발적인 행동을 하게 되는 것이다. 판단과 사고를 담당하는 전두엽이 미처 다 성장하지 못하다 보니 정서적인 반응을 하는 변연계만 반응을 하게 된다. 특히 상대가 불쾌한 말이나 행동을 하면 변연계가 유독 민감하게 반응한다.

변연계가 주도한다.

이 시기는 부모가 권위적이거나 억압적이면 부모의 말을 듣지 않는다. 부모가 이야기하면 전두엽으로 반응하기보다는 변연계로 반응하기 때문에 논리적으로 판단하기보다 부모가 아군으로서 말하는가 아닌가를 가지고 판단한다. 부모가 공부하라고 하는 것이 아군으로 말한다고 느껴지면 공부를 하지만 아군으로 말하는 것이 아니라고 생각되면 공부를 하지 않는다. 이 시기의 아이가 또래아이나 멘토의 말은 들어도 부모의 말을 잘 듣지 않는 이유는 그 때문이다. 따라서 부모는 아이가 사춘기가 되기 전에 아이와 친해져야 한다.

스트레스의 대처 능력이 떨어진다.

사춘기 아이는 장소를 기억하고 다른 종류의 학습을 종합하는 해마의 변화 때문에 학습력이 떨어진다. 신경을 진정시키는 감마아미노낙산(GABA)의 수용체가 많아져 학습에 지장을 초래하는 것이다. 또한 사춘기에는 남의 표정을 판단하는 인지 기능이 일시적으로 떨어진다. 10대 아이들은 얼굴 표정을 나타내는 그림들을 보여 주고 '행복한', '화난', '슬픈'처럼 각각의 표정에 맞는 형용사와 짝을 짓는 단순한 작업도 해결하는 데 어려움을 느낀다.

사춘기의 뇌는 스트레스에 취약하다. 알코올, 니코틴, 게임에 쉽게 중독되고 더 쉽게 손상된다. 따라서 사춘기 아이에게는 여러 일을 한꺼번에 시키는 것은 바람직하지 않다. 심부름도 1~2가지 시킬 때는 잘하지만 여러 가지를 한꺼번에 시키면 스트레스에 취약하여 빼먹는 경우가 많다. 따라서 지시를 할 때도 단순하고 구체적으로 1~2가지씩 하는 것이 좋다. 이야기할 때는 천천히, 조용하게, 반복해서 말해야 전달력을 높일 수 있다.

멜라토닌 분비가 늦어진다.

사춘기가 되면 잠을 부르는 호르몬인 멜라토닌이 분비되는 시간이 차츰 늦어진다. 멜라토닌은 깊은 잠을 자도록 해 줄 뿐 아니라 스트레스로 인한 피로를 풀고, 면역력을 강화하는 역할을 한다. 뇌는 스트레스를 느끼면 신체에서 글루코코르티코이드라는 호르몬을 분비해 기억력을 저하시킨다. 잠자는 동안 멜라토닌이 스트레스 저항력을 높여 주면 학습할 때 스트레스를 받더라도 뇌가 새로운 정보를 받아들이기에 적절한 상태를 유지할 수 있게 한다. 따라서 학습 효율을 높이기 위해서라도 아이들에게 충분한 수면, 즉 멜라토닌이 잘 분비되는 질 높은 수면을 취하게 할 필요가 있다.

보상중추의 기능이 떨어진다.

도파민의 수치는 일반적으로 초등학교 시기에 정점에 이르렀다가 청소년기를 거치는 동안 감소한다. 그럼에도 불구하고 전전두엽피질은 여전히 정상 수치를 유지한다. 대신에 측좌핵 등 뇌의 보상회로에서는 도파민의 수치가 더 많이 감소한다. 뇌의 보상회로에서는 도파민의 수치가 떨어진다는 것은 웬만한 당근과 채찍은 효과가 없다는 뜻이다. 뇌과학적으로 초등학교 4학년까지는 칭찬과 같은 긍정적인 훈육이 처벌과 같은 부정적인 훈육보다 효과적이다. 하지만 사춘기에는 보상의 뇌 기능이 떨어지기 때문에 긍정적인 훈육과 부정적인 훈육이 모두 소용이 없다. 웬만한 칭찬과 처벌에는 꿈쩍도 하지 않는다. 따라서 부모는 당근과 채찍을 버리고 아이와 친해져서 아이가 부모의 말을 듣게 하는 수밖에 없다.

10대들의 공부두뇌

연구에 의하면 10대에 없어지는 시냅스의 상당 부분은 뇌를 자극하고 흥분시키는 것들이다. 뉴런을 자극하는 데에는 글루타메이트라는 신경전달물질이 작용할 때가 많은데 글루타메이트를 방출하는 시냅스가 없어지고 나면 아이가 근본적으로 침착해진다. 따라서 아이는 10대를 지나면서 인지력이 점차 증가한다.

억압 기제가 증가한다.

전두엽은 기본적으로 억압 기제이고, 전두엽이 발달한다는 것은 억제 기능이 점진적으로 향상되는 것을 뜻한다. 앞에 있는 사람이 커피를 마시면 성인의 뇌는 이를 보고 머릿속에서 이미 그 행동을 따라 하지만 실제로 행동하지는 않도록 억압 기제가 작동한다. 영·유아기에는 무작정 따라 하기를 통해 학습을 하고, 그 이후에는 억압 기제를 통해 차츰 조절하면서 성인으로 성장해 간다. 사춘기 때 없어지는 전두엽 시냅스의 상당 부분은 뇌를 자극하고 흥분시키는 종류이다. 연구에 의하면 흥분성 시냅스와 억제성 시냅스의 비율이 10대를 거치면서 7대1에서 4대1로 바뀐다고 한다. 이로 인하여 아이의 뇌도 차분해진다.

워킹메모리가 증가한다.

전두엽이 발달하면서 워킹메모리도 늘어난다. 아이들의 워킹메모리 저장소에는 1개 혹은 2개 항목만 담긴다. 그러다가 약 12세 이후로는 비로소 5개 항목을 담을 수 있으며 15세에 최대가 된다. 워킹메모리를 늘리는 데 가장 좋은 방법은 독서이다. 페이지를 넘기기 전에 힘들어서 약 3분간 한 페이지에 집중해야 하며 인물, 장소, 줄거리의 연관성을 중간에 저장해야 하기 때문이다. 워킹메모리의 용량이 커지면 아이들은 감정 통제나 장기적인 목표 추구가 가능해진다.

계산 능력이 빨라진다.

축색돌기들이 수초화 덕분에 절연이 잘될수록 뇌의 신경전달속도가 높아지고 뇌의 계산 능력이 빨라진다. 인간의 경우 다른 동물에 비하여 신경아교세포와 뉴런 간의 비율이 많다. 대부분의 동물은 신경아교세포와 뉴런 간의 비율이 1대1에서 3대1 정도인데, 인간은 10대1에 이른다. 뇌가 성숙하면 필요 없는 축색돌기와 수상돌기가 퇴화하고 축색돌기가 지방질 막인 수초로 싸인다. 이렇게 수초화가 일어나면 무엇보다 처리 속도가 높아진다. 영아의 경우 뇌가 작아 활동전위가 아주 짧은 길만 통과하면 되는데도 불구하고, 하나의 자극이 처리되는 데 성인의 3배 정도의 시간이 걸린다. 성인이 되면서 몸집이 커지는 것을 생각하면, 성인의 처리시간이 3배 더 빠르다는 것은 수초화 때문에 전달속도가 아기 때에 비해 16배 증가한다는 의미이다.

융통성이 좋아진다.

10대를 거치는 동안 아이들은 글짓기, 늦는다고 집에 전화하기, 숙제를 제때 제출하고, 숙제를 컴퓨터로 작성하는 법을 배우는 것에 이르기까지 다양한 분야에서 조금씩 능숙해지고 점점 더 수월하게 해낸다. 초등학교 6학년을 마칠 무렵이면 50% 정도의 아이들은 융통성 없이 단단한 구상적 개념에서 추상적이고 상징적인 사고의 단계로 접어들기 시작한다. 따라서 중학교 2학년쯤 되면 꼭 구체적인 사례를 동원하지 않아도 된다. 그때쯤에는 80%의 아이들이 수학의 추상적인 개념을 제법 확실하게 이해한다.

농담을 알아듣는다.

11~12세의 아이는 정직함을 '대체로 진실한 성품'으로 이해하지만, 14~16세가 되면 더욱 추상적이면서 이분법적 경향이 감소된 논리를 갖추게 된다. 그러면서 사회적인 거짓말의 가치도 이해하게 된다. 부모가 상반된 두 시각을 보일 때 10대 초반의 아이라면 위선자라고 생각할지 모르지만, 10대 후반이 되면 두 의견이 동시에 진실일 수도 있다는 걸 이해하고 각각의 근거를 저울질하기 시작한다. 중학교 2학년에서 고등학교 1학년 사이에 사고가 가장 크게 성숙해진다. 대개 여자아이가 남자아이보다 빨리 성숙하는데, 그런 차이는 중학교 2학년부터 고등학교 2학년까지 일정하게 유지된다. 하지만 18~25세가 되면 남자가 그 차이를 따라잡는다.

06
아이의 성격 강점을 키워 주어라

순한 아이, 까다로운 아이, 느린 아이

기질이란 일종의 행동 스타일로 어떤 상황에 처했을 때 아이가 반응하는 방식을 말한다. 기질은 뇌의 정보 처리 방법이 아이마다 다르기 때문에 나타나는데 시간이 지나도 잘 변하지 않는다. 따라서 아이의 기질을 알고 있다면 아이를 이해하고 교육하는 데 도움이 된다. 기질의 형성에는 이성의 뇌인 대뇌피질, 감정의 뇌인 변연계, 본능의 뇌인 뇌줄기까지 모두 관여하지만 변연계의 민감도가 큰 역할을 한다. 특히 위험에 처했을 때 작동하는 편도체의 반응 정도에 따라 작은 자극에도 과민하게 반응하는 아이가 있는가 하면 자극이 강해도 반응을 하지 않는 아이가 있다.

기질상 좌·우뇌의 차이가 있다. 규칙적이고 적극적인 아이는 긍정심과 연결된 좌측전두엽이 발달하고, 두려움이 많고 예민한 아이는 부정적인 감정과 연결된 우측전두엽이 발달한다. 캐나다 맥마스터 대학교의 루이스 슈

미트 교수 팀에 의하면 순한 아기들은 뇌의 좌측전두엽이 더 활성화되는 반면 화를 잘 내고 까다로운 아기들은 우측전두엽이 더 활성화된 것으로 나타났다. DRD4유전자도 달랐다. 이 유전자는 뇌 신경전달물질인 도파민 수용체 유전자로 스릴 추구, 집중력 부족 등과 관련이 있다고 알려져 있다.

좌측전두엽이 더 활성화된 아기들 중 DRD4유전자가 긴 아기들은 얌전하고 달래기 쉬운 것으로 나타났다. 그러나 우측전두엽이 더 많이 활성화된 아기들 중 DRD4유전자가 긴 아기들은 가장 달래기 힘들고 성장 과정에서 집중력 문제로 고생할 수 있다는 결과가 나왔다.

순한 아이

순한 아이는 신체의 리듬이 규칙적이어서 잠자고 먹는 것이 순조롭다. 새로운 음식도 잘 먹고, 낯선 사람에게도 잘 다가가고, 커서 학교생활도 잘 적응한다. 낯선 상황에도 스스로 접근하고 새로운 환경에도 쉽게 적응하며 변화에 대한 반응의 강도도 그리 높지 않다. 욕구가 좌절되어도 크게 실망하지 않으며, 규칙을 배우는 데 별 어려움이 없다. 대개 행복하고 즐거운 감정 표현이 많다. 통계적으로는 40%의 아이들이 순한 아이이다.

순한 아이는 적은 노력으로 키울 수 있으므로 아이를 키우는 재미가 있고 부모가 아이에게 더 많은 사랑을 표현하게 된다. 하지만 순한 아이도 환경이 좋지 않고 스트레스를 받으면 문제 행동을 보인다. 순한 아이는 변화에 쉽게 적응하고 별로 떼를 쓰지 않기 때문에 아이의 요구가 무시되기도 하고 부모가 더 까다로운 아이에게만 신경을 쓸 가능성도 있다. 순한 아이는 자기주장이 강하지 못하고 쉽게 다른 사람의 영향을 받고, 다른 사람에게 맞추는 데 익숙해져 자기결정력이 떨어진다. 따라서 아이의 자율성을 확대시켜 주고, 자기결정력을 키울 수 있도록 도와주어야 한다.

까다로운 아이

까다로운 아이는 먹고 자는 것이 불규칙하다. 새로운 사람이나 상황에 대해서도 적응하기 어려워한다. 낯선 상황에서는 쉽게 위축되며, 변화에 적응하는 것을 힘들어하고, 작은 변화에도 강하게 반응한다. 욕구가 좌절되면 심하게 울거나 떼를 쓰며, 이를 달래기가 쉽지 않다. 평소에도 칭얼대는 등 부정적인 감정 표현이 많고, 실수도 많이 하고 사고도 많이 친다. 전체 아이들의 10% 정도가 까다로운 아이이다.

까다로운 아이는 키우는 데 힘이 많이 든다. 까다로운 아이를 부모의 스타일에 억지로 맞추려고 하는 경우 부모와 아이의 관계에 문제가 생기기도 한다. 부모는 불확실성 때문에 불안해하고, 말썽을 부리는 것에 화를 내며, 지나친 반항에 위협감을 느끼고, 심지어는 아이를 거부하기도 한다.

까다로운 아이는 자기가 원하는 바가 아주 확실하며 자기결정력도 빠르다. 그러나 자기가 원하는 것을 모두 가질 수는 없기 때문에 세상과 타협하는 법을 배울 필요가 있다. 따라서 먼저 아이의 요구와 바라는 것을 인정해 준 다음 현재 상황을 인식시켜야 한다. 그 후에 가능한 대안을 제시하고, 선택하게 하여야 한다.

느린 아이

느린 아이는 먹고 자는 것이 규칙적이다. 긍정적인 감정 표현을 하는 데 시간이 걸린다. 순한 면도 있지만 새로운 환경에서 움츠러들며 적응하는 데 시간이 걸린다. 언뜻 보기에는 까다로운 아이와 비슷하지만, 변화에 대한 반응의 강도는 약하다. 활동성이 낮고 반응 시간이 느리다. 실수를 많이 할 것 같지만 신중하기 때문에 실수는 별로 하지 않는다. 전체 아이들의 15% 정도가 느린 아이이다.

부모는 밥 먹기, 옷 입기 등 일상적인 행동이 너무 느리기 때문에 아이에게 화를 내기 쉬우며, 다른 아이와 비교해서 자기 아이가 너무 발달이 지연되는 것은 아닌가 걱정을 한다. 느린 아이는 유아기에는 별다른 문제없이 자라지만 초등학교에 들어가면 여러 가지 면에서 문제 행동을 일으킨다. 특히 낯선 상황에 들어가거나 새로운 사람을 만날 기회가 많아지면서 어려움을 겪는다. 성급한 부모는 아이에게 빨리 적응하기를 강요하지만 그럴수록 아이들은 주눅이 들어 적응 속도가 더 느려지는 악순환이 계속된다.

느린 아이는 부모가 새로운 것을 가르치거나 시키려면 부모 뜻대로 빨리 따라오지 못한다. 강요할수록 아이는 더욱 거부감을 느낀다. 느린 아이는 변화를 겪을 때 서서히, 반복적으로 그 상황을 극복하도록 도와주어야 한다. 시간제한을 두지 말고 부모가 기다려 주어야 한다. 느린 아이는 신중해서 익숙해지는 데까지 시간이 오래 걸리지만, 한 번 익숙해지면 제법 하기 때문이다.

기질에 따른 양육법

까다로운 아이도 다양한 경험을 하게 되면 조금 안정된 방향으로 발달 경로를 거칠 수 있다. 예를 들어, 생후 15일 정도 된 아기가 유난히 짜증을 낼 경우, 그 아기는 12개월쯤 되면 다른 아이들보다 불안을 느껴 엄마에게 애착을 갖게 될 가능성이 높다. 그러나 엄마가 이처럼 불안해하는 아이를 효과적으로 진정시키는 법을 터득한다면 그 가능성이 훨씬 낮아진다.

일반적으로 미국에서 자란 까다로운 아이들 가운데 거의 절반이 만 7세 이전에 걱정이 많은 아이가 된다. 다행인 것은 그 아이들 가운데 3분의 1이 불안을 느끼는 성인이 되는 반면, 나머지 아이들은 꼼꼼하고 준비가 철저한 성공적인 사람이 된다. 이 아이들은 파티의 스타나 정치가, 판매원을 직업으로 삼는 일은 드물지만, 훌륭한 과학자가 되는 경우는 종종 있다.

기질적으로 불안을 많이 느끼는 아이들은 대담한 아이들보다 온화한 양육법에 반응해 더 많은 공감을 발달시킨다. 과잉행동과 충동성을 쉽게 드러내는 특정 수용체를 가진 아이들은 다른 아이들보다 양육 방식에 더 민감하다. 따라서 부모들은 아이 개개인의 성격을 바탕으로 바람직한 결과를 만들 수 있도록 상호 작용 방식을 적용해야 한다.

한국의 엄마들은 아이들의 행동 억제를 용인하고 장려한다. 이들은 행동 억제가 자제력과 성숙도를 나타낸다고 해석한다. 반면에 미국 엄마들은 행동을 억제하는 아이들에게 더 많은 이야기를 하게 하려고 노력한다. 미국 문화에서는 행동 억제가 두려움과 사교 기술의 부족을 반영하는 것이라고 여기기 때문이다. 따라서 한국에서는 까다로운 아이들이 서구 문화에서 자란 까다로운 아이들보다 내성적으로 자랄 가능성이 더 크다. 내성적인 성격은 중국에서는 사회적 성공을 불러오는 특성이다. 일반적으로 아이의 기질에 대한 부모의 반응이 아이가 살고 있는 문화권의 신념과 일치한다면 더욱 영향력이 있다.

기질을 이해하는 데 명심해야 하는 것은 좋은 기질이나 나쁜 기질로 나누어지지 않는다는 사실이다. 기질이 다양하므로 부모는 아이의 기질을 알아서 그 아이의 기질에 맞게 양육하여야 한다. 예를 들어, 느린 아이인데 부모가 까다롭게 군다면, 아이의 기질이 가진 잠재력은 키우지 못하면서 나쁜 영향을 줄 수 있다. 아이를 아는 만큼 대처할 수 있다. 아이의 기질이 부모의 마음에 들지 않는다고 거부하면 아이는 자기에 대한 부정적인 감정과 인식으로 인하여 자존감이 떨어진다. 아이의 기질을 인정하고 기질의 장점을 살려 주면서 조화로운 성격으로 발전하도록 양육하여야 한다.

숙고형 아이, 충동형 아이

유아기의 아이는 크게 숙고형과 충동형으로 나눌 수 있다. 숙고형인지 충동형인지의 판단은 아이의 반응 시간과 오답 수를 고려해서 결정한다. 반응 시간이 평균보다 느리고 오답 수가 평균보다 적은 아이는 숙고형, 반응 시간이 평균보다 빠르고 오답 수가 평균보다 많으면 충동형이다. 따라서 숙고형은 반응 속도는 느리지만 실수를 잘 범하지 않는 반면, 충동형은 반응 속도는 빠르지만 실수를 범하기 쉽다. 실제로 숙고형 아이와 충동형 아이는 판단하는 방법, 생활하는 방법, 놀이하는 방법, 그리고 문제 해결 방법이 다르다.

숙고형 아이는 숙고형 아이대로, 충동형 아이는 충동형 아이대로 장점이 있기 때문에 아이의 개성을 살려 주는 것이 중요하다. 아이는 부모에게 자기주장이 허용되고 인정되면 정서가 안정되면서 나중에는 자기의 감정이나 행동을 스스로 억제하는 자기통제력이 길러진다. 집중력과 인내력이 요구되는 학교에서는 충동형 아이는 자신감의 상실이나 무력감에 빠지기 쉽다. 그러나 충동형 아이는 사물에 대한 독특한 시각이나 정보 처리 방법 등이 뛰어나기 때문에 부모는 아이의 장점을 인정하고 특성에 맞는 교육적 배려를 강구해야 한다.

숙고형 아이

숙고형 아이는 충동형 아이보다 기억 과제나 읽기 과제 성적이 우수할 뿐 아니라 추리 과제, 인지 과제, 학습 과제에서도 우수하다. 숙고형 아이는 자기의 생각이 적절한지 꼼꼼하게 검토하기 때문에 복잡한 과제를 잘하지만, 정보가 많은 만큼 과제를 해결하는 데 많은 시간이 소요된다. 하지만 친구와의 싸움을 회피하려고 하며, 낯선 환경을 불안해하고, 유치원 생활에 적응하는 데 시간이 걸린다. 블록 놀이를 하는 경우, 놀이 시작 시간은 늦지만 일단 시작하면 많은 시간을 들여 다양하고 완성도 높은 작품을 만든다.

충동형 아이

충동형 아이는 실외활동이나 단체놀이 등 모든 활동에서 적극적으로 행동한다. 모험적이거나 전신의 움직임을 이용한 놀이를 즐기고, 바로 놀이를 시작하며, 몇 개의 블록만으로 빠른 시간 내에 단순한 내용의 작품을 만든다. 일정 시간 동안 그림을 보여 준 후 질문을 하면 충동형 아이는 그림 속의 사물은 많이 기억해 내지 못하지만, 그림의 주제에 대해서는 잘 알고 있다. 충동형 아이는 세세한 부분보다는 과제를 전체적으로 크게 나누어서 본다. 확산적 사고를 통해 다양한 반응이 요구되는 과제도 잘한다. 자유롭고 유연한 발상을 바탕으로 한 창의적인 사고는 충동형 아이가 우수하다.

충동형 아이는 충동형 아이로 머물러 있는 것이 아니라 부모와 환경에 의하여 성격이 바뀔 수 있다. 셀카인드 등의 연구에서는 일본은 충동형 아이가 숙고형 아이가 되는 시기가 8세경이지만, 미국이나 이스라엘은 10세경으로 나타났다. 이것은 일본의 아이들이 미국이나 이스라엘의 아이들보다 약 2년 정도 빠르게 성격이 바뀐다는 뜻이다. 이는 신중함, 침착함, 정확성에 가치를 두는 일본 사회의 정서와 교육의 영향 때문이다. 대개 부모는 아이가 초등학교에 들어감에 따라 아이에게 일을 신중하게 처리하고 대처하는 행동의 모델을 보여 주는 동시에 자기도 아이에게 신중함을 요구하는 양육 태도를 보임으로써 충동형 아이가 숙고형 아이로 변화하는 것이다.

5대 성격 요인

아이의 성격을 만드는 요인으로는 기질과 같은 유전적 요인 외에도 어릴 때의 경험, 부모와의 관계, 가족 구조, 학교생활, 친구 관계, 질병 등이 있다. 심리학자들은 성격을 구성하는 5대 요인이 있다는 데 대체로 동의한다. 수다스러움과 활동성을 반영하는 외향성, 독창성과 예술성을 반영하는 개방성, 협동과 신뢰를 반영하는 수용성, 주의 깊음과 빈틈없음을 반영하는 성실성, 걱정과 불안정을 반영하는 신경성이다. 아이 때 보이는 5대 성격 요인은 상당히 안정적이어서 성인이 되어서 결혼, 자녀, 이혼, 주거, 직업 이동 그리고 건강 등의 변화에도 불구하고 크게 바뀌지 않는다.

외향성

외향성은 아이가 게임을 얼마나 좋아하는지, 친구와 지내는 데 얼마나 많은 노력을 하는지, 새 친구를 얼마나 쉽게 사귀는지를 알려 주는 지표가 된다. 외향성이 높은 아이는 외부 지향적이며 열정적이고, 활동적이며, 다른 아이와 어울리기를 좋아한다. 아이는 자기가 한 행동을 자랑하고 널리 알리며, 일단 일을 저지른 후 다른 사람의 반응이나 자기의 경험을 토대로 수습을 한다. 글보다는 말로 표현하기를 즐기며, 흥미가 많고 다양해 이것저것 관심이 많고, 한꺼번에 여러 활동을 하며, 뭐든지 하겠다고 덤빈다. 외부 자

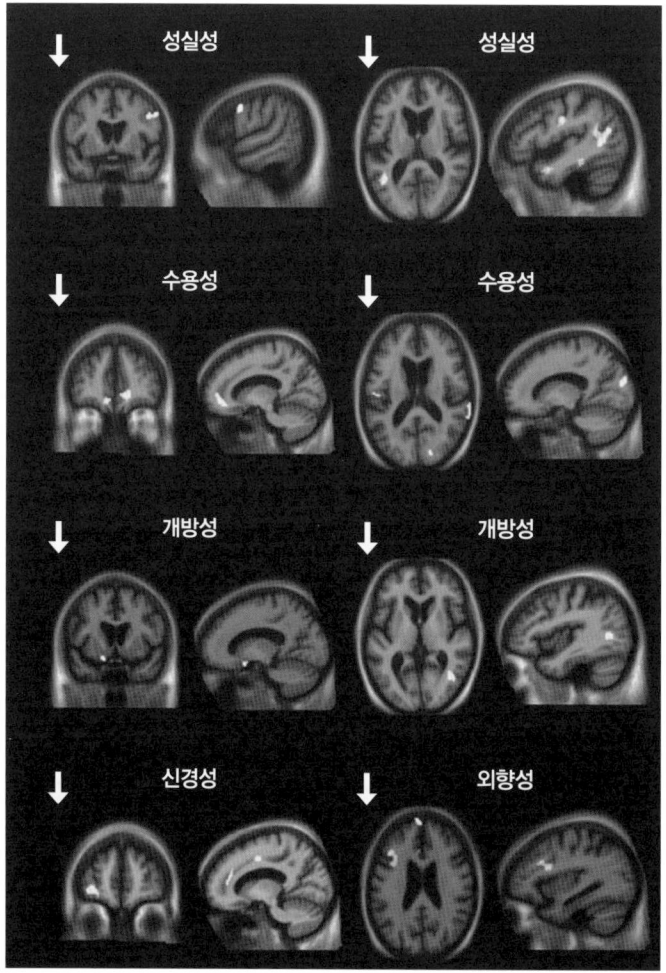

5대 성격 요인의 뇌 성격의 구성 요인은 외향성, 개방성, 수용성, 성실성, 신경성의 5가지이다.

극에 금세 반응하며, 실수하고 경험하는 과정을 통해 배운다.

외향성이 낮은 아이는 자기의 생각과 감정에 몰두하며, 자기 마음에 맞는 소수의 친구들과 어울린다. 아이는 아주 침착해서, 외적인 자극에 아랑곳하지 않은 채 조용히 할 일을 하고, 과제를 한 가지 맡으면 강한 집중력을 보인다. 과제를 하는 이유와 과제의 내용, 과제의 성과를 알고 미리 예측한 후 행동할 만큼 신중하다. 말보다는 글로 표현하기를 좋아하고, 자기만의 공간을 원하며 1대1로 대화하는 것을 좋아한다.

개방성

개방성이 높은 아이는 미래의 사건처럼 오감을 통해서는 알 수 없는 것을 인식하고, 부분보다는 전체를 보려고 한다. 그래서 구체적인 현실보다는 가능성을 추구하며 추상적, 미래 지향적, 창조적인 특성을 보인다. 아이는 반복적이고 일상적인 일에 쉽게 싫증을 느끼며, 변화와 다양성을 추구한다. 새로운 시도를 즐기고, 비유적이고 암시적인 표현을 좋아한다. 평소 소란스럽고, 참견하기를 좋아하며, 행동이 부산하다. 참을성이 없어서 자기가 원하는 장난감이 있으면 당장 사 달라고 떼를 쓰거나, 하고 싶은 것이 있으면 바로 해야만 직성이 풀린다. 수업 시간에 어떤 주제에 대해 공부하다가 온갖 상상의 나래에 빠지기도 한다. 내일 당장 시험이 있어도 읽고 싶은 책을 손에서 놓지 않는다. 모방하기를 싫어하고 자기만의 아이디어로 남과 다른 독창적인 방법을 생각하기를 즐긴다.

개방성이 낮은 아이는 쉽게 화내지 않으며, 자기가 원하는 것을 당장 가지지 못해도 참을 수 있다. 개방성이 낮은 아이는 현실을 잘 수용하고 정확하게 일을 처리하며 일상적이고 반복적인 일을 잘 수행한다. 관례에 따르기를 좋아하고, 일을 처리할 때 절차와 순서에 따라 단계적으로 수행하기를 좋아한다. 그러나 세부적인 것을 잘 보는 대신 전체적으로 파악하는 능력은 부족하다. 아이는 경험한 것을 끄집어내어 적용하려고 하고, 실제 있었던 이야기나 자기가 경험한 것이 아니면 잘 믿으려 하지 않는다.

수용성

수용성이 높은 아이는 타인의 반응에 민감하며, 다른 아이의 칭찬이나 인정에 크게 기뻐한다. 다른 아이들과 함께 어울려 놀기를 좋아하고, 부모의 태도나 미소, 요구에 대해서 잘 반응하며, 관계를 중요하게 생각하고 행동한다. 아이는 좋고 나쁨이 중요하며, 의사 결정을 할 때 자기에게 어떤 의미가 있는지 고려한다.

수용성이 낮은 아이는 자기가 옳다고 생각하면 인정에 얽매이지 않고 결정하고, 친구들 사이에서도 때때로 냉정하다 싶을 만큼 원칙을 내세운다. 아이의 관심은 객관적인 사실과 진실에 집중되며, 논리적이고 분석적인 작업을 좋아한다. 무엇인가를 설명할 때도 분명하고 간단하게 직선적으로 하려고 한다. 자기의 생각과 고집에 집착하며, 자기의 마음을 잘 표현하지 않고, 위로를 받으려고 하지도 않는다. 부모의 칭찬에 대해서도 별로 반응하지 않는다.

성실성

성실성이 높은 아이는 무슨 일이든지 끝까지 밀어붙이려는 경향을 보이며, 퍼즐 맞추기처럼 인내력이 필요한 놀이를 잘하고 성취감을 즐긴다. 아이는 짜인 틀 안에서 시스템적이고 계획적으로 일하기를 좋아하고, 지시에 잘 따르며, 빠른 결론을 내리고 싶어 한다. 계획을 잘 수립하고 자기 의지대로 시스템적으로 일을 추진하며, 정리 정돈을 잘하고 일을 통제하고 조절하려고 한다. 미리 기준을 세워 일을 추진하려고 하다 보니 때로는 융통성이 없고 고지식하다는 소리를 듣기도 한다. 그러나 이제까지 해 왔던 방식에서 벗어나 새롭게 하라고 하면 당황한다. 가지고 갈 준비물도 미리 챙겨 놓아야 안심한다.

성실성이 낮은 아이는 자기에게 들어오는 정보 그 자체를 즐긴다. 누가 시키거나 명령을 해서 하는 일에는 열성적이지 않다가도 스스로 자율적으로 해야 하는 일에는 적극적으로 나서는 경향이 있다. 갑자기 일이 생겨도 당황하지 않고 상황에 맞추어 순발력 있게 일을 처리한다. 누가 약속을 어겨도 그럴 수 있다고 너그럽고 여유 있게 넘긴다. 일의 결과보다 그 과정을 중요하게 여기며 융통성 있게 문제를 해결하려고 한다. 하지만 너무 여유를 부리다가 마감 시간을 넘겨 주위의 신뢰를 잃을 수도 있다. 조금만 과제가 어려워지면 쉽게 포기해 버리곤 한다. 한꺼번에 여러 가지 일을 벌이지만 뒷마무리에 약하다.

신경성

신경성이 높은 아이는 수줍음을 많이 타고 겁이 많은 편이다. 새로운 것을 접하면 일단 경계하고 긴장하며, 긴장이 해소되는 데 시간이 많이 걸린다. 일상에서 부딪치는 어려움에 더 큰 영향을 받는다. 따라서 신경성은 부정적인 감정 시스템의 반응성을 나타낸다고 할 수 있다.

신경성이 낮은 아이는 외부 세상에서 돌아가는 일과 자기 내부의 일 모두가 잘 돌아간다고 느낀다. 현재에 만족하며, 실패를 두려워하지 않고, 무슨 일을 하여도 불안해하거나 초조해하지 않는다. 매사에 낙관적이기 때문에 공부에 집착하지 않는다. 긍정적인 감정을 자주 경험하기 때문에 깊이 생각하지 않고 행동한다.

두뇌 성격

두뇌 성격은 크게 좌·우뇌의 활성도에 따라 좌뇌적인 아이와 우뇌적인 아이로 나누고, 어떤 행동이나 판단을 할 때 대뇌피질이 활성화되느냐, 뇌 안쪽 변연계가 활성화되느냐에 따라 이성적인 아이와 감성적인 아이로 나눈다. 두뇌 성격이 드러나는 것은 초등학교 2학년 때부터이다. 초등학교 전에는 주로 우뇌가 발달하기 때문에 우뇌 성향이 높아지지만 초등학교 시기에는 언어의 뇌인 좌뇌가 주로 발달하기 때문이다.

좌뇌적인 아이

우뇌보다는 좌뇌의 활성도가 비교적 높다. 이 아이들의 특징은 성실성이 높고, 개방성과 외향성이 낮은 편이다. 좌뇌적인 아이는 과제를 할 때 끝까지 밀어붙이며, 힘들고 피곤하더라도 쉽게 그만두지 않는다. 고집도 있고, 한 번 성공한 적이 있는 확실한 방법을 지속한다. 필요하면 희생도 감수하고, 성실성이 높아 끈기와 참을성도 많다. 많이 경험해 봐서 익숙한 것을 선호하며, 안정된 환경이나 조직을 좋아한다. 호기심이 적으며, 감정 표현을 자제하는 경향이 있고, 새로운 친구와 친해지는 데 시간이 걸린다. 꼼꼼하고 세밀하며, 논리적으로 생각한다.

잘 짜인 계획에 따라서 행동하고 공부하는 편인데, 이는 개방성이 낮기 때문이다. 또한 자기의 생각과 감정에 몰두하며, 자기 마음에 맞는 소수의 친구들과 어울린다. 아주 침착해서, 외적인 자극에 아랑곳하지 않은 채 조용히 할 일을 하고, 과제를 맡으면 강한 집중력을 보인다. 과제를 하는 이유와 과제의 내용, 과제의 성과를 알고 미리 예측한 후 행동할 만큼 신중하다. 말보다는 글로 표현하기를 좋아하고, 자기만의 공간을 원하며 1대1로 대화하는 것을 좋아한다.

우뇌적인 아이

좌뇌보다는 우뇌의 활성도가 비교적 높다. 이 아이들의 특징은 개방성이 높고, 성실성이 낮으며, 외향성은 높은 편이다. 우뇌적인 아이는 자극적인 모험을 추구하며, 낯선 장소나 상황을 탐색하는 것을 통해 흥분을 느낀다. 정형화된 지루한 과제는 견디기 힘들어하며, 변화를 추구한다. 새로운 생각이나 낯선 사람들에게 관심을 보이며, 열광적으로 몰두한다. 직관에 따라 행동하고, 감정을 다소 과장하는 경향이 있다. 보상의 뇌가 발달해 칭찬을 좋아하며, 개방성이 높다. 또한 자기가 좋아하는 것이 아니라면 꼭 해야 하는 일만 하고, 종종 게으르고 나태한 모습을 보인다. 성실성이 부족해 끈기와 일관성이 부족하고, 쉽게 마음이 바뀐다. 위축되거나 피곤한 상황이 오면 쉽게 포기한다. 현실과 타협할 준비가 되어 있으며, 보상이 중단되면 바로 행동을 그만둔다.

외부 지향적이며, 열정적이고, 활동적이며, 다른 아이와 어울리기를 좋아한다. 아이는 자기가 한 행동을 자랑하고 널리 알리며, 일단 일을 저지른 후 다른 사람의 반응이나 자신의 경험을 토대로 수습을 한다. 흥미가 많고 다양해 이것저것 관심이 많고, 한꺼번에 여러 활동을 하며, 뭐든지 하겠다고 덤빈다. 외부 자극에 금세 반응하며, 실수하고 경험하는 과정을 통해 배운다. 외향성이 매우 높기 때문이다.

이성적인 아이

이성의 뇌인 대뇌피질의 활성도가 높다. 이성적인 아이는 판단하거나 결정을 하기 전에 장단점을 체크하길 좋아하고 대체로 객관적이고 침착하다. 토론할 때는 온화함보다는 단호함과 분명함이 더 두드러지며, 토론에서 의견이 일치되지 않을 때는 의견의 합의점을 찾기보다는 논점에 대하여 철저하게 토론하고 분석하는 것을 더 중요하게 생각한다. 세세한 것을 따지다가 결정을 못 내리는 경우가 많다. 다른 사람들에게는 '차가운 아이'로 인식되기 쉬운데, 아이도 감정을 느끼지만 단지 그것에 대해 자주 이야기하지 않을 뿐이다. 자비보다는 정의를 더 중요한 미덕으로 꼽는다.

감성적인 아이

감성의 뇌에 속하는 변연계의 활성도가 높다. 감성적인 아이는 감정을 고려하여 판단하고 결정하여야 한다고 생각하며, 주관적인 면이 강하다. 단호하기보다는 부드럽고, 의견이 일치되지 않을 때에는 조화를 위하여 자기 의견을 굽히기도 한다. 다른 사람의 기분을 쉽게 알아차리고 다른 사람의 감정을 고려해서 결정을 내린다. 결정을 내린 이유에 대해서는 말하지 못하지만 마음의 소리에 귀 기울이며 결정을 한다. 토론할 때에는 결과에 직접 관련이 없더라도 다른 사람과 갈등이 생기지 않도록 노력한다. 따라서 자기의 일이 아니더라도 자기가 겪는 일로 받아들이는 경우도 있다. 아이에게 무엇을 평가하라고 하면 느낌을 말하는 경우가 많다.

양뇌를 모두 사용하라

인간의 모든 뇌 기능을 좌뇌, 우뇌로 나누는 것은 너무 이분법적인 사고이다. 인간의 뇌에는 우뇌와 좌뇌를 연결하는 뇌량이라는 부위가 있어서 서로 소통하기 때문에 양뇌가 서로 보완적인 역할을 한다. 뇌과학자들은 좌뇌와 우뇌를 모두 학습에 활용하여야 한다고 말한다. 좌뇌는 정보를 쪼개어서 분석하고 우뇌는 그것을 통합하여 직관적으로 인식하도록 도와줌으로써 학습의 효율성을 높여 나간다는 것이다.

또한 성격은 전두엽에 의하여 주도되는 것이기는 하지만 기질을 담당하는 변연계의 역할을 무시할 수 없다. 부모는 변연계가 제대로 발달하는 데 도움을 줄 수 있는 가장 적합한 선생님이다. 아이와 나누는 스킨십과 감정 교류는 변연계를 흥분시키기도 하고 안정화시키기도 한다. 아이가 좋은 성격을 가질 수 있도록 부모는 아이에 대한 사랑과 신뢰를 바탕으로 끊임없이 상호 작용하여야 한다.

뇌 속에서 기질과 성격이 만들어지는 과정을 보면 좋은 머리나 나쁜 머리가 따로 있지 않다. 뇌의 감수성기에 맞춰 잘 만들어진 건강한 신경회로가 있을 뿐이다. 머리 좋은 아이란 한 번 본 책을 줄줄 외우는 아이가 아니라 상황에 맞춰 문제를 해결하고, 위험한 것을 구별하고, 친구들과 잘 소통하고, 자기가 좋아하고 관심 있는 것에 집중력을 발휘하는 아이이다. 아이의 감정, 이성, 집중력, 기억력 등이 뇌에서 상호 작용하면서 최고의 신경회로를 만들어 낸다. 이성적인 판단이나 행동도 풍부한 감정이 있을 때 가능하다. 아이는 자기의 기질, 성격, 잠재력을 최대한 활용하여 문제를 해결해 나갈 때 좋은 머리를 가질 수 있다. 따라서 아이를 건강하고 똑똑하게 키우려면 부모가 아이의 뇌를 파악하고 아이의 성격 강점을 중심으로 양뇌를 잘 쓰도록 격려하여야 한다.

자녀를 글로벌 리더로 키우기

아이를 잘 키우려면 단순히 글자를 일찍 가르치고 학습에만 전념하게 하는 게 중요한 것이 아니라 글로벌 리더로서의 자질을 갖출 수 있도록 좌뇌리더십과 우뇌리더십을 키워 주어야 한다. 역대 노벨상 수상자의 30%를 유대인이 차지하는데, 많은 교육학자가 그 비결을 유대인의 교육에서 찾고 있다. 그만큼 뇌는 교육에 의해서 개발될 수 있다. 유대인 부모는 아이를 키울 때 '남과 다른 아이'가 되기를 원한다. 다양성을 인정하고 북돋워 주는 유대인 부모의 생각이 많은 노벨상 수상자를 만들 수 있는 원동력이 된 것이다.

글로벌 리더들을 좌뇌형과 우뇌형으로 나눌 수 있다. 좌뇌형 리더의 대표자로는 마이크로소프트의 창시자 빌 게이츠와 GE를 이끈 잭 웰치를 꼽을 수 있으며, 우뇌형 리더의 대표자로는 아이폰의 신화를 창조한 스티브 잡스와 서번트리더십을 실천한 마더 테레사 수녀를 꼽을 수 있다. 이들은 취학 전에 어떤 능력을 가지고 있었을까?

하버드 대학교의 연구원들이 세계적인 글로벌 리더와 성공한 지도자가 만 6세 때 어떤 능력을 가지고 있었는지에 대한 조사를 했다. 이들이 만 6세에 가졌던 좌뇌리더십은 또래의 다른 아이들과 경쟁하였고, 언어를 문법에 맞게 잘 사용하고 어휘력이 풍부하였으며, 결과를 예상하였고, 숫자·글자·규칙과 같은 추상적 개념과 상징들을 조직화된 방식으로 사용하였으며, 몇 단계가 있는 활동들을 계획하고 수행하였고, 문제 해결을 위하여 사람과 사물을 선택하고 조직했다. 이들이 만 6세에 가졌던 우뇌리더십은 사회적으로 안정된 방식으로 성인들의 주의를 끌었으며, 필요하면 성인들에게 도움을 구하였고, 또래의 다른 아이들을 리드하였고, 자신이 성취한 것에 대해 자부심이 있었으며, 커서 자기가 하고자 하는 것에 관해 이야기하였고, 입장을 바꾸어 생각하였으며, 재미있는 상상을 하고 연상 장면을 서로 관련시켰으며, 한 번에 2가지 일을 할 수 있었다.

좋은 뇌를 만든다는 것은 공부 잘하는 뇌를 만드는 것뿐만 아니라, 아이가 상황에 대처하는 능력을 길러 주거나, 어려운 상황을 극복할 수 있는 뇌를 만드는 것이다.

부모는 초등 2학년 무렵부터 아이의 두뇌 성격이 무엇인지, 아이의 성격적 강점과 약점이 무엇인지 파악하고, 아이의 환경을 안전하게 만들어서 아이가 잠재력을 마음껏 발휘하게 해 주어야 한다.

이성좌뇌형 리더

이성좌뇌형 아이는 논리적이고 분석적이며 사실에 입각해 판단하고 양적인 것을 중요시한다. 이성좌뇌형 리더를 만들려면 부모는 어떻게 해야 할까?

든든한 협력자가 되어야 한다.

'부모만은 너를 지켜준다.'라는 믿음이 아이에게 전달된다면 아이의 마음을 편안하게 해 줄 수 있다. 든든한 협력자가 있는 아이는 실패를 두려워하지 않고 끊임없이 도전할 수 있다.

구상하고 계획하고 만들어 본다.

생활에서 달성 가능한 적절한 목표를 설정하고, 이러한 목표를 달성하기 위해 효율적인 계획을 수립하는 능력은 리더에게 필요한 조건이다. 이성좌뇌형 리더가 되려면 목표를 적절하게 설정할 수 있을 뿐 아니라 시간과 환경적 여건 등을 고려한 실행 계획을 세울 수 있어야 한다. 아이가 목표를 세우고 주도적으로 계획을 수립한다면 그 경험은 소중하고 재미있었던 시간으로 기억될 수 있다.

적극적으로 경청한다.

상대방의 말을 잘 들어주는 아이는 이해심이 많고 타인을 배려하고 공감하는 능력이 뛰어나다. 따라서 갈등을 미연에 방지하고 이해와 설득에 능하다. 아이에게 적극적으로 경청하는 것을 가르치기 위해서는 부모가 먼저 한결같은 태도로 모범을 보여 주어야 한다.

감성좌뇌형 리더

감성좌뇌형 아이는 조직적이고 단계적이며 계획적으로 일을 하고 상세하게 챙긴다. 감성좌뇌형 리더를 만들려면 부모는 어떻게 해야 할까?

성취를 믿게 한다.

이루어질 수 있다는 낙관적인 사고는 억제성 신경전달물질의 활성을 낮추고 흥분성 신경전달물질의 활성을 높여 주어 일의 추진력을 향상시킨다. 뿐만 아니라 림프구를 포함한 면역계의 활성도 높여 우리 몸을 각종의 질병으로부터 방어할 수 있게 해 준다.

팀 활동을 하게 한다.

팀을 조직하여 일을 해 보는 것은 아이에게 필수적이다. 팀의 리더가 되는 법을 아는 것만큼이나 팀원이 되는 법을 아는 것도 중요하다. 각자의 역할에 맞는 적절한 행동을 하면서 감성좌뇌형 리더십을 키울 수 있다.

미연에 문제를 방지한다.

앞을 내다보고 미연에 문제를 방지하는 능력은 말 그대로 삶이냐 죽음이

냐의 여부를 결정할 수 있는 중요한 기술이다. 무슨 일이든 먼저 머릿속으로 생각하고 설계하고 행동한다. 행동했을 때 어떤 결과가 나올 것인지 신중히 검토하게 되면 아이는 점점 자신의 목표를 먼저 생각한 다음 행동하게 되고, 행동을 절제하는 습관을 가지게 된다.

이성우뇌형 리더

이성우뇌형 아이는 전체적이고 직관적이며 통합하고 합성한다. 이성우뇌형 리더를 만들려면 부모는 어떻게 해야 할까?

하고 싶은 것을 하게 한다.

감정중추와 기억중추는 서로 붙어 있다. 스스로 하고 싶어서 놀이를 시작한 아이는 기분이 매우 좋고, 이것은 감정중추를 강하게 자극한다. 감정중추는 옆에 붙어 있는 기억중추를 강하게 자극하여 기억력을 높이는 결과를 낳는다. 반대로 하기 싫어서 스트레스를 받으며 놀이를 하는 아이는 감정중추가 그만큼 기분 좋은 자극을 받지 못하고, 기억중추 역시 자극을 덜 받게 되어 기억력이 떨어질 수밖에 없다.

함께 무언가를 배운다.

함께 무언가를 배우면 재미있을 뿐만 아니라 아이와 부모 모두에게 인지적, 감성적인 자극을 줄 수 있다. 두 사람은 똑같이 새로운 기술이나 주제를 접하게 되므로 동등한 관계로 더 친밀해질 수 있다. 또한 부모는 조금 더 경험이 많은 친구로서 아이가 더 흥미진진하게 배울 수 있도록 응원하고 이끄는 역할을 해 줄 수 있다.

리더십의 역할을 실제로 경험시킨다.

자신감이 있는 아이는 나서야 될 때가 오면 언제든 리더로 나서서 임무를 잘 수행한다. 자신감이 있는 아이가 스스로 더 나은 결정을 내릴 수 있도록 부모가 꾸준히 도와주어야 한다. 실제로 경험하는 것보다 더 좋은 교육은 없다. 작은 일이라도 일찍부터 리더를 실제로 경험할 수 있도록 기회를 제공해 준다. 가족여행을 할 때 아이에게 리더의 역할을 맡기면 아이는 스스로 리더의 역할을 수행하는 과정에서 나름대로의 요령을 터득하게 된다.

감성우뇌형 리더

감성우뇌형 아이는 유대감이 있고 느낌에 따라 판단하며 운동 감각적이고 감정적이다. 감성우뇌형 리더를 만들려면 부모는 어떻게 해야 할까?

긍정적으로 생각하게 한다.

일상생활에서 접하는 새로운 자극들은 대뇌피질에 적절한 자극이 되어 수많은 창의적인 신경회로를 활성화시킨다. 긍정적인 사고는 신경회로를 열어 주고 새로운 신경회로를 형성시켜 아이의 뇌를 더욱 활력 있게 하고 창의력을 발휘하게끔 뇌를 최적화한다. 그러나 부정적 사고는 신경회로의 흐름을 방해하거나 억제시키며 잘 쓰지 않는 회로는 폐쇄되고 기능이 없어져 버린다.

현재를 기뻐하게 한다.

행복한 생각은 낯설거나 익숙하지 않은 일도 기분 좋게 받아들여 근육의 긴장을 풀어 주고 뇌를 순화시키며 혈압을 정상화시켜 효율적으로 일할 수 있게 한다. 즉 기쁨에 차 있으면 뇌의 효율성을 높여 주고 건강에 유익할 뿐 아니라 자신감을 갖게 한다. 더구나 인간친화력을 높여서 아이를 좀 더 사회적이고 주도적이게 한다.

친구를 사귀게 한다.

인간친화력은 리더의 중요한 덕목이다. 같이 활동을 하고 관심사나 가치관을 나누는 것은 아이들의 우정을 키울 수 좋은 계기이다. 부모가 아이를 믿으면 아이는 인간관계를 맺는 기술을 익히게 되며, 새로운 친구를 사귀면서 한층 자신감 있고 유능한 아이로 자란다.

참고문헌

김영훈 지음, 『공부의욕 : 공부가 하고 싶다』, 베가북스, 2013년.
김영훈 지음, 『두뇌성격이 아이 인생을 결정한다』, 이다미디어, 2013년.
김영훈 지음, 『빨라지는 사춘기』, 시드페이퍼, 2012년.
김영훈 지음, 『아빠의 선물』, 국민출판사, 2014년.
김영훈 지음, 『아이의 공부두뇌』, 베가북스, 2012년.
다니엘 핑크 지음, 김주환 옮김, 『드라이브』, 청림출판, 2011년.
대니얼 네틀 지음, 김상우 옮김, 『성격의 탄생』, 와이즈북, 2009년.
데이비드 월시 지음, 곽윤정 옮김, 『10대들의 사생활』, 시공사, 2011년.
디디에 플뢰 지음, 박주영 옮김, 『아이의 회복탄력성』, 글담, 2012년.
리즈 엘리엇 지음, 안승철 옮김, 『우리 아이 머리에선 무슨 일이 일어나고 있을까?』, 궁리출판, 2004년.
매리언 울프 지음, 이희수 옮김, 『책 읽는 뇌』, 살림출판사, 2009년.
바버라 스트로치 지음, 강수정 옮김, 『십대들의 뇌에서는 무슨 일이 벌어지고 있나?』, 해나무, 2004년.
박문일 지음, 『태교는 과학이다』, 프리미엄북스, 2007년.
박순 지음, 『아이의 영어두뇌』, 엘도라도, 2014년.
사이먼 배런코언 지음, 김혜리·이승복 공역, 『그 남자의 뇌, 그 여자의 뇌』, 바다출판사, 2007년.
스티븐 크라센 지음, 조경숙 옮김, 『크라센의 읽기혁명』, 르네상스, 2013년.
애니 머피 폴 지음, 박인균 옮김, 『오리진』, 추수밭, 2011년.

에드워드 L. 데시, 리처드 플래스트 공저, 이상원 옮김, 『마음의 작동법』, 에코의서재, 2011년.

이시형 지음, 『공부하는 독종이 살아남는다』, 중앙북스, 2009년.

제롬 케이건 지음, 김병화 옮김, 『성격의 발견』, 시공사, 2011년.

James P. Byrnes 지음, 김종백·신종호 공역, 『마음, 뇌 그리고 학습』, 학지사, 2008년.

짐 트렐리즈 지음, 눈사람 옮김, 『하루 15분 책 읽어주기의 힘』, 북라인, 2012년.

찰스 두히그 지음, 강주헌 옮김, 『습관의 힘』, 갤리온, 2012년.

캐시 허쉬 파섹, 로버타 미치닉 골린코프 지음, 이화정 옮김, 『아인슈타인 육아법』, 너럭바위, 2013년.

피터 너대니얼스, 크리스토퍼 본 공저, 차광렬 외 공역, 『태교혁명』, 사이언스북스, 2003년.

Augustyn M, Frank DA, Zuckerman BS. Infancy and toddler years. In: Carey WB, Crocker AC, Elias ER, Feldman HM, Coleman WL, editors. *Developmental-Behavioral Pediatrics*. 4th ed. Philadelphia: Elsevier, 2013:87-93.

Carey WB. Normal individual differences in temporalment and behavioral adjustment. In: Carey WB, Crocker AC, Elias ER, Feldman HM, Coleman WL, editors. *Developmental-Behavioral Pediatrics*. 4th ed. Philadelphia: Elsevier, 2013.

Feldman HM, Messick C. Language and speech disorders. In: Carey WB, Crocker AC, Elias ER, Feldman HM, Coleman WL, editors. *Developmental-Behavioral Pediatrics*. 4th ed. Philadelphia: Elsevier, 2013.

Gorski PA. Pregnancy, birth, and the first days of life. In: Carey WB, Crocker AC, Elias ER, Feldman HM, Coleman WL, editors. *Developmental-Behavioral Pediatrics*. 4th ed. Philadelphia: Elsevier, 2013.

Hoseph R., *Fetal Brain, Behavior, Cognitive, Sexual & Emotional Development: The Normal & Abnormal Fetus*, University Press, 2011.

Levine MD. Difference in learning and neurodevelopmental function in school-age children. In: Carey WB, Crocker AC, Elias ER, Feldman HM, Coleman WL, editors. *Developmental-Behavioral Pediatrics*. 4th ed. Philadelphia: Elsevier, 2013.

Loe IM and Feldman HM. Influences of experience in the environment on human development and behavior. In: Carey WB, Crocker AC, Elias ER, Feldman HM, Coleman WL, editors. *Developmental-Behavioral Pediatrics*. 4th ed. Philadelphia: Elsevier, 2013.

Needlman R. Adjustment and adjustment disorders. In: Carey WB, Crocker AC, Elias ER, Feldman HM, Coleman WL, editors. *Developmental-Behavioral Pediatrics*. 4th ed. Philadelphia: Elsevier, 2013:87-93. 4. Parrish JM. Child behavior management. In: Carey WB, Crocker AC, Elias ER, Feldman HM, Coleman WL, editors. *Developmental-Behavioral Pediatrics*. 4th ed. Philadelphia: Elsevier, 2013.

Wegner LM. School achievment and underachievment. In: Carey WB, Crocker AC, Elias ER, Feldman HM, Coleman WL, editors. *Developmental-Behavioral Pediatrics*. 4th ed. Philadelphia: Elsevier, 2013.

찾아보기

ㄱ

가지치기 170, 340, 361, 380~383, 386
각회 116
감각 장난감 292
감각 체험 333
감마아미노낙산 387
감성 31, 108, 111, 406
감성우뇌형 리더 412
감성좌뇌형 리더 410
감수성기 19, 20, 23, 26, 133, 233, 338, 360~363, 368, 369, 378, 407
감정 조절 9, 143, 155, 185, 208, 210, 218, 219, 224, 231, 234, 235, 317, 329, 359, 364
감정중추 411
개방성 399, 401, 404, 405
거울뉴런 24, 91, 158, 159, 314
걷기 49, 55, 57, 197, 254, 264, 272, 313, 322, 364
걷기반사 48, 49
결정적 시기 23, 140, 351, 357, 359, 360, 369, 378
경험기대적 발달 109, 338, 362, 366, 378
경험의존적 발달 109, 338, 366, 368, 378
곱셈 280, 282, 283
공간기억력 374

공감력 138, 148, 153, 211, 218, 219, 232, 317
교육 장난감 294
궁형속 116, 384
글루타메이트 389
긍정심 147, 171, 376, 392
기억력 4, 6, 48, 52, 55, 63, 108, 109, 168, 170, 171, 224, 227, 229, 251, 253, 254, 257, 258, 297, 318, 333, 340, 345, 352, 353, 355, 377, 385, 388, 406, 411
기억중추 411

ㄴ

난독증 125, 126
노르에피네프린 149, 226, 375~377
논리력 7, 75, 84, 90, 130, 288, 301, 368, 369
뇌기반 9, 207, 372
뇌량 33, 288, 322, 384, 406
뇌파 215, 282
뉴런 23, 24, 35, 37, 57, 84, 87, 88, 116, 122, 140, 147, 158, 159, 161, 169, 183, 250, 251, 278, 289, 312, 322, 338, 343, 344, 350, 351, 360~362, 370, 372, 374, 380, 382, 384, 389, 390

ㄷ

다수성 277, 278
단기기억 167, 170, 244, 250, 345, 358
단어상자 118
달리기 55, 313, 333
대근육 운동 50, 51, 57, 60, 296
대뇌 22, 37, 58, 86, 96, 117, 118, 248~250, 252, 290, 316, 323, 341, 344, 355
대뇌피질 25, 26, 35, 37, 41, 47, 55, 57, 61, 62, 78, 116, 138, 140, 157, 159, 189, 193, 206, 207, 211, 212, 223, 248, 250, 288, 290, 303, 323, 338, 340, 341, 356, 359, 360, 373, 382, 392, 404, 405, 412
대상영속성 68
대상회 138, 189, 341
덧셈 223, 277~279, 281, 282, 284
도구 장난감 293
도파민 47, 48, 51, 147, 149, 189~191, 193, 194, 205, 226, 314~316, 375, 376, 388, 393
도파민 시스템 190, 192, 315, 334, 335
도파민 신경회로 315, 316
독립심 176, 198, 328, 359
동기부여 148, 194, 195, 205, 227, 228, 241, 303
두뇌 성격 404, 409
두정엽 30, 33, 49, 87, 96, 104, 116, 117, 245, 279, 283, 315, 339, 360, 373, 374, 382
두정엽내구 278
두정엽피질 52, 129, 384
DRD4유전자 393
DHEA(데히드로에피안드로스테론) 191
디지털미디어 106~108, 293, 298~309

ㄹ

렘수면 167, 168, 171, 175, 183, 187, 345

ㅁ

멜라놉신 169
모빌 21, 24, 25, 69, 76, 257, 274, 296, 297
목표집중력 226~228, 310
문자교육 311
문제해결력 5, 71, 107, 184, 194, 204, 205, 219, 220, 227, 235, 289, 290, 295, 313, 318, 322~324, 331, 359, 360, 373
문지기 8, 358
미각 34~38, 244, 296, 346, 347, 357
미상핵 237, 249, 262, 383

ㅂ

반복행동 263, 268, 270, 271
반응억제력 231
발달 패턴 331
밤중수유 174
방추상회 116, 160
방임 377
백질 237, 383, 384
베르니케 영역 26, 87~89, 115, 116, 132, 384
베타엔도르핀 348
변연계 30, 35, 37, 42, 47, 108, 138, 140, 189, 193, 206, 211, 215, 218, 255, 288, 295, 315, 316, 341, 356~359, 370, 372, 385, 387, 392, 404, 407
보상 92, 144, 165, 190, 191, 198, 199, 226, 228, 230, 234, 237, 246, 263, 264, 270, 306, 314, 368, 375, 385, 388, 405
복내측 전전두피질 155
복측피개 영역 189, 191, 192, 226, 314, 375

분석력 75, 84, 288, 301
브로카 영역 87~89, 115, 116, 384
블록 놀이 64, 77, 80, 289, 290, 295, 313, 398
비렘수면 168, 171, 175
비서술기억 248, 249
뺄셈 277, 278, 280, 284

ㅅ

사고력 6, 8, 52, 63, 64, 72, 74, 76, 88, 90, 107, 135, 170, 184, 204, 224, 229, 240~242, 265, 325, 327, 373
사물놀이 313
사회성 40, 53, 93, 130, 146, 153, 155~157, 159, 160, 165, 197, 205, 224, 295~297, 306, 312, 313, 317~319, 324, 359, 364, 369, 372, 379
사회적 놀이 166, 313, 315, 372
상상놀이 230, 233, 234, 320, 323, 324
상위뇌 193, 206, 207, 210, 211, 213, 219, 288
상징놀이 326, 372
상호 작용 7, 18, 40, 41, 62, 71, 79, 84, 87, 91, 93, 105, 111, 112, 114, 135, 146, 148, 155~157, 161, 193, 210, 219, 284, 290, 292, 300~302, 305, 308, 312, 313, 317, 348, 349, 371, 396, 406
생체 리듬 184, 185, 330
서술기억 134, 248~250, 255, 256
선조체 237, 248, 249
선택권 329
성격 강점 392, 407
성격 요인 399, 400
성실성 399, 400, 402~405
세로토닌 147, 149, 150, 168, 194, 226, 375~377
소근육 운동 33, 52, 60, 61, 76~79, 190, 290, 292, 297, 313
소뇌 30, 33, 37, 52, 78, 116, 117, 135, 161, 162, 193, 237, 249, 251~253, 290, 303, 323
손놀림 60, 62~66, 68, 71, 72, 75~80, 289, 290, 313, 323
수리력 7, 84, 90, 130, 301, 365, 368, 369
수면 각성 리듬 42, 173
수상돌기 86, 382, 390
수용성 399, 400, 402
수용언어 26, 88, 364
수초화 88, 218, 249, 380, 381, 383~385, 390
숙고형 397~399
숙련 197, 340, 341
숙련도 297
순간집중력 266
숫자 세기 276, 277, 281
스마트폰 6, 7, 103, 107, 111, 151, 177, 204, 225, 293, 299~301, 304~309, 379
스킨십 3, 19, 42, 138, 150, 301, 354, 358, 372, 406
스트레스 8, 40, 42, 43, 46, 52~55, 73, 121, 133, 140~143, 146, 150, 153, 163, 172, 180, 182, 190, 191, 210~213, 219, 229, 232, 257, 312, 330, 351, 353, 354, 372, 377, 387, 388, 393, 411
시각 19~26, 34, 62, 63, 70, 71, 76, 79, 103, 107~109, 115~119, 125, 138, 146, 162, 168, 223, 225, 236, 244, 256, 278, 290, 292, 296, 310, 313, 326, 330, 338, 346, 357, 360, 362, 363, 366, 370, 374, 378, 385

시각주의력 304, 330
시각집중력 107, 108
시냅스 8, 23, 51, 57, 88, 109, 147, 169, 170, 229, 250, 289, 321, 326, 338, 340~342, 344, 350, 351, 355, 361, 362, 366, 370~372, 374, 380~383, 386, 389
시신경교차상핵 169
신경성 399, 400, 403
신경전달물질 37, 147~149, 168, 189, 210, 211, 226, 312, 316, 374~377, 389, 393, 410
신체 놀이 54, 56, 74, 219, 297, 307, 313, 320, 322, 364
신체 운동 316, 322
실행 기능 129, 143, 155, 162, 209, 210, 231, 237, 299, 301, 309, 310, 318

ㅇ
안와전두피질 160, 215, 244, 317
안정애착 147
어휘력 5, 6, 84, 91, 95, 112, 171, 198, 328, 373, 407
언어력 92, 352, 364, 370
언어 발달 7, 57, 62, 88~95, 101, 109, 114, 133, 164, 204, 225, 296, 297, 304~307, 309, 360, 363, 368, 372, 378
언어사고력 85, 301
ADHD 6~8, 107, 170, 172, 191, 236~239, 301, 303, 350
A-10신경 316
fMRI 9, 155, 158, 191
에피네프린 140
역할놀이 76, 138, 218, 295~197, 320, 323, 324
오피오이드 212, 219

오피오이드 시스템 141, 190, 334
옹알이 61, 93, 94, 99, 364
외향성 399, 400, 404, 405
외현기억 250
우뇌 19, 30, 60, 72, 74, 75, 84, 90, 102, 103, 113, 125, 132, 134, 147, 201, 207, 214~216, 229, 288, 301, 302, 322, 350, 370, 372, 381, 392, 404~407
우뇌리더십 408
우뇌형 리더 201, 408, 410
운동 기능 31, 303, 362, 363, 366
운동놀이 313, 315
운동 발달 50, 54, 59, 307, 318, 363, 372
워킹메모리 4, 5, 25, 26, 78, 115, 155, 210, 237, 242~246, 279, 281, 282, 310, 314~316, 341, 342, 382, 390
원색 21, 22, 25
유능감 196, 197, 313, 318, 331
유대감 6, 35, 38, 57, 140, 148, 151, 155, 197, 212, 313, 411
융통성 61, 71, 231, 235, 317, 329, 348, 390, 391, 402, 403
의성어 113
의지력 260, 267, 268
의태어 113
이성우뇌형 411
이성좌뇌형 409
이중언어 128~130, 132
인과관계 240, 274
인지 기능 31, 32, 78, 171, 214, 366, 369, 387
인지 발달 31, 42, 48, 50, 59, 80, 90, 112, 141, 247, 295, 296, 309, 322, 340, 371, 379
1만 시간의 법칙 367, 368

ㅈ

자각훈련 270
자기수용감각 162, 163
자기조절력 53, 206~210, 288, 301, 316, 340, 358
자기주도성 5, 6, 123, 192, 318, 331, 340, 368
자기통제력 153, 225, 230, 232~235, 299, 397
자기효능감 334, 335
자아존중감 372
자아통합 218~220
자존감 53, 93, 104, 147, 151, 171, 196, 197, 199, 205, 220, 295, 313, 359, 397
잠재력 227, 396, 407, 408
장기기억 119, 123, 135, 167, 168, 170, 190, 192, 205, 244, 250, 251, 255, 258, 282, 341, 345, 358, 375
적기교육 312, 338, 370, 372, 378
전대상피질 157, 160, 162, 244
전두엽 30, 37, 47, 52, 87, 104, 107, 109, 116, 117, 125, 126, 138, 139, 145, 157, 169, 190, 192, 193, 204, 208, 210, 211, 215, 218, 219, 222, 223, 225, 236, 242, 244, 245, 249~251, 279, 298, 300, 304, 315, 316, 326, 338, 340, 359, 360, 364, 370, 372~375, 380~383, 385~390, 407
전두엽피질 35, 52
전운동피질 158
전전두엽 169, 170, 215, 218, 223, 241, 248, 279, 301, 303, 315, 381, 382
전전두엽피질 119, 250, 388
절차기억 134, 135, 248, 249, 253~255
조합놀이 288, 322
종이책 123

좌뇌 30, 60, 72, 74, 75, 84, 87, 90, 113, 128, 132~134, 201, 206, 207, 214~217, 229, 288, 301, 322, 350, 368, 372, 377, 381, 392, 404~407
좌뇌리더십 408
좌뇌형 리더 201, 408
주의집중력 7, 172, 204, 223, 224, 232, 332, 373
중뇌 193, 344, 358
쥐기반사 65
지능 4, 31, 32, 40, 57, 62, 63, 73, 76, 79, 89~91, 125, 128, 130, 171, 218, 224, 225, 290, 307, 338, 346, 351, 364, 369, 371, 378
지적 호기심 176
직관적 사고 326
집중력 6, 18~20, 47, 48, 51, 52, 65, 106~109, 111, 113, 117, 149, 150, 168, 170~172, 184, 190, 194, 219, 224~226, 228, 229, 232, 236, 244, 272, 283, 296, 297, 301~303, 315, 316, 373, 377, 379, 385, 393, 397, 401, 404, 406

ㅊ

창의력 5, 19, 37, 51, 56, 64, 73, 74, 76, 151, 184, 288, 290, 295~297, 301, 312, 313, 315, 316, 321, 322, 324, 330~334, 359, 360, 370, 372, 373, 412
창의성 71, 152, 198, 205, 219, 297, 312, 324, 331
청각 28~30, 33, 34, 62, 68, 76, 79, 94, 109, 119, 244, 256, 290, 296, 310, 313, 346, 349, 355, 357, 358, 360, 362, 363, 366, 373
청각주의력 330

청각집중력 107, 108
초독서증 111
초인지 159, 240, 241, 310
촉각 34, 40, 41, 62, 63, 76, 77, 79, 162, 163, 244, 290, 296, 313, 323, 347, 358, 373
촉감 112, 162, 175, 292, 347
추론력 224, 265
추리력 84, 204, 301
추상화 118, 277
충동형 397~399
측두엽 29, 30, 37, 84, 87, 88, 96, 104, 108, 109, 116, 117, 120, 125, 157, 245, 249~251, 255, 315, 316, 360, 373, 374, 382
측두정엽 160
측좌핵 190~192, 226, 358, 375, 388

ㅋ
칼로좀 이스무스 88
캐릭터 장난감 294
코르티솔 40, 42, 140, 141, 147, 150, 153, 169, 312, 330
키신저 효과 369

ㅌ
태교 348~354
태뇌 343~349, 355, 361
태담 348, 349

ㅍ
패턴 인식 37
포괄수량 280, 281
표현언어 88, 116
피각핵 191
피드백 123, 165, 197, 230

ㅎ
하위뇌 25, 193, 206, 207, 210~213, 219, 288
학업성취도 110, 197, 198, 261
해마 35, 135, 145, 170, 171, 186, 229, 244, 248~252, 327, 358, 372, 385, 387
협동놀이 76
호기심 8, 69, 74, 77, 80, 104, 106, 147, 151, 172, 176, 193, 219, 236, 284, 293, 296, 297, 300, 306~308, 321, 324, 326, 328, 331, 379, 404
회백질 29, 30, 237, 300, 374, 382, 383
회복탄력성 139, 143, 149, 205, 208, 219, 269, 288, 331
횡측두회 29, 33, 116
후각 34, 35, 38, 244, 256, 347, 359
후두엽 23, 104, 108, 115, 116, 117, 119, 225, 315, 360, 373, 374, 386
후두정엽피질 278, 279

엄마들의 든든한 멘토, EBS 〈60분 부모〉에서 엄선한 자녀교육 솔루션,
아이의 바른 성장과 더불어
부모까지 행복해질 수 있는 비법을 담았습니다!

EBS 60분 부모 : 행복한 육아 편

**내 아이의 몸과 마음이 튼튼해지는 육아 처방전
부모 됨에 대한 자신감을 찾아 드립니다!**

이 책은 〈60분 부모〉에서 방송됐던 육아 문제의 화두 중에서 부모들이 궁금해 할 만한 내용을 고르고 신체 건강과 정신 건강으로 나누어 현명한 솔루션을 제공한다. 요즘 부모와 아이 모두 관심 있어 하는 '키, 영어 교육, 경제 교육'을 필두로 하여 아이들이 자주 겪는 '틱, 섭식, 형제 갈등' 등의 문제를 파헤친다. 또한 아이의 '수면, 척추, 눈' 건강에 대해 자세한 정보를 제공하고 우리 아이의 몸과 마음이 건강해지려면 어떻게 해야 하는지 명쾌한 해법을 제시한다. 마지막으로 아이를 행복하게 하는 '좋은 부모' 가 되기 위해서 어떻게 해야 하는지를 제안함으로써 '행복한 육아'라는 궁극적 메시지를 전달한다.

EBS 60분 부모 제작팀 지음 | 272쪽 | 14,300원

EBS 60분 부모 : 똑똑한 학습법 편

**지혜로운 부모가 똑똑한 자녀를 만듭니다
공부의 핵 '집중력'과 최신 공부 트렌드 '자기주도학습'에 대한 모든 것을 담았습니다!**

'학문에 왕도는 없다'라는 그리스 현자의 격언에도 불구하고 공부에 효과적인 방법은 있다. 이 책은 '집중력 향상과 '자기주도학습의 실천' 등 그 구체적인 방법들을 제시해 주는 것을 목표로 하고 있다. EBS 〈60분 부모〉는 10여 년간에 걸쳐 공부 문제에 관한 수많은 사례들과 해법을 제시해 왔다. 학습 전문가, 교사, 교수, 심리학자 그리고 신경 정신과 의사 등 여러 전문가들의 자문을 총망라한 구체적이고 실증적인 학습 치료 방법을 책으로 만나 보자.

EBS 60분 부모 제작팀 지음 | 292쪽 | 14,300원

다방면의 학습 전문가들이 참여한 5개월간의 프로젝트
시행 학교의 학부모 94.6%가 만족하는 자기주도학습 프로그램
공부의 주체인 아이들에게 스스로 공부하는 힘을!

공부, 하고는 있는데 왜 성적이 오르지 않을까?
잠재력과 가능성을 깨우는 자기주도학습 능력 회복 프로젝트

EBS 교실이 달라졌어요
자기주도학습 편

진정한 자기주도학습이란 바로 스스로를 진단·평가하여 목표를 세우고, 올바르고 효과적인 방법을 찾아 적용하며 실천하는 모든 과정과 그 힘을 기르는 훈련까지를 의미한다. 이 책은 제각기 다른 모든 아이들에게 동일한 학습 방법을 적용하던 한계에서 벗어나, 공부를 시작으로 아이의 인생을 변화시킬 자기주도적 삶의 태도를 기르는 방법까지 깨달을 수 있도록 그 길을 보여주고 있다. 남들도 다 하니까, 부모님이 시켜서 등 학습 동기 없이 공부하는 아이들부터 공부를 어떻게 해야 할지 몰라 어렵다고 포기하게 되는 아이들, 지금도 스스로 잘해나가고 있는 모든 학생들에게 '스스로 공부할 수 있게 하는 힘'을 기르는 방법을 제시한다.

EBS 〈교실이 달라졌어요〉 제작팀 지음 | 208쪽 | 값 13,000원